Hermosos invisibles que nos protegen

Antología Wayuu

Juan Duchesne Winter, compilador

> Somos los hijos de este mundo ...
> los hijos de Pülowi y de Juya:
> los *hermosos invisibles* que nos protegen.
> —Vito Apüshana

ISBN: 1-930744-67-6
© Serie Libros de los mundos, 2015
INSTITUTO INTERNACIONAL DE
LITERATURA IBEROAMERICANA
Universidad de Pittsburgh
1312 Cathedral of Learning
Pittsburgh, PA 15260
(412) 624-5246 • (412) 624-0829 FAX
iili@pitt.edu • www.iilionline.org

Colaboraron con la preparación de este libro:

Composición y diseño gráfico: Erika Arredondo
Correctores: Alicia Covarrubias y Rodolfo Ortiz

Imagen de portada: Jeison Castillo

Todas las fotografías son cortesía de Constanza Ussa

Hermosos invisibles que nos protegen
Antología Wayuu
Juan Duchesne Winter, compilador

Agradecimientos 7

Introducción 9

Advertencia 43

Weildler Guerra Curvelo
    La disputa y la palabra. La ley en la sociedad wayuu 45

Antonio J. López
    Los dolores de una raza 67

Nemesio Montiel
    E'iruukuuirua. Linajes 95
    Los a'lau'laa y compadres wayuu 115

Ramiro Epiayu Morales
    Dragón de noche espía de día 127

Sergio Kohen
    Atpanaa pone a suplicar al yolüja (Jayeechi) 135

Michel Perrin
    El viaje al más allá. Eurídice guajira 141

Ramón Paz Ipuana
    Mitos, leyendas y cuentos guajiros
        Ala'ala y Juyá 155
        La historia de Ulépala 183
        La leyenda de Waleker 207
        Los maizales de Lijonta 235

Índice de contenido

Miguel Ángel Jusayú
   Achi'kí. Relatos guajiros
      Relato de un borracho y de un epe'yui 247
      Relato de unos esclavos que se escaparon 251
      Ni era vaca ni era caballo 257
      Relato de una muchacha de la que se enamoró una hormiga macho 269
   Takü'jala. Lo que he contado
      La historia de Pilar 275

Vicenta Siosi Pino
   El dulce corazón de los piel cobriza
      El honroso vericueto de mi linaje 285
      Esa horrible costumbre de alejarme de ti 293
      No he vuelto a escuchar los pájaros 299

Estercilia Simanca Pushaina
      Manifiesta no saber firmar, nacido: 31 de diciembre 303
      El encierro de una pequeña doncella 311
      Pulowi de Uuchimüin 319
      Soy venado 323

Juan Pushaina
      Poemas 331

José Ángel Fernández Silva Wuliana
   Nünüiki ka'ikai
      Lenguaje del sol 337
   Jayeechirua jee ojutuuirua sümüinjatü tü eiikaa mma
      Cantos y pagamento a la Madre Tierra 341
   Apaalaairua jee jayeechiirua nümüinjatü chi Uuchi Laülaakai
      Dones y cantos al Cerro Mayor 351

Miguel Ángel López Hernández
      Contrabandeo sueños con Arijunas cercanos 367
   Shiinalu'uirua shiirua ataa
      En las hondonadas maternas de la piel 381
      Encuentros en los senderos de Abya Yala 391

Livio Suárez Urariyuu
    Tejiendo sueños y palabras 395

Hilario Chacín
    Asiraa. Risas 401

Rafael Mercado Epieyú
    Ma'leiwa 411

Carlos Daniel Prieto
    Poemas 413

Ramiro Epiayú Morales
    Poemas 417

Atala Uriana
    Poemas 419

Entrevistas
    Miguel Ángel López Hernández 423
    Vicenta Siosi Pino 433
    Juan Pushaina (con José Ángel Fernández Silva) 439
    José Ángel Fernández Silva 447
    Estercilia Simanca Pushaina 455
    Olga Redondo 465
    Livio y Eduardo Suárez 471
    Atala Uriana 483

Fotografías 493

Bibliografía 515

Agradecimientos

Constanza Ussa contribuyó a esta antología en todas sus etapas, desde el diseño y la asistencia a la investigación, la consultoría antropológica, el trabajo de campo, la logística, la concertación y conducción de entrevistas, hasta la transcripción y digitalización de textos. A ella, el mayor agradecimiento profesional, y muy personal ante todo, por toda su inspiración y amor. Miguel Ángel López Hernández es el Virgilio y figura tutelar de este peregrinaje al mundo wayuu. No basta el espacio de estas notas para un reconocimiento detallado de su sabia y erudita generosidad y de su solidaridad humana. Gustavo Valbuena, abogado y activista wayuu, orientó con gentileza y perspicacia nuestras primeras aproximaciones a la Guajira y facilitó nuestro primer encuentro con Miguel Ángel López Hernández en Bogotá. El profesor Gabriel Ferrer, autor junto a Yolanda Rodríguez del primer libro académico dedicado a la literatura wayuu, nos recibió generosamente en sus oficinas en la Universidad del Atlántico y en su casa en Barranquilla y nos acompañó en nuestro primer viaje a Riohacha, aparte de proporcionar datos y bibliografía claves. Estercilia Simanca aportó en innumerables conversaciones su especial perspectiva práctica, realista, desmitificadora, ante un tema, como el de las sociedades indígenas, que suele ser filtrado por la mistificación, la nostalgia y la ideología. Weildler Guerra impartió cátedra con afecto y entusiasmo en dos memorables encuentros. José Ángel Fernández Silva encarna la lengua de sus ancestros desde la intimidad del wayuunaiki, su primera lengua, y compartió puntualmente sus conocimientos lingüísticos formales del idioma y el arte de la traducción. Le debemos la revisión de los textos en wayuunaiki. El filólogo y lingüista especializado en lenguas amerindias, José Álvarez, revisó las versiones en wayuunaiki y español del galardonado poemario de José Ángel Fernández, *Dones al Cerro Mayor*, representado en esta colección. Pusimos en práctica la certera idea de José Ángel de realizar un viaje *geopoético* por la Alta Guajira que potenciara nuestras investigaciones para esta antología y futuros proyectos, viaje en el que descubrimos un fuerte vínculo entre el sentido de la palabra y el sentido de la tierra en esta literatura. En esa excursión inolvidable de dos semanas por las trochas y senderos laberínticos de la península semidesértica nos acompañaron el propio José Ángel, Marilys Palmar (nieta de Antonio J. López, autor de la crónica sobre las guerras entre los clanes aquí antologada) y Humberto Palmar (nieto de Toolo Fernández legendario palabrero wayuu que protagoniza una crónica también incluida en esta antología), además del nieto de este inseparable matrimonio, y el asistente de ellos, Parra. (Consigno aquí un sentido recuerdo para Humberto, quien falleciera recientemente.) El acompañamiento del matrimonio Palmar fue indispensable para que este viaje constituyera un verdadero encuentro con la tierra y su gente, dado su conocimiento íntimo de la región. En Laguna de Pájaro nos albergó la familia de José Ángel, y queremos incluir aquí un sentido recuerdo por la madre de José Ángel, Teresa Silva, fallecida en 2014. En Iichipa nos albergó don Daniel Prieto, palabrero wayuu, y su familia; en el corregimiento Nazareth de la Sierra de la Makuira nos albergó la familia Suárez (ver entrevista a Eduardo y a Livio Suárez, y textos de Livio Suárez en esta antología), todos con esa insuperable hospitalidad wayuu, plena de afecto, sabiduría y sobre todo de excelente buen humor. Jaime Paz nos guió en el Parque Natural Nacional de la Makuira. Fue también entrañable en esta excursión geopoética la compañía del cineasta Jorge Villa, cuyas filmaciones extenderán al medio audiovisual indagaciones adicionales derivadas de este proyecto. Extendemos nuestro agradecimiento a todos los autores que figuran en esta antología, no sin dejar de remarcar la invitación de Rafael Epieyú Morales y su padre a almorzar en la ranchería familiar en las afueras de Maicao, donde éste nos mostró su arte wayuu de narrar. Asimismo, la familia Aguilar-Epinayú, encabezada por Sixto Aguilar, estuvo siempre atenta y hospitalaria en todas nuestras visitas a Riohacha y alrededores. También nos acogió amablemente en nuestras visitas a la ciudad de Riohacha la escritora guajira Lindantonella Solano, quien nos mostró que también existe una vibrante literatura criolla guajira, además del aporte indígena aquí enfocado.

En el Instituto Internacional de Literatura Iberoamericana, Erika Arredondo gerenció los aspectos editoriales, realizó la maquetación y diseño para imprenta con su *expertise* acostumbrada, Margo Lynch y Michelle Arredondo contribuyeron especialmente con la digitalización. La Universidad de Pittsburgh y su Center for Latin American Studies (CLAS) han apoyado las investigaciones conducentes a esta antología con absoluta puntualidad y generosidad.

Introducción

Consideraciones preliminares

Esta antología propone que las artes verbales wayuu conforman una literatura emergente comparable a las de otros pueblos amerindios, cual la literatura pan-maya, la mapuche, quechua, náhuatl, purépecha y tantas otras que han experimentado un auge notable a partir de la década de 1970 aproximadamente. Sólo se puede usar con propiedad el término de "literatura emergente" si se toma en cuenta que estas literaturas surgen desde un acervo milenario de artes verbales y expresivas nativas parcialmente asordinado por la colonialidad anterior y posterior a las independencias nacionales, pero que este acervo siempre estuvo activo y que más bien entra en fase expansiva e irrumpe en el escenario global con la misma actualidad que el resto de la literatura mundial contemporánea. La literatura wayuu se inscribe definitivamente como tema académico que rebasa los estudios antropológicos y se posiciona como objeto de estudio crítico-literario gracias a aportaciones como el libro pionero de Gabriel Ferrer y Yolanda Rodríguez, *Etnoliteratura wayuu: estudios críticos y selección de textos* (Barranquilla: Fondo de Publicaciones de la Universidad del Atlántico, 1998). Miguel Rocha Vivas ha contribuido a la reciente internacionalización de los escritores wayuu y de otras etnias de Colombia en el marco del resurgimiento amerindio de las últimas décadas, con aportaciones como el ensayo, *Palabras mayores, palabras vivas*, la antología *El sol babea jugo de piña* y conferencias pronunciadas en universidades de Estados Unidos, Chile, México, Ecuador, Canadá y varios países de Europa.[1]

Aunque este no es el lugar para dilucidar las condiciones sociopolíticas de emergencia de la literatura wayuu, es preciso señalar que el auge de la literatura wayuu y de otras colectividades indígenas colombianas es

---

[1] Publicado en Bogotá (Fundación Giberto Alzate Avendaño, 2010 y Taurus, 2012), este ensayo obtuvo el Premio Nacional de Investigación en Literatura de la Ciudad de Bogotá en 2009. Miguel Rocha antologó la literatura wayuu y de otras etnias colombianas en *El sol babea jugo de piña. Antología de las literaturas indígenas del Atlántico, el Pacífico y la Serranía del Perijá* (Bogotá: Ministerio de Cultura - Biblioteca Básica de los Pueblos Indígenas de Colombia Vol. 3, 2010).

inseparable de eventos como la aprobación de la Constitución de 1991 que define a Colombia como una nación compuesta de múltiples etnias, lenguas y culturas cuya conservación y desarrollo es misión del Estado. Para citar una muestra del innegable impacto de este hecho, fue bajo el amparo de la Constitución de 1991 que el gobernador del Departamento de La Guajira revitalizó la Secretaría de Asuntos Indígenas y con el antropólogo wayuu Weildler Guerra a cargo de la misma, no sólo se activó una política afirmativa de los derechos indígenas, sino que se declaró el wayuunaiki lengua oficial del Departamento y se promovieron actividades culturales de impacto duradero, entre ellas la publicación de obras como el poemario de Vito Apüshana,[2] *Contrabandeo sueños con arijunas cercanos* (1992), que abre una época en las letras indígenas colombianas y caribeñas. Por otra parte, en Venezuela, el otro ámbito de la existencia binacional de los wayuu, nichos de académicos esclarecidos en algunas universidades y editoriales públicas y privadas acogieron la obra fundacional de Miguel Ángel Jusayú y promovieron las letras wayuu. Las políticas culturales nacional-populares iniciadas a comienzos de milenio en Venezuela también propiciaron el auge literario-cultural indígena. En ese clima de apoyo institucional y estatal, el erudito antropólogo y lingüista políglota, Emilio Monsonyi daba cursos de gramática del wayuunaiki a alguien como José Ángel Fernández Silva. Este poeta wayuu, además de crear una obra propia en formato bilingüe, acompañó como aprendiz y colaborador a Jusayú (junto con Juan Pushaina) en la tarea del maestro de crear una escritura en wayuunaiki que plasmara los cuentos inolvidables de los wayuu que él recreara en el molde literario convencional.

Hechos estos reconocimientos, hay que considerar también que el protagonista de esta antología es una multiplicidad colectiva. El pueblo wayuu *es* una literatura. Posee una tradición oral y gráfica milenaria tributaria del *Libro del cuarto mundo*[3] de los pueblos amerindios, actúa como personaje en señeras expresiones de la ciudad letrada moderna y sus autores publican con voz propia dentro de la literatura contemporánea, contribuyendo al auge actual de las literaturas indígenas de América y a las letras hispanoamericanas en general. Los wayuu y su cautivante territorio ancestral han sido no sólo un acervo humano palpitante sino personajes portentosos en obras

---

[2] Heterónimo literario de Miguel Ángel López Hernández.
[3] Gordon Brotherston propone que el enorme acervo gráfico y oral amerindio constituye un "libro del cuarto mundo." Este autor defiende un concepto amplio de la escritura, basado parcialmente en Jacques Derrida, para incluir todo tipo de inscripciones o composiciones gráficas y orales; ver *La América indígena en su literatura: los Libros del Cuarto mundo*. Trad. Teresa Ortega Guerrero y Mónica Utrilla. (México: Fondo de Cultura Económica, 1997. 69 y siguientes).

de narradores colombianos y venezolanos como Gabriel García Márquez, Eduardo Zalamea Borda, Laura Restrepo, Rómulo Gallegos y otros.[4] Los escritores wayuu Miguel Ángel López, José Ángel Fernández y Estercilia Simanca han obtenido premios internacionales en circuitos letrados del ámbito latinoamericano. Les anteceden y suceden otros escritores, mayores y más jóvenes, que componen una literatura emergente con voz singular, con una pasión del territorio y la colectividad tan intensa e inconfundible que da pie a un ideal, a una *era imaginaria*.[5]

Los wayuu, también llamados guajiros,[6] pertenecen al vasto grupo lingüístico arawak originado hace unos 3,000 años en el corazón de la cuenca amazónica, cerca del río Negro. Un segmento de hablantes de proto-wayuu-añú presumiblemente subió hacia el noroeste por rutas como el río Meta o el Apure, vía Yaracuy o por el valle de Barquisimeto y las montañas de Trujillo hasta dar con la costa Caribe, donde se estableció en las inmediaciones del lago Maracaibo y la península de la Guajira hace más de mil años, diferenciándose ya hacia el 500 D.C. en los dos grupos añú y wayuu, conocidos por los hispanoparlantes los primeros como paraujanos y los segundos como guajiros.[7] La Guajira se proyecta casi como una isla dentro del mar Caribe, constituye el punto más septentrional del subcontinente suramericano, y sólo la parte colombiana comprende más de 22,000 kilómetros cuadrados (casi el triple del tamaño de Antillas caribeñas como Puerto Rico y Jamaica). Ha llamado la atención la manera en que los wayuu adoptaron aceleradamente una fuerte economía pastoril y de contrabando desde la llegada de los primeros europeos, estableciendo

---

[4] Cf. Juan Moreno Blanco, *La cepa de las palabras. Ensayo sobre la relación del universo imaginario wayuu y la obra literaria de Gabriel García Márquez* (Cali: Universidad del Valle, 2002); Eduardo Zalamea, *Cuatro años a bordo de mí mismo (Diario de los 5 sentidos)* (Bogotá: Casa Editorial El Tiempo, 2003); Laura Restrepo, *Leopardo al sol* (Bogotá: Norma, 1993).

[5] Empleo el concepto de *era imaginaria* elaborado por José Lezama Lima: ámbito histórico de acción y creación orientado por poderosas imágenes poéticas. Cf. José Lezama Lima, *Las eras imaginarias* (Madrid: Fundamentos, 1971).

[6] "A lo largo del período colonial y el republicano hasta mediados del siglo XX, hablar de 'guajiro' era equivalente a indígena, a wayuu, pero [...] actualmente el apelativo 'guajiro' tiene otras connotaciones: se refiere al habitante del departamento de La Guajira, sea indio, mestizo, mulato o blanco". Giangina Orsini Aarón, *Poligamia y contrabando: nociones de legalidad y legitimidad en la frontera guajira, siglo xx* (Bogotá: Observatorio del Caribe Colombiano/ Universidad de los Andes-CESO-Ediciones Uniandes, 2007): xx. He escuchado a muchos wayuu usar todavía el apelativo "guajiro" significando su etnia indígena; en Venezuela todavía este uso es generalizado.

[7] Para un análisis que considera éstas y otras trayectorias posibles ver José R. Oliver, "Reflexiones sobre los posibles orígenes del wayuu (guajiro)", en Gerardo Ardila C. (ed.), *La Guajira. De la memoria al porvenir: una visión antropológica* (Bogotá: Universidad Nacional de Colombia, 1990. 96 y 101).

alianzas y nexos comerciales con actores internacionales del mar Caribe, como los ingleses, franceses y holandeses, además de los españoles, lo que según algunos estudiosos les ayudó a resistir exitosamente la conquista y derrotar a los españoles (Picon 234 y otras).[8] Estos últimos nunca lograron reducir a los wayuu ni ocupar su territorio, situación que en la época de consolidación de las independencias nacionales permitía a algunos diplomáticos aducir que los guajiros eran una entidad indígena soberana con capacidad de actuar independientemente del estado colombiano (en aquel entonces Nueva Granada) y del venezolano, de acuerdo al derecho internacional.[9] En la actualidad el estado colombiano le reconoce al pueblo wayuu una extensión territorial de 1,007,628 hectáreas repartidas en 17 resguardos, mientras que en Venezuela, a los wayuu se les reconocen 12.000 km^2 de resguardos en el estado Zulia. Los resguardos son territorio ancestral autónomo protegido constitucionalmente (Ramírez 17). Si no fuera porque el concebirse como estado nacional no tiene pertinencia alguna en el imaginario wayuu, se podría decir que dicho pueblo, con sus 571,989 almas (278,212 del lado colombiano y 293,777 del lado venezolano),[10] constituye una nación caribeña y suramericana.

Se habla de una Baja, Media y Alta Guajira, situada ésta última en el extremo noroccidental de la península. Esta zona de difícil acceso, sin carreteras pavimentadas, a veces llamada simplemente "La Alta", se puede concebir como un *hinterland* o interior que, paradójicamente, nos conduce lejos, muy lejos de la sensación misma de interioridad y de la noción de soberanía a ella ligada; es un territorio de exposición y fuga cuya consistencia radica en su capacidad para reterritorializarse constantemente de múltiples maneras, donde la soberanía tiene que ver más con prácticas cotidianas que con posturas ideológicas. Por eso la pasión del territorio que define al pueblo wayuu remite a un mapa secreto, geopoético, que desconstruye tanto el mapa geopolítico de los estados nacionales (Colombia y Venezuela) como el mapa antropológico de las identidades nativas. Y no estamos hablando aquí sólo de una "mentalidad de fronteras" sino también de una sociedad que inventa otras fronteras sin cesar, cuyas raíces radican en las relaciones que propone y cuya identidad se forja en intercambios con los otros.

---

[8] Giangina Orsini Aragón explica y refiere más bibliografía en la página 6 de la obra citada.

[9] Cf. José Polo Acuña, "Territorios indígenas y estatales en la península de la Guajira (1830-1850)", en José Polo Acuña y Sergio Paolo Solano (eds.), *Historia social del Caribe colombiano. Territorios indígenas, trabajadores, cultura, memoria e historia* (Medellín: Universidad de Cartagena y La Carreta Editores, 2011. 46).

[10] Cifras proporcionadas por el DANE (Colombia, 2005) y el INE (Venezuela, 2001).

Al caracterizar así a la literatura wayuu deseo añadir, entonces, otras consideraciones. Hay quienes desde una perspectiva bastante estrecha colocan a las artes verbales de sociedades no convencionales las etiquetas de "primitivas", "ágrafas", "preliterarias", o de "oralidad primaria", juzgándolas como si fueran corredores atrasados en una carrera de obstáculos sobre una sola pista, en una sola dirección y con una única meta posible llamada "civilización" o "modernización", carrera a la cual sólo convocaron quienes se autodenominan como "occidentales" según sus intereses particulares y manipulaciones que intentan determinar los ganadores. Aquí nos desmarcamos de esa perspectiva lineal evolucionista atinente a un concepto restringido de la escritura, la literatura y el libro.

Ciertamente los wayuu son uno de tantos pueblos no convencionales, es decir, pueblos en cuya práctica predomina el modo diferencial de inventar la cultura y los símbolos que la constituyen, antes que el modo convencional. El modo diferencial destaca cada símbolo como una entidad singular que se "simboliza a sí misma" y tiene vida propia, participando en el mismo plano que aquello a lo cual simboliza. El modo convencional trata los símbolos como meros indicadores estandarizados, separados de aquello que simbolizan, cuya única función es apuntar a aquello a lo cual simbolizan y que no tienen vida en sí mismos. Las colectividades amerindias son, entonces, principalmente diferenciales, no convencionales. Se trata de un énfasis, no de una dicotomía excluyente. Tanto el modo convencional como el modo diferencial son indispensables a todas las sociedades humanas (Wagner 42-44). Dado este énfasis y los valores y estilos de vida que implica, como lo es valorar a las personas y a los seres en cuanto entidades singulares y diferenciadas, en lugar de verlos como objetos a usarse en función de otros objetos, las sociedades diferenciales han manejado predominantemente sistemas de símbolos diversos (gráficos, sonoros, táctiles y la composición-memorización de expresiones orales) complementarios de la lengua oral hablada espontáneamente, sin otorgar dominio exclusivo a ninguno en particular. En cambio, las sociedades convencionales han concedido dominio general al sistema glotográfico (basado en símbolos gráficos para cada sonido verbal) al que se llama escritura alfabética, la cual se ha convertido en rasero por el que pasan todos los demás sistemas de símbolos. Se trata de valores, modos de vivir, estilos y énfasis asumidos en distintos contextos y trayectorias, con sus respectivas ventajas y desventajas. Si bien no se trata aquí de plantear el modo diferencial como modelo de la armonía y el bienestar universal, tampoco hay por qué juzgar la predominancia del modo diferencial o del modo convencional en una cultura dada a partir del criterio particular basado en este último ni colocarlos en una pista competitiva, pseudo-darwinista, donde unos son los avanzados y otros los atrasados. Si visualizamos las diversas artes verbales y expresivas desde el modo diferencial, entonces se las puede considerar como modalidades de la escritura, en la medida en que componen mensajes elocuentes y perdurables mediante símbolos gráficos, sonoros y formas memorizadas y estilizadas de la lengua oral, es decir, en la medida en que hay efecto de selección, fijación y sistematización.[11] Y se puede, por tanto hablar de libros y de literaturas del mundo amerindio, independientemente de que asuman o no los símbolos alfabéticos de la escritura.[12]

Hechas estas consideraciones, se puede aseverar que la literatura wayuu contemporánea ha tomado un deliberado giro de inserción en el sistema literario mundial, giro que desde la perspectiva convencional se puede ver como una emergencia, pero desde la perspectiva diferencial es más bien una incursión en un escenario que antes no se había abordado. En este sentido, los escritores wayuu asumen la escritura alfabética como opción disponible en el repertorio de modos de expresión que les ofrece un contexto en cambio constante, al que pertenecen las ricas tradiciones orales y gráficas milenarias de su colectividad y en el cual la educación escolar y universitaria, y los medios de comunicación inciden no mucho menos que en otras zonas rurales y urbanas comparables de los dos países en que viven. Se trata de opciones que expresan una voluntad de autonomía en la invención de la cultura, es decir, en la invención colectiva de sí mismos.

Como han señalado Carlos Montemayor (17-18) y Miguel Rocha (90), los escritores amerindios no necesariamente responden a las expectativas de entretenimiento y goce estético depurados de compromisos, tan acendrados en la literatura convencional, pues según atestiguan sus obras y sus declaraciones, les guía un deseo de afirmar un modo de vida y los valores que lo sostienen. En el caso de los escritores wayuu, como veremos, prima la pasión del territorio y de la continuidad colectiva. Asumir la escritura alfabética, es decir, la literatura convencional, como modo de creación verbal es, por tanto, un acto de autonomía y autogestión mucho más complejo

---

[11] Es lo que hace Gordon Brotherston en su ya citado *Libro del cuarto mundo*.
[12] El autor wayuu Ramón Paz Ipuana coloca una significativa nota bajo su relato "Origen y nombres de las tribus guajiras": "Creen los guajiros que el patrimonio cultural, no sólo fue difundido por tradición oral, sino que fue esculpido en piedras, y que debido a fenómenos telúricos desaparecieron. Naturalmente, esto no pasa de ser una mera suposición, pero que despierta cierto interés" (199). En efecto, la creencia despierta interés porque intuye que un patrimonio establecido y reproducido a lo largo de las eras, con sus evidentes transformaciones, de alguna manera es una escritura objetivamente grabada en el sentido de la tierra misma, que, de hecho también se transforma y borra las escrituras que la significan.

de lo que implica el motivo de "modernización" comúnmente atribuido a estos fenómenos. La llamada "voluntad de modernización" presupone lo que debería explicar, y por tanto, no explica nada. El acto de expresar la experiencia indígena en la literatura convencional, en el escenario de las letras llamadas occidentales, no se reduce a un paso hacia la presunta modernidad o la "civilización", sino más que nada es una estrategia afirmativa de una manera autónoma y diferente de vivir. Y es esta afirmación lo que emerge con la incursión de la nueva literatura wayuu en el ámbito que hemos llamado la cultura convencional, como en otras literaturas indígenas del continente. El modo de simbolización diferencial se introduce así, como un caballo de Troya, en una de las ciudadelas más densas del modo simbólico convencional, que es la literatura alfabética. Ello promueve una heterogeneidad o contrapunteo que enriquece a ambos modos.

De acuerdo a lo anterior, cabe postular aquí la capacidad de entrelazamiento y contrapunteo de las dualidades manejada por las literaturas amerindias, como una de sus grandes aportaciones al escenario literario mundial. Denomino esa capacidad como hibridez, sin pretender asociarla al mestizaje como tal, sino a la interculturalidad. Sin pretender, como hace la teoría poscolonial o "decolonial" de línea dura, que las culturas indígenas poseen una cosmovisión pletórica de puras bondades frente a un "occidente" que sería la sede de la inautenticidad ontológica, es factible proponer una hibridez interesante entre la modalidad convencional y la diferencial tal cual plantea la actual incursión de las literaturas amerindias. Las sociedades donde predomina el modo simbólico convencional tienden a invisibilizar la hibridez, mientras las sociedades diferenciales la asumen como estructura visible y aparente del pensamiento mismo. La hibridez, en el sentido que aquí usamos: el contrapunteo y entrelazamiento de naturaleza y sociedad, de mente y cuerpo, de vida y muerte, de lo visible y lo invisible, de lo masculino y lo femenino, de lo humano y lo no humano, de la identidad y la diferencia, del mal y el bien y de todo tipo de dualidades, es constitutiva de toda sociedad. Lo que distingue a la llamada sociedad moderna es su eficacia para invisibilizar la hibridez y producir un orden tecno-instrumental portentoso a costa de esa invisibilidad. Es esa operación de obviar la hibridez la que distingue a los llamados modernos. En ello se basa el aforismo un tanto desconcertante de Bruno Latour: "Nunca hemos sido modernos" (Latour 10-12 y otras).[13] La expresión de Latour, que a mi juicio debe leerse con ironía, supone que los modernos nunca han dejado de ser no-modernos ni pre-modernos, pero sí han invisibilizado

---

[13] Baso en este texto algunos de los conceptos aquí desarrollados.

una no-modernidad que los constituiría (dentro de su limitada concepción de modernidad), mediante la distinción obsesiva entre lo moderno y lo no-moderno, distinción desmentida, a su vez, por la hibridez proliferante en el seno de la propia sociedad moderna. Los modernos son modernos, según el sentido limitado del término que ellos mismos asumen, porque dividen el mundo entre modernos y no modernos, es ésta división la que constituye una modernidad limitadamente autoconcebida. Tal distinción ha devenido insostenible en nuestra época, aduce Latour, proponiendo así la hibridez de las colectividades más allá de la distinción ya inoperante entre modernidad y no modernidad. Las literaturas amerindias rebasan ese tipo de distinción entre modernidad y no modernidad y además contienen un pensamiento capaz de interrogarla, sin que ello suponga que no existan muchos otros modos de crear colectividades híbridas en la inmensa variedad de colectividades que presenta la sociedad global contemporánea.[14]

Las colectividades que forjan asociaciones híbridas (en el sentido aquí empleado) manejan la dualidad de la identidad y la diferencia de un modo que desafía el pensamiento convencional, pues por vivir en el modo diferencial crean símbolos que se representan a sí mismos y destacan por su singularidad, difícilmente estandarizados en función de categorías abstractas como la identidad. La antología que aquí presentamos se distancia del enfoque identitario y esencialista propio del indigenismo académico-literario y de la teoría "decolonial". La identidad es un efecto relacional con muy poco poder explicativo. Es cierto que aquí presentamos un *corpus* literario que se identifica con una experiencia colectiva dada, pero esa identidad es un efecto relacional, es decir, producto de relaciones fundadas, como toda relación, sobre la diferencia, pues sólo lo diferente se puede relacionar. En otras palabras, las identidades colectivas no están determinadas sólo por rasgos inherentes a cada colectividad, sino también por las diferencias con respecto a otras colectividades (humanas y no humanas, también híbridas) con las cuales se relacionan. Los rasgos inherentes contribuyen a demarcar una identidad particular mayormente en cuanto se colocan en una relación de diferencia con respecto a rasgos atribuidos a otras colectividades, no

---

[14] A mi juicio, el aserto de Latour, muy útil para relativizar los usos del concepto de modernidad en términos antropológicos, también puede verse desde una perspectiva más amplia si se concibe que la modernidad es históricamente inmanente al desarrollo histórico del capitalismo, enraizada a las contradicciones de éste y a la dinámica de su potencial abolición histórica. Los aspectos contradictorios de la modernidad, contienen entonces la dinámica de su propia abolición, por lo que no se trata de *ser o no ser* moderno, sino de actuar en la dinámica contradictoria hacia la abolición de la totalidad en la cual estas contradicciones funcionan. Ver Moishe Postone, *Tiempo, trabajo y dominación social: una reinterpretación de la teoría crítica de Marx*.

tanto por sus propiedades esenciales. Los conjuntos de rasgos supuestamente constitutivos de una identidad suelen ser resultado de un proceso de invención y atribución determinado más por la dinámica relacional de la diferenciación que por la referencia a características realmente comprobables. Como dice Arturo Arias, al referirse a la identidad maya contemporánea,

> [L]a construcción de la etnicidad [identidad étnica] es una actividad cuyos efectos nunca se fijan con firmeza, nunca está presente, pero siempre se la representa en el deslizamiento de su propia producción. Hay líneas de fuga en ella, porque se trata del ensamblaje de una multiplicidad de percepciones sin centro y sin más datos verificables que los generados por el proceso de su propia reiteración como *efecto* de verdad. (Arias 8)

Arias describe la reiteración de la etnicidad (en cuanto identidad étnica) como "una suerte de ensayo teatral que nunca termina". Esto no implica que la identidad sea necesariamente una "falsa conciencia", pues toda verdad es un efecto de simulaciones e ilusiones, sino que la identidad es un efecto relacional con orientaciones que dependen del contexto, a veces muy favorables en la resistencia de las colectividades y otras veces instrumentales en la opresión. El hecho de que una cantidad de escritores colombianos y venezolanos opten por producir obras que expresan la experiencia wayuu requiere explicarse y analizarse más allá del consabido motivo de que asumen una identidad étnica particular. Tal identidad debe ser uno de los puntos de partida para la investigación, pero poco conocimiento se gana con el argumento tautológico, circular, que limita a tantos estudios sobre expresión cultural étnica a demostrar que A posee la identidad A y que por tanto su obra afirma o no afirma, mantiene o no mantiene la identidad A. El objetivo en ese caso, entonces, es probar si: $A=A=A$. ¡Tamaña empresa de conocimiento, probar que lo mismo es efectivamente lo mismo! Una literatura como la wayuu, por tanto, interesa en cuanto afirma la búsqueda de un modo propio de vivir, consustancial a unos valores e inmanente a unas condiciones de vida singulares. Pero hay muchas cosas más interesantes que hacer, que simplemente determinar si ese modo de vivir y los valores que le corresponden se cumplen en la obra y se afirman en un estado ideal, o si en cambio se expresa una supuesta "pérdida de la identidad". En las sociedades contemporáneas densamente interconectadas, las colectividades son legión y no necesariamente se conforman a identidades étnicas o nacionales determinadas. En tal situación lo interesante es más bien la capacidad de transformación valorada en sí misma como búsqueda incesante de modos de vivir inmanentes a condiciones en perpetuo cambio, y cómo esos modos de vivir afirman nuevos y viejos valores en distintas colectividades, más allá de las identidades étnicas y trans-étnicas. Más que la "preservación" de una identidad dada, sea afrocaribeña, haitiana, puertorriqueña, o wayuu, lo interesante es explorar cómo ciertos modos de vivir y de crear símbolos del vivir responden a un esfuerzo de autogestión de las condiciones de vida y cómo existen literaturas que no sólo hablan desde ese esfuerzo, sino que también lo interpelan e interrogan gracias a la distancia otorgada por la dinámica propia de las artes verbales y la escritura.

Por eso no acudimos a nociones como "aculturación", "pérdida de la identidad", ni como vimos antes, "modernización". Estas nociones son tan estériles como negativas. Si alguna manifestación de identidad importa es aquélla que es producto de la libertad y la autonomía, que no siempre pasa por las ideologías de la identidad nacional, étnica, de género o de clase, sino que las transgrede. La autogestión y creación de nuevos valores y modos de vivir para realizar el más enriquecedor potencial de las transformaciones incesantes de las condiciones de vida generan una plétora de cosas que decir y que contar de manera perdurable y ahí reside el gran interés de toda literatura, se produzca o no como expresión de una experiencia étnica particular o de cualquier otro tipo de colectividad o individualidad.

Toda fabulación, sea oral o escrita, verbal o gráfica, se emplaza en un metadiscurso con respecto a la lengua y las prácticas cotidianas y consuetudinarias que le sirven de contexto, es decir, se distancia de las mismas desde el momento que todo signo o símbolo instaura una perspectiva, pues sin distancia no hay perspectiva posible. La fabulación crea una o más perspectivas con respecto a lo que relata y esa capacidad de perspectiva conlleva capacidad de distanciarse. No hay fabulación sin perspectiva, no hay perspectiva sin distancia y es ahí que se instaura la diferencia. Perspectiva, distancia y diferencia son inseparables. La diferencia, por supuesto conduce al cuestionamiento, a la interrogación, sea de manera implícita o explícita, por connotación o denotación. A lo que vamos es que una literatura no es necesariamente la confirmación de una identidad, sino la articulación de perspectivas, diferencias y relaciones, y en medio de todo ello, se potencia la expresión de una autonomía del pensar y el vivir en la diferencia, ante un mundo que propende a invisibilizar la enorme proliferación de la hibridez bajo mecanismos de estandarización y homogenización esterilizante de la vida, es decir, bajo la identidad.

Consideramos que es parte de la literatura wayuu el acervo de expresiones gráficas (cerámica, diseños textiles, pinturas) tradicionales, composiciones orales y composiciones alfabéticas que expresan la experiencia de dicha colectividad. Es cierto que la palabra "literatura" posee una etimología ligada al concepto de "letra" en su sentido glotográfico. Sin embargo, como aducimos al principio,[15] todas las modalidades mencionadas, incluyendo las orales, caben en un concepto ampliado de la escritura, definida ésta como *sistema de composición perdurable de material expresivo*. No aceptamos la prescripción de Walter Ong de sustraerle la denominación de "literatura" a las composiciones orales, por estas no usar la letra alfabética (Ong 21-22), pues se puede argumentar que todo sistema de expresión permite inscribir sus enunciados a partir de unidades elementales de composición funcionalmente equivalentes a letras, aunque sean confiadas a repertorios de la memoria individual o colectiva. Las composiciones gráficas usadas en el diseño textil, en la cerámica y otros objetos, y las pinturas faciales y corporales no son estrictamente verbales, pero suscitan interpretaciones verbales determinadas, que entre los hablantes del wayuunaiki corresponden a esa lengua. Las composiciones orales tradicionales, como los jayeechi y los cuentos se reproducen ordinariamente en la lengua wayuunaiki, aunque estos últimos se han reproducido en la escritura alfabética en wayuunaiki, en español, francés y en inglés. En cambio, las composiciones alfabéticas recientes que corresponden a las formas y géneros de la literatura convencional existen todas en ediciones bilingües español-wayuunaiki o en ediciones en español. Algunas ediciones bilingües se componen de dobles originales, es decir, el autor produce un original para cada lengua. En otras ediciones bilingües, el original es en español, con traducción al wayuunaiki. Y una parte importante de las obras son originales en español. La combinatoria editorial entre las dos lenguas es tan variable que a veces cabe cuestionarse cuál es la pertinencia de distinguir entre lengua original y lengua "terminal". Dada la relación muy estrecha con la lengua española que guardan las literaturas amerindias en países hispanoamericanos, aún si se trata de composiciones originalmente creadas en estas lenguas, se las puede considerar parte de la literatura hispanoamericana. Ese es el caso de la literatura wayuu. Esta antología se articula a partir de esa consideración e incluye obras publicadas en español independientemente de si ésta es la lengua original de composición o no.

El wayuunaiki, que como hemos apuntado pertenece al grupo lingüístico arawak, se habla en todos los focos de población wayuu: en los resguardos del territorio ancestral en la península de la Guajira; en municipios de la Guajira como Riohacha, Manaure, Uribia y Maicao; en barrios de Maracaibo y en otras municipalidades de la costa colombo-venezolana donde se concentran poblaciones migrantes de esta etnia. Estudios lingüísticos permiten

---

[15] Ver referencia anterior a Gordon Brotherston.

afirmar que el 96% de las personas que se identifican como wayuu también reportan que el wayuunaiki es su lengua materna. Aproximadamente una tercera parte de los wayuu son bilingües. El mayor grado de monolingüismo en wayuunaiki se verifica en la Alta Guajira, al norte de la península, con un 71.8%, lo que se corresponde con la baja densidad y precariedad de vías de rodaje que convierten esa región semidesértica en un paraje relativamente remoto y limita el contacto con los hablantes de español.[16] El uso del español es obviamente más intenso en las escuelas, donde un 55% habla preferentemente en español, un 25% lo hace en wayuunaiki y español (bilingües) y un 12% lo hace sólo en wayuunaiki.[17] Esto es dentro de las escuelas. Pero dado que la tasa de escolaridad es baja, el 61% de la población no lee ni escribe en español.[18] Ello quiere decir que los géneros de la literatura wayuu con mayor ámbito lingüístico para la recepción potencial dentro de la etnia son los jayeechi y los cuentos tradicionales, puesto que se trata de composiciones orales reproducidas ordinariamente en wayuunaiki. Los cantares jayeechis rara vez se reproducen en español y sólo excepcionalmente se escriben.[19] Los cuentos proceden de la tradición oral, aunque se han publicado importantes colecciones. No pocos cuentos reelaboran el material narrativo de los jayeechis. Sin embargo, el uso de ambas formas experimenta una aguda disminución y no están alcanzando el ámbito mayoritario de hablantes monolingües y bilingües del wayuunaiki que les correspondería. Miguel Ángel Ramírez Ipuana, autor de un extenso estudio sobre el *jayeechi* pondera que éste se encuentra en "peligro de extinción" dado que la cantidad de jóvenes practicantes del género se podía contar con los dedos de la mano en las regiones estudiadas por él (Ramírez 42). El etnógrafo Michel Perrin, uno de los estudiosos que más relatos wayuu ha grabado, transcrito y traducido para publicación, ya lamentaba, en la década de 1970,[20] que sólo personas muy mayores eran narradores de cuentos y que percibía un marcado desinterés por los mismos entre la juventud (*El camino* 261-65). Cualquier observador percibe que el espacio

---

[16] Cf. Francisco Justo Pérez van Leenden, *Wayuunaiki: estado, sociedad y contacto* (Maracaibo: Editorial de la Universidad de Zulia, 1998, 34); Maitena Etxebarría Aróstegui, "La comunidad de habla wayuunaiki" (Universidad del País Vasco, Departamento de Lingüística y Estudios Vascos) <http://www.lllf.uam.es/ clg8/actas/pdf/paperCLG33.pdf>. 21 enero 2013.

[17] Cf. Maitena Etxebarría Aróstegui, obra citada.

[18] Fuente: Ministerio de Cultura, 2010. Cartografía de la Diversidad. Base en el Censo DANE 2005.

[19] El legendario cantor Sergio Kohen, compone versiones paralelas en español de algunos jayeechis suyos, las cuales recita en actos públicos y en la radio, y distribuye para la venta en discos compactos (cd), mas no las escribe.

[20] *Le chemin des indiens morts, mythes et symboles goajiro* de Michel Perrin. Es la primera versión en libro de las importantes investigaciones realizadas en las décadas de 1960 y 1970.

abandonado por las formas orales tradicionales está siendo ocupado por los contenidos audiovisuales de los medios electrónicos, especialmente la música popular de la sociedad no-wayuu o arijuna. Es decir, que no es la literatura escrita (alfabética) la que ocupa el espacio perdido por la literatura oral, sino los medios electrónicos. La producción escrita de los nuevos autores wayuu tiene un ámbito de proyección potencial limitado al 39% de la población alfabetizada de la etnia, también ocupado progresivamente por los medios electrónicos. Son señales de una transformación avasalladora de la esfera comunicativa que acompaña cambios socioeconómicos impactantes. Hasta entrado el siglo veinte la gran mayoría de los wayuu estaban vinculados a su propia economía tradicional, que incluía el pastoreo, la horticultura, la pesca, el comercio (y contrabando), la recolección y la caza, estas dos últimas muy residuales. Pero durante el siglo veinte y veintiuno ha habido un gradual desplazamiento a la economía asalariada de la sociedad no wayuu o arijuna, que incluye alguna agricultura intensiva, importante minería, y el comercio-contrabando incrementado en la Guajira y zonas aledañas,[21] todo lo cual ha conllevado migración y cambios en la propia sociedad wayuu, que de una estructura matrilineal y matrilocal centrada en la madre y el tío materno y basada en el prestigio de la poligamia multiterritorial, se está desplazando a la familia nuclear centrada en el padre (Picón 161-76). Las respuestas que la literatura oral wayuu da a estos procesos fueron consignados por Michel Perrin ya en la década de 1970.[22] Tal es el contexto lingüístico-demográfico en el que se produce la literatura que ocupa esta antología.

Transición y relevo alfabético: las colecciones de cuentos tradicionales

El trasfondo directo de la literatura wayuu contemporánea son las artes verbales tradicionales que, aunque ven disminuido su alcance, siempre han gozado de prestigio, reforzado hoy día gracias al programa escolar bilingüe Anaa Akua'ipa gestionado por educadores wayuu.[23] Hasta cierto punto lo que motivó la publicación de las obras fundantes de una literatura escrita

---

[21] El comercio y contrabando (metodológicamente inseparables) han constituido históricamente una actividad de frontera que entrelaza en lo social, lo familiar y lo cultural a wayuus, mestizos y arijunas (no wayuus). Cf. Giangina Orsini Aarón, obra citada; José Polo Acuña, *Etnicidad, conflicto social y cultura fronteriza en la Guajira (1700-1850)* (Bogotá: Universidad de los Andes/Cartagena de Indias y Observatorio del Caribe Colombiano, 2005); Eduardo Barrera Monroy, *Mestizaje comercio y resistencia. La Guajira durante la segunda mitad del siglo XVIII* (Bogotá: Instituto Colombiano de Antropología e Historia - ICANH, 2000).

[22] Lugar ya citado.

[23] *Anaa Akua'ipa: Proyecto Educativo de la Nación Wayuu*. Obtenido en http://64.76.190.173 archivos/Anaa_Akuaipa.pdf.

wayuu en las décadas de 1970 y 1980 fue la aprehensión de que el cuento oral se extinguiera con la desaparición de las generaciones mayores ante las transformaciones de las camadas más jóvenes que incursionan en el trabajo asalariado, en la migración, en el mundo urbano y se adaptan a los grandes cambios en las prácticas comunicacionales de la sociedad contemporánea y en el tejido de la vida social tradicional. El etnógrafo francés Michel Perrin y los autores wayuu, Ramón Paz Ipuana y Miguel Ángel Jusayu publicaron sendas colecciones de cuentos tradicionales que no sólo reproducen un caudal de saberes expresivos y experiencias interpretativas, sino que aportan un fundamento imaginario para la literatura escrita posterior y constituyen ellas mismas parte de esa literatura. En cierta manera, con las compilaciones impresas de cuentos, la literatura oral le pasa la llama encendida de las artes verbales a las expresiones audiovisuales que le son tributarias y a la literatura impresa para que éstas la mantengan viva. Todavía está por verse si alguien hará algo parecido con los *jayeechis*, cuyas canciones de tipo narrativo también podrían contribuir más a la emergente literatura impresa y a los medios audiovisuales si se las consignara al texto alfabético en formato bilingüe. Hay que acotar que tal vez el cuento sea la ruta más natural para la incorporación del *jayeechi* a la literatura escrita, pues varios de los cuentos de Ramón Paz Ipuana, Miguel Ángel Jusayú y Michel Perrin derivan de *jayeechis* de contenido narrativo.

Miguel Ángel Jusayú hizo historia al traducir, redactar y publicar cuentos tomados de la tradición oral en formato bilingüe,[24] y de hecho, algunos de sus cuentos, como "Historia de Pilar", se derivan de *jayeechis*.[25] Sentar composiciones derivadas del arte verbal wayuu en transcripción alfabética del wayuunaiki constituye un hito histórico, pues coloca los fundamentos para una escritura wayuunaiki sintonizada con el ámbito letrado. Ramón Paz Ipuana y Michel Perrin antecedieron por pocos años a Miguel Ángel Jusayú en la labor de reproducir compilaciones de cuentos orales en el medio letrado, pero sus ediciones no son bilingües, al incluir solamente la traducción al español. En el caso de Perrin, hay que tomar en cuenta que la compilación que acompaña su estudio etnográfico *El camino de los indios muertos* (1980) se publicó originalmente en francés en 1976, y que en 1986 Perrin coeditó una gran compilación de relatos orales wayuu traducidos al inglés en dos magníficos volúmenes que no deben

---

[24] Al respecto se puede consultar el libro de Miguel Ángel Jusayú, *Achi'ki. Relatos guajiros* (Caracas: Universidad Católica Andrés Bello - Instituto de Investigaciones Históricas - Centro de Lenguas Indígenas, 1986).

[25] Miguel Ángel Jusayú, "Historia de Pilar," en Miguel Ángel Jusayú, *Takü'jala. Lo que he contado* (Caracas: Universidad Católica Andrés Bello - Centro de Lenguas Indígenas, 1989), 47.

pasar desapercibidos porque incluyen textos de Paz Ipuana, Jusayú y otros autores o compiladores, además de los adaptados por el propio Perrin.[26] En fin, se han publicado importantes compilaciones de cuentos wayuu en cuatro lenguas: wayuunaiki, español, francés e inglés. Ramón Paz Ipuana, por su parte, es el primer autor wayuu de una compilación de cuentos de esa tradición oral con una impronta más literaria que etnográfica que lo coloca de plano en la estética letrada.[27]

Ramón Paz Ipuana anota con escrúpulo y agradecimiento datos sobre los "informantes" o más bien narradores orales de cada relato que presenta y remite siempre que puede en sus anotaciones a la procedencia oral de sus textos. Pero, con todo su respeto a la oralidad, es Paz Ipuana quien de manera más notable reinventa el cuento oral wayuu como arte de escritura. Desde el punto de vista literario, una composición de procedencia oral incursiona en el arte de la escritura tan pronto pasa por una redacción sensible a las exigencias del nuevo medio, que toma en consideración las demandas específicas del texto alfabético, muchas de ellas relacionadas con su mejor aprovechamiento y percepción dentro de las condiciones y las posibilidades propias de la letra, más allá de la mera corrección gramatical; lo cual, si se es consecuente, desemboca en una estética de la escritura. Por eso debemos considerar a quien hace el tipo de labor realizada por Paz Ipuana, no sólo como un traductor-compilador de cuentos, sino como un autor en el sentido literario convencional. Lo que dice R. C. Culley sobre los "textos de transición" se puede aplicar a Jusayú y aún a Perrin, pero es Ipuana quien mejor lo ejemplifica:

> Podrían existir textos de "transición", los cuales provendrían de un período situado entre la composición oral y la literaria, en la cual una tradición viva de composición oral, con todas sus limitaciones, estaba llegando a su fin, y una tradición literaria en toda su envergadura estaba empezando. El autor, y podemos hablar de autor en este caso, todavía compone en grandes extensiones, a la manera oral tradicional y, sin embargo, toma ventaja de las amplias posibilidades ofrecidas por la composición escrita, para producir una obra más pulida y consistente. (55)

Como nos recuerda Culley, la composición escrita otorga al autor gran libertad para elaborar su producto sin la intervención inmediata de una audiencia u otras personas, "lo que le permite romper de manera más radical

---

[26] Cf. Michel Perrin, *El camino de los indios muertos*, ya citado; *Le chemin des indiens morts*, ya citado; Johannes Wilbert y Karin Simoneau, con Michel Perrin, *Folk Literature of the Goajiro Indians*, 2 vols. (Los Angeles: University of California - UCLA Latin American Center Publications, 1986).
[27] Ramón Paz Ipuana, *Mitos, leyendas y cuentos guajiros*, ya citado.

con el lenguaje y las formas aceptadas comúnmente" (47). En su caso, Paz Ipuana no es un renovador que persiga romper con formas aceptadas del lenguaje, pero sí se nota que su intención "es poner en papel un esquema final, un texto fino, merecedor de ser presentado en una forma permanente" (47). La prosa de sus cuentos se resiente en puntos de cierto lirismo modernista edulcorante, casi cursi, pero lo que pierde en frescura de estilo lo gana en lograr modular, a veces con elocuencia, el tono narrativo mediante intensidades propias del texto escrito, sustituyendo eficazmente la ausencia del tono de voz del narrador oral. Evita así el efecto de aplanamiento de la modulación tonal que se produce cuando se transcribe un segmento oral tal cual, sin modificación alguna, lo que se consigue un poco menos en los cuentos de Jusayú y Perrin. La abarcadora antología en inglés de cuentos wayuu compilada por Wilbert, Simoneau y Perrin, *Folk Literature of the Guajiro Indians* yuxtapone diferentes versiones del mismo tema realizadas por autores varios. En casi todos los casos las versiones de Paz Ipuana son las más extensas e intensas, notándose cómo éste no escatima en adjetivos, descripciones y detalles que proporcionan más densidad psicológica a los personajes, ambientan la acción y clarifican los motivos.

La colección de Paz Ipuana se titula *Mitos, leyendas y cuentos*, quizás en observación juiciosa de las categorías de los géneros narrativos orales establecidas por la filología predominante, de origen europeo. Pero hoy día se ha rechazado esta clasificación, en especial la categoría del "mito," por considerársela inadecuada al arte verbal indígena, como señala, por ejemplo, Carlos Montemayor, quien para el caso mexicano aduce las distintas aportaciones al cuento tradicional, no sólo mitológicas u orales, en el sentido "folklórico", sino también históricas y cultas, en muchos casos provenientes de las escrituras mesoamericanas y europeas. Francis Devlin-Glass explica que los aborígenes australianos rechazan que se califique a sus relatos como "mitos" dadas las connotaciones de cosa falsa y carente de actualidad que tiene esa palabra. La misma estudiosa añade que términos como "realismo mágico", "relato de origen", "leyenda" y "fábula" también contribuyen a que se estigmatice a las culturas indígenas como pre-científicas, irracionales e "infra-religiosas" (393-95). Si se va demasiado lejos en esta invalidación de términos recibidos antes de contar con los términos que van a reemplazarlos se puede terminar sin palabras para hablar de las culturas diferenciales. Pero al menos se puede prescindir en lo posible del término "mito", por su gran carga connotativa de impertinencia, falsedad y falta de actualidad. Igual sucede con los "dioses", "divinidades", y "demonios" relacionados con los "mitos", que en lo posible pueden ser reemplazados con otros términos, como seres *supervitales*, según sugiere Devlin-Glas (393-95).

El asunto del mito amerita, pues, una aclaración conceptual. En la lengua y la ideología que para mal o para bien es el "sentido común" de nuestros días el mito es relegado a un pasado, por definición, inactual, es decir, literalmente "ya pasado" y desahuciado del presente. Es cierto que los relatos indígenas de los primeros tiempos a veces llamados mitos remiten a un tiempo *anterior*, pero en este caso lo *anterior* nunca ha pasado, siempre acompaña el presente, pues lo *anterior* está ya presente y actúa *antes* que toda actualización temporal sea posible. En ello radica la realidad de todo relato de primeros tiempos en el mundo amerindio: los primeros tiempos poseen una realidad que prima sobre toda realidad ordinariamente temporal, que actúa instantáneamente antes que nada real o verdadero ocurra. Por eso no tiene sentido contraponer lo "fantástico" y lo "realista" en el relato indígena tradicional; lo que hay es realidades múltiples, entre ellas las que son *anteriores* a la realidad ordinaria. Existe por tanto un realismo de lo *anterior* allí donde se dice que hay fantasía o magia en el relato llamado mítico. La distinción entre el pasado y lo *anterior* no es en ningún modo exclusiva de las literaturas amerindias o indígenas tradicionales (Quignard 7-16).

En consecuencia con el concepto de realismo múltiple que acabamos de definir evitamos clasificar relatos como los de Paz Ipuana (y los demás autores hasta aquí mencionados) según las categorías filológicas convencionales del mito, la leyenda y el cuento; y evitamos también la distinción entre cuentos realistas y fantásticos. Nos permitimos reiterar que los relatos de Paz Ipuana se ubican en un tiempo *anterior*, distinto del tiempo pasado. Lo *anterior* no "fue", sino que "es", e incide sin mediaciones en el presente, puesto que nunca "pasa" sino que ya está ahí *antes* que nada pueda pasar. Casi todo ente que habita ese *anterior* es gente. Además del wayuu, que siempre aparece relacionándose con una u otra entidad: Sol, Luna, Tierra, Lluvia, Remolino de Viento, Calma, Mar, Gotas de Rocío, Frío, Tigre, Zamuro, Zorro, todos son gente. Asumen psiquismos humanos y disponen de un repertorio o ajuar de cuerpos que pueden vestir o usar a gusto con sus correspondientes afectos y capacidades. A cada cuerpo corresponde un conjunto de afectos que puede servir para depredar o para escapar de depredadores, para auxiliar a un aliado o para perseguir a un enemigo. No es que los cuerpos de estos personajes se metamorfoseen, como en el caso de las metamorfosis de la mitología griega, sino que ellos disponen de repertorios o menús de perspectivas corporales o de cuerpos-perspectiva, que se asumen como uno u otro tipo de cuerpo (danta, pájaro, calor, hormiga... árbol) según el tipo de relación que entablen con otras entidades. Las permutaciones corporales son muchas veces reversibles a voluntad, otras veces son involuntarias, y/o aparentemente no reversibles, impuestas por entidades más poderosas, cuando, como castigo, al wayuu flojo le meten un palo por el ano y lo tornan en zorro, o cuando, como castigo por su vicio de comer carne descompuesta, un wayuu avaro se torna en zamuro. Se trata de seres supervitales propios de ese espacio anterior narrado, no son divinidades al estilo del Olimpo griego ni mucho menos son comparables a la divinidad sentada en el trono celeste judeocristiano o a su contraparte infernal. Estos seres supervitales se sitúan más allá del bien y el mal, no necesariamente son benevolentes ni malevolentes, pues depende del efecto, a veces generoso, a veces cruel, que tengan sus afectos y acciones sobre los demás seres, incluido entre ellos, como uno más, el wayuu. Maleiwa puede beneficiar a los wayuu en ciertas circunstancias, como cuando los crea y les reparte los nombres de los clanes, pero en otras es un antropófago que se quiere comer a un joven wayuu o condena a todas las mujeres wayuu a no tener nunca donde sentarse, sólo por haber despreciado usar las sillas que les regaló en una ocasión. Igual, Juyá dispendia la lluvia con generosidad de acuerdo a su cuerpo-lluvia y su afecto de llover, pero otras veces rapta vírgenes wayuu sin consideración alguna, de acuerdo a su cuerpo-hombre y su afecto de copular. Entidades de menos envergadura realizan acciones menos impactantes pero divertidas, como cuando Molokonona (el morrocoy o tortuga), emplea su cuerpo-tortuga para hacer travesuras la vez que actúa como wayuu y usa su caparazón como capa para que lo carguen dentro de ella a una fiesta, o cuando usa su caparazón convertido en capa para esconder a Nema y rescatarla del cautiverio entre los yoluja. Igual, Jaguar es un hombre atractivo desde cierta perspectiva para las vírgenes o majayuras que seduce, pero es un felino devorador desde otra perspectiva. Hasta cierto punto se puede decir que lo que se transforma usualmente son las perspectivas con los cuerpos, como si fueran una misma cosa, pues el repertorio de cuerpos es también un repertorio de perspectivas cambiantes. Dependiendo de con quien se relacione, un personaje es wayuu, pero en otra relación se produce otra perspectiva y es zorro, fuego, o mapurite (zorrillo). Igual cuentan con sus propios repertorios de cuerpos-perspectivas los yoluja, espectros de los muertos, o los wanuluu, emisarios de Pulowi y otras entidades afiliadas al "mundo otro" de Pulowi, el ser supervital correspondiente a lo femenino, ligado a la transición entre vida y muerte, lo subterráneo, lo submarino, femenino, montañoso y selvático (Perrin 154-164). Pulowi protagoniza pocos relatos de Paz Ipuana o Jusayú, pero está muy presente en los de Perrin, como veremos más adelante. Quién sí protagoniza bastantes relatos de Paz Ipuana es Juyá, el ser supervital que es la lluvia (152 y otras), quien como todos los personajes supervitales de este elenco narrativo, es también, a su manera, un wayuu, es decir, que independientemente de sus poderes extraordinarios y de que él *es* la lluvia, tiene su vida cotidiana con sus esposas, hijas, yernos, cuñados y mantiene haciendas con ganado, cosechas, rancherías y sirvientes, y bebe y se divierte con sus amigos como corresponde a un wayuu rico. Esta cotidianidad común y ordinaria de los seres supervitales denota un pensamiento que se resiste a concederles trascendencia y los considera parte de un cosmos en que lo social y lo natural son indivorciables, no porque sean la misma cosa, sino porque se vinculan irremisiblemente gracias a la propia relación diferencial cambiante y evasiva que los constituye.

Cabe recorrer uno de los más interesantes y sugerentes relatos de Paz Ipuana, "La historia de Ulépala" para destacar la profundidad y sutileza con que la narrativa tradicional wayuu explora las contradicciones, dualidades y paradojas del vivir, dando cuerpo a un complejo pensamiento de la diferencia y la alteridad que es preciso estudiar y comparar con otros pensamientos similares en el mundo amerindio, en occidente y en otras latitudes.[28] La amplia compilación de Wilbert, Simoneau y Perrin ya citada presenta varios relatos de autores varios en que un hombre recién enviudado añora con gran melancolía a su esposa difunta, hasta que ésta regresa del mundo de los muertos a buscarlo para que la acompañe en su nueva morada. Éste de Paz Ipuana es uno de los más elaborados e interesantes. Vale la pena reproducir aquí una sinopsis antes de comentar algunos de los motivos y episodios más llamativos:

> Ulépala sale en busca de su esposa difunta, quien subsecuentemente lo presenta a la familia de ella entre los muertos, pero luego lo abandona en un cementerio. Al escuchar sus lamentos, los parientes de ella la convencen de que regrese con él, lo que ella hace, conduciéndolo a la tierra de los muertos en su caballo maravilloso. Ella se rehúsa a tener relaciones sexuales con él a pesar de sus ruegos, hasta que un día, él la persuade. Inmediatamente después él es transportado a un paraje yermo. Al ver ganado pasar, lo sigue y llega a los predios de Juyá (Lluvia), quien lo adopta como su hijo.

---

[28] Se señala la "alteración", el "volverse otro" del sujeto o personaje como una constante en la literatura indígena, en Roberto Viereck, "Oralidad, escritura y traducción" (18). En términos antropológicos, la obra entera de Eduardo Viveiros de Castro gira en torno al complejo pensamiento del otro, es decir, de la alteridad, en las sociedades amazónicas. Ver su magistral ensayo *The Inconstancy of the Indian Soul*.

> Un día Juyá le proporciona un arco y varios tipos de flechas y le encarga tareas enigmáticas de caza y búsqueda de alimentos. Gradualmente Ulépala aprende que sus presas asumen extrañamente formas [humanas] y sólo recuperan su forma cuando les dispara.
>
> Maleiwa visita a Juyá e insistentemente le pide que le entregue a Ulépala a cambio de sus riquezas, para poder comérselo. Eventualmente Juyá cede. Una anciana salva a Ulépala, lo devuelve a su tierra y le hace prometer que no revelará su aventura antes que se cumplan dos años. Tan pronto Ulépala rompe la promesa, lo mata una flecha de Maleiwa. Su corazón se convierte en un pájaro que hasta el día de hoy canta cada vez que viene Juyá (Lluvia) (694).[29]

La alteridad y la diferencia saturan cada resquicio de la vida en los relatos tradicionales de los wayuu. El potencial que tiene toda entidad de ser *otra* cuando menos se lo espera surge hasta en la intimidad conyugal, como les sucede a Ulépala y su amada. Ulépala se la ha llevado a su casa para hacerla su esposa. Ella se desespera cuando Ulépala tarda en regresar de la tierra de sus parientes con el pago que debe darle a la familia de ella por habérsela llevado. Una noche, pese a las advertencias de su suegra, ella sale por un camino como a buscarlo. Al rato, cuando regresa, es otra: "ya no era de este mundo". Y es que cuando estuvo en el camino, un wanuluu la interceptó y simplemente se la comió. Quien ha regresado a la casa es su sombra, su espectro, pero la relación que ese cuerpo espectral, ahora yoluja, mantiene con los vivos determina la perspectiva con que la ven: los hace verla como si fuera viva.[30] Esto no significa que la conducta del otro espectral en que se convierte la mujer de Ulépala no sea extraña. Como en otros relatos wayuu con tema similar, esta mujer yoluja se niega a la penetración sexual por su parejo, si bien le prodiga todo tipo de caricias. Ella, además, asume iniciativas que en vida ordinaria le corresponderían al hombre. Es significativo que él monta en las ancas del caballo que ella conduce hacia la orilla del mar. Y que ella lo conmina a no tener miedo y a seguirla a través del agua y por el pasaje cavernoso que los conduce a la isla de la Jepira donde moran los yoluja. Es la mujer quien seduce al hombre y lo lleva a traspasar un umbral crítico de la existencia, el umbral entre el mundo ordinario y "el mundo otro", cual Michel Perrin denomina

---

[29] Cito la sinopsis que la colección *Folk Literature of the Guajiro Indians* coloca al final de cada relato; traduzco la cita del inglés.
[30] Es la relación, posibilitada por la distancia y la diferencia, la que determina en gran medida las cualidades de los entes que se relacionan, pues esa relación instaura la perspectiva, el modo de ser de cada ente para el otro. Sobre el pensamiento "relacional" amerindio y sus tangencias con el postestructuralismo de Gilles Deleuze, ver Eduardo Viveiros de Castro, *Metafísicas caníbales. Líneas de antropología postestructural* (105 y otras). Sobre el "relacionismo" deleuziano: François Zourabichvili, *Deleuze. Une philosophie de l'evenement* (23 y otras).

al ámbito de alteridad máxima en el cosmos wayuu. Ese "mundo otro" no pertenece a la fantasía ni a la ilusión si con ello se implica irrealidad, pues se trata del doble real del mundo ordinario: "En el mundo otro está la verdad de este mundo que se somete al mundo otro", interpreta Michel Perrin que le dicen los chamanes wayuu con quienes conferenció intensamente durante sus estudios etnográficos dedicados a ese pueblo (*Los practicantes* 71).[31] Es interesante que en este relato (y en los otros de autores varios con el mismo tema) sea la mujer quien posea la iniciativa de trasladar al hombre al "mundo otro." Perrin también hace notar (refiriéndose a los relatos que graba, transcribe, traduce y publica con este tema), que una vez trasladados a la tierra de los yolujas, la mujer es la que asiste a bailes y festejos y sostiene relaciones sexuales con múltiples hombres, como si se invirtieran los roles de la vida ordinaria. Observa Perrin:

> En Jepira, la esposa se niega a unirse con su esposo mientras que en la vida real los guajiros insisten más bien en los deberes sexuales de la mujer ante su marido. Y lo que es más, en el mundo de los muertos, la esposa tiene varios maridos, mientras que los guajiros exaltan con fuerza la poliginia, desconocen la poliandria y condenan severamente el adulterio en la mujer, mostrándose indulgentes ante el adulterio masculino. Finalmente, en la Jepira la mujer es móvil y emprendedora [...]. En cambio su esposo es obligado a permanecer inmóvil, a esperarla y observarla. [Pero en la vida real] el hombre es esencialmente móvil, vive en el exterior [...], poligínico, debe ir de esposa en esposa [...]. Ella es socialmente fija, ya que, toda su vida, queda teóricamente ligada a su matrilinaje, residiendo cerca de la casa de su madre después del matrimonio. (186-87)

Hay que tomar en cuenta que estas observaciones de Perrin se realizaron al final de la década de 1960 y a principios de la década de 1970. El trabajo asalariado, la escuela y la migración urbana han dotado de mayor movilidad e iniciativa social a muchas mujeres wayuu. De todas maneras, el contraste del espacio *otro* visualizado en los relatos funciona como si las narraciones de alguna manera quisieran visibilizar una otredad femenina no evidenciada ordinariamente. Que esa otredad, es decir, esa verdad femenina otra, es irreductible, queda confirmado en el relato de Paz Ipuana de manera gráfica el día en que la esposa de Ulépala finalmente parece haber cedido a los requerimientos de su marido:

> Así la estrechó, la conmovió con todas sus ansias, la acomodó en supino, zafó sus ropas interiores, desajustó sus muslos, enfiló su miembro varonil hacia su vulva y ensayó sus movimientos de rico vaivén. Y sintió sobrevenir el orgasmo

---

[31] Perrin llama a los wayuu "guajiros," según el español contemporáneo de Venezuela, país donde se radicara para hacer sus investigaciones. Ver nota #6.

> [...]. Terminado el acto [...] se encontró solo. Había copulado con la sombra de su amada. Había satisfecho sus ansias con la imagen espectral de una mujer que había muerto tiempo atrás devorada por un wanuluu. Mas, cuando se percató de su error y de su lamentable estado, vio con horror que había derramado su semen sobre la tierra. [...] Vio con estupor que aquella emisión viscosa se transformaba en una mariposa blanca que lentamente remontó las alturas hasta perderse en los ámbitos inaccesibles de los espacios infinitos. Súbitamente se operó en los ojos de Ulépala una transformación inverosímil. Se vio de pronto perdido en una extensión desértica y vacía, desolada y triste. (99)

El hecho de que Ulépala siga la pista de un ganado que pasa por el desierto quizás remarque la histórica opción de la sociedad wayuu por la economía pastoril a raíz de su contacto con el mundo europeo. Perrin ha anotado esto con respecto a otros cuentos similares. En el caso de Ulépala, él acaba de estar en el mundo otro al que le ha dado acceso la mujer otra, a quien no pudo poseer sexualmente y es expulsado al desierto, donde siguiendo la pista del ganado llega a las tierras de Juyá, quien es la lluvia y también el principio masculino. Arriba a un espacio-otro donde Juyá-Padre lo acoge como hijo y le imparte enseñanzas enigmáticas relacionadas con la cacería y la recolección, que junto al pastoreo son recursos alternos a la agricultura. Juyá lo envía varias veces a cazar "perdices, conejos, venados o cualquier otra carne de animales silvestres" (103). Pero cada vez que Ulépala sale a cazar falla en detectar las presas indicadas porque éstas se le presentan como otras, es decir, hay un desencuentro de perspectivas, pues él las ve como humanas, como jóvenes que se solazan y entretienen en el campo. Y por tanto, vacila y no les dispara las flechas que Juyá le ha dado para ese propósito. Juyá le reconviene que simplemente regrese a buscar más presas y dispare sin pena, lo que Ulépala hace, verificando que en efecto, lo que ha visto como seres humanos se revelan como presas animales tan pronto les dispara las flechas sin vacilar. Tras varias experiencias similares, Ulépala finalmente aprende:

> Concluido aquel trabajo, desde entonces Ulépala comenzó a interpretar los difíciles mandatos de Juyá, cuyas órdenes confusas envolvían siempre complicadas paradojas [...]. Y así cuando mandábalo Juyá de cacería, ya sabía a qué atenerse. No vacilaba y de seguidas disparaba su flecha sin la menor lástima en su pecho. Y aprendió a cazar perdices, palomas, codornices, guacharacas, paujíes, jabalíes, váquiros, cachicamos, cauqueros y picures, que para entonces parecían personas a su vista, pero que al ser flechadas en seguida se transformaban en animales de cacería.

Regula estas conversiones una lógica de la relación: es la relación establecida la que determina los términos relacionados; dada una relación C entre A y B, es C la que determina lo que son A y B. Es la relación de caza, activada por el disparo de la flecha, la que determina que el cazador (depredador) es persona y que su presa es animal. Se verifica lo que Viveiros de Castro llama el *multinaturalismo perspectivista* típico del pensamiento amazónico (125-158), según el cual los seres (humanos, animales y otros) no difieren fundamentalmente, dado el hecho de que comparten todos el potencial de ser persona (sujeto), en lo que sí difieren es en las múltiples naturalezas (cuerpos) que pueden poseer según las perspectivas que asumen al entablar distintos tipos de relaciones. Ése es el enigma que Juyá le muestra a Ulépala. Lo anterior no significa que humanos y animales sean lo mismo, la diferencia entre lo humano y lo animal puede ser infinita, aclara de Eduardo Viveiros de Castro al caracterizar el pensamiento amazónico, pero una u otra posición puede ser asumida por distintos seres dependiendo de la relación que entablen entre sí, lo que resume en esta expresión feliz: "La humanidad no es una propiedad de algunas cosas en contraste con otras, sino una diferencia en la posición relativa de las cosas" (Viveiros y Sztutman 113).

Dado que la identidad humana es siempre inmanente a la relación y no a los entes relacionados, los seres supervitales o divinidades, como Juyá y Maleiwa no apuntan a un orden trascendente sino a la sociedad real vivida por los wayuu, con todos sus bienes y males. Juyá y Maleiwa son entidades supervitales, pero también, desde la perspectiva asumida por Ulépala en el relato, son hombres ricos, pues son los ricos quienes imperan al interior la sociedad wayuu al igual que en tantas sociedades.[32] Como cualquier poderoso caudillo local, Maleiwa impone sus deseos arbitrarios cuando le ofrece a Juyá grandes riquezas para que éste le entregue a Ulépala, a quien simplemente desea "comerse" (lo que posiblemente sea una metáfora sexual). Maleiwa solicita a Ulépala, ofreciendo dar un pago por él, como si fuera una muchacha o majayura por quien ofreciera una dote. Aunque Juyá se resiste al principio, cede finalmente y entrega a Ulépala. No estamos aquí, pues, ante el tipo de divinidad absolutamente benefactora que condiciona, por ejemplo, el cristianismo. Maleiwa se comporta en este relato como un tirano antropófago (o sexualmente motivado, si se lee el deseo de comerse al joven como una metáfora) y Juyá como un padre

---

[32] La sociedad wayuu ha sido, históricamente, al menos a partir del desarrollo del pastoreo en los siglos XVI y XVII, una sociedad de clases con claro dominio de las familias y personajes de mayor riqueza sobre los más pobres, y con relaciones internas de explotación servil. Una forma de esclavitud interna, es decir, de wayuu esclavo de wayuu, perduró hasta mediados del siglo XX. Ver François Picon, obra citada (104-107), y Giangina Orsini Aarón, obra citada (9). Tener en cuenta que se usa el término "esclavitud" por conveniencia, pero no se trata de la misma institución de esclavitud establecida por españoles y criollos.

que entrega a su hijo adoptivo a cambio de un pago, algo que contrasta con la beneficencia prodigiosa mostrada en otros relatos donde Maleiwa crea a los wayuu y Juyá dispensa la bonanza de la lluvia. El pensamiento de la alteridad contenido en estos cuentos es muy consecuente: animales, humanos y dioses (y todo otro ser) pueden ser siempre otros, dependiendo de las relaciones que asuman entre sí. A los personajes y receptores de estos relatos se les muestra que no se pueden hacer de falsas ilusiones sobre las entidades poderosas; se percibe que en toda relación, incluyendo aquellas con entidades muy apreciadas y valoradas, asoma una potencial relación de depredador/presa en la cual sólo se puede evitar caer en el rol de presa si se usa la astucia y se cuenta con las alianzas necesarias. Y esta actitud se basa precisamente en el reconocimiento de la alteridad fundamental del mundo, en el convencimiento de que toda realidad entraña un peligroso juego de ilusiones que el wayuu debe enfrentar con actitud alerta y desengañada.

Un enfoque etnológico o mitológico ortodoxo conllevaría seleccionar, entre los relatos documentados de una tradición, a aquellos que presuntamente ofrecen el contenido más "puro" del mito, los menos "aculturados" por la "sociedad moderna" y las artes literarias convencionales. Un enfoque literario, sin embargo, requiere colocar todas las aportaciones significativas sobre un mismo plano de composición sin atenerse a criterios de "pureza," preservación o "pérdida" de identidad. El eje conductor del estudio literario es la fabulación, la invención, y no la constatación de un estado de cosas en lo social o histórico. Michel Perrin evita hasta cierto punto la ortodoxia preservacionista, pero de todas maneras, en cuanto etnógrafo, enfoca las estructuras matrices del mito aplicando un método estructural que remite a una especie de cogollo o núcleo esencial de una cultura, que determina su consistencia a lo largo del tiempo. Según Perrin, la esencia de toda la cultura wayuu es la oposición entre Juyá y Pulowi, para constatar lo cual arma un relato compuesto a partir de múltiples versiones recopiladas, que incluye en la breve antología adosada al libro *El camino de los indios muertos*. Este relato compuesto debe expresar entonces, a base de varios ejercicios de abstracción de motivos y conceptos reiterados y entrelazados, un mito, el mito del "viaje al más allá" que da pie a una sugerente interpretación. Desde el punto de vista literario no nos compete constatar si, de hecho, la sociedad wayuu actual, a casi medio siglo de las observaciones de Perrin, funciona o no funciona de acuerdo a la oposición esencial expresada en este mito, sino el magnífico poder de invención e imaginación que esta lectura entraña, su estímulo para el pensamiento. Por eso, a tenor con el pensamiento relacional y diferencial que exponemos aquí, con toda conciencia de que Perrin es un autor francés, incluimos su aportación narrativa en esta antología, dado que el marco de relaciones temáticas y reflexivas en que se ubican sus versiones de relatos tradicionales wayuu las determinan como parte de esa literatura. Vale la pena citar *in extenso* parte de la reflexión de este autor sobre el dúo conflictivo de Juyá y Pulowi:

> Juyá y Pulowi son marido y mujer. Todas las Pulowi son esposas de Juyá. Por unanimidad los guajiros coinciden en este punto y en ninguna ocasión dejan de señalarlo [...]. Más aún, la unión de Juyá y de Pulowi reproduce el matrimonio guajiro poliginial y matrilocal en el cual el hombre, único y móvil, comparte su tiempo entre las esposas fijas y múltiples y generalmente dispersadas en un vasto territorio.
>
> Así se cierra el mundo guajiro. Los dos seres míticos, Juyá y Pulowi que asumen un cierto número de oposiciones fundamentales aparentemente incompatibles se unen en una pareja legítima. Bajo este ángulo lo que estaba en oposición se vuelve más bien complementario. Y esta complementariedad se expresa de varias maneras. Se trata a veces de alternancia, de supremacía sucesiva de uno o el otro de los principio opuestos [...]. Puede tratarse de una coexistencia siempre amenazante y precaria. De ello, la pareja guajira es una ilustración: aunque casados, el hombre y la mujer guajiros son enemigos potenciales porque pertenecen a grupos [clanes] con intereses frecuentemente contradictorios. Por último, esta complementariedad puede expresarse como una lucha incesante. (172)

Es importante tomar en cuenta las advertencias de Perrin en lo que refiere a la cantidad de aspectos negativos adscritos a Pulowi: no por eso ella encarna el mal ni Juyá encarna el bien. Como hemos visto, toda entidad, en los relatos wayuu tiene una capacidad de alteridad, de ser otra, de presentar otra perspectiva, otra faz. En todo caso, Pulowi es no sólo esposa de Juyá, sino que en cuanto principio femenino, custodia el pasaje entre vida y muerte, proporciona el parque de animales de cacería, provee aliados a los chamanes, y otros servicios, mientras que Juyá, como en el cuento de Ulépala ya comentado, puede vender a su hijo adoptivo a un poderoso antropófago o depredador sexual, golpear con el rayo, y embarazar a vírgenes incautas, entre otras fechorías. Estamos ante un pensamiento relacional y diferencial que contrapuntea oposiciones y las entrelaza, sin reducirlas nunca a una dicotomía maniquea ni a una síntesis armónica definitiva. Los conflictos, oposiciones, contradicciones y paradojas, más la violencia relacionada a los mismos, si bien separan y establecen distancias, también vinculan las instancias opuestas y las hacen complementarias.

Los cuentos de Miguel Ángel Jusayú ofrecen una plétora de sutilezas, ángulos y perspectivas relacionados con el pensamiento diferencial. El estilo minimalista de este narrador, que traslada las versiones orales al código alfabético adaptándolas sólo mínimamente a las demandas específicas del texto escrito (en ediciones bilingües wayuunaiki-español), puede desconcertar a algunos lectores, pues perciben una presunta "llaneza" en la expresión.[33] Antes que nada hay que tomar en cuenta la fuertísima impronta oral de los cuentos de Jusayú. Las filmaciones existentes de la "lectura" pública en voz alta que Jusayú hacía de sus propios cuentos muestran el impresionante rol de la onomatopeya y la recitación dramática inherente a su concepto de la narración.[34] Y más allá del desprendimiento del escenario oral que sufre este tipo de texto, debemos reconocer que, de todos modos, una lectura desprejuiciada revela sugestivos giros e ironías, inagotables sorpresas. Cabe comentar aquí un relato de Jusayú que destaca por no presentar seres supervitales ni relacionar al wayuu con el "mundo otro," el tipo de cuento que la crítica convencional llamaría "realista", titulado "Historia de Pilar". Éste ofrecería una suerte de transición a los cuentos escritos en la actualidad por Estercilia Simanca y Vicenta Siosi, autoras de expresión wayuu que incursionan de lleno en el sistema literario convencional sin pretender reproducir relatos tradicionales procedentes de la oralidad. Es interesante que "Historia de Pilar", basada en un *jayeechi* muy popular en una época, reitera el motivo del marido que, atribulado por la ausencia de su esposa, viaja a buscarla, pero en este caso la mujer no es una difunta ni un espectro yoluja, sino que se ha ido con un arijuna (persona no wayuu), y el viaje no es a un "más allá", sino a tierras de arijunas (la sociedad de los blancos). Un vendedor itinerante blanco seduce a una mujer wayuu, quien decide abandonar a su esposo y seguir al comerciante en su camión. Transmite un patetismo intenso el lenguaje escueto, sin adornos, pero elocuente, con que se describe cómo el marido persigue a caballo, en una carrera perdida de antemano, el camión donde el arijuna lleva a su esposa. Obviamente no los alcanza y para poner aún mayor distancia, la pareja fugitiva se traslada a un barco. El marido se lanza al mar con su caballo, persiguiendo sin desfallecer el barco donde va su esposa. Se describe cómo ella mira hacia atrás, como se marea e indispone en los medios de transporte que no conoce, pero sigue adelante con su amado. Eventualmente el marido se ahoga. El caballo fiel regresa solo, los parientes encuentran el cadáver y lo regresan a su tierra. Se menciona la nostalgia de la esposa en tierra arijuna, pero también su

---

[33] Reacción de estudiantes de posgrado a quienes asigné el texto.
[34] Ver documental *El niño Shua* (Patricia Ortega, Venezuela, 2007) donde Jusayú, más que leer sus cuentos a un público de niños escolares, los recita de memoria como un narrador oral de oficio, desplegando todo su arte de la elocución dramática y la vocalización de onomatopeyas de tal manera que le confiere a la composición una densidad semiótica inaccesible en el texto alfabético.

decisión de permanecer junto al nuevo parejo en la tierra nueva. El texto transmite con sus silencios la pena desolada del marido, el desconcierto de los parientes; se culpa a la mujer y al arijuna de todo lo sucedido y se establece el papel de víctima del marido, pero el lenguaje no se desborda en resentimiento hacia la mujer ni hacia el arijuna que la ha seducido, ni un sólo adjetivo derogatorio. El lenguaje es terso, el tono sosegado, estoico. La hechura misma de este relato instaura una distancia crítica, invita interrogaciones, insinúa otras perspectivas asociadas al destino de la mujer en la sociedad wayuu contemporánea. Es interesante que quienes toman el relevo proporcionado por estas colecciones de cuentos sean principalmente mujeres como Estercilia Simanca y Vicenta Siosi.

La incursión literaria pos-tradicional

El destino de los pueblos indígenas está íntimamente ligado al destino de la mujer indígena –y nos referimos no a la mera "supervivencia" de unas "culturas" o "costumbres" en el sentido multicultural, sino al desarrollo de formaciones sociales comunales que *autogestionan* modos de vida y valores inmanentes a los condiciones de existencia cambiantes que confrontan–. Las mujeres de la sociedad mundializada contemporánea asumen la transición del rol de *reproductoras* al de *autogestoras* principales de la vida y los modos de vivir, y en esa corriente converge la mujer indígena. José Ramón Lanao Loaiza comenta en su memoria guajira *Las pampas escandalosas*:

> La india, acostumbrada a trabajar y resignada a la esclavitud de un hogar que ha formado las más de las veces sin su voluntad amorosa, porque ha sido cedida al mejor postor, lleva en su sonrisa la claridad crepuscular de una melancolía despechada. De ahí nace la infidelidad inculpable de la india. [...] Bien sabe la india que casarse es una forma de trabajar en la maternidad sin salario y que no tiene motivo para bendecir su existencia [...]. (22-23)

Es una observación que aplica a mujeres de todas latitudes y su mérito radica precisamente en *no hacer excepción* en un tema muy soslayado por enfoques culturalistas de la etnicidad. Lo que en las observaciones del memorialista arijuna aparece como un retrato pasivo, aunque realista, de la mujer wayuu, en los cuentos de Vicenta Siosi es voz propia, fabulación que autogestiona simbólicamente el rol activo potencial y actual de la mujer wayuu, desapercibido aun por el más agudo observador. "El honroso vericueto de mi linaje", relato a todas luces autobiográfico, remonta la sucesión de vigorosas mujeres wayuu de la línea materna del padre de la narradora (71-91). El sustantivo "vericueto" remite obviamente al mestizaje. La tatarabuela wayuu, Agustina, es entregada en matrimonio a un español que paga cuantiosa dote por ella y la pareja se desplaza de la Alta Guajira a las inmediaciones rurales de Riohacha. El hecho de entrar en un lazo conyugal con un extraño, mediado por sus parientes maternos a cambio de pago es, por supuesto, aceptado por Agustina sin reparo alguno, a tono con la época, pero ella lo convierte en acto propio al asumir un rol activísimo como manejadora y negociadora de los bienes familiares frente al mundo wayuu y mestizo, como corresponde a una sociedad de frontera, sin salirse del ámbito de la sociedad wayuu, sino más bien extendiéndolo más allá de las rancherías originarias de su familia. Ese mismo rol se reitera en Vicentica, nieta de Agustina y abuela paterna de la narradora-personaje, cuando se casa con el comerciante italiano Cristóbal Siosi. Vicentica, al igual que su abuela, destaca como mujer de armas tomar y negociadora de fronteras sociales y culturales, siempre desde el ámbito de legitimidad y legalidad wayuu, que incluye el llamado contrabando como comercio perfectamente aceptable. Es preciso remarcar que lo que ambas mujeres afirman y extienden no es mera "cultura" en el sentido un tanto banal de esa palabra usado por el multiculturalismo, sino unos patrones de legitimidad y legalidad atinentes a cómo se hacen negocios y se asocian las personas y las cosas para regular sus vidas.[35] El multiculturalismo entiende la cultura como asunto de símbolos convencionales, pero en este caso hablamos de una cultura diferencial, donde los símbolos valen por sí mismos como acontecimientos gestores, como actores de la realidad en que se producen.

El mestizaje, siempre articulado desde la continuidad del linaje de las mujeres es fundamental. Prosigue aquí en el hijo de Agustina y el italiano Siosi, Aurelio, quien se casa con la hija de un venezolano y una indígena para concebir a la narradora-personaje y sus hermanos. La trama del relato coincide con la trama histórica reconstruida por historiadores recientes de la experiencia guajira. El mestizaje se revela, no como mecanismo de fusión homogeneizadora a la sociedad dominante, sino precisamente como "vericueto" mediante el cual la sociedad wayuu prolonga sus códigos de legitimidad y legalidad alterna dentro de la sociedad fronteriza de la región. Apoyada en la estructura matrilineal y matrifocal de su sociedad, la mujer wayuu *autogestiona* la continuidad del linaje correspondiente a esa estructura familiar. El relato de Vicenta Siosi refiere sólo de pasada la poligina que orienta esa estructura como modelo de prestigio y legitima-

---

[35] La sociedad wayuu ha desarrollado un sistema de derecho que rige en su territorio, cuyo principio no es el castigo, sino la compensación de daños. Cf. Weildler Guerra Curvelo, *La disputa y la palabra. La ley en la sociedad wayuu* (Bogotá: Ministerio de Cultura, 2002). Ver selección del texto incluida en esta antología.

ción. Alude apenas a que el guajiro David se casa sucesivamente con dos hijas de Agustina (si bien lo hace tras la muerte en embarazo de la primera), en aparente ejercicio del derecho de sororidad, derivado a su vez del principio de poliginia. Algo similar se menciona de pasada con respecto a Aurelio y sus anteriores uniones con tres hermanas wayuu. La historiadora Giangina Orsini Aarón refiere cómo la poliginia, con sus corolarios de sororidad y levirato, se entrelaza con el llamado contrabando para articular relaciones de mestizaje que, a diferencia del mestizaje experimentado por otras sociedades indígenas, no erosiona ni menoscaba el ámbito de injerencia del mundo indígena, sino que lo extiende hacia la sociedad general guajira hasta el punto que los mestizos y demás sectores étnicos guajiros practican también la poliginia y el contrabando como maneras legítimas de asociarse y crear redes socioeconómicas desde la colonia hasta el día de hoy (Orsini 18). Podríamos añadir, con perdón de Antonio Gramsci, que la sociedad wayuu practica, en su zona guajira de influencia, una suerte de contra-hegemonía que pasa sólo subrepticiamente por el estado y el estamento político.

Ese "orgulloso vericueto" de la contra-hegemonía wayuu, recibe en el cuento de Siosi una fabulación ciertamente afirmativa, mas a su vez muy crítica. La matriarca Agustina aparece como un personaje admirable, pero también equivocado. Su fanática aplicación de los códigos tradicionales de matrimonio le proporciona gran sufrimiento a sus hijas. Según prescribe la costumbre, exige a toda costa un "pago"[36] igual o mayor que el realizado por ella, por la mano de su hija casadera, sin que le importe el derecho de su hija a decidir con quien casarse. Esto le conlleva a la hija el matrimonio con un hombre wayuu maltratante que la conduce a la muerte en su embarazo. Luego la matriarca le entrega una segunda hija al mismo hombre, en aparente cumplimiento de los derechos de compensación y de sororidad dispuestos en el código wayuu. La segunda hija también muere de maltrato, y la tercera hija alcanza a escapar y desaparecer para siempre antes que someterse al matrimonio que le reserva su madre con el mismo hombre abusivo. La nieta, Vicentica, se salva de esa esclavitud conyugal y se fuga con un italiano sin encomendarse a la costumbre de su abuela autoritaria. Sólo acepta regresar bajo sus propias condiciones. Vicentica afirma su derecho a ser feliz, aunque ello signifique irse con un arijuna escogido por ella y no del modo tradicional, independientemente de los mandatos de la identidad y la cultura. La relación de Vicentica con Cristóbal es poco

---

[36] La palabra "pago usada en la Guajira suele confundir, pero no significa que el matrimonio sea una compraventa. Lo que llaman pago es una prestación de indemnización preventiva.

convencional pero satisfactoria. Es bastante notable el diálogo de este relato con la "Historia de Pilar", que ya describimos.

Otro relato de Siosi, "No he vuelto a escuchar los pájaros del mundo", asume una perspectiva y una distancia aún más críticas con respecto al matrimonio tradicional. Para la bella jovencita entregada por sus padres según el modo tradicional al "pagador" de una dote, el matrimonio es una condena al asco sexual, el maltrato, la miseria y la aniquilación física y espiritual. Cada hijo parido bajo esas condiciones supone el deterioro físico y moral de la madre, quien se siente aplastada por "mil espíritus mugiendo leyes antiguas" y "las sombras de los muertos exigiendo el cumplimiento de la ley nupcial" (Siosi 112).

Los cuentos de Estercilia Simanca ponen en perspectiva la relación de la sociedad wayuu con su entorno político-social. *Manifiesta no saber firmar*, ha alcanzado gran repercusión al mirar desde el lado wayuu ajeno a la escritura alfabética, las manipulaciones del estado y el estamento político en la Guajira. Este texto maneja con gran sutileza el foco narrativo, que gracias a un estilo indirecto libre hábilmente modulado, oscila casi sin fisura entre el punto de vista de una niña, del wayuu iletrado y la narradora-autora. El tono ingenuo contrasta con la perspicacia de las observaciones para combinar la sátira con la ternura como pocas veces se logra en la literatura contemporánea. El cuento "El encierro de una pequeña doncella", al igual que los relatos de Vicenta Siosi antes comentados, asume una distancia reflexiva con respecto al encierro de la joven tras su primera menstruación, práctica que todavía se mantiene en sectores de la sociedad wayuu (Simanca, *El encierro*). Sumada a su arte de escribir, a su lenguaje moderno sintonizado con la sensibilidad de los tiempos, la estrategia editorial de Estercilia Simanca de publicar ella misma sus textos en internet le ha permitido alcanzar más difusión que escritor indígena alguno en la literatura colombiana. Su cuento más conocido ha servido de base para el documental de Priscila Padilla *Nacidos un 31 de diciembre*, galardonado en varias competencias y difundido en la televisión y otros medios.

Los narradores masculinos de expresión wayuu han permanecido en la crónica tradicionalista de las hazañas de grandes figuras de la gesta wayuu de finales de siglo diecinueve y la primera mitad del siglo veinte. Pero quizás sea esta autoctonía en el tema narrado y en el estilo épico celebratorio lo que aporta un elemento paradójicamente novedoso, original, inédito en el siglo veinte, a las letras convencionales. *Los dolores de una raza*, de Antonio López es una reveladora crónica de las guerras interclaniles más notorias de principios del siglo veinte. Es una época donde todavía prima sin obstáculos el *ethos* guerrero de este pueblo de origen amazónico: todavía se celebran las vistosas carreras de caballos, los multitudinarios *potlatch* con abundancia aturdidora de asados y libaciones alcohólicas, las enardecidas batallas de dulce venganza encabezadas por jefes guerreros ofendidos, donde se toman a saco poblaciones enteras, se capturan cientos de prisioneros y se reparten decenas de mujeres como botín, culminando con la venta del sobrante de los cautivos de guerra como esclavos en el puerto de Castilletes y otros puntos. El narrador toma cierta distancia crítica con respecto a las matanzas, y la venta de los cautivos y cautivas, pero parece adjudicar este tipo de actos, más que a la responsabilidad individual de los actores, a lo que llama "la herencia fatal de la sangre indómita del ancestral caribe que todo wayuu lleva en sus venas" y al "crimen de la raza" (41). López aborda sin remilgos el tema de la esclavitud practicada por los jefes de poderosos clanes wayuu que organizan *razzia* contra clanes pobres para secuestrar hombres, mujeres y niños y venderlos como esclavos a las haciendas venezolanas del sur del lago Maracaibo. Esto ocurre en pleno auge petrolero en el siglo veinte. El capítulo VIII describe en detalle cómo se trasladan los esclavos mancornados a través del desierto y se los amontona en las bodegas de barcos destinados a Venezuela. Muestra a militares colombianos y venezolanos participantes en la trata discutir el precio de las mujeres a base de su edad y fertilidad para más tarde enredarse en discusiones sobre las ideas y virtudes de los partidos republicanos y la democracia sin reparar en que acaban de cerrar un negocio de compra-venta de indios esclavos en pleno siglo veinte. Es de admirar la franqueza con que este escritor wayuu presenta uno de los capítulos más problemáticos en la historia de su pueblo: la forma en que una clase dominante indígena no sólo esclavizó a coterráneos de su propia etnia, sino que los vendió al extranjero, hasta bien entrado el siglo veinte. Los eventos narrados permiten colegir cómo la violencia interclanil contribuye a acentuar las diferencias de clase en la sociedad wayuu, con el resultado de que los wayuu perdedores en estos enfrentamientos van a parar como esclavos en las haciendas guajiras o venezolanas, mientras no pocos vencedores se convierten en empresarios agrícolas vinculados a las clases propietarias mestizas y blancas, y al mercado internacional. El relato también deja traslucir cómo el estado manipula la violencia interclanil en lugar de disuadirla. El abordaje sincero del tema por parte de Antonio J. López, y también por Nemesio Montiel, otro cronista incluido en esta antología, muestra una honradez y madurez intelectual que a veces se echa de menos en los círculos indigenistas académicos que al presentar en nombre del indígena una visión idealizada obvian la complejidad y riqueza de una experiencia humana tan paradójica como cualquier otra, negándole a la colectividad indígena la capacidad de sencillamente ser tan controvertida y problemática como cualquier grupo humano. El joven escritor Ramiro Morales Epiayu también ha emprendido este género de crónica con un sugerente relato en torno a una guerra clanil, incluido en esta antología.

El estro poético contemporáneo de expresión wayuu es predominantemente masculino hasta el momento, a juzgar por los autores más publicados y destacados. Formado como discípulo de Miguel Ángel Jusayú, José Ángel Fernández Silva es quizás el escritor wayuu actual más arraigado en su lengua materna. Su instrumental poético proviene casi enteramente del tesoro lingüístico del wayuunaiki y siempre que puede publica en esa lengua, con la traducción al español adjunta.[37] Los poemas de Fernández suelen ser compactos, de verbo terso y puntual. Trabaja imágenes, expresiones, frases emotivas y descriptivas obviamente captadas de la oralidad nativa y las talla en la escritura como joyas. La versión española da un claro indicio de los destellos de esas joyas y transmite el rapto y la devoción contemplativa con que las cuida y acaricia el poeta. Del sugerente caudal narrativo wayuu emergen fragmentos, imágenes, nunca con afán de catálogo, pues pertenecen a una experiencia vital e insinúan más una biografía personal que una mitología; esbozan un paisaje y un habitante colectivo íntimamente interpelado más que una proclama cultural. Fernández no poetiza *sobre* lo wayuu, sino *desde* lo wayuu.

Otro tanto hace Miguel Ángel López Hernández, aunque con vocación de bardo popular. Su nombre se multiplica en dos heterónimos: Vito Apüshana y Malohe, siendo el primero la *persona* fundante de su particular repertorio poético. *Contrabandeo sueños con arijunas* posiblemente funda, como diría Lezama Lima, la era imaginaria de la literatura wayuu. Según anuncia el título, el personaje-autor creado por la obra misma, Vito Apüshana, acude a *contrabandear sueños* al escenario letrado, simulando cumplir con las reglas y requisitos de admisión que impone la ciudad letrada, para mejor transgredir el coto cerrado de la literatura convencional y establecer un intercambio abierto de bienes ideados y soñados. Vito Apüshana persigue abrir "vericuetos" de contrabando,[38] no de asimilación ni integración,

---

[37] Cf. José Ángel Fernández Silva, *Nünüiki ka'ikai/Lenguaje del sol* (Caracas: Monte Ávila/El Perro y la Rana, 2006); y también *Jayeechiirua jee Ojutuuirua Sümüinjatü ü Eiikaa Mma/Cantos de pagamento a la Madre Tierra* (Caracas: El Perro y la Rana, 2007).

[38] Tomar en cuenta que el llamado contrabando es comercio perfectamente legítimo en los códigos del pueblo wayuu y de gran parte de la sociedad mestiza y blanca guajira que ha asimilado dichos códigos. Cf. Giangina Orsini Aarón, obra citada.

con ese coto restringido que suele presentarse como la única literatura posible. En este gesto de apertura del rapsoda wayuu radica su apuesta a la universalidad de los intercambios humanos. Su objetivo es entrar y salir de la ciudad letrada para ofrecer regalos y recibirlos, al tiempo que mantiene su residencia en la tierra de dimensiones inconmensurables de lo visible y lo invisible, recreada día a día en la cosmopraxis amerindia. Con ello, este habitante del ámbito wayuu reconoce que la tradición de la literatura convencional, en su alcance mundial, posee delicias y bondades muy preciadas, entre ellas, la capacidad de recibir con júbilo lo que el pueblo wayuu ofrece y de reciprocar con recursos creativos invaluables.

Durante casi una década un enjambre creciente de lectores persiguió los rastros de un autor llamado Vito Apüshana, supuesto pastor recluso de la Alta Guajira, de quien nadie podía o quería dar cuenta. Hubo excursiones de lectores, críticos y antropólogos por los parajes deslumbrantes de la Guajira colombo-venezolana; atravesaron sus pampas, bosques y breñales bordeados de dunas, médanos y playas, buscándolo. Algunos creyeron haber visto al poeta pastor y contrabandista, pero era sólo una creencia. Eventualmente Miguel Ángel López se identificó como el creador de la figura de Vito Apüshana, pero el impacto del heterónimo fue tan fuerte que hoy muchos le llaman Vito a Miguel Ángel. Este anecdotario alucinante nos recuerda las búsquedas de autores desaparecidos en las novelas de Roberto Bolaño. La profesora Adriana María Campos Umbarila, de la Universidad Javeriana de Bogotá, nos ofrece el más pormenorizado análisis realizado hasta ahora sobre la estrategia inicial de este poeta de no comparecer en persona ante sus lectores. Las reflexiones de la profesora Campos nos permiten relacionar la danza de identidades de Vito Apüshana a un desencuentro crucial entre las literaturas amerindias y la ciudad letrada convencional. Marc de Civrieux, compilador y traductor del gran libro ancestral de los yekuana en la Orinoquia venezolana, el *Watunna*, ha explicado con toda claridad tal desencuentro: "No hay margen, en las mitologías –y aquí entra toda la tradición amerindia–, para la fantasía subjetiva de 'artistas' individuales ni para la improvisación. Cada episodio, cada símbolo, tiene importancia y significado ejemplar. Expresión espontánea del alma colectiva, el mito sobrepasa los límites del hecho síquico individual y sería vano buscar su autor. Sólo hay un poeta: la comunidad" (33). En mi opinión, el continuo acto de desaparición de Apüshana recusaba la vanidad de buscar un autor para una obra que convoca a un pueblo desde la palabra misma de ese pueblo. Por eso decimos que el contrabandista guajiro de sueños simula adecuarse a ciertos requisitos de la ciudad letrada, para incursionar en ella, pero se rehúsa a validar el mito moderno-occidental del autor. Esto, sin que podamos decidir si acaso tal estrategia redunda, a fin de cuentas, en reforzar el mito del autor al crear también un autor que hace de su invisibilidad un mito contemporáneo. Lo que sí queda establecido es que Vito se convierte en personaje de la obra poética misma, que su personalidad imaginaria late en cada verso y que comprobar a quién pertenece el nombre del poeta que así se llama es secundario.

Los bienes que aporta este contrabandista de la poesía son luminosos.[39] Esta voz esbelta, susurrada o cantada, pero siempre sonora –breve, muy medida, mas intensa– capta las palabras, los nombres de los antepasados, y también de los coetáneos, y de quienes todavía no han nacido, entre los que se incluyen parientes, espíritus, animales, criaturas visibles e invisibles y lugares concretos de un ámbito muy real, tan real que incluye los paisajes del sueño, un ámbito en el cual todos los seres son potencialmente personas, nunca del todo cosas ni objetos, al contrario de las relaciones abstractas del mundo degradado y reducido al que tantos llaman, sin hacer justicia a las palabras, "realidad", "modernidad", "civilización". Como dijimos al principio de esta introducción, en su libro titulado *Nunca fuimos modernos*, Bruno Latour más o menos implica que lo único moderno de los supuestos modernos es creerse que lo son. La poesía de Vito/Miguel Ángel López va más lejos, después de leerla quedamos preguntando si tiene algún sentido en este siglo veintiuno, aquella separación espuria entre la civilización y la barbarie, lo moderno y lo pre-moderno, la cultura y la naturaleza, lo humano y lo no humano que tantos estragos permitió causar en manos de quienes se la tomaron demasiado en serio, o que pretendieron cínicamente que así lo hacían.

Si queda claro que la literatura wayuu entera apalabra la potencia resumida en el gesto de este poeta y que se levanta como un sol en esa dirección, se habrá cumplido el propósito de este recorrido introductorio. Queda, por supuesto, todo por decir, pero nada se habrá dicho hasta que no se aprecie el caudal de bienes presentado por los contrabandistas de sueños concurrentes a esta literatura.

Juan Duchesne Winter
Universidad de Pittsburgh

---

[39] Cf. Vito Apüshana, *Contrabandeo sueños con alijunas cercanos* (Riohacha: Secretaría de Asuntos Indígenas, 1992); Malohe (Miguel Ángel López Hernández), *Encuentros en los senderos de Abya Yala* (Bogotá: Travesías, 2009) y Vito Apüshana, *Shiinalu'uirua shiirua ataa/En las hondonadas maternas de la piel* (Bogotá: Ministerio de Cultura - Biblioteca Básica de los Pueblos Indígenas de Colombia Vol. 5, 2010).

ADVERTENCIA

La mayoría de los escritores wayuu escribe en español. Los pocos que escriben en wayuunaiki, siempre acompañan el texto en esta lengua de su versión en español. Hay quien escribe en español y encarga la traducción al wayuunaiki para publicación en formato bilingüe. No hemos hallado noticia de la publicación de literatura monolingüe en wayuunaiki. Existen dos sistemas para trasladar la oralidad wayuunaiki a la escritura: el MAJ, creado por Miguel Ángel Jusayú, y el ALIV (Alfabeto de Lenguas Indígenas de Venezuela) establecido como estándar para todas las lenguas indígenas habladas en Venezuela, incluyendo el wayuunaiki. Sin embargo, al no existir una academia de la lengua de los wayuu, en la práctica cada cual transcribe las palabras del wayuunaiki al alfabeto latino según mejor entiende. Hemos respetado la diversidad real de interpretaciones, intentando homologar las grafías de vocablos en wayuunaiki sólo en los textos correspondientes a un mismo autor. Los únicos textos en prosa tomados de libros publicados originalmente en formato bilingüe incluidos en esta antología son los cuentos de Miguel Ángel Jusayú. Toda la otra prosa aquí antologada fue publicada en español originalmente (o en francés, en el caso de Michel Perrin). Por razones prácticas, sólo hemos incluido la versión en español de los cuentos de Jusayú. Sin embargo hemos preservado el formato bilingüe de los poemas así recibidos de sus autores, entendiendo que en estos casos el bilingüismo es integral a la estrategia estética del poema. Notar, finalmente, que Miguel Ángel Jusayú emplea el gentilicio "waiú", de acuerdo a su sistema de transliteración (MAJ).

Weildler Guerra Curvelo

LA DISPUTA Y LA PALABRA. LA LEY EN LA SOCIEDAD WAYUU (2002)[1]
(Selección)

ESPECIALISTAS EN LA DISOLUCIÓN DE DISPUTAS

La figura que simboliza todo el sistema de compensaciones Wayuu es el pütuchipü'ü o palabrero, el cual se asocia en la tradición oral a los pájaros por su despliegue retórico, similar al canto de las aves, despliegue con el que busca lograr la conciliación de las disputas intra-étnicas. Existen diferentes clasificaciones étnicas de dichos intermediarios, las cuales se encuentran relacionadas con arquetipos mitológicos, con la gravedad de las disputas que asuman o se derivan del tipo de misión encomendada, ya sean graves casos de sangre, arreglos matrimoniales o el manejo de pequeñas querellas. Finalmente, estas clasificaciones pueden fundamentarse también en el grado de dedicación de un individuo a la función de palabrero.

Origen mítico de los pütuchipü'ü o palabreros

El pájaro Utta aparece en distintas narraciones como un gran legislador a quien Ma'leiwa encomendó la clasificación de los Wayuu en clanes y quien dictó las primeras prescripciones en torno a su organización social (Paz Iipuana 197). Por ello fue premiado con collares[2] por el héroe cultural y se le concedió un aspecto majestuoso, además del don de la clarividencia y el buen humor. Utta es mencionado en el conjunto mítico Wayuu como el primer palabrero, sucedido luego en su oficio por Choochoo, una variedad de pájaro carpintero.

> El pájaro Utta era anteriormente una persona a quien enviaban tras algún caso como el pago de una mujer, de un herido a bala; también era enviado en el caso del cobro de una ofensa o en el de una sospecha injustificada; en fin, era enviado en cualquier caso en el que fuera necesario arreglar un conflicto.

---

[1] Aquí presentamos una selección tomada del libro de Weildler Guerra Curbelo, *La disputa y la palabra. La ley en la sociedad wayuu* (Bogotá: Ministerio de Cultura, 2002), que obtuviera el *Premio Nacional de Cultura 2001* en Colombia (Nota del editor).

[2] El ave denominada Utta por los Wayuu probablemente corresponde al *Hypenelus ruficollis*, el cual tiene círculos de color en el pecho semejantes a un collar. Perrin sugiere que puede tratarse del *Hypnelus bicinatus* (251. Todas las notas son del autor si no se indica otra cosa).

Utta no pedía collares por todo tipo de pago, sólo lo hacía en los casos o hechos de la carne (*eirukuu*), cuando por lo general pedía dos ensartas de collares de *tu'umá*[3] y además otros tipos de collares como aquellos llamados *karuneeta* y *kurulasha*. Pedía también otro tipo de collar antiguo llamado *wouwouyaa* unos collares llamados *aliitasii* y *waliruinyaa*. Esto era lo que pedía Utta por los hechos de la carne. De los collares *tu'uma* sólo se pedían dos, pero de los demás se podían pedir más de dos. Cuando Utta era enviado para el arreglo de este tipo de casos, el palo que llevaba en sus manos era de *pali'isepai* y era más bien grueso.

Utta llegaba y decía:

–Ah… aquí me han mandado con este mensaje.

–Ah… si te han mandado debes hacerlo bien, la palabra debe ser llevada de una manera recta, en una sola dirección, no debe ocasionar otro problema, ya que la palabra siempre debe ser bien llevada, por eso esperamos que lo hagas bien, ya que te han mandado hacia nosotros por ser un hombre serio y correcto.

–Ah… así lo haré.

Cuando le entregaban las cosas resultantes del pago, Utta reunía[4] a todos los familiares, niños, jóvenes, adultos, absolutamente todos; si por casualidad alguien faltaba, se le esperaba.

Los collares no eran recibidos hasta que todos estuvieran reunidos, pues Utta recibía en sus manos los collares delante de todos y allí a todos les pedía opinión: a las mujeres, a los jóvenes varones y a los adultos, a ver si estaban de acuerdo o no; qué les parecía, si les gustaba.

Entonces los Wayuu respondían:

–Ah… sí, estamos de acuerdo, nosotros queremos que nos pague.

–Ah… decía Utta– eso era lo que yo quería saber, aquí saco estos collares delante de ustedes para entregárselos.

De pronto Utta decía:

–¿Cómo quedarán estos collares en mi cuello? ¿Será que me llenan el cuello?

Comienza a ponérselos uno encima del otro. Luego se los quita y continúa diciendo:

–Ah… Bueno, aquí están los collares, todos entran en mi cuello, entonces que se acerque quien los reciba, alguien que vaya a saber de estos collares.

---

[3] Cuentas arqueológicas muy valoradas entre los wayuu.
[4] El narrador utiliza la expresión *Akolochijünüsü*, reunir.

—Yo soy la persona que tiene que saber de ellos— dijo la abuela del herido.

Utta respondió a su vez:

—Aquí están los collares, yo te los contaré: aquí están dos collares de *tu'umá*, un collar de corales, un collar de *karuneeta*, un collar de *walirüinyaa*, y un collar muy fino llamado *wouwouyaa*, también te entrego un collar de *aliitasii*. Bueno, ésta es la forma como se hacen los pagos, claro que existen otras cosas de menor valor, como el oro, ese oro pequeño, pero los mejores son estos que les he mostrado; con ellos se paga la carne; bueno, reciban ustedes esto.

Y continuó:

—Ahora yo voy a pedir en animales lo que corresponde a un pago de carne. Anteriormente no se pagaba con cabras, se pagaba con vacas o mulas. Los caballos, no eran muchos; eran más numerosas las mulas y las vacas, aunque las mulas son más antiguas que las vacas, éstas llegaron más tarde. Entonces se entregaban las vacas en un número de diez, todas ellas paridas por el valor de la palabra de Utta; después se daban las mulas, pero no muchas, sólo se entregaban dos, así como los collares de *tu'umá*. Entonces se decía; "aquí están las diez vacas paridas, que darían un número de veinte con los hijos. Ahora la forma de pago sería la siguiente: se hará un pago tres veces". Al año, después de este pago, se les hará otro similar, y por último otro que completará tres pagos, pero este último estará constituido por diez burros y cinco vacas. A este pago se le llamará *e'rirawaa* (verse). El último pago se hace con burros, no con collares. Así se acostumbra a finalizar un pago. Las cinco vacas se entregan por parte de Utta, entonces viene la comilona y lo que se llama *erajirawaa*,[5] donde se bebe *ishiruunama'a*[6] *wuirüma*.[7] También se comparte la *koo'oima'a*, que es una bebida como el aguardiente, todo para que la beban las personas agredidas. El que ocasionó el conflicto es llamado por Utta para que se dé la mano con el ofendido; en este evento se dan las manos. Entonces, con los tragos en la *e'rajirawa*,[8] se concreta la paz. Todo salía muy bien, no quedaba ninguna duda de los arreglos hechos por Utta.

Así sucedía anteriormente, ya que Utta será un buen palabrero. (Contado por el *pütchipü'ü*, Sarakaana Püshaina).

Algunas narraciones (Pimienta 18) cuentan cómo el prestigio del pájaro Utta como palabrero va disminuyendo y su posterior reemplazo por Choochoo, el pájaro carpintero, al cual se le atribuye un carácter beligerante. El término Choochoo es utilizado actualmente por los Wayuu para referirse

---

[5] El *erajirawaa* es una afirmación ritual del acuerdo entre las partes. Hace posible que los miembros de las familias anteriormente enfrentadas se encuentren en los caminos, pues sus relaciones sociales han sido reestablecidas.
[6] Chicha ácida.
[7] Chicha de auyama.
[8] Acción de verse.

al intermediario que obtiene el pago de la compensación solicitada a partir de una retórica de guerra.

> Utta, aquel señor serio que estableció el valor, costo o compensación de todas las cosas, se dañó y por eso lo bajaron de categoría. Dijeron: "Vamos a bajar a Utta".
>
> Y lo bajaron, pero le quedaron los mejores collares. Utta fue reemplazado entonces por Choochoo, el pájaro carpintero, Choochoo comenzó su mandato con palabras fuertes. Los Wayuu le tenían miedo, pues alzaba mucho la voz; era muy diferente a Utta. Usaba *lania* (amuletos o "contras"); tenía la llamada *Kamaralia*. Esta "contra" hacía temblar a las personas. Bastaba que se dijera, "allí viene", para que los Wayuu temblaran. Cuando hablaba era peor; todos se ponían nerviosos al escuchar su voz, su propia palabra ya era un acontecimiento. Mas los Wayuu fueron resintiendo las palabras de Choochoo, por la forma fuerte como respondía. Los Wayuu entonces comenzaron también a dar malas respuestas y hasta solicitaron pago por la forma ofensiva en que se dirigía a ellos. Entre las "contras" que usaba Choochoo estaban el *jashieepi* y *kamaralieepi*, por eso hasta al Wayuu que era fuerte se le ponía la carne de gallina por las palabras del Choochoo, por las "contras" que éste usaba. Fue así como se inició el cobro por medio de la palabra, pero el primero fue Utta.
>
> (Contado por Sarakaana Püshaina)

Otros *pütchipü'ü* primigenios son Püsichi, el murciélago, el mono Juchi, llamado usualmente con el término Maako.[9] Püsichi era un palabrero que hablaba en la penumbra de la madrugada o al finalizar la tarde para no mostrar la expresión de su rostro. En contraste, la actuación de Utta era llevada a cabo en la claridad de las primeras horas de la mañana. Los Wayuu actuales suelen denominar así, en primer lugar de manera despectiva, a todos los palabreros,[10] dado que su arribo a un asentamiento coincide frecuentemente con las salidas habituales de dichos animales; en segundo lugar se refieren así especialmente a aquellos intermediarios que no son claros en sus argumentos y cuyas intrigas pueden agravar una disputa. Finalmente, Maako es presentado como una persona inmadura e irresponsable que cuando era enviado a transmitir la palabra se quedaba en los caminos distraído en juegos eróticos con las perdices:

> Maako era un Wayuu, no era otra cosa; anteriormente era un Wayuu juguetón. Le gustaba jugar demasiado, jugaba todo lo que se considerara juego entre

---

[9] Probablemente un préstamo del español "mico" o "maco".
[10] El término Püsichi, con el sentido de intermediario tradicional en las disputas Wayuu, se encuentra registrado por Celedón (1878) en su célebre *Gramática y vocabulario de la lengua guajira*.

los Wayuu, como la *yonna*.[11] No se estaba quieto ni un solo momento. Aunque era un buen palabrero, no era serio como Utta; lo mismo le sucedía a Püsichi como palabrero, ellos no se cuidaban, se comportaban como niños.

La historia de Maako para que quedara registrada de esa manera, fue así:

Estaban bromeando y jugando en una *yonna*. Maako, aparte de jugar y bromear, se burlaba de los pájaros que bailaban como las perdices. Todos estos animales eran personas anteriormente. Maako los molestaba, cuando ocurrió el cambio de su figura. Una vez hubo una fiesta a la que Maako asistió. Empezó a molestar y a bromear, entonces las perdices también empezaron a bromear con él. Maako no bailaba derecho sino torcido. Le dijeron las perdices:

–¿Por qué te portas como un niño? ¿Por qué no eres una persona recta si eres un hombre rico? Si a nosotros nos pasa algo es por tu culpa, por andar con el desorden en *el baile*.

Una de ellas le dijo a Maako:

–¿Qué pasará si yo me pongo a bailar delante de ti sola? Tú no me haces falta para bailar –corrió a bailar sola y de pronto dijo–. Aquí estoy yo sin parejo, ya se me cayeron los genitales, porque estoy sin parejo.

Entonces Maako dijo:

–A mí es a quien le están diciendo eso.

De pronto movió la mano y se encontró con una cola, aunque él antes no tenía cola puesto que era un Wayuu, pero la cola se le apareció de pronto por las palabras que la perdiz dijo porque le molestó la necedad de Maako, quien dijo:

–Se me cayeron los genitales.

De allí resultó la cola de Maako. Por tal razón, aunque ellos eran palabreros, nunca fueron como Utta. (Narrado por el pütchipü'ü Sarakaana Püshaina)

Los arquetipos mencionados funcionan como referentes mitológicos que limitan los desbordamientos de los palabreros y previenen la distorsión del sistema normativo Wayuu en general. En este sentido, se considera conveniente que los intermediarios manejen una ligera dosis de humor al arribar al escenario de la conciliación, para distensionar el ambiente, sin llegar a los extremos de comicidad de Maako. Se tiene por saludable la prudencia en la conducta del *pütchipü'ü*, sin que su sigilo se torne tan sospechoso y oscuro como el invisible rostro del Püsichi. Y se alaba, por último la firmeza del palabrero, su respetable figura, pero su mensaje no debe

---

[11] Baile tradicional (Nota del editor).

percibirse como una amenaza para el bando contrario, como solía hacerlo el arrogante Choochoo. Finalmente, aún el persuasivo y prestigioso Utta puede perder su reputación si llega a caer en las tentaciones de la lujuria.

Clases de palabreros

Cuando una familia extensa Wayuu decide exigir compensación material por el quebrantamiento de una norma social, suele recurrir a un intermediario especializado llamado en Wayuunaiki *pütchipü'ü, pütche'ejana, o pütche'ejechi*. En español se suele designar con el nombre de "palabrero". El término *pütchipü'ü* designa un auténtico especialista dedicado a la solución de disputas. En contraste, la palabra *pütche'ejana* tiene un carácter más amplio: en realidad puede referirse a un mensajero, pero el acto de llevar un mensaje es sólo una de las funciones del *pütchipü'ü*, y no abarca la totalidad de éstas. El término *pütchipü'ü* indica, según Jusayú y Olza Zubiri (165), "más dedicación o profesión que *pütche'ejechi*". De acuerdo con lo declarado por la mayoría de los informantes entrevistados, el término *pütchipala* hace alusión al interlocutor del *pütchipü'ü*, usualmente el jefe tradicional del grupo familiar hacia quien se dirige la reclamación. Este receptor de la palabra no es, necesariamente, un palabrero reconocido, mas debe ser un hábil orador y tener experiencia en el manejo de situaciones conflictivas. Muchos palabreros se han iniciado en el oficio desempeñando inicialmente funciones de *pütchipala* en el seno de su propia familia extensa. Si han tenido un brillante desempeño, pueden ser solicitados para reclamar compensaciones materiales en nombre de otros grupos familiares involucrados en una disputa.

La existencia de diferentes clases de palabreros es mencionada frecuentemente por los propios especialistas entrevistados. Éstos distinguen entre quienes se dedican a casos de sangre y quienes se especializan en los arreglos del precio de la novia. Existen también palabreros menores, que concilian pequeñas querellas en los vecindarios indígenas aconsejando a un joven que se embriaga con frecuencia o reconviniendo a una mujer descuidada en las labores del hogar. El palabrero del matrimonio, o aquél que sólo se limita a cobrar, es llamado *maünai*[12] *o maünapui*, el cual no requiere apelar a elaborados recursos de oratoria para conciliar un conflicto. Según Perrin ("La ley guajira" 95), cuando las partes han acordado la compensación eco-

---

[12] *Maünai* proviene del término *maüna*: compensación. *Maünai* es literalmente el encargado de solicitar el pago o la compensación.

nómica, el *pütchipü'ü* se convierte en *maünai,* es decir, se dedica a ultimar detalles sobre la cancelación de los pagos.

Formación del palabrero tradicional

> Aprendemos a través de la observación y la experiencia de la palabra. Es algo que se transmite de generación en generación. No se requiere escuela, como la tienen los *alijuna*. La palabra se aprende escuchando a los mayores, a los palabreros, a las personas que saben hablar e interpretar un mensaje. Ésta se lleva en la mente y en el corazón para luego transmitirla a las futuras generaciones, que de esta manera conservan nuestras costumbres y mantienen el poder de la palabra. Cuando una persona siente que tiene aptitudes para ser palabrero puede comenzar ya sea por insinuación de una persona mayor, por coraje o porque quiere comprobar si verdaderamente es capaz. Empieza por arreglar problemas sencillos; y así hasta ser capaz de arreglar problemas difíciles como los casos de muerte por arma de fuego. Así se llega a ser un palabrero reconocido de mucha experiencia, y él mismo va madurando en su oficio.
>
> Los palabreros aprendemos en nuestro medio escuchando a otros palabreros; no necesitamos ir a otras partes para adquirir conocimiento. Arreglar los problemas y aconsejar a ambas partes es nuestro oficio, en él aprendemos a callar las ofensas proferidas por algunas de las partes, ya que buscamos la paz de las familias ofendidas. (Isidro Epinayuu, conocido como Chamuuna, palabrero de consejos y disputas menores, vecindario indígena de la Ceibita, Riohacha)

El palabrero como intermediario y mediador

Entre los distintos especialistas encargados de la solución de las disputas humanas podemos mencionar a los defensores legales, intermediarios, mediadores rituales, conciliadores, árbitros y jueces, los cuales pueden ir señalando los distintos grados de autoridad progresiva de cada uno de ellos en las querellas existentes en el seno de las sociedades donde actúan. Para entender el verdadero papel del *pütchipü'ü*, es necesario precisar conceptualmente las diferencias existentes entre estos tipos de especialistas.

Según Gluckman (226-27), *los defensores legales* existentes entre los Comanches eran guerreros fuertes de la tribu buscados por los hombres débiles para insistir en su demanda contra un supuesto ofensor. Él podía forzar a un demandado a pagar, como lo hubiera hecho el demandante si hubiese tenido poder y fuerza. Los *intermediarios,* existentes en distintas sociedades se limitan a transmitir los reclamos de la parte ofendida; no les está permitido apartarse por su propia voluntad de éstas o proponer soluciones inconsultas. En contraste, los *mediadores* pueden sugerir soluciones libremente a las partes enfrentadas. Los árbitros que existían entre los indígenas Yurok de Norteamérica podían tornar sus decisiones en obligatorias. No obstante, en reales circunstancias de la vida, frente a algunas situaciones específicas, un intermediario puede tomar el control de una situación como si él tuviese autoridad para hacerlo, y en otras situaciones un juez y un árbitro buscarán persuadir a las partes en disputa como si ellos no tuvieran autoridad para hacerlo (Mansen 54). El *conciliador* entre los Ifugao puede persuadir, adular, sonsacar, amenazar, forzar, insinuar y hasta reñir para obtener su cometido. Puede desatender las peticiones de los demandantes de un proceso y apoyar las propuestas de los demandados hasta llegar a un punto en el que las partes puedan avenirse. Entre los Nuer –pueblo de pastores del África– existe una persona llamada el *hombre de la tierra*, el cual puede poner fin a la lucha entre dos partes cavando la tierra entre ellos. Éste es catalogado como un mediador ritual, el cual no escuchará ni sopesará las pruebas de las partes en disputa, e incluso le es permitido amenazar al bando que se niegue a poner fin al conflicto con establecer sanciones sobrenaturales (Gluckman 227)

El palabrero Wayuu puede, en sentido estricto, considerarse un intermediario en la medida en que sólo lleva las "palabras" y peticiones de la parte ofendida a los agresores y aclara, antes de exponerlas, que no se apartará de lo que le fue encargado de transmitir. Saler (117) señala que el palabrero ideal sería en efecto un intermediario y no un mediador ni un árbitro, puesto que los mediadores pueden sugerir soluciones y los árbitros transformar sus propuestas en obligatorias para las partes. Empero, según Saler, cuando el palabrero es hábil orador, rico o persona de prestigio, es posible que sea más que un simple intermediario, pues la conciencia de su propia importancia puede llevarlo a realizar propuestas concretas que logren el fin de la pugna. Por mi parte, considero que en la medida en que el proceso se torna más complejo y se dificulta el acuerdo entre las partes, el palabrero Wayuu abandonará progresivamente su papel de intermediario y asumirá el de un auténtico mediador que se esforzará, mediante un despliegue de recursos retóricos, por encontrar una salida pacificada a la querella y evitar el desencadenamiento de un enfrentamiento armado.

La mujer como palabrera

Algunas desavenencias surgidas dentro de los vecindarios indígenas pueden ser conciliadas por mujeres. Éstas pueden incluso solicitar el pago de indemnizaciones por faltas leves, sin que ello implique que se desempeñen como auténticos especialistas o *pütchipü'ü*. Los testimonios sobre su desenvolvimiento como palabreras en hechos de sangre en el pasado son escasos y contradictorios. Varios entrevistados hablaron de mujeres que se comportaban como hombres: portaban armas e intervenían en la solución de graves conflictos. Tal es el caso de Blanca Ipuana, mencionada en distintas entrevistas como palabrera de la zona de Jalaala y de Kuramarü, mujer de Rapeerü y oriunda de Chimare, quien sabía responder la palabra y asignaba a los miembros de su grupo familiar extenso el número de animales que debían aportar para reunir la compensación exigida. Estos ejemplos tienden a corroborar la concepción tradicional de que el papel del *pütchipü'ü* tiene un marcado carácter masculino.

Recientes procesos de urbanización de la población Wayuu han llevado a que algunas mujeres se desempeñen como reclamantes de indemnizaciones en accidentes graves, especialmente en disputas de carácter interétnico. Catalina Rodríguez Ipuana, ya fallecida, fue considerada por algunos palabreros, debido a su temperamento y discurso, como mujer de "palabra caliente". Se destacó en la ciudad de Riohacha durante la segunda mitad del siglo XX como mediadora en disputas surgidas entre los miembros de la etnia Wayuu y los habitantes criollos de ese centro urbano. En épocas más recientes, en la sede de la organización indígena Yanama, en Maicao, Rosa Gutiérrez Pana, miembro del clan Epieyuu, de la zona costera de Carrizal, se desempeñó como conciliadora en disputas de carácter intraétnico e interétnico. En estos casos, una figura femenina como interlocutora puede suavizar las tensiones entre personas de diferentes culturas y posibilitar un acuerdo dirigido a compensar una muerte en accidente de tránsito o la gravidez de una joven Wayuu por parte de un hombre no indígena.

Las oficinas gubernamentales de Asuntos Indígenas han involucrado recientemente a mujeres en la solución de las disputas intraétnicas e interétnicas que se resuelven principalmente en centros urbanos. En estas circunstancias, las formas de conciliación pueden apartarse del protocolo tradicional y recurrir a figuras jurídicas occidentales como la elaboración de actas de conciliación y la adjudicación de fianzas para sancionar futuras agresiones.

Los beneficios económicos y sociales del palabrero

Los palabreros reciben algunos elementos derivados de la entrega de la compensación que han solicitado y obtenido en nombre del grupo reclamante. Su pago se toma de los animales u otros objetos recibidos. Usualmente el *pütchipü'ü* recibe la mejor res o algunas ovejas, cabras en pago de sus servicios, si bien ello depende del monto de la compensación entregada. El palabrero ambicioso, que no oculta su interés en derivar provecho económico de un arreglo, recibe el calificativo de *ko'utünashi*: glotón.

El buen palabrero espera que le pregunten:

–¿Cuánto le regalamos, mi tío?

Y es cuando él pide la cantidad que quiere. El hablar es caro, puesto que me someto a la mirada de la gente que me transmite malas energías con la fuerza de sus ojos. Cuando llevamos la palabra o cuando hablamos y nos vamos, tiran las bancas donde nos hemos sentado, riegan aguas sobre nuestras huellas. Eso es desearle mal a uno. Lo que a mí me regalan como palabrero, no lo menosprecio, ni me pongo con ambiciones desmesuradas tras de eso. Mi pago lo calcula el que me manda; ellos hablan entre sí y dicen: "es bueno que le demos buena paga", y como han visto que las cosas han salido bien, yo recibo lo que deciden darme.[13] (Ismael Pana, entrevista de terreno)

En la actualidad, es posible que el palabrero reciba dinero por su desempeño, aunque esta práctica es de reciente introducción. Es en extremo difícil que un palabrero experimentado se enriquezca con los objetos recibidos como pago. El tiempo dedicado a los negocios ajenos los lleva, por el contrario, a abandonar temporalmente a los suyos. En realidad, el beneficio más importante que recibe por una disputa conciliada es el aumento del prestigio. Su fama se extenderá entonces por todo el territorio guajiro y a su casa llegarán muchas personas solicitando su intervención en otras querellas. De cada caso conciliado le quedarán nuevas relaciones sociales o reafirmará las antiguas. Los grupos familiares involucrados, reclamante y agresor, pueden agradecerle su intervención y llamarle en futuras disputas. Si, por el contrario, el palabrero fracasa en su empeño, este precedente será tenido en cuenta y su prestigio puede comenzar a disminuir. Por ello debe reflexionar cuidadosamente sobre la aceptación de la misión encomendada y evaluar sus reales posibilidades de éxito. Por ello tendrá en cuenta la posición social del grupo del agresor, la real disponibilidad de bienes de éstos, la ascendencia social que pudiese tener sobre aquéllos y los antecedentes de su comportamiento en otras situaciones conflictivas.

---

[13] *Chi pütchipü'ü eekai anashin, a'atapüshi asakinnaa. ¿Jera wasülüjainjatüka pümüin taaraa? Münüshi. Achunta müshija'a nia tü keieekalü naa'in. Kapüleesü tü aashajawaaka, aikalaashii waya süpülamüinjo'u Wayuu waima, sülatirüin wanaimüin kasa mojusu süka sütchin so'u. Weikajaapa wane pütchi, oulaka müle waashajaapa, süchikijee wounüin awachinnüsü wankeeta eejanale waya jouotüin, o'yotünüsü wuin sa'ü woouchikanain, tüya nnojoishi anain kapülesü, tüya achunta'iree wane kasa mojusu wamüin. Nnojotsü tamülajüin tü kasa asülüjünaka tamüin sa'u wane pütchi, nnojoishi taya achuntüin wane kojuchi'iyaa, naaja'a sükua'ipa nütuma chira Wayuu aluwataakai, müshi taya, aashajiraashi naya janakaja'a anale wasülüjain nümüin chia Wayuu, müshii joo'o! Aka anain joo'o jujua'ipa neruin, taapaija'a tü nasülüjeka tamüin".*

Algunas de las narraciones que hablan de los arquetipos mitológicos de los especialistas en la solución de disputas tales como Utta, Chocho, Püsichi y Maako muestran cómo el palabrero no siempre es idealizado por la mentalidad tradicional Wayuu. Aún el propio Utta puede ser objeto de críticas por su actuación (Perrin, *Sükuaipa Wayuu* 194; Pimienta 18), algunos relatos lo presentan como inclinado a la homosexualidad. El palabrero también puede ser objeto de críticas encubiertas que denigran su oficio, pues aunque revestido de prestigio en el modelo ideal de su sociedad, de alguna manera se encuentra inmerso en el espinoso terreno de las competencias políticas, económicas y sociales de los distintos grupos familiares Wayuu. Por otro lado la dedicación exclusiva a la solución de los problemas ajenos conlleva en ocasiones al abandono de sus intereses particulares. El palabrero es criticado por su carácter andariego y en cierto modo irresponsable con sus propios bienes, carácter que lo lleva a ausentarse frecuentemente del hogar tanto que su rebaño se encuentra la mayor parte del tiempo sin pastor.

Algunos palabreros llegan a tener mala reputación, especialmente aquéllos que guiados sólo por su propio interés no se apegan a la misión encomendada y crean confusión en ambas familias, ocasionando nuevas agresiones y, por consiguiente, un agravamiento de las hostilidades. En contados casos, cuando su presencia no es deseada, los miembros del grupo familiar que debe efectuar la reparación de una falta lanzan conjuros cuando el palabrero se marcha: voltean el banco donde estuvo sentado y arrojan agua y cenizas sobre sus huellas para que no retorne jamás.

La indumentaria del palabrero

La indumentaria del un *pütchipü'ü* no difiere de la de un *alaülaa* o jefe tradicional Wayuu: su sombrero, camisa occidental, faja y faldón tradicional, calzado guajiro y bastón o *waraarat*. Antiguamente usaba el atuendo tradicional de los jefes Wayuu: el *She'in Palajana*, que era una especie de clámide. Hoy en día, algunos palabreros visten a la usanza occidental: pantalones, calzado de cuero y gafas para el sol. No obstante, la mayoría conserva el atuendo ancestral indígena.

De todos los elementos de la indumentaria de un palabrero, el uso del bastón es el que lo distingue entre los Wayuu. El llamado *waraarat*, término con que habitualmente los Wayuu se refieren de manera genérica al bastón del palabrero, es elaborado a partir de un bejuco que le da el nombre (*Paullinia densiflora*). Otros bastones usados por los palabreros son el *mureena*, el *pali'sepai* y el *atachenka*. Su uso se encuentra establecido en las antiguas narraciones mitológicas indígenas:

> Utta usaba un bastón del *pali'isepai* que utilizaba para concentrarse y compenetrarse con la tierra donde dibujaba la representación de sus pensamientos [...] El verdadero palabrero siempre llevará un palo de *pali'isepai*. (Sarakaana Püshaina)

El bastón, vehículo de la palabra, cumple distintas funciones que ayudan al palabrero en su oficio. Considerado como punto de apoyo del cuerpo e, igualmente, instrumento de apoyo de la memoria, pues en la medida en que expone sus reclamaciones traza figuras en la arena que funcionan como eficaz recurso nemotécnico para expresar de manera ordenada sus argumentos. Por ello, tanto el *pütchipü'ü*, que lleva la solicitud de compensación, como el *pütichipala*, quien recibe la palabra, dibujan en la tierra para luego responder uno a uno los alegatos de su contraparte. Este momento del proceso Wayuu recrea el encuentro mitológico entre el pájaro Utta (palabrero primigenio) y Mmá (la tierra) a través del bastón que actúa como puente simbólico entre el mundo sobrenormal del mito y el mundo normal de la vida cotidiana.

> El *wararaat* también lo utlilizamos para dibujar en el suelo, porque la tierra nos habla con un lenguaje muy especial; ella nos orienta en lo que debemos decir, cada línea lleva el mensaje que nos da la propia tierra. Si nuestra palabra no es bien escogida, hacemos otras líneas en la arena. A medida que reflexionamos sobre nuestras expresiones, gestos y movimientos, meditamos sobre cuál será el hierro[14] o la figura que la tierra quiere para que nos diga la palabra que debemos transmitir. (Palabrero Moroi Epieyuu o Manuel Peñaranda. Entrevista en terreno.)

El bastón tiene también una función ilustrativa, pues con él se debe mostrar a una persona y se ilustran los pormenores de un caso trazando en el suelo líneas o círculos que representan un cruce de caminos, un corral o una vivienda. El bastón preserva al *pütchipü'ü* del contacto directo con los miembros del grupo ofensor y garantiza su probidad, dado que no es bien visto que se deje manosear de la contraparte o que señale con el dedo a la persona responsable de los hechos o a un testigo presente en el escenario.

La dureza de los bastones simboliza también la fortaleza del palabrero, que la usa para defenderse de los peligros del camino. El bastón recuerda al auditorio, cuando el palabrero sostiene en una mano los collares y en la otra el duro madero del *pali'isepai*, que además de la compensación, la fuerza se hallará siempre presente y será otra vía frecuentemente recorrida para la solución de una disputa.

---

[14] Marca clanil.

El *pali'isepai* se usa para calmar a los locos o personas sin juicio, aquéllas que tratan de sublevarse y no dejan que se le dé ningún consejo. El *atachenka* lo usa el palabrero como defensa, por si se encuentra con personas irrespetuosas: entonces lo usa para partirles los huesos si es necesario. Finalmente, todos sirven para espantar a los perros que salen a nuestra llegada. (Müritchon Epieyuu, palabrero de matrimonio)[15]

Cuando termina con éxito su intervención en una querella, el palabrero y las personas que componen su cortejo reciben alimentos de los miembros del grupo familiar a los que ha llevado la palabra. Una vez concluidas las viandas que una joven le ha llevado, el bastón le sirve para limpiar la grasa del cordero de sus manos y su boca, acrecentando el brillo de este elemento principal de su indumentaria. Así también refleja las numerosas disputas que ha solucionado a lo largo de su vida.

El escenario de la conciliación

Los Wayuu utilizan el término *pütchi* para referirse de manera genérica a una disputa que es llevada al equivalente de la arena pública en otras sociedades. Los grupos familiares indígenas, aunque no se hallen presentes físicamente en el escenario de la conciliación, estarán atentos al desenlace de los hechos. Una de las acepciones del vocablo es la de "palabra", y constituye la raíz de las voces ya mencionadas como *pütchipü'ü*, *pütche'ejana*, o *pütche'ejechi*. También puede hacer alusión al proceso en general, y en ese sentido un individuo puede afirmar que va a asistir a un *pütchi*, es decir, a escuchar los argumentos de las partes que intervienen en una querella.

Los escenarios de un arreglo comprenden tanto el lugar donde se encuentran reunidos los miembros del grupo reclamante, como el asentamiento en el que reside el grupo que debe otorgar la compensación material. En éste se recibe al *pütchipü'ü*, encargado de solicitar, en nombre de los primeros, la reparación del daño causado. Según la norma ideal, los miembros de las partes involucradas en un *pütchi* originado por una falta grave no deben verse las caras antes de que se haya efectuado la reparación de la falta cometida. En contraste, pequeñas discordias pueden arreglarse directamente y no requieren de la intervención de un palabrero especializado. En los escenarios de una conciliación por un hecho grave intervienen diversas

---

[15] "*Tu pali'isepaikat anasü süpüla eimalaa jaa'in Wayuu ekai mamainain, tü Wayuu ekai awoolojoin süpülamüin wane pütchi, tu Wayuu nnojotka achianein. Tü attachenkakalü nülü'ujain chi pütichipü'ükai süpülamüin Wayuu, eekai erülüin wayumüin süshanajaajiatü shiimüshe ma'aka shirüle Wayuu; joolu'u süpüshua tü waraaratka anasü süpüla a'atajawaa erü eekai süjuitüin wapülamüin wantapa sünain eikajawaa wane pütchi*".

personas, con papeles e intereses distintos, que representan tanto a las partes involucradas como algunos grupos familiares ajenos a la querella.

Perrin ("La ley guajira" 110) ha observado cómo el *pütchipü'ü* puede presentarse como poseedor de una norma objetiva de regulación: "la manera guajira" o *Sükua'ipa Wayuu*, desarrollada alrededor de la función del palabrero como justicia imparcial. Dentro de esta concepción ancestral, la compensación y no la venganza es la norma ideal de la solución de las disputas. La norma estadística parece contradecir esta concepción: son frecuentes la acciones de represalia que se presentan en la península y el número de conflictos no resueltos por la vía de la intermediación. Por mi parte, coincido con Picon ("From Blood Price" 315) en que la venganza es parte integral del sistema de compensación, y que estas opciones de acción, lejos de ser excluyentes, tienen una función complementaria. La carencia de instituciones coercitivas como las que prevalecen en las sociedades estatales lleva a que la posibilidad de la represalia, siempre latente, funcione como un factor disuasivo que debe ser tomado en cuenta por quienes no desean llegar a un acuerdo dentro del protocolo tradicional.

Interlocutores, auxiliares y oyentes

Cuando el *pütchipü'ü* encamina a solicitar una compensación material, no marcha solo hacia el lugar en donde residen las personas que van a escuchar su reclamación. Él parte usualmente acompañado por un reducido séquito de personas que escucharán las palabras que va a transmitir. Los miembros de la comitiva van a cerciorarse de que aquél no se aparte de la misión que le ha sido encomendada y que cumpla fielmente su función inicial de intermediario. Quienes le siguen no son parientes cercanos al grupo reclamante; es probable que con éstos tengan nexos de afinidad o sean vecinos de confianza, personas prudentes y de credibilidad que darán fe de las actuaciones del *pütchipü'ü*. En algunas ocasiones, ciertos palabreros se hacen acompañar también de otro *pütche'ejechi* con menor o igual experiencia; éste, una vez ha intervenido el palabrero principal, puede reforzar lo dicho para contribuir al arreglo. A este palabrero auxiliar se le conoce con el término de *sutujuna*[16] *pütchipü'ü*, o vara de apoyo del palabrero. Todo este cortejo, además de ejercer un control sobre el desenvolvimiento del intermediario, contribuye además a darle un carácter solemne a la misión y a mantener elevado el ánimo del palabrero en una tarea que puede ser, en algunos casos, difícil y no exenta de peligros.

---

[16] El término *sutujuna* proviene de las varas utilizadas en la construcción de las viviendas Wayuu.

En el lugar donde habitan los parientes del individuo que ha cometido la falta se encuentra el *pütchipala*, persona encargada de recibir la palabra, quien debe responder en nombre de todo el grupo familiar a los argumentos del *pütchipü'ü*. Éste usualmente es el jefe tradicional de la agrupación familiar o, en su defecto, uno de sus miembros más representativos y prestigiosos. Allí también se encuentran, además de los parientes del agresor, los oyentes o *aapajüshii*, vecinos o afines que pueden ser invitados o llegan voluntariamente a escuchar la palabra del *pütchipü'ü* y la respuesta dada a éste. Actúan como testigos potenciales que pueden ser llamados ante cualquier confusión o distorsión de los hechos en el curso del proceso. Su comportamiento debe ser comedido, por lo que usualmente se invita a personas de buen juicio y con amplio prestigio social.[17]

Una vez escuchada la respuesta del grupo ofensor, el palabrero retornará al lugar donde se encuentra reunido el grupo familiar afectado y la transmitirá, evitando mencionar cualquier expresión insultante que pueda perturbar el ánimo conciliatorio de quienes lo comisionaron. En este sentido, Mansen (78) señala que el intermediario Wayuu tiene una relativa libertad de acción sobre el mensaje, dado que puede retocar el contenido, atenuarlo, enfatizarlo y cambiar las partes que considere convenientes para facilitar el arreglo. Sólo una de las partes puede enviar representantes con el intermediario: la parte ofendida, pues a los ofensores no les es permitido hacerlo. Si quienes lo enviaron están de acuerdo con el monto de la compensación ofrecido por la contraparte, se le mandará de nuevo para que ultime la fecha y otros detalles del pago. El palabrero va y viene de una parte a la otra hasta resolver definitivamente el conflicto con la entrega de la compensación material solicitada. Dependiendo de las circunstancias que rodeen el caso, este proceso puede tomar días, aun semanas. Si el palabrero no percibe un ánimo conciliatorio entre los miembros del grupo ofensor, pese a sus argumentos retóricos a favor de la concordia entre ambas unidades sociales, podrá comunicarlo a quienes le encargaron el caso, sugiriendo incluso el envío de un nuevo intermediario con razonamientos más eficaces que los de su predecesor o, lo que es más frecuente, conducirles a un arreglo satisfactorio. El grupo reclamante puede optar también por no enviar otro

---

[17] Durante un arreglo tradicional por las heridas causadas en accidente de tránsito a un hombre Wayuu en 1995, en el vecindario Wayuu de Las Delicias, Riohacha, un oyente, Armando Pulido, miembro del clan Uliana, al escuchar el valor de la compensación solicitada, esbozó una sonrisa que expresaba su desacuerdo con el monto; esta señal fue percibida por los asistentes al *pütchi* e indignó al palabrero reclamante. Por este agravio, el oyente debió entregar cien mil pesos colombianos al grupo familiar querellante.

palabrero, en cuyo caso sus miembros guardarán un inquietante silencio que con frecuencia indica la preparación de una retaliación sangrienta.

El discurso del palabrero

La habilidad oratoria de los palabreros se menciona con frecuencia en los estudios etnográficos sobre la población Wayuu (Rivera 118; Perrin, "La ley guajira" 94). Éstos utilizan en sus intervenciones un arsenal de recursos retóricos que comúnmente incluyen la analogía de las disputas humanas con la vida de otros seres de la naturaleza; la cita de antecedentes sociales; la mención de normas morales como el encomio de la vida, la libertad y la paz; y la invitación a la riqueza. La oratoria provee un contexto específico en el cual es apropiado invocar normas consuetudinarias públicamente entendidas y explicar obligaciones en función de ideales sociales que son raramente mencionados en la interacción cotidiana (Rosaldo 209; citado en Mansen 17).

El intermediario, según Black-Michaud (100-101), provee un canal de comunicación entre las partes hostiles. Al actuar como tal, aporta un código o lenguaje de compromiso y de paz a través del cual las partes se comunican mientras se elimina el código previo de invectivas, agresiones verbales y violencia física. El orador introduce también un considerable volumen de redundancias rituales, argumentos retóricos, repeticiones de palabras, comportamiento formal y gestos acostumbrados, lo cual crea en los participantes el sentimiento de que están actuando por fuera de una situación cotidiana. Todo ello estimula las expectativas frente al logro de una salida satisfactoria a las negociaciones, lo que a su vez calma los ánimos y genera un espíritu de mutua colaboración.[18]

A través de la retórica el palabrero puede propiciar un ánimo indulgente en el auditorio para explicar una acción que constituya un gravísimo quebrantamiento de las normas sociales indígenas. De este modo, el acceso sexual violento sobre una joven Wayuu por parte de un individuo puede ser explicado como la irreflexiva conducta de un hombre limitado que "*malinterpretó unas miradas y le faltaron palabras para enamorar a una mujer*".[19] A través del estilo solemne de la oratoria, el palabrero establece una distancia entre su condición particular de individuo y la identidad social que asume

---

[18] En consecuencia, la noción de que existen unas altas normas sociales que deben ser observadas influirá en la morfología y sintaxis de un discurso. Esto se aprecia en sus efectos a través de la frontera entre el comportamiento verbal y no verbal (Walrod 109).

[19] Palabras del *pütchipü'ü* Isidro Epinayuu del vecindario indígena de la Ceibita en Riohacha.

en el momento de presentarse ante el auditorio. A diferencia de algunos especialistas de otras culturas, que dedican sus esfuerzos principalmente a aportar o desvirtuar las pruebas que inculpan a un individuo, el *pütchipü'ü* buscará persuadir a los concurrentes de que a pesar de las dudas sobre la responsabilidad de aquél, la mejor salida es otorgar la compensación exigida para recuperar un estado de convivencia armoniosa entre los dos grupos involucrados en la disputa. En ciertos casos, cuando no existen pruebas contundentes de la culpabilidad de uno de sus miembros, algunos grupos familiares han sido persuadidos, por la brillante argumentación del palabrero, de otorgar una compensación sólo para demostrar su apego a la paz.

Usualmente, el escenario jurídico es una enramada en la que previamente se ha colocado una hamaca o una banca para el palabrero y en donde los hombres más importantes del grupo familiar le esperan. Una joven Wayuu, encargada de atenderle, puede apartar las piedras u objetos que se interpongan entre aquél y el auditorio. Los escuálidos perros que con su presencia mundana se atraviesan a deslucir el solemne momento recibirán un bastonazo implacable del palabrero o un golpe de sus anfitriones. Al llegar al sitio donde se encuentran reunidos los miembros del grupo familiar agresor, el palabrero no entra directamente en materia. Este preámbulo obligatorio, dirigido a distensionar el ambiente, incluye generalmente el saludo a los asistentes y su propia presentación, si no es conocido por la concurrencia.

A continuación, si llega en la estación seca, hablará necesariamente del tiempo y de la extendida y prolongada sequía que azota al territorio guajiro; o hablará de las intensas lluvias que han caído en la zona de donde proviene, si su visita coincide con el invierno. Algunos palabreros acostumbran romper la frialdad del auditorio con un apunte humorístico, y esperan a que los anfitriones le pregunten por el motivo de su visita, luego de lo cual comienza su discurso. Al inicio de éste mencionará los nombres de las personas que lo enviaron y aclarará que sólo es un mensajero cuyas palabras no se apartarán de lo que le fue encargado transmitir.

Aunque los espectadores sean muchos, formalmente el discurso del *pütchipü'ü* se dirige a un solo interlocutor: el *pütchipala*, o persona encargada de recibir la palabra. Sólo a él deberá responder las argumentaciones que haga, e ignorará los comentarios discrepantes de otros individuos, ya sean las desatinadas expresiones de un joven impetuoso o las necias palabras de una mujer pendenciera. Paulatinamente, una vez haya sondeado la habilidad argumentativa y el ánimo de conciliación de su interlocutor, irá desplegando sus facultades retóricas.

La analogía de las disputas humanas con las de otros seres de la naturaleza

Los palabreros Wayuu no consideran el surgimiento de disputas como la manifestación indeseada de una patología social, si no como una serie de eventos cíclicos, inherentes a la vida en comunidad, que brindan la oportunidad de recomponer las relaciones sociales. Debido a ello, el prestigio de un intermediario, lejos de disminuir, por el contrario aumenta cuando él y por consiguiente su grupo familiar se han visto envueltos en enfrentamientos de tipo intraétnico. El manejo adecuado de dichas disputas dentro de las normas ideales de regulación le permitirá utilizarlas como antecedentes sociales que apuntalarán su papel y legitimarán sus consejos. El conflicto es visto como algo natural y cotidiano; como algo en que los seres vivos se ven ineluctablemente inmersos:

> En todas partes se crean los problemas y surgen enemigos.
> ¿Qué casta hoy no tiene enemigos?
> Si hasta los animales los tienen
> ¿No los tienen también las hormigas pequeñas?
> Y la culebra, si bien muchos le temen.
> ¿No tiene acaso quien la ataque?
> Todos los pájaros, aunque mansos, ¿no tienen otros seres que los persiguen?
> Nosotros, los humanos, no somos la excepción,
> Aunque no comamos a nuestros adversarios con los dientes.
> Escúchame, que he venido desde Riohacha, una tierra lejana hasta tu casa
> Y me he alojado en ella sin ser tu pariente,
> Sin ser familia tuya,
> Para invitarte a la paz.[20]
> (Palabras de Ángel Amaya Uliana, el más prestigioso *pütchipü'ü* Wayuu que aún vive; Tocopa, área rural Riohacha)

---

[20] *Tü kasachikika eweetüsü wapüleerua jalapünaa yaa, kaünuu müshija'a wayaa. ¿Jarat tü eirukuu nnojotkalü ama'ana kasachiki maa'ulu yaa?*
Aitarü tü wuchiikalürua kaünüüsü
Ka'üüüsü tü wuika eereje'e keemain jia,
¿Nnojotsüjasa'a wuchii eeka shiküin wui?
Tü wuchiichoniikalü aitairü maüsin nnojotsü kaünüin
¿nnojtsü eein wane ekakalü jiia?
Joolu'u wayakana naa Wayuukana nnojoishi waya natakana akua'ipa aitairü nnojolüm weküin tü waünüükaliü suka wai
Jaapa tanükei antüshi taya pipialu'umüin sülükee wane mma wattasü, Süchiimajeee, amikai taya ashakatüin pipialu'u jümaa nnojoluin kasain taya pünuanin, nnjoishi taya püpüshin, antüshi taya püma'manüin shi're kache'ein pia sümünin tanüiki süchirua wane anaa akua'ipa".

La cita de antecedentes sociales

Las historias de las querellas intrafamiliares deben ser obligatorio conocimiento para un buen palabrero, tanto si se trata de luchas encarnizadas como de conciliaciones memorables. El *pütchipü'ü* usará ambas para persuadir a las partes en disputa de la conveniencia de un buen arreglo. Recordará cómo prósperas familias perdieron sus riquezas y sus mejores hombres en enfrentamientos inútiles. Traerá a colación casos conocidos de sangrientas guerras surgidas por causas baladíes. El desaparecido *pütche'ejechi* Francisquito Sierra, conocido como Maa'alakiishi,[21] acostumbraba citar el caso de una encarnizada y sangrienta enemistad entre familias Wayuu en la frontera con Venezuela. El problema fue generado por una discusión en torno al cobro de un pasaje cuyo valor era de un bolívar.

> El buen palabrero es aquél que va dando la explicación de lo sucedido antes, de las guerras que ocurrieron por lo que no valía la pena, de los horrores que vivieron unas familias por no haber arreglado sus problemas. Entonces, las mujeres de juicio se acercan y les dicen a sus hombres: escuchen lo que él les dice, eso es lo que nosotras queremos, que no haya más desgracias. Así es, como él les dice. Entonces eso le da más fuerza a uno como palabrero.

Estas historias tienen un impacto emotivo en el auditorio que confirma su veracidad y facilita así la creación de un ánimo favorable a la conciliación.

La mención de las normas morales que hacen encomio de la vida, la libertad y la paz

> Para el hombre quisquilloso toda ofensa, por leve que sea, es grave y puede llevar a la guerra. Para el hombre manso toda falta, aunque sea grave y dolorosa, puede ser conciliada.[22] (Isidro, Chamuuna Epinayuu, palabrero de consejos y disputas menores)

Los palabreros acuden a la *Sükua'ipa Wayuu* para persuadir a un grupo familiar de llegar a un acuerdo por la vía de la compensación, pero jamás pierden de vista la venganza como opción inmediata si fracasan en sus esfuerzos y reiteran en su discurso los horrores de la guerra. Dentro de estas normas ideales se promueve la figura del hombre Wayuu pacífico, cumplidor de las normas de convivencia, que tiene en sus manos la vida

---

[21] Literalmente Cabeza de Cascabel. Es un prestigioso hombre Wayuu con amplia experiencia en situaciones de conflicto vividas por su propio grupo familiar extenso. Reside en las cercanías del Cerro de la Teta. Maa'alaküshi ha actuado en varias ocasiones como *pütche'ejechi*.

[22] *Kapülee akua'ipachi wane wayyuu ekai katkaaralin, nümojuja akua'ipalü süpüshua tü kasa aitairü eekai mojusüin un'unira aku'ipalu süchiirua wane kasachiki. Nüpüla wane Wayuu eekai anamiain eesü süpüla anaatüna süpüshua tü kasakalu aitarü airu'uluin ma'i shia".*

y el futuro de mujeres, jóvenes y niños de su familia, en contraste con las del guerrero insensible inclinado siempre a la venganza:

> ¿Por qué me han buscado? No van a dañar mi buen nombre. Que no vayan a decir que yo hago pelear a la gente. ¿Ustedes creen que pelear es bueno? ¿Qué verán después de muertos? No importa que ustedes tengan las armas. También ellos tendrán armas. ¿Cuándo se les acabará el estar bravos? ¿Creen que se van a levantar después de eso? ¿Quién ha llegado a tener el pelo blanco? ¿A quién han visto doblado ya por una joroba que haya aguantado tantas guerras? No conozco a nadie, no sé si ustedes. Del plomo fabricado por los *alijunas* no se salva nadie, está hecho para matar y matarse él mismo. ¿Para qué criamos nuestros animales? Para que sobrevivamos a través de ellos. Como los *alijuna* que tienen dinero: cuando se enferman lo gastan para curarse y viajar a tierras lejanas. Lo mismo ocurre con nuestros animales, ellos nos tienen que salvar la vida. Los animales se hacen nuevamente después de que todo pasa; trabajamos, buscamos la manera. Y así todas las cosas. Si no siembras un grano de maíz, éste no germina. Si lo siembras comerás mazorca, tomarás mazamorra. Todo lo que siembres te produce. Lo mismo nuestra alma. Nuestra alma no sabe retornar.
>
> Dime ¿Cómo sueñas? ¿Acaso te dicen en sueños: pelea con esa persona? Si sueñas mal lo tienes que evitar. La vida es una mujer de quince años. Cómprate una buena mula. Busca una mujer joven. ¿Acaso no tienes hijos, no tienes mujer, no tienes sobrinos que tendrán que crecer y andar por los caminos? Piensa en ellos. Llora pues, ahora delante de mí, para llorar yo también. (Palabras del *pütchipü'ü* Ángel Maya Uliana, tratando de convencer al jefe de un grupo familiar ofensor de la conveniencia de otorgar una compensación)

Los palabreros Wayuu censuran en sus intervenciones el alarde de valentía de aquellos hombres caracterizados por su proclividad a la pugna. La paz se muestra vinculada a la libertad de andar desprevenidos por los caminos, en tanto que la guerra se asocia a la ineluctable reducción del territorio.[23]

> La bravura no es buena, ser guapetón tampoco es bueno. Es bueno saber pagar. Los animales pueden ser reemplazados, los animales saben parir, así te queden dos vacas o dos caballos, ellos tendrán hijos algún día, en cambio el estar bravo como tú quieres no es bueno. Cuando hay problemas, el camino por donde andamos se torna más angosto y no nos permite alejarnos mucho. Si nos alejamos y nos encontramos con el enemigo, allí en seguida pagamos nuestra cuenta. Por eso es bueno pagar siempre, porque pagar es igual a ser

---

[23] La expresión *"jutatesü wopukat wapüleerua"* puede traducirse como "tener abiertos los caminos", y se utiliza para simbolizar la decisión de un grupo familiar Wayuu de entregar una compensación material para obtener la paz.

libre: el hombre belicoso ve la tierra reducirse a sus pies. (Ismael Pana, consejos a un hombre que no quiere pagar sino pelear)

La invitación a la riqueza

El valor de la persona se encuentra intrínsecamente relacionado con la posición social de su grupo familiar. Desde el siglo XVI, la tenencia del ganado introdujo fuertes desigualdades dentro de la sociedad Wayuu que hoy se mantienen. Los matrimonios, velorios, pagos hechos a otros grupos familiares para reparar la afrenta o lesión causada a un individuo han servido desde el pasado para que estos elementos se redistribuyan a través de circuitos sociales entre todas las unidades políticas que conforman al grupo étnico. Cuando surge una controversia a causa de un homicidio entre un grupo familiar muy rico y otro pobre, los miembros de este último expresan con frecuencia: "ya que no es posible que devuelvan la vida de nuestro hermano, entréguennos sus riquezas para así compensar nuestro dolor".

To'olosü, palabrero y pariente de José Dolores (Unu'upata Apüshana), uno de los grandes jefes Wayuu de principio del siglo XX, recurría a este recurso para lograr la paz con un adversario reticente al arreglo:

> Ahora tienes un toro, ¿Por qué no puedes tener dos?
> Te vanaglorias de poseer veinte caballos
> ¿Por qué no tienes cuarenta?
> En tu rebaño se encuentran cien ovejas
> ¿Por qué no tienes doscientas?
> En tus manos está la riqueza y la paz.[24]

Otros palabreros invitan a la prosperidad comparando la muerte con la más denigrante pobreza, en contraste con la vida, que es considerada como la máxima riqueza:

> Con la vida todo lo puedes,
> con la muerte nada,
> ¿Deseas una mujer de quince años? La tendrás
> aunque seas viejo,
> al menos podrás acariciarla con las manos.
> Aunque seas un hombre flojo,
> ya verás cómo la mantienes.

---

[24] Kama'anashi pia joolü wane paa'a ¿jamüsü nnojotka süpüla piamain shia püma'ana?
Kapülasü paa'in kama'anaa piama shiki ama
¿jamüsü nnojotka jüpüla ee'in püma'ana pienchi shikii?
Eesü polo shikii annerü sa'aka pümülüin
¿jamüsü nnojotka anin jüpula piamain shikii pooloomüin püma'ana?
Pajapülü'usüsa pukua'ipa naa türa wahiraaa, naa türa ana akua'ipa".

Aquí están tus sobrinos, tus hermanos menores.
Búscale unos bienes.
No importa que seas rico, tú solo,
tienes parientes pobres,
acuérdate de ellos.[25]
(Ángel Amaya Uliana. Palabras para persuadir a un anciano Wayuu de aceptar una compensación)

---

[25] "Watta saali kasa wainraka katüle wo'u ma'aka outüle waya amülouishii ¿keerüñeere pia wane jierü eekai makayurchoin?, eesü süpüla püma'anain aitaichi laülain pia,
aneerü pümülejale'erü atoutapüna süka pajapü
Aitaichi shukulain pia, naajerüja'a sukua'ipa pütuma,
Anaa püsiipüyuu, anaa pümüleyuu
Püchjaa wane anaa wane kamülünee napüleerua
Aitaichi piain washirüin pümüiwa
Eesü püpüshi eekai mojuin
Soto paa'in naya".

Antonio J. López

Los dolores de una raza (1960)[1]
(Selección)

Velorio y entierro de Warralhlamatn[2]

Puesto el ataúd sobre una mesa, debajo de la enramada, se le arremolinaba en torno una inmensa muchedumbre. Prosternados los hombres, cubiertos bajo el rebozo de sus mantas y las mujeres echadas a ras de tierra, arropadas las cabezas con negros pañolones, con llanto quejumbroso hacían la ofrenda del dolor ante el cuerpo yacente del gran muerto!

La infausta nueva circuló con rapidez extraordinaria por todos los ámbitos. Las numerosas parcialidades de indios que apenas acababan de irse retornaron otra vez como en los primeros días del torneo Hípico con la alegría de entonces trocada en melancolía profunda.

Warralhlamatn era el hombre más importante de la tribu de Talhlua: sus invaluables méritos lo habían situado por encima de sus contemporáneos; sus amigos lo lloraban por que con ellos había sido leal y generoso; los esclavos habían encontrado en él a un protector que los amaba con paternal cariño; nunca habían contrariado las ideas de su tío; jamás le daba motivos de queja a sus padres; y las ranchas de sus corrales estaban siempre abiertas para ayudar a los vecinos y familiares al pago de la reparación de los daños ocasionados por sus incontinencias y parrandas. Nadie que se acercara a pedirle un favor se regresaba sin ser solícitamente servido; con los caciques de las distintas castas había conservado las más cordiales relaciones de amistad; cuando llegaba a presentarse algún caso que pudiera enturbiar aquellas relaciones y provocar un conflicto él tenía la filantropía de renunciar a la mayor parte de sus conveniencias –sobre

---

[1] Reproducimos aquí íntegramente los capítulos III-VIII, de Antonio J. López, *Los dolores de una raza. Novela histórica de la vida real contemporánea del indio guajiro* (Maracaibo: s/ed., 1960).

[2] Se mantiene en pie la particular transcripción de las palabras del wayuunaiki que realiza Antonio J. López. También se mantiene parcialmente su particular manera de enfatizar ciertas palabras mediante el uso de mayúsculas. Hacemos excepción en algunos pasajes en que el empleo de mayúsculas es tan profuso que derrota la función de enfatizar ciertos vocablos. En esos pasajes se mantienen las mayúsculas sólo en los vocablos que más destacan según el sentido del texto. El texto original coloca el signo de interrogación o exclamación solo al final de la frase. (Las siguientes notas al calce del texto pertenecen al editor.)

todo las económicas, que las estimaba en muy poco– a favor de la parte contraria. Tales eran los recuerdos que arrancaban del pecho de aquellos hombres fogueados los gritos del dolor!

Warralhlamatn era hijo primogénito del cacique Ulhliana Santanawa y de Moulhluanat Epieyú hermana materna de Talhlua; era el legítimo heredero de éste porque el indio Guajiro –en su rara ideología– considera que la maternidad es de indudable procedencia mientras que la paternidad bien puede ser de origen sospechoso. Era pues, el universal sucesor de los bienes materiales y del dominio de la tribu de Talhlua.

El indio Guajiro tiene una ciega creencia en la inmortalidad del alma, justifica que los bienes económicos del difunto deben gastarse con derroche en su velorio para que sea debidamente honrada su memoria porqué si no su alma inmortal mandará desde ultratumba una epidemia que acabe con esos bienes para que los que egoístamente no han querido gastárselos sean privados de gozarlos; y para también permitir que el alma de esos animales –transportados en alas del espíritu– viajen hacia las regiones supra-sensibles de la inmortalidad a hacerle compañía a su antiguo dueño.

El llanto duró toda la noche alrededor de la caja mortuoria; los veloriantes se turnaban, sucesivamente iban y venían de la enramada a las tiendas. En lugar del café y el pan que el civilizado acostumbra en tales ceremonias, de vez en cuando se les repartían tragos de aguardiente –no para emborracharlos, sino para quitarles el sueño y atenuarles el dolor moral que los sumía en la melancolía profunda.

Vinieron indios amigos de todas partes, no solo a depositar a los pies de Talhlua el tributo de sus lágrimas –que es un deber obligante entre las tribus– sino también a ofrecerles sus servicios personales en la persecución de la venganza del atentado criminal de que era víctima. Uno por uno a todos los caciques les daba las gracias con lisonjeras frases de cordialidad y agradecimiento.

A la hora del Alba ya estaban los corrales repletos de ganados. Rubén –dijo Talhlua dirigiéndose a su segundo heredero, que desde luego reemplazaba al muerto en el cumplimiento de sus órdenes– haga que repartan las presas a los veloriantes. El sobrino montó enseguida y se dirigió a los campamentos a contar una por una las distintas parcialidades; luego regresó, ordenando a sus ayudantes el reparto de la gratificación de las lágrimas derramadas. Se les dio un novillo a cada uno de los caciques y un carnero a los más pobres, simultáneamente se procedió a la distribución del aguardiente, una garrafa de veinticinco litros y un litro a cada cual de los pobres.

Tales faenas duraron hasta el mediodía.

–Ya están despachados todos los veloriantes, de presa y bebida –le dijo Rubén a su tío. Como se trata de un caso de asesinato –le contestó el cacique– tenemos que alterar las reglas establecidas para la muerte natural, es preciso hacer hoy mismo el entierro para ocuparnos mañana en otras cosas.

–Enlacen a la Coqueta –le dijo Rubén al mayordomo Cawalhloulhle, refiriéndose a la mejor mula del difunto, –para que en ella haga la última jornada al cementerio. Este quedaba a diez kilómetros de la ranchería hacia el occidente. –Y qué también abran la caja para que le acomoden el bastimento al difunto. El mayordomo hizo abrir el féretro; a los costados del cadáver le pusieron un litro de aguardiente, unas arepas de maíz, carne y una botella de chicha.

Amarrada la caja, después de clavarla sobre el lomo de la mula, un indio llevándola del ronzal y cuatro por las bandas sujetándola con los brazos, desfiló la fúnebre procesión de jinetes rumbo a la necrópolis. A la salida se hizo una descarga de proyectiles y luego siguió a paso lento hasta el frente de un mausoleo blanco como el alma del difunto; allí se detuvo la pesada carga, se desmontó y se introdujo en el sitio destinado en la bóveda, en cuyo frontis aun puede leerse este epitafio: "YACE AQUÍ WARRALHLAMATAN EL BUENO –ASESINADO POR ENVIDIA A SU RIQUEZA Y SUS VIRTUDES"–.

Dos mil indios bebieron para despedir al hermoso muerto. En una explanada frente al cementerio pusieron una botella de tiro al blanco; Joúner la voló del primer disparo, pusieron otra, la voló Rubén –y otra y otra, hasta disparar quinientos tiros en honor a la memoria del yacente.

Después –bebiendo y llorando a gritos como los niños– la multitud se disgregó por la sabana abierta, cada cual rumbo a su ranchería.

Quinientos novillos, mil carneros y tres mil litros de aguardiente fueron repartidos a los indios de las varias castas que vinieron al velorio, para con ello honrar la memoria de Warralhlamatn y dejar tranquila y satisfecha su alma.

La guerra

Al siguiente día del velorio Talhlua mandó convocar a su numerosa familia. Reunidos bajo una amplia enramada viejos, jóvenes y mujeres, con las frentes bajas guardan un sepulcral silencio esperando la palabra del Cacique, quien sentado en un chinchorro en medio de la compacta muchedumbre, con las manos comprimiendo la atormentada cabeza y los ojos mirando al suelo, mantúvose mudo por largo rato hasta que al fin se incorporó. Dando una rápida ojeada a su alrededor manifestó lo siguiente: "Hemos sido atacados en nuestro propio corazón, lo más precioso de nuestra sangre ha sido cruel e injustamente derramada. No ha habido precedentes, ni motivo ocasional siquiera, que diese lugar al horroroso asesinato consumado con los caracteres más viles de premeditación y alevosía en la persona de vuestro Jefe mi sobrino heredero Warralhlamatn -por Joúmuna el cacique de los Pushaina. Nuestro deber y dignidad nos imponen pedir la cabeza del asesino o declarar la guerra a la casta Pushaina. Vosotros todos ya conocéis suficientemente vuestros deberes de familia y vuestra lealtad de súbditos. En cuanto a mis hijos, como la Ley no los obliga sino que los ampara y autoriza al pago de indemnización por daños y perjuicios, Joúner puede sustraerse al combate y dejar que solo vayan los dolientes maternos de la sangre vertida".

–Ahí están mis bienes, mis rebaños y todo cuanto me pertenezca –replicó Joúner colérico en contra de la Ley fatal de la Tribu, que creía injuriar su honor, cohibiéndole en la defensa personal de su padre; –que en buena hora los tomen los que se crean con derecho a mi sangre, que mi dignidad de hombre me obliga a morir con mi padre.

–Soy yo y tus hermanos a los únicos que la Ley autoriza para reclamar tu sangre –contestó Santanawa, tío de Joúner y padre de Warralhlamath. –Anda a morir al lado de tu padre, vengad la sangre de mi hijo y quedaréis exonerado de los gravámenes de la Ley.

–Vienen cuatro hombres montados de a caballo del lado del sur –dijo uno de los espectadores. Todos se volvieron para aquel lado. –El que viene adelante es el cacique Ipuana Cayantouway y el que le sigue es Jonjurria, su sobrino –dijo Joúner, reconociéndolos. A los otros no los conocía, pero sus vistosas mantas y ricas cabalgaduras denunciaban en ellos su alto rango y la dignidad de su misión. Se desmontaron, amarraron sus bestias en los bramaderos y tomaron asiento al frente de Talhlua; después del saludo acostumbrado y de algunos cortos preámbulos, el más anciano de los cuatro,

Cayantouway, dirigiéndose a Talhlua manifestó: "Venimos como emisarios de paz a comunicaros en nombre del cacique Walhliraltn Pushaina, tío de Joúmuna, que él llora con ustedes como dolor propio la muerte de vuestro sobrino, dándoles por nuestro conducto pública satisfacción por agravio tan inaudito, haciendo constar al mismo tiempo ser él completamente ajeno a su voluntad y la de toda la comunidad Pushaina que representa; que ese atentado criminal no fue otra cosa que el fruto maldito del alcohol que trastornó la cabeza de Joúmuna; que él está resuelto a entregar todos los rebaños de vacunos, cabríos, lanares, caballares, mulares y asnales, las mochilas repletas de alhajas y aún el Walhlaj como máxima indemnización para restablecer la paz turbada entre las dos tribus vecinas y amigas; que espera por nuestro conducto que ustedes le den aceptación satisfactoria de los dones que ofrece, citándoles la hora y día de recibirlos".

Talhlua –que era de pacífica idiosincrasia– quedó un tanto conmovido por el sentimental razonamiento trasmitido por Cayantouway y robustecido por los tres compañeros de éste. Talhlua, con la frente gacha, haciendo rayitas en el suelo con la punta de una vara que tenía en la mano, se hallaba sumergido en una cavilación profunda; tenía concentrado todo su ser espiritual en el magno problema que tenía planteado; su pensamiento vagaba sin brújula en un mar de incertidumbre, sin poder hallar orientación posible. Dos sentimientos contrarios oprimían fuertemente su lacerado corazón: le indicaba el uno el camino de la paz y el otro el de la guerra; de un lado el estigma de la ignominia y del otro el orgullo de su linajuda estirpe. Si aceptaba la indemnización, contaba desde luego con el disgusto de su hermana Moulhluanat, de Jiwolhlua y de los demás sobrinos sobrevivientes y aún el de los esclavos que como los perros leales aullaban desconsolados y hambrientos de venganza sobre el olor de la sangre del bondadoso amo que tanto los había mimado; a la vez que se haría el blanco de la burla y el escarnio del vulgo –Juez inexorable que arrojaría sobre su pura frente el baldón de la cobardía. Si optaba por la guerra era destruir en un instante todo cuanto había construido en medio siglo de labor incansable; ese brusco remolino que todo lo arrasa y aniquila con una furia incontenible arruinaría sus haciendas, desaparecerían por encanto sus rebaños, acabaría con su tranquilidad y el reposo de su familia y concluiría, después de todo, legando a los retoños inocentes de su prole la fatal herencia del rencor y el odio. Largo rato permaneció inmóvil, mudo, perplejo en el fondo de esas enmarañadas cavilaciones. Hay un espantoso estado de ánimo en el hombre, en que despierto le parece estar dormido, en que la luz del sol se le torna en noche tenebrosa, en que embotados los sentidos no oye, ni ve, ni siente. Talhlua había llegado a ese estado de sonambulismo promovido por las ideas encontradas que se removían en su atormentado cerebro, cuando reaccionando de golpe levantó la frente, con las pupilas encendidas se dirigió a sus sobrinos presentes, Jiwolhlua, Rubén, Sulhlumuca, Cuaiwa y Althlayat en los siguientes términos: "Sin el consentimiento de ustedes nada puedo resolver sobre la oferta de paz que me propone el cacique Walhliralth Pushaina; son ustedes los verdaderos dueños de la sangre vertida de su difunto hermano y los únicos autorizados para dictaminar acerca de la paz o la guerra".

Los cinco hermanos se levantaron de sus asientos y a una voz proclamaron la venganza, la guerra implacable. –Nada hacemos –replicó Rubén –con esos rebaños que se nos ofrecen, porque tenemos de sobra.

–Nuestro Mayor, –recalcó el mayordomo Cawalhlouhle, acompañado de cincuenta vaqueros, poniéndose de pie al frente de Talhlua –queremos que nos conceda una gracia autorizándonos para que exclusivamente venguemos la muerte de nuestro amo. –Tengan un poco más de calma –contestó el cacique –que para todo ya habrá tiempo; en el momento estamos atendiendo a la exigencia de un caballero que hasta hoy ha sido un cordial amigo de nosotros.

Dirigiéndose en seguida a su hijo, Joúner le dijo: –Llame a cuatro ancianos caciques neutrales, de reconocida honestidad, para que formen un Jurado que estudie y califique el hecho criminal que nos ocupa a fin de ver si la Ley permite algún recurso de conmutación. –Aquí tenemos al frente –contestó Joúner –al honorable cacique de la casta Woulhliu Petnat, a Matsarawa, cacique de la casta Ulhliana, a Germán cacique de la casta Jayalhliu y a Torria Ipuana, todos de insospechable honestidad.

Los cuatro caciques tomaron asiento frente a Talhlua, en el centro de la enramada.

La muchedumbre se apretujo a oír el dictamen del Jurado. Petnat Woulhliu, el más anciano y versado en Leyes fue el primero en tomar la palabra, expresándose de la manera siguiente: "El asunto casi nada tiene que investigársele, está muy claro: el asesino no tuvo discusión, ni desavenencia alguna con la víctima; llamó al heredero de Talhlua en sano estado para exigirle un trago de despedida, éste se lo sirvió y aquel lo aprovechó cuando se tomaba el suyo, disparándole un tiro de carabina con el cual le atravesó el corazón, quitándole la vida instantáneamente y dándose al escape a toda carrera en su caballo, lo que da plena prueba que fue un asesinato a sangre fría y con premeditación. La conmutación es una gracia que la

Ley concede en un caso de propia defensa; Joúmuna está inexorablemente condenado a muerte".

Matsarrawa Ulhliana, confirmando la tesis de Petnat Woulhliu manifestó: "Hay en la cuestión una circunstancia grave... y es la de que Joúmuna despidió a sus compañeros con un intervalo calculado con anticipación, diciéndoles: "Sigan adelante que ya los alcanzaré, voy a despedirme de Warralhlamatn"... y quedándose de esa manera solo en la ranchería expedito para el previsto escape, haciéndolo todo en su sano juicio, sin borrachera manifiesta, lo que revela en su naturaleza el refinamiento criminal y la bien pensada premeditación, por lo cual queda privado del beneficio de la conmutación".

El Jurado Germán Jayalhliu, robusteciendo las tesis de sus compañeros de comisión confirmó: "La sana razón que interpreta la Ley es la justicia de Dios, y los hombres no podemos contrariar ese fallo Divino; Joúmuna, a la luz de la Ley, está irremediablemente perdido, la pena capital no se le puede conmutar".

Torria Ipuana dijo: "Nada podemos hacer en favor del infortunado homicida -sino lamentar su desgracia".

–Ya han presenciado mis esfuerzos –balbució Talhlua embargado por la emoción, dirigiéndose a los emisarios del cacique Walhliraltn; –he agotado el último recurso para ver de conseguir la conmutación de la pena de muerte de Joúmuna mediante la de indemnización y con ello el imperio de la paz entre nuestras castas, más como habéis visto por vuestros propios ojos, los indeclinables dictados de un Jurado honesto han podido más que los deseos de mi corazón. Trasmitid a Walhliraltn ese dictamen sagrado y decidle en mi nombre que la paz solo podrá sellarla la entrega de la cabeza de Joúmuna y, que en caso contrario, prepare sus huestes guerreras para que reciban las mías en franca lid.

Los emisarios, cabizbajos, melancólicos no se atrevieron a importunar a Talhlua; con un lijero ademán de cortesía se despidieron y montaron rumbo a la ranchería de Walhliraltn, a quien encontraron sentado en su chinchorro bajo la enramada, rodeado de toda su familia, amigos y vecinos con una febril ansiedad que se les reflejaba en sus rostros meditabundos, por saber qué habría, si la guerra o la paz.

–Talhlua –manifestó Cayantouway –ha hecho todo lo humanamente posible por lograr la conmutación de la pena corporal de Joúmuna por la de indemnización económica y nada ha podido conseguirse; se estableció un Jurado y éste dictó la sentencia de muerte del homicida. Los hermanos de Warralhlamatn y toda su familia y aún lo esclavos piden unánimemente la guerra. Talhlua mandó decir que la cabeza de Joúmuna sellaría la paz y evitaría la guerra.

Dos gruesas gotas de lágrimas rodaron por las mejillas sombrías del venerable anciano Walhliraltn y luego, dirigiéndose a su sobrino Joúmuna en tono balbuciente le dijo: "Ya habéis oído lo que se ha dictaminado en tu contra? Tu muerte. Piden tu cabeza y desprecian mis haciendas. Mi dignidad me impide entregarte. Prepárese la gente para que en campo abierto reciban la invasión de Talhlua que ya viene. Quinientos hombres de combate amanecerán al rayar el alba rodeándonos la ranchería. Yo no huiré, moriré tranquilo ya que así tu lo has querido. Que se internen las mujeres y los niños hacia los montes".

El combate

Talhlua mandó llamar al Oulhlacuy, individuo especie de MAGO que predice los acontecimientos del futuro, por medio del humo caprichoso de cierto trozo de madera especial prendido. Aquí está –le dijo Joúner a su padre– el famoso Unuúrralhlaj –refiriéndose al Adivino que acaba de llegar de una de las rancherías vecinas.

–Queremos –dijo Talhlua– que nos prediga si triunfaremos o no en el combate de mañana, si morirá el asesino Joúmuna y qué peligro nos amenaza. El Mago sacó de una mochila que traía terciada al hombro un pequeño haz de maderas color rojizo; lo desenvolvió y extrajo un trozo de veinte centímetros de largo y una pulgada de diámetro, lo prendió y lo puso sobre la pierna derecha con la candela para el cielo, le dio una rociada con la saliva de la enorme mascada de manilla que le llenaba la boca. El trozo empezó a despedir un hilo delgado de humo que hacía curvaturas caprichosas en el aire. El Mago, sin pestañar, tenía la vista clavada en el trozo como un jugador de esgrima, distrayéndola con largos intervalos para mirar el cielo. Así se mantuvo por media hora, hasta que apenas le quedaba en la mano un cabo del trozo de diez centímetros, lo apagó entonces y dirigiéndose a Talhlua le dijo: "El combate será sangriento pero el triunfo lo obtendrán ustedes. Joúmuna no huirá, morirá como valiente; tu hijo Joúner saldrá herido".

–Pasa revista –le ordenó Talhlua a su sobrino Rubén– para ver con cuantos combatientes podemos contar. Rubén y Joúner salieron en seguida a reunir la gente de los ranchos vecinos y luego después de contar los hombres aptos para la batalla volvieron a decirle al cacique –Contamos con trescientos arqueros y doscientos tiradores de carabina, más un contingente de cincuenta hombres de mi padre y otros cincuenta que espontáneamente nos ofrece el cacique Ipuana Jimaáy, en total seiscientos combatientes. Con ese número tenemos para pelearle al centenar de Pushainas de Walhliraltn –objetó Talhlua.

–Le has advertido a Jimáy –observó Talhlua –los inconvenientes de la Ley, que en caso de muerte o herida de uno de sus familiares, no se nos cobrará caro? –Sí, fue lo primero que le dije –replicó Rubén –y él me respondió diciéndome que descuidáramos por esa parte. –Reconozco –manifestó Talhlua –que Jimaáy es un gran caballero y leal amigo de nosotros.

Más que lealtad era una pasión amorosa lo que lo movía, estaba locamente enamorado de Jiwolhlua, y este amor ardiente lo llevaba hasta el sacrificio de su vida y la de su gente. El amor es el poderoso resorte que mueve con más facilidad las energías del hombre.

Entre los Guajiros, además del Oulhlacuy que predice las cosas del futuro, existe el Lania, especie de Talismán para amparar al individuo del enemigo y de cualquier género de peligro procedente de las manos del hombre o de las fuerzas naturales. Es un pedacito de madera tallado en forma de una capsulita, bendito y conservado por los indios de la antigüedad, del tamaño de la uña del dedo, empolvado con un colorante rojo que se llama entre ellos "paliíse" y que el civilizado le ha dado el nombre de Bija. Proviene ese polvo de un vegetal medicinal de raras propiedades curativas y alimenticias. Se le da a los niños recién nacidos mientras no puedan ingerir la leche materna –como alimento sintético hervido–, lo mismo que a los enfermos muy debilitados. También es secante y germicida poderoso para llagas o heridas infecciosas internas o externas.

El Lania o Contra –como lo llaman los civilizados– bien embadurnado con el colorante se halla metido en una bolsita de lana o hilo tejido de colores. El indio rico –que es quien exclusivamente lo tiene– en época normal lo guarda guindado en una mochila en el techo del rancho y en momentos de guerra lo lleva en la cintura pendiente de la faja.

Fue a ese Talismán al cual se refirió Talhlua cuando le dijo a su hijo Joúner –manda a bajar la mochila del Lania para inmunizar del peligro a los combatientes antes de marchar. A la mochila descolgada del techo del rancho se le hizo arrojar del vientre cuatro Lanias: Uno con virtud de darle valor y serenidad al combatiente, otro para darle precisión al calibre del fusil o puntería a la flecha, otro para adormecer al enemigo y el último para conjurar las fuerzas de la naturaleza.

Alineados los combatientes, el "Outshi" o Piache toma el Lania en sus manos y uno a uno les va dando golpecitos con él por todo el cuerpo, desde los tobillos hasta la cabeza, soplándoles al mismo tiempo con la espesa salivada del manilla (tabaco).

El indio Guajiro, como todos los pueblos del planeta, tiene también sus agüeros y supersticiones, que en el fondo no es otra cosa que la fe religiosa de que se arma el hombre civilizado contra todo el peligro. Esa fe es la brújula de orientación en su peregrinar constante espiritual, que vigorizándole poderosamente la voluntad lo capacita para llevar a cabo las más arduas empresas. Ese engaño voluntario que el hombre se hace a sí mismo, mentida ilusión que él conviene en traducirse como verdad, ha sido siempre su poderosa "COTA DE MALLA" en los combates y su estimulante sugestivo para avanzar a través de todos los obstáculos.

Confortadas con esa fe sencilla después de la ceremonia del Lania, en la misma tarde de la revista, marcharon las huestes de Talhlua rumbo a la ranchería de Mastau, en cuya cercanía pernoctaron y desde dónde dispusieron el ataque a la hora del alba.

Rubén, con cien carabineros de a caballo, marchaba ocupando el ala derecha mientras Joúner con otros cien tiradores cubría la izquierda, en tanto que Talhlua avanzaba por el centro a la cabeza de cien arqueros y cien tiradores con proyectiles de fuego; la retaguardia con doscientos hombres de diferentes armas se le confió al joven cacique Piuana Jimaáy, admirador de la encantadora Jiwolhlua.

–Hagamos un rodeo general a la ranchería –les ordenó Talhlua a sus lugartenientes. Las tres columnas marcharon al tiempo hacia el punto indicado, pero a tres kilómetros fuera de la ranchería fueron intempestivamente sorprendidas por una descarga de cuarenta tiradores que Joúmuna había emboscado en línea de guerrilla a lo largo de una cañada, en donde amparados por la barranca y guarnecidos por gruesos troncos de árboles ribereños, se hacían invulnerables a las balas y flechas del enemigo, en tanto que éste a pecho descubierto le propiciaba barata presa. Los valientes guerrilleros estaban de tal manera tan bien apostados que una patrulla que poco antes había venido a inspeccionar la cañada regresó informando al estado mayor que allí no se encontraba nadie. Ese descuido –que no fue de Talhlua– sino de los patrulleros, le costó a los invasores quince muertos y veinticinco heridos.

Talhlua mandó a su gente a retroceder en seguida para corregir la falla; en una sabana al frente se detuvieron. –Joúner, –le dijo a su hijo –toma cincuenta hombres de los cien de mi caballería, agrégalos a los tuyos y con un total de ciento cincuenta jinetes abre rápidamente una media luna por el flanco izquierdo traspasando por el lado oriental el arroyo estratégico de la línea de Joúmuna y ataca a la ranchería por aquella parte, que al oír él las descargas se verán obligados a destacar su gente del sitio que ocupa para auxiliar el punto atacado y entonces, nosotros lo aprovecharemos cargándoles simultáneamente por todos los flancos. Mientras tu ejecutas ese movimiento de convergencia nosotros simularemos atacar de frente a los guerrilleros de la cañada, entreteniéndolos con disparos salteados desde lejos, a fin de darte tiempo a ganar la ranchería.

Los hábiles jinetes de Joúner a rienda suelta corrieron con la velocidad del rayo a la ejecución del plan de su padre. En pocos minutos traspasaron la cañada, con la furia del huracán le cayeron a la ranchería de Mastau, atropellaron y barrieron con los cascos de sus caballos a los centinelas y entraron al poblado a fuego y sangre.

Como lo había previsto Talhlua, al oír Joúmuna el estruendo de la fusilería, levantó su gente de la cañada y corrió a la ranchería; lo acuchillearon por detrás y por los flancos, hasta reducirlo a la ranchería a unirse con los setenta combatientes que allí había dejado a cargo de su hermano Juan José. Sitiados, pelearon heroicamente cuerpo a cuerpo con una desventaja enorme, de uno contra seis y con inferiores armas. Joúmuna y Juan José, juntos a pié firme combatieron con encarnizamiento hasta lo último. Las balas de sus enemigos iban disminuyendo lentamente el número de sus combatientes hasta que ya apenas le quedaban veinte hombres heridos y extenuados de los cien con que empezaron la batalla. Se les pidió rendición y contestaron que acabaran de una vez. Juan José, herido con siete balazos y dos flechas envenenadas, se desplomó al fin. Una turba que le cayó encima lo remató a machete y cuchillo. Joúmuna con la manta pasada por cincuenta balas y cien dardos sin rasguñarle el cuero, se mantenía firme y sereno, pero cuando vio que quince esclavos que le quedaban se entregaron, viéndose perdido se destapó el seso con un tiro de su carabina.

Las huestes vencedoras, aventajadas por la superioridad numérica y mejores armas, rodearon y tomaron la ranchería. Allí, debajo de la enramada

–sentado en un chinchorro– el cacique Walhliraltn, como Julio César ante el puñal de Bruto, resignado, impasible, cubierta la venerable cabeza con el rebozo de su manta esperaba la infalible muerte a que él mismo voluntariamente se había condenado. Uno de los esclavos resentidos que tanto lloraba la muerte de Warralhlamatn lo tenía ya apuntado con su carabina cuando Joúner le gritó: –Vais a matar al anciano? Te olvidas de la orden de mi padre? que nos recomendó que se respetara la vida de los ancianos, mujeres y niños? –El octogenario se descubrió al grito y viendo que se le dispensaba la vida como una limosna no pudo resistir a la humillación, sacó del cinto un revolver, se puso la trompetilla en la cien derecha, apretó el gatillo y se voló el cráneo. El esclavo de la tentativa refunfuñó resentido: "No lo dejan a uno saciar su venganza".

Los invasores entraron a saco: Descolgaron del techo de los ranchos las mochilas repletas de ricas alhajas, destrancaron los corrales hartos de ganados y en el momento en que unos esclavos con lo cuchillos afilados en la mano pretendían destroncar las cabezas de los dos caciques muertos y llevárselas como máximo trofeo, les gritó Talhlua, diciéndoles: "Respeten esos cadáveres, que el odio no es para los muertos".

Joúner dijo –Haga que le den honrosa sepultura a esos cadáveres y que arreen los rebaños y los prisioneros, que en ésos si nos da derecho la guerra. –Ya iba Joúner a ejecutar la orden de su padre cuando un indio desconocido lo haló por el brazo diciéndole: –Se van y dejan lo mejor? Cuánto me dan para llevarlos al sitio en donde se encuentra todo lo que puede indemnizarles sus muertos y recompensarles sus molestias? –A qué cosas te refieres? –contestó Joúner. –Al más rico botín –replicó el denunciante, –sesenta mujeres y niños que están ocultos en esa cañada al través de ese montículo que ves al sur. –Cuatro vacas paridas de esas que están allí será su recompensa –le contestó Joúner. –Es muy justo punta-brava (en el periodo de formación de doce a catorce años) porque de haberles callado se les habría escapado ese tamaño bocado, apenas esperaban la noche para marchar a la frontera Venezolana rumbo a Maracaibo. –Bueno –le dijo Joúner –también se te dará la chinita y vamos allá. –Luego dirigiéndose al padre le dijo: –Voy con este hombre a recoger unas mujeres y muchachos que él me dice se hallan por ese monte. –Anda con él –le dijo Talhlua –y llévate cien tiradores y abran bien el ojo, no sea que se trate de una trampa.

–Cawalhlouhle –dijo Joúner llamando al esclavo mayordomo –asegúreme a este hombre, llévelo amarrado para que si acaso tratare de huirse le descarguen todas las bocas de fuego.

Joúner salió y rodeó con su gente el monte de la cañada indicada por el baqueano denunciante y efectivamente estaban allí –como los conejos al aullido del lebrel de caza– aquellos infelices estirados en el suelo a lo largo de la cañada, inánimes reteniendo el resuello. Joúner tuvo el cuidado de dejar apostada la gente a cierta distancia, avanzando tan solo con unos pocos de sus compañeros de confianza sin hacer el menor ruido hasta llegar adonde ellos estaban y cuando lo sintieron dieron todos un grito espantoso, tratando de correr, pero él les dijo: –No corran que están rodeados, así los tiran. Temblorosos, con los ojos saltones se quedaron petrificados los desgraciados. Joúner les hizo una señal a sus compañeros para que avanzaran y los condujesen a la ranchería. Al tratar algunos esclavos de empuñarlos prorrumpieron en llanto quejumbroso echándose y revolcándose en tierra desmayados. –Déjenlos libres, –gritó Joúner –llévenlos por delante sin ponerles la mano. –Hay tres majayuras muertas –dijo Cawalhlouhle –que no presentan señales de vida. –Rubén y Joúner se arrimaron a examinarlas –efectivamente estaban heladas –el susto les llevó la vida. Los otros que estaban atontados reaccionaron con baños de aguardiente, sólo les quedó un temblor en todo el cuerpo.

–Cawalhlouhle, –dijo Joúner dirigiéndose a su inseparable mayordomo –ordena a unos esclavos que rápidamente hagan un hueco cuadrado para enterrar esos muertos aquí mismo. Acatada en seguida esta orden, antes de media hora estaba listo el trabajo, se arrastró al hueco a las tres púberes y se les amontonó arena encima; simultáneamente condujeron a los demás a la ranchería.

–Con éstos que hemos traído –significó Joúner a su padre –y los que rendimos en el combate, tenemos ochenta prisioneros, entre hombres, mujeres y niños.

–Hagan una inspección al campo –replicó Talhlua –y pasen revista a los vivos y a los muertos para saber cómo hemos salido en el juego. –Rubén y Joúner salieron con algunos oficiales a cumplir la orden. Dando un rápido recorrido por el campo de batalla inspeccionaron uno por uno a los muertos de ambas partes y contendientes y volvieron a decirle al cacique: "Hay ochenta y cinco muertos de los Pushaina y cuarenta de los nuestros".

De los Pushaina no quedó vivo ningún herido porque la soldadesca de Talhlua les remató a todos a pesar de que no había la orden de consumar tal asesinato, el cual los jefes lamentaron más tarde por no haber podido evitarlo.

Joúner salió con dos heridas leves, una entre cuero y carne, por el brazo izquierdo y otra por una pierna; Rubén con una leve también por debajo de la tetilla derecha. Cawalhlouhle salió con dos costillas magulladas. Entre los Ipuanas de Jimaay hubo un muerto de baja ralea y dos heridos. Dos esclavos murieron del contingente de los Ulhlianas de Santanawa y tres heridos leves. El resto de muertos y heridos correspondió a la gente de Talhelua, entre quienes al igual que los Pushainas también hubo ochenta bajas.

–Ochenta y cinco muertos, –balbució Talhlua como hablando para sí mismo –dos mil vacunos y caballares, cinco mil cabras y ovejas, varias mochilas de alhajas y el WALHLAJ constituyen indudablemente una buena recompensa.

Luego dirigiéndose a Rubén y Joúner les dijo: –Hagan mancomunar bien a los prisioneros, poniendo hombres con hombres, mujeres con mujeres y niños con niños, para que junto con los ganados los arreen. Formaron una mancorna de cuarenta mujeres, una de niños de diez a doce años, otra de infantes de nueve años para abajo –varones y hembras– y la cuarta la constituían los quince hombres que se rindieron en el combate.

Momentos más tarde marchaba la inmensa muchedumbre camino a Irotsima con los varios RACIMOS de seres humanos apretujados en el centro. –Rubén, –dijo Talhlua cuando llegaron a la ranchería, llamando a su segundo heredero –aún cuando Jimaay no nos cobra nada es muy justo que le indemnicemos los daños y molestias que ha sufrido en nuestra compañía, pues de su gente hubo un muerto y dos heridos; entrégale de ese ganado de los Pushaina cincuenta vacas, cincuenta caballos, una buena mula para su cabalgadura y trecientos cabríos y lanares que él distribuirá entre sus compañeros de armas. Del contingente de tu anciano padre Santanawa murieron dos personas y salieron tres heridos, retribúyalo con doscientos vacunos, una cantidad igual de caballos, cuatrocientas cabras y ovejas, dos mulas especiales para su silla y cuatro chinitos varón y hembra. A Jimaay también le regalas con otros cuatro de éstos; para ti y tus demás hermanos se reservan para su servidumbre, una docena de varones y otra de niñas impúberes y el resto de las mujeres se les reparte equitativamente a los esclavos, a quienes también les das en partes iguales dos mil cabras y ovejas y mil vacas, en remuneración de sus buenos servicios.

Rubén y Joúner repartieron el botín en la forma indicada por el cacique y todo quedó concluido.

El fruto del odio

El caballo para el indio Guajiro no tiene un valor económico especulativo; hijo predilecto de su esfuerzo, lo cría y lo forma como el compañero inseparable de sus andanzas, fuerte, incansable, ágil, brioso y entrenado siempre para la carrera y para el drama; se halla a toda hora al alcance de sus manos para los menesteres de la guerra y, como el corcel indómito del inmortal Rui Díaz, arrogante y temerario no reconoce límites a su arrojo en la empresa peligrosa que el tentador ambiente de la PAMPA LIBÉRRIMA le propicia eternamente con coloridos sugestivos.

Cuando el caballo Marhlihuna perdió la carrera, Joúmuna tuvo un violento acceso de iracundia, se sintió mortalmente herido en su amor propio. Los latigazos con que el chinito fustigó el caballo los experimentó en carne viva. Su corredor no había perdido nunca, se le reputaba el campeón insuperable de la llanura; por primera vez perdía la carrera y la fama que tanto honor le había dado a su dueños. Durante los seis días del baile y el torneo hípico, Joúmuna no pudo conciliar el sueño ni le fue posible ingerir alimentos; una pesadilla inquietante se apoderó de su alma atormentada. No pudiendo hallar remedio a la sangrante herida interior que lo consumía, apelaba en su desesperación al alcohol maldito, cuya enardecedora acción, en connubio horrible con el ayuno y el insomnio, concluyó por llevarlo a un estado de enajenación mental. Sintió que en su interior se libraba un combate terrible. Su naturaleza animal se había rebelado en contra de su ser racional; reconocía momento por momento que su frágil personalidad pensante se doblegaba miserablemente ante la brutal potencia de aquélla, mas no estaba en él resistir al furibundo ataque. La herencia fatal de la sangre indómita de ancestral CARIBE que todo guajiro lleva en sus venas hizo erupción en su cerebro, dislocando, entorpeciéndole sus nobles facultades. El odio iracundo lo condujo hasta el paroxismo de la demencia... Cuando maquinalmente esgrimió el arma homicida había perdido ya el uso de la razón: el hecho criminal no fue el homicidio común perpetrado por un hombre, fue el crimen de la RAZA.

Quién será capaz de creerse con la autoridad suficiente para juzgar al hombre en ese estado de conmoción interna, sin temor de equivocarse? Podrá el mísero criterio humano vanagloriarse de penetrar hasta el fondo del tenebroso abismo del corazón y descubrir las íntimas causas que producen el efecto exterior? Podrá dictarse el fallo definitivo que condene a Joúmuna como criminal empedernido? Habrá la razón suprema de creer que el hecho homicida ejecutado por sus manos fue una emanación congénita de su naturaleza salvaje? O fue la resultante importuna y ciega pero infalible de las misteriosas cosas del DESTINO? Si el entendimiento humano pudiera despojarse de todo prejuicio, fácil sería creer que Joúmuna no mató por puro apetito animal. Él se sintió ofendido, injuriado en su honor procedió en propia defensa. Cuando el hombre odia no ve ni oye ni siente; convulsionadas todas sus facultades físicas y mentales llega a un estado de embelesamiento completo que lo hace insensible al dolor y a la conmiseración; en ese estado de desviación mental la muerte misma no la sentiría.

Joúmuna fue víctima del odio, más desgraciado que culpable. El odio iracundo, una enfermedad congénita de la naturaleza humana; nadie ha podido sustraerse a su maligno influjo; grandes y pequeños indistintamente han sido los hombres juguetes miserables de esa pasión terrible. El odio judaico, personificado en Ananás y Caifás, llevó a la cruz del Calvario a merecer la más afrentosa de las muertes al más puro de los hombres. Los magnates de la Judea creyéndose ofendidos en su amor propio y perjudicados en sus intereses creados con la propagación de la sacrosanta Doctrina de Jesús, atacaron inmisericorde al sublime Apóstol, escarneciéndole con la infamante saliva del sayón creían equivocadamente que cortaban el hilo vital del ideal Cristiano; enceguecidos por el odio aseguraban que matando a un hombre perecería con él la idea que a pesar de toda la iracundia humana ha sobrevivido veinte siglos en toda la redondez de la tierra. Así, todos los que odian caminan ciegos al abismo de la perdición y del crimen.

Joúmuna y Walhliraltn –más dignos que el Judío– supieron sostener su orgullo hasta los umbrales de la tumba, tuvieron el heroísmo de morir como prohombres, como Hitler y como Goering. Para no dejarse manchar con las profanas manos del verdugo buscaron el suicidio como única manera honrosa de morir; su alma, ennoblecida por el martirio voló en las alas de Apocalipsis a las regiones inconmensurables de la eternidad; sus enemigos sólo pudieron ensañarse en los despojos gangrenosos de la vil materia. Como héroes de la Leyenda Mística prodigaron con largueza la parte corruptible de su personalidad para obtener la glorificación espiritual; compraron con los míseros despojos del barro vil la eterna libertad de su alma grande, dando la materia corroída salvaron el honor y el orgullo de la RAZA. El Judío abyecto no tuvo nunca el gesto heroico de los indómitos hijos de la Pampa, cobarde y miserable lloró como mujer sobre la ruina de sus templos derruidos el castigo de su necio orgullo y errante como hoja dispersa por los cuatro vientos del mundo paga eternamente el tributo de su ODIO maldito.³

Tal es el concepto material que desde el punto de vista jurídico puede emitirse en el proceso de Joúmuna. En cuanto al aspecto moral se nos presenta un abismo; considerado el hecho en su íntima naturaleza hay una incógnita profunda. Los pronósticos del Piache Aipiaki con relación al Aerolito y las predicciones del Mago Unuúrralaj se cumplieron exactamente: El más meritorio de los hombres de la tribu de Talhlua –su sobrino Warralhlamatn, víctima del asesinato– fue en verdad una desgracia inaudita; el triunfo de la batalla de Mastau lo obtuvo él, su hijo Joúner salió herido y Joúmuna fue muerto. Qué hay en el fondo de la cuestión? La razón humana es impotente para descifrar el enigma. Fueron esas predicciones obra del acaso? Producto de una mera casualidad? O fueron la promulgación de una ley oculta de la DIVINIDAD, para cuyo efecto el Piache y el Mago sirvieron de Médium? Nadie sabe. Pero cualesquiera que haya sido la fuente generadora de la fatal tragedia, Joúmuna, más que culpable fue el juguete miserable de esa fuerza oculta que se llama DESTINO.

UNA SOMBRA SINIESTRA

La guerra civil colombiana de los mil días dejó desangrado al país, arruinado el erario y desacreditada a la Republica. La obstinada intransigencia de los dos partidos políticos tradicionales amenazaba ser indefinida. Los hombres representativos con tenacidad fanática se disputaban en el Congreso el predominio del poder público, sin otros miramientos que asegurarse cada cual la hegemonía partidaria, bastardeando los sagrados intereses de la Patria y adulterando los fundamentales principios de Credo Político. Propiciando el dorado verbo altisonante al servicio del histerismo de la pasión enfurecida de la política interna y persiguiendo solamente finalidades de particular conciencia relativas al partido cuya bandera enarbolaban, se olvidaron de lo más esencial: descuidaron los problemas externos vinculados al alma misma de la Nación.

Existía un tratado público solemnemente celebrado entre Colombia y la gran Nación NORTE-AMERICANA, relativo a la cuestión ístmica de

---

³ Estas lamentables parrafadas antisemitas muestran hasta qué punto Antonio J. López reproduce acríticamente ideologías nacionalistas que fueron moneda común en América Latina durante la primera mitad del siglo veinte. Notar cómo el concepto de "raza", escrito en mayúsculas, se incrusta en este pasaje antisemita de tal manera que nos recuerda las ideas de la "raza cósmica" del autor mexicano, José Vasconcelos.

Panamá. La absorbente República-Gigante representada por el presidente Teodoro Roosevelt, considerando que la fratricida pugnacidad cruel de los partidos políticos colombianos podría lesionar los intereses de su gobierno, apartando a un lado, con cínico descaro, las consideraciones de alta política que la obligaba a garantizar la soberanía panameña –según las cláusulas perentorias del pacto sagrado subsistente entre las dos repúblicas– atrapó con fruición de fiera avara –con sus monstruosas garras– aquel jirón infortunado de la nacionalidad colombiana.

Los resplandores científicos de la aurora del Siglo XX presenciaron entonces el más repugnante abuso de la FUERZA: a plena luz meridiana y en presencia de todas las naciones civilizadas del orbe, el omnipotente Roosevelt, de la noche a la mañana –sin disparar un tiro– consumó la brutal mutilación, arrancándole a Colombia de su tricolor pendón la estrella de mayor magnitud. Panamá pasó sin fórmula alguna a ser hijastra advenediza de la UNIÓN AMERICANA y desvinculada totalmente de la madre patria, sin que un solo acento de reprobación saliera del seno de la Europa civilizada para vituperar la conducta de inhumano violador y defender los fueros del derecho y la justicia ultrajados en una Nación materialmente impotente para defenderlos; antes por el contrario, el bárbaro Atila de los días del Avión, el Cine y el Radio fue aplaudido y glorificado con el premio NOBEL, adjudicándosele el título honorífico de representante de la fraternidad humana y la paz mundial. Tal es la rara psicología de los pueblos: prosternarse y reverenciar el ÉXITO cualesquiera que haya sido el medio para alcanzarlos y sea quien fuese la individualidad que tenga la dicha de coronarlo.

Ante ese sarcasmo del cruel destino que condenaba a Colombia a la quietud y la humillación de la FUERZA BRUTA, los pueblos de Sur-América temblaron de coraje y de impotencia. El presidente entonces de Venezuela, general Cipriano Castro cerró las puertas al usurpador audaz, rechazando con entereza varonil las proposiciones de las compañías norteamericanas que pretendían explotar el petróleo del Lago de Maracaibo, prefiriendo privar a la Nación de un hermoso renglón económico que exponerla al despojo y a la humillación. Pero desgraciadamente, dolencias físicas lo obligaron a sustraerse al mando y marchar a Europa. La política taimada del despojador implacable, colándose al través de la cortina de la estancia del Vice-Presidente encargado, general Juan Vicente Gómez, le sonrió, halagó y sedujo. El Vice-Presidente desconoció la autoridad del general Castro y reasumió el mando supremo, dando acceso a las compañías Tropical y Gulf para la explotación del petróleo del Estado Zulia.

Establecidas las compañías, solicitaron brazos para la instalación de sus múltiples y pesadas maquinarias; con el estímulo de altos jornales sustrajeron a los campos de la agricultura la masa proletaria, se endeudaron las haciendas y los patronos se vieron al borde de la quiebra; escaseados los productos sobrevino la carestía de la vida en el Estado Zulia. Los plátanos que antes se vendían en el mercado de Maracaibo a un ciento por bolívar, se vendieron entonces a diez; el maíz de un centavo el litro subió a ocho; el kilo de panela y azúcar de cuatro centavos alzó a quince y veinte; el frijol, la yuca, la leche, el queso, la mantequilla, la carne, etc., etc., montaron a diez veces su valor primitivo.

El pueblo que creía desquitarse y resarcir las pérdidas con el oro de las compañías se vio muy pronto defraudado en sus vanas esperanzas. Detrás de los petroleros venían las empresas automoviliarias a recoger el dinero y remesarlo al mercado de su origen. Al campesino zuliano –después de todo– solo le quedó la fiebre automovilística que lo sustrajo de los campos productivos a manejar el automóvil de la urbe.

Tal era el estado de la atmosfera social y comercial de Maracaibo en la época en que sucedían los acontecimientos que historiamos en esta obra. Para ser fieles a nuestra narración se hacía necesario este recuento porque el vil comercio de carne humana que más tarde se incrementó en la Pampa con caracteres alarmantes fue una lógica consecuencia del advenimiento de las compañías petroleras. Los hacendados de las regiones de Perijá, Encontrados, Santa Bárbara y la Costa se vieron precisados a buscar en la Guajira los brazos que debían reconstruir sus arruinadas posesiones. Pusieron sus bolsas en las manos de comisionistas que llegaron al puerto fronterizo de Castilletes con la propaganda del pingüe negocio de compra de indios. Mil bolívares por un indio! Corrió la fantástica noticia con la celeridad del rayo por los cuatro vientos de la sabana.

Un colombiano del Departamento de Santander llamado Francisco Troncoso integraba la famélica Comisión. Soldado del gobierno conservador en la sangrienta contienda fratricida de los mil días, Troncoso fue herido en el histórico combate de PALO NEGRO –una bala liberal le rompió una pierna y quedó rengo, pero lo ascendieron a coronel. Terminada la guerra, se hizo el reparto de los puestos públicos, mas como eran muchos los que habían derramado su sangre, no alcanzó para tantos; el Coronel quedó vacante y marchó a mendigar un pan a la vecina madrastra. Arrimado a la zona agrícola de Encontrados y relacionado con los hacendistas Negrón y Compañía obtuvo de ellos la bolsa para adquirir indios. Fue así como llegó a las Pampas, ostentando pomposamente el grado militar -muy bien ganado por cierto, porque le costaba la renguera. Los pueblos han sido siempre los peores amos, desconocen y olvidan con facilidad a sus servidores.

El coronel Troncoso era representante de la rica Casa Negrón, un tal Juan Colmenares era agente de la hacienda Colmenares y un Señor Temístocles Falcón asumía el cargo de comisionista de la posesión El CHAO del General Juan Vicente Gómez, entonces bajo la administración del coronel Juan José Canelón. Tales eran los tres personajes más visibles que constituían la peregrina comisión que arribó a Castilletes con la rebosante cornucopia de MOROCOTAS.[4] Había otros de menor categoría –que no vale la pena de consignar sus oscuros nombres.

Aquellos representantes del vil comercio traían un salvoconducto firmado por el cónsul colombiano de Maracaibo, general M. N. Leal, en el cual hacía constar que el consulado los facultaba para llevar indios a trabajar en las haciendas a base de remunerador jornal y amplias garantías. Con documento de contenido tan liberal, originario de una alta autoridad oficial y unos pocos centavos con que se sobornaba a los empleados fronterizos quedaba expedita la vía para la extracción del importante factor humano.

El festín macabro

Una noche, en un baile que se celebraba en Walhlerpa para graduarse de Piache una señorita (Majayut), un indio de la casta Ulhlewana dio muerte violenta de unas puñaladas a otro de casta Jayalhliu, sobrino del cacique venezolano Cachueroushi. Al recibir éste la noticia se marchó a la casa de su primo-hermano Luis Fernández, cuya ranchería se hallaba situada en Wincua, en la ribera bulliciosa del Caribe gigante, al pie de un blanco médano de arena que semejaba a un fino brillante montado sobre el anillo de azules ondas marinas que circundan el Golfo de Maracaibo. Era la pintoresca mansión digna del Cacique Supremo de los indios que poblaban la angosta faja de territorio fronterizo que se extiende desde Castilletes –a lo largo de la Península– hasta el ALTO DEL CEDRO, centinela de la soberanía Venezolana en aquella región. El gobierno del general Juan Vicente Gómez tuvo el acierto de confirmarle oficialmente a Luis Fernández su Jefatura de Fronteras, regalándole el título de general y dotándolo con una centena de fusiles MAUSER, su espada y auto-camión.

---

[4] Monedas, dinero, originalmente onza de oro.

Luis era mestizo, hijo de venezolano y de india de pura raza. Despreciando irónicamente en su progenitor a la civilización, no llegó a usarle nunca su traje, a pesar de que le dominaba muy bien el idioma. Tenía predilección por el SHEI (manta típica) de sus antepasados y la QUIARA o CARRATSE empenachada, indumentaria con la cual le fue honroso presentarse ante el general Gómez el día que le hizo una visita en Caracas. Asimilando tan sólo vicios de la civilización, era audaz, inteligente, astuto y taimado.

–Primo, vengo a informarte –le denunció Cachueroushi –que un indio de la casta Ulhlewana, de Walhlerpa, mató a un sobrino mío y es necesario que estrenemos en esos miserables los MAUSERES que nos regaló el general Gómez, porque ellos no tienen rebaños de ganados con que pagarnos esa muerte. –No primo, –le replicó Luis –cómo que ignoras que a Castilletes han llegado unos hombres con las mochilas repletas de morocotas que pagan mil bolívares por un indio? Si matáramos a esos desgraciados no haríamos otra cosa que matar con ellos los miles de bolívares que habrían de ingresar en nuestras bolsas. Tenga un poco más de calma y deje ese negocio a mi cuidado qué ya le daremos la solución que se merece.

–Era eso lo que yo quería, poner en tus manos el negocio y tu reconocida inteligencia hará lo demás; –le recalcó Cachueroushi –yo me voy, tú me avisarás en el momento dado.

Luis mandó a llamar una india de la casta Ulhliana, con la cual tenía buena amistad, que vivía bastante retirada de su vecindad, para no dar lugar a sospechas. –Aquí tienes hija –le dijo, poniéndole en la mano un hermoso collar de oro y corales y doscientos bolívares en dinero efectivo –y contarás a tu regreso, después de cumplida la comisión, con algo más que te encime. Manda a cargar en unos burros esas garrafas de ron y vete a Walhletpa, a la ranchería de los indios de la casta Ulhlewana, prodigándoles fiada esa bebida a condición de que te la paguen en cabras de cría cuando llegue el invierno y cuando hayan aceptado el negocio, después que estén hartos y borrachos todos, mandarás entonces, con el mayor sigilo al peón que tú lleves, que debe ser persona de tu confianza, que también le retribuiremos bien, para que venga a avisar que los ratones están metidos en la ratonera. –Descuida todo, que quedaréis satisfecho de mi comisión –arguyó la india aceptando incondicionalmente la empresa macabra. Se marchó en seguida, llegó a la ranchería de su destino, lo hizo todo como se le indicó y los indios Ulhlewana, como moscas hambrientas en un panal se amontonaron sobre las garrafas a beber hasta emborracharse, aprovechando la liberalidad del largo plazo. Cuando estaban todos dormidos, vencidos por la deprimente acción del alcohol, al caer la noche, la vendedora mandó al peón, de acuerdo con lo convenido, a dar la buena noticia de su misión. En la mitad del camino encontró a Luis, que ya iba a la cabeza de trescientos jinetes bien armados. Le dio la consigna y la caballería redobló la marcha; amparada por la sombra de la noche llegó a Waletpa a las dos de la madrugada sin haber sido vista por nadie. Rodearon la ranchería y simultáneamente aprisionaron a todos sus pobladores, lamentándose solamente la muerte de seis indios, que menos borrachos que los otros saltaron de sus chinchorros al sentir el paso de los invasores y que al tratar de empuñar las armas fueron ultimados por las bocas de fuego de los asaltantes.

–Lástima que se quemaron con la pólvora estos seis mil bolívares –lamentó Luis al contemplar los muertos que yacían tendidos sobre la arena. –Aseguren bien a los prisioneros –añadió, arrimándose a la cuadrilla que se ocupaba en amarrarlos –y mancuérnenlos un hombre con una mujer y los niños con varón y hembra a fin de dificultarles la carrera en caso de que se les antoje fugarse; miren que esa mercancía tiene muy buena demanda y alto precio.

Mientras unos se dedicaban a estos menesteres, otros requisaban minuciosamente los diferentes ranchos, descolgando de los techos las mochilas de prendas, en tanto que los demás desalojaban de los corrales los rebaños, y luego después todos marcharon rumbo a Castilletes con las mancornas de seres humanos confundidos con los cabríos y vacunos. Acamparon en la sabana, algo distante del pueblo, desde donde mandaron un emisario a darle aviso al coronel Troncoso. Este vino en seguida con la bolsa repleta de morocotas.

–Aquí le traigo Coronel –le dijo Luis –un bonito surtido de la mercancía que ustedes buscan con tanto interés, los tiene al escoger: cuarenta hombres, sesenta mujeres y ochenta niños de diferente sexo y edad. –General Fernández, en dónde se ha armado de tanta mercancía? –Coronel, le voy a contar lo que ha pasado: nuestras leyes son seguramente más duras que las de ustedes porque es el medio-ambiente quien las impone. Ustedes, los arijunas o civilizados tienen sus poblaciones concentradas en puntos dados, en donde cada esquina de la calle la cuida un policía para prevenir los crímenes o aprehender al delincuente, con tribunales especiales para juzgarlo o castigarlo conforme a la sanción de sus códigos. Nosotros no tenemos nada de eso; para imponer la moralidad y el orden social tenemos que valernos de Leyes rigurosas al parecer, pero buenas para nuestro medio. Un indio de esta familia Ulhlewana asesinó a uno de mis sobrinos y se fugó para Venezuela. Ellos son de baja clase y nosotros somos de alta categoría; un muerto nuestro vale por un millar de los de ellos. Nuestro deber era arruinarles sus haciendas y darles muerte a todos, pero ya que ustedes les dan un valor económico les conmutamos la pena capital vendiéndoselos por dineros. Dígame ahora, coronel, si procedemos bien o mal?

-Muy bien, general Fernández, ustedes al dispensarles la vida a estos desgraciados se han inspirado en un sentimiento eminentemente humano, ojalá que siempre procedieran de ese modo -que yo a mi vez me siento feliz y congratulado con ustedes por rescatarles de la muerte a tanta gente infeliz. Pues bien, mi querido general, entremos en materia de negocios: de acuerdo con las instrucciones que traigo de mis patronos, puedo pagarle indios jóvenes y sanos, de 18 años hasta 40, a razón de mil bolívares; de 18 para abajo, hasta 12, a quinientos bolívares; de esta edad para abajo, a trescientos, y en cuanto a mujeres, no tengo instrucciones para comprar. El señor Temístocles Falcón, agente de la hacienda EL CHAO, compra las mujeres, puede entenderse con él al respecto.

En seguida, el coronel Troncoso examinó la edad de los indios, resultando treinta de 18 a 40 años y diez ancianos de sesenta para arriba. -Estos -dijo -no podemos pagarlos sino a doscientos bolívares, a precio de niños, porque apenas servirán para barrer los patios y para cocineros. -De los ochenta niños escogió cuarenta de los más grandes, a quinientos bolívares. Entregó todo el dinero en oro americano, pues era la época de la inflación petrolera y en Maracaibo corría más el oro que la plata.

-Anda a llamar a Falcón para las mujeres y el resto de los niños -le significó Luis a uno de sus servidores. Este salió en seguida y al poco rato se presentó el agente de EL CHAO. -Aquí le tengo sesenta mujeres y cuarenta niños -le dijo el general Fernández, haciéndolos formar a todos en línea como los soldados en una revista. -Hay aquí 15 que no me sirven -objetó Falcón, distinguiendo las mujeres que pasaban de treinta y cinco años. -Pero mujeres como esas que tú rechazas son relativamente jóvenes -replicó el coronel Troncoso, que aún se hallaba presente. -Sí, pero para el fin que las deseamos son viejas porque la Hacienda las necesita para la fecundidad, -refunfuñó Falcón. Luis, terciando en el debate, añadió -las mujeres indias son fecundas y productivas hasta los cuarenta y cinco años, todo lo contrario de las arijunas o civilizadas que a esa edad de treinta años ya son unos forros resecos que no largan aceite. -Bueno general, para negociar las sesenta hagamos una rebaja, dejándolas a cuatrocientos bolívares y los cuarenta niños, unos con otros, a trescientos bolívares; en total, treinta y seis mil bolívares. –Aquí los tienes general –dijo Falcón, arrojando el montón de morocotas sobre un pañuelo grande en el suelo. –Queda cerrado el negocio –contestó Luis, procediendo a recoger y contar el dinero.

–Ahora tienes que llevarnos esta gente hasta el puerto, general –dijeron los dos comisionistas al tiempo. –Y el corregidor no nos pondrá inconveniente? –replicó Luis. –Ya eso lo tenemos perfectamente arreglado con él, a veinticinco bolívares por cabeza. –Si eso es así, vamos –dijo Luis.

El general Fernández dio a guardar el dinero a su mujer, que era su cajera y lo acompañaba cabalgando en una buena mula. –Echen por delante esta gente para llevarla hasta el puerto –le ordenó a los compañeros. Estos cabalgaron en seguida y arrearon a los prisioneros como manadas de carneros. Cuando iban cerca a la corregiduría, un muchacho, portero de la oficina, vino a darle al coronel Troncoso, por orden del señor Corregidor, la consigna de no llegar allá con la gente, que lo esperaba a él solo.

–Siga de largo con la gente –le dijo a Luis –que yo voy a inteligenciarme con el Corregidor.

–Coronel –le dijo el Corregidor a Troncoso –no vuelva usted a repetir lo que ha hecho, de venirse con tanta gente a la oficina; siempre que haya de pasar esas cuadrillas, llévelas por allá con más disimulo, porque ese negocio no se puede hacer así tan al público. Cuántos lleva hoy? –Llevamos ochenta míos y ciento del señor Falcón, en total, ciento ochenta. Aquí tiene usted cuatro mil quinientos bolívares por el pase, a razón de veinticinco bolívares por cabeza –concluyó Troncoso, poniéndole la bolsa sobre la mesa. –Ya eso estará muy bien contado –refunfuñó el Corregidor, guardando el dinero en la gaveta del escritorio.

–Hasta luego, señor Corregidor, voy a embarcar la mercancía en las goletas AURA RAQUEL y ANA ISOLINA, que salen hoy para Maracaibo. Salió hacia el puerto y allá encontró al general Fernández con la mercancía amontonada en la playa.

–Vamos capitán, a embarcar esta gente de una vez, para que a bordo reposen sin peligro. A qué horas zarparán los barcos? –A las 11 de la noche, coronel –contestó el capitán. –Entonces todo queda a su cargo, desde luego. –Sí, pero es mejor que no se vayan sino cuando toda la gente esté abordo, encerrada en las bodegas, bajo candado, porque son muchos y tiene uno que precaverse de una posible sublevación –objetó el Capitán. –Vayan desenmancuernando, pués, y embarcando simultáneamente, que ya le hemos hecho perder demasiado tiempo al amigo el general Fernández.

Cuatro horas duraron las faenas de embarque a cayuco, por falta de muelles.

–Ya volveremos –le dijo Troncoso al capitán, y dirigiéndose al general Fernández, le agregó –vamos mi querido general hasta la tienda del señor José Villalobos para despedirlo con unos palitos de brandy.

Desfiló la caballería hacia la tienda y el coronel Troncoso iba adelante, a pié rengueando. –Haga el favor, señor Villalobos –le dijo al de la tienda –de poner de mi cuenta una caja de brandy a la orden del general Fernández. Este le significó a su secretario Julio Báez que se encargara de ordenar los servicios. Se descorcharon las botellas simultáneamente y se chocaron las copas en alegre camaradería. –En Maracaibo no pondrán cebo para el tráfico de esa gente? –balbuceó Señor Villalobos. –Ya eso lo tenemos arreglado; las autoridades de allá saben que la gente se necesita para reconstruir las haciendas, que estaban al borde de la ruina y de la quiebra, pues yacían perdiéndose por falta de brazos –replicó Troncoso, añadiendo... –Eso sí, que hay que pagarle cien bolívares al cónsul colombiano por el pase de cada uno.

Cuando ya habían libado varias copas y excitados los ánimos el bachiller Julio Báez le dijo a Troncoso –de qué le vino esa renguera, coronel? –Eso me lo causó una bala de los liberales en el memorable combate de PALO NEGRO. –Pero, dígame una cosa Coronel –recalcó Báez –qué originó esa sangrienta contienda de hermanos contra hermanos? –Por la defensa de los principios de nuestro partido –respondió Troncoso. –Pues bien, –replicó Báez –quiero que usted me diga qué diferencia hay entre los principios de ustedes y los que sustenta el partido liberal? No son ustedes todos hijos de una misma república democrática? No los inspiran acaso idénticos ideales de superación hacia el mejoramiento de la vida colombiana? Por qué luchan entonces? En dónde está la causa legítima para ofrendar sus vidas caprichosamente en los campos de batalla, abandonando su trabajo honrado, su hogar y su familia, por seguir ciegamente el pendón enarbolado por una loca demagogia? –Sí, señor bachiller Báez –contestó Troncoso un poco melancólico y casi derrotado por la lógica acabada del secretario del general Fernández –efectivamente los principios son al parecer iguales en la teoría, pero muy distintos en la práctica. El Partido Liberal es amigo del desorden, la impunidad y su sistema de gobierno es la oligarquía; nosotros, los conservadores preconizamos el principio de autoridad y con ello el establecimiento del orden y gobernamos con todos los partidos.

–La historia los desmiente, –contestó Báez –las guerras civiles colombianas han sido siempre promovidas por el fanatismo de los nombres que las supersticiones han enarbolado como bandera de combate. Cuando a un hombre o un reducido grupo de hombres representativos se les han antojado perseguir un propósito, cazar una particular conveniencia, con la sonoridad de su verbo sugestivo han seducido a las masas inconscientes y conducido al sacrificio de la inmolación infructuosa de las revoluciones. Ustedes, coronel Troncoso, perdóneme que tenga que decírselo en sus propias barbas, pero lo hago a título de amigo y en el vivo entusiasmo de la camaradería de los palitos, nunca han sido los apóstoles del pretendido ideal, ni fueron al combate como soldados de una causa justa, sino como lebreles de caza de intereses bastardos. Ustedes consumaron el sacrificio de sus vidas, renunciando a los que más amaban por defender los intereses y las ambiciones de una casta que se le antojó perpetuarse en el poder, considerándolo como patrimonio exclusivo de su propiedad. Y no es que yo sea apasionado, coronel ni que sea amigo o admirador del Partido Liberal, no, lo digo porque es la purísima verdad; ambos partidos han sido víctimas de una enfermedad fatal: la voracidad del mando. Más de una centuria de pugnacidad cruel por el predominio del poder público demuestra tristemente la intransigencia de los dos partidos y los señala como idénticamente vaciados en un mismo molde ideológico. Porque qué consiguieron después del obstinado batallar de hermanos contra hermanos? Al través de una lucha encarnizada de tres años alcanzaron alguna conquista plausible? Serenado el Cielo de la Patria Colombiana, disipado el humo de los combates, arruinada la República, cavado el cimiento de la DEMOCRACIA, injuriado el noble ideal de Patria que soñaron los libertadores, qué les quedó, digo, a uno u otro Partido? Solo les advino un déspota a ocupar el Sillón del que antes azotaba sus espaldas con el látigo implacable de sus esbirros; un omnipotente autócrata cien veces peor que su antecesor; que pisoteando con cruel descaro la CONSTITUCIÓN y las Leyes de la República erigió el Cadalso y condujo a él a plena luz meridiana en urbe capitalina, sin fórmula de juicio, a los mismos ciudadanos que le sirvieron de pedestal para alcanzar la omnipotencia de la fuerza bruta de que abusaba. Y llevando el cinismo hasta lo inconcebible, hizo lo peor aún, convirtió el Erario de la Nación en propiedad particular. Los cueros de res recogidos en todos lo municipios del país como contribución por el concepto de degüello, exportados para Inglaterra con la doble inicial del nombre del déspota "R.R.", figuraban como "rentas reorganizadas" en tanto que su agente de ultramar los recibía y vendía a título de propiedad particular de Rafael Reyes. Despierte, coronel, que ya es anticuada la época nefasta del letargo de ignorancia de los pueblos; incorpórese al movimiento constante del progreso que toca a nuestras puertas; levante airosa la vista hacia el horizonte y verá transparentarse en lontananza los colores risueños del porvenir cercano; nadie podrá detener la marcha vertiginosa de la civilización, pues que con ella pasa lo que a la ola incontenible del mar al invadir la arenosa playa. Desprecie con entereza al Ídolo caduco y no vuelva a ser carne de cañón de esos caciques que en tanto que ustedes pagan con su sangre las copas rotas del festín macabro de PALO NEGRO ellos liban en Bogotá en galantes restaurantes el delicioso vino de la glorificación.

Bravo, mi secretario inteligente! –gritó el general Luis Fernández, pidiendo la servida para celebrar la derrota del coronel Troncoso que, declarándose vencido por el verbo contundente del Bachiller Báez quedó mudo, perplejo. Después de sorber un trago que pidió para rehacerse, dijo en tono balbuciente: –En verdad, nosotros fuimos unos niños incautos que nos dejamos conducir a los campos de la carnicería solo por la costumbre de nuestros antecesores; ya no volveremos a hacerlo.

Basta bachiller, deje tranquilo al Coronel –dijo Luis –por que sea lo que fuese, con todo lo que habéis dicho, Colombia es un país libre, puesto que lo que estamos ejecutando aquí no habríamos podido hacerlo en el nuestro porque allá la libertad está limitada por la Ley, mientras que aquí el hombre puede hacer y deshacer a su libre albedrío todo cuanto se le antoje, sin más limitación que la que le marque su fuerza.

–Libemos gordo el palo de la despedida –dijo Luis y montaron en seguida, camino a Wincua.

Cuando iban por frente al mojón internacional de Juyachi los caballos pararon las orejas y volvieron la vista para el lado del norte. –Los CACHACOS –gritó uno de los jinetes (cachaco llaman al soldado o policía de cualquier país) y todos se volvieron para el lado de donde salía el ruido y detuvieron las cabalgaduras. –Vamos a internarnos tras la línea de Venezuela –advirtió Luis. –Un momento, general, –contestó el bachiller Báez –son los camiones contrabandistas, esperémoslos aquí, en la trilla. Al instante llegaron veinte vehículos cargados de distintas mercancías, procedentes de las islas de Aruba y Curazao, refrenaron al pié de ellos. –Qué hay muchachos, de dónde vienen? –les dijo el general saludándolos cordialmente. –Venimos de los puertos de la alta Guajira –contestaron. –Qué carga llevan y hasta dónde van? –Traemos cigarrillos LUCKY, brandy, whisky y algunos otros corotos, y seguimos hacia Padilla, Fundación, Barranquilla y Ocaña. –Y cómo pasan con los retenes que hay en la vía? –Ah! Todo eso es solventable, general Fernández, aquí le llevamos a esos hombres de las alcabalas sus litros de brandy, sus cartoncitos de cigarrillos y sus pesos en dineros para las cervezas. –Magnifico! –contestó el general. –Véndanos algunos 38 y unas cajas de cápsulas que seguramente deben llevar –les dijo. –Sí, llevamos un poquito de esas frutas, cómo cuántas necesitan? –replicó uno de los contrabandistas. –Necesitamos veinticinco revólveres y dos mil tiros. Qué precios tienen unos y otros?

–Quinientos bolívares los revólveres y cincuenta la caja de cápsulas. –Mándalos a sacar entonces. –El que hacía de director de los camioneros le dijo a los ayudantes que rompieran una caja y sacaran los artículos solicitados, los cuales entregados al general y previamente examinados, fueron en seguida cancelados en oro americano con la suma de catorce mil quinientos bolívares.

–Ahora si podemos comprarle a Talhlua los ochenta indios que cogieron prisioneros en el combate de Mastao –dijo Cachueroushi al general Fernández –para revenderlos a doble precio al coronel Troncoso en su próximo arribo. El otro día no me los quiso vender por el dinero, pero por armas y municiones sí los venderá enseguida que se le proponga.

–Hasta la vuelta, general –dijeron los camioneros marchándose por su vía y los jinetes se enrumbaron hacia Wincua.

Nemesio Montiel

E'IRUUKUUIRUA. LINAJES (2001)[1]
(Selección)

Entre los Ja'yaliyuu y Uliana surgieron algunos problemas domésticos que se arreglaban sin consecuencias. Los ancianos y matronas intervenían para los casos internos y externos de ambos linajes. Los asuntos mayores los asumían los jefes.

La solidaridad y hermandad entre los miembros de los linajes es una constante para darle mayor cohesión a la unidad de la parentela. Cualquier hecho entre padres e hijos era de conocimiento de los demás integrantes de la familia. Cuando ocurre un parto, por ejemplo, atendido por una partera experta, si es hembra la cría todos celebran por cuanto esa hija aumentará la familia materna. Si es varón también despierta alegría, sobre todo si los padres no habían podido tener un macho. En ambos casos, el padre tiene que ofrecer a la rama materna una simbólica indemnización por la sangre derramada durante el parto, dado el alto valor humano que tiene la sangre. El presente puede ser una res, un carnero o un chivo, el cual es sacrificado para ser consumido en familia. Cualquier miembro del linaje puede llegar y reclamar su parte con estas palabras: –Cuñado, ya me enteré que tenemos una niña que aumentará la familia, vengo a brindar por ella y a llevarme el valor de la sangre derramada por mi prima–.

Dos primos, hijos de dos hermanas, cuando por ejemplo juegan y en un descuido uno le da una pedrada al otro con una herida sangrante como resultado, intervienen las abuelas para decir: –*Achekushi walain süpüla nojolin jayaín* (debe indemnizarse para que no le suceda de nuevo). Cuando los hombres van al monte para cazar y ocurre algún accidente involuntario con saldo de un herido de otro linaje que había sido invitado, atendido el herido, se envía un emisario a la ranchería de los familiares para lamentar el hecho, ofrecer disculpas y garantizar la indemnización. Con esta figura del código oral wayuu se arreglan los problemas y no quedan rencillas entre familias. A los hombres, desde niños, se les enseña que cuando los mayores arreglan problemas, todo queda solucionado.

---

[1] Selección del libro de Nemesio Montiel Fernández Ja'yaliyu, *E'iruukuuirua (Linajes)*, Maracaibo: Rectoría Universidad del Zulia, 2001. Las notas al calce de este texto pertenecen al editor.

Las enfermedades se controlan con la farmacopea y la intervención de la piache. Enfermedades incurables y muertes repentinas son atribuidas a los malos espíritus. Situaciones nuevas, ocasionadas por adversidades que afectan a los rebaños pero que no acarreaban gravedades, son interpretadas como influencias negativas y se llama al o'ulakulii para explorar lo que está sucediendo y su explicación. Es frecuente, por ejemplo, que el adivino diga que lo que está pasando, se debe a que no se había hecho el segundo velorio a los muertos que habían cumplido el tiempo y en consecuencia era necesario el desentierro. De igual manera, dice que unos meses atrás, pasó un piache hacia rumbo desconocido y al ver tanta riqueza, despertó en él envidia y lo llevó a maldecir el lugar. Hay que llamar la *outsü* de la familia para trabajar el caso y desviar la situación. Tal vez pudiera recomendar que varios jinetes vestidos de rojo, con los rostros pintados de rojo y cintillos rojos en las cabezas espantaran dos reses negras hacia el rumbo que tomó el piache envidioso y que se perdieran para siempre con el mal que les habían dejado. Estas soluciones e interpretaciones que se les dan a los hechos y situaciones tienen el consenso del linaje, con la esperanza de que se controlen y que la tranquilidad vuelva a la familia.

En las costas cada día es mayor el número de embarcaciones que llegan para negociar nuevas cosas que no se conocían y que despertaban interés. Era el anzuelo que utilizaban los comerciantes.

Más curiosidad generaba entre los jóvenes todo lo que les contaban a través de intérpretes sobre los pueblos alijuna, los viajes por alta mar y los placeres en tierras lejanas. Para ellos era un sueño y fueron alimentando la ilusión de conocer la grandeza que había del otro lado del mar. Con la anuencia de los A'laülaa, algunos de estos muchachos se atrevieron a surcar los mares con mareos, vómitos y diarreas hasta llegar a Maracaibo, donde recibieron el impacto de las piraguas y las casas amontonadas en la orilla del lago. Se resistieron a salir de la embarcación asombrados con el movimiento de personas, la cantidad de goletas, bergantines y vapores que se concentraban en el puerto para transportar café y otros productos. Fue una novedad única. Cuando lograron bajarlos de la embarcación, su sorpresa fue mayor al tener frente a ellos las casas alemanas con mercancías y frutos. Al ser llevados a la Plaza de la Concordia o Plaza Bolívar, se quedaron anonadados observando a las mujeres y hombres que andaban en coches y lechuzas, las damas vestidas con batas hasta el tobillo y camisón de muselina, zapatos de dril blanco y pañuelos blancos bordados con soles y los hombres, con camisas y pantalones blancos y sombreros de fieltro o pajilla. Por las noches, conocieron las lámparas de kerosene y las de carburo que iluminaban el pueblo. Escucharon una guitarra, bebieron sangría, mistela y brandy.

Uno de estos jóvenes fue precisamente el Chioku, quien después de consumir suficiente licor con sus anfitriones, cuando se dirigieron al lugar donde dormirían, al pasar por un enlosado, resbaló con la mala suerte de caer y producirse una herida en la cabeza. Fue llevado a la Casa de La Beneficencia u Hospital Central, donde le cosieron la herida y le pusieron una inyección. Tremenda experiencia para quienes por vez primera conocieron un mundo diferente al suyo. Al final fueron paseados en el tranvía de El Milagro.

Al regreso llegaron con regalos y curiosidades que no conocían, tales como lentes para el sol, relojes, linternas, cigarrillos, interiores, medicamentos, botas para calzar, proyectiles, cananas, sombreros, licores y una diversidad de elementos producidos en Maracaibo y otros traídos del exterior. El Chioku se interesó por llevar a su tierra unas cuantas pantaletas con intenciones de saberlas regalar. El recibimiento fue todo un acontecimiento para saber lo que habían conocido en otras tierras. El Chioku, aun aturdido por el mundo conocido, dijo: –Esa gente vive cerca del sol, tienen de todo y son ricos. Me metieron en el cuerpo sangre de alíjuna y ahora soy más fuerte porque tengo la mezcla de dos sangres. La majayülu que quiera un hijo especial tiene que buscarme a mí. Allá hasta la mierda tiene su casa–.

Todas las noches, los jóvenes se reunían con los viajeros para que les contaran lo que vieron y conocieron. Los invitaban a otras rancherías para explicar cómo vivían los alíjuna y lo que comían.

El Chioku, en oportunidades, exageraba para interesar más a quienes oían. Pronunciaba supuestas palabras en castellano que inventaba y causaba la admiración de las muchachas que le permitían galantearlas y al final poseerlas sexualmente así como lo hacían otros que lo acompañaron en el viaje, con otras muchachas seducidas. Quienes los invitaron los habían llevado a sitios en Maracaibo donde tenían amigas expertas en las relaciones sexuales, lo que fue un descubrimiento para ellos. Mujeres desnudas, dándoles besos, usando sus penes en manos y bocas. La borrachera permitió que ello sucediera. En la mañana, el ratón moral de los wayuu fue grande. Sin embargo, el gusto quedó y ellos en el viaje de regreso se preguntaban por qué no hacerlo con las mujeres nuestras y enseñarles lo que con divinidad no hicieron. El espejismo de Maracaibo había llegado a la Guajira.

En el lapso de cinco años se acentuó la relación de estos dos linajes y de otros con Las Guardias de Afuera y Sinamaica donde llevaban a vender sus animales a cambio de víveres y otros productos de fabricación alíjuna. Los Ja'yaliyuu desde hacía un cierto tiempo tenían miembros viviendo cerca de estos pueblos y sirvieron de motivadores para que los de la Alta Guajira se acercaran periódicamente a dichas poblaciones, donde cultivaron amistad con autoridades y comerciantes.

Por estos años murió Tününíaa y se llevaron a efecto varios matrimonios. Algunos hombres de estos linajes se habían casado varias veces con mujeres de diferentes linajes e igual hicieron las mujeres en menor grado. Acostumbraban también tomar por compañeras algunas de las hermanas menores de sus esposas, con el consentimiento de éstas.

Resultó ser un acontecimiento la unión de Rosana Uliana con Mo'uwala Ja'yaliyuu, hijo de Francisca, una de las hijas de María Concepción y de Pedro Fernández. Su padre era un jefe Ipuana de Jalaala llamado Kulína. El Mo'uwala, el mayor de cuatro hermanos, se destacaba en los más duros trabajos, formó un extenso rebaño y se hacía presente en las reuniones sociales. Era conocido por ser tocador de instrumentos musicales, hombre de carácter fuerte y agresivo.

Nicolás, en la noche del matrimonio de su hermana Rosana, cuando toda la familia reunida les deseaba el mejor futuro, se le acercó a la casa donde estaba arreglando sus pertenencias para mudarse a otra y le dijo: –De mis hermanas, tu has sido la más dedicada a las cosas de la familia y eres una mujer preparada para un hombre exigente. Te toca vivir con un wayuu fuerte que tiene que saber valorizarte. Mo'uwala tiene fama de parrandero y mujeriego. Tienes que saber llevarlo.

Rosana, no dijo nada, solo se limitó a esconder su cabeza entre sus dos manos y pegarse al palo que sostenía los hilos para un chinchorro que se empezaba a tejer.

Rosana, joven y hermosa, estaba ilusionada con el paso que había tomado y solo pensaba en la felicidad con el hombre del cual se había enamorado.

Ana María, su madre, con los años encima pero sabia como una matrona de su estirpe, la había preparado para enfrentar el mundo de las mujeres que se casan.

Nicolás, antes de salir a conversar con los presentes, le dijo: –Hermana, cuida de tu marido quien nos ayudará a traer más hombres y mujeres para esta familia. Tus hijos jugarán pronto con los míos. Te diré que Margarita está embarazada y se siente contenta y yo la acompaño en su alegría.

Autoridades y comerciantes, para afirmar su presencia en territorio wayuu y sus negocios, optaron, como lo hicieron otros años atrás, por tomar como compañeras a las Majáyünnuu de las familias numerosas y poseedoras de grandes rebaños. Fue así como las otras hermanas de Nicolás se casaron con tales personajes. Altagracia fue tomada como mujer por parte de Rudecindo González (El Cachimbo), Ana Josefa, hermana de la anterior, se casó con el coronel José María García.

Por el lado de los Ja'yaliyuu, los hijos de Juan también buscaron sus compañeras. Aleutaa tomó por esposa a Ineés Delia Ja'yaliyuu y luego con Antonita Apüshana, Aconuushi con Chinca Ja'yaliyuu, Ke'iimashi con Catalina Epieyuu y Perucho con Ana Ipuana.

Dado lo numeroso del linaje Ja'yaliyuu se fue subdividiendo en el tiempo y ocurrieron matrimonios entre ellos mismos, distanciados en parentela.

De los hijos de Vicenta, hermana de Juan: Margarita con Nicolás, Concepción con Warero Uliana y Jokoma con Ulalia Epieyuu.

Los hijos de Dolores, hermana de Juan: María Rosa con Wasashi, Ana María con Jolosü Ja'yaliyuu y Concha con José Epinayuu.

Otra hermana de Juan, Anita, quien era compañera de Maneto Apüshana, sus hijos se casaron con Juanita y Menou Sijuana, Virgilio con tres esposas.

La hija de Zoila se casó con Guillermino Reverol. Virginia, hermana de Mo'uwala e hija de Francisca, se casó con Wainpirai Uliana.

La otra hermana de Juan, Isabel, tuvo dos nupcias. Su hijo José se casó simultáneamente con Altagracia y Josefita Uliana. El Chioku con varias y Clotilde quedó soltera.

De los hijos de Teresa Ja'yaliyuu con Chaano'ushi: Eriiyoushi con Maalujai Uliana, Chinca con Achonuushi e Hilaria con Amable Conzalez, este último nativo de Sinamaica y posiblemente hijo de un cura español.

A pesar de las uniones con alíjuna, la integración de las familias se mantuvo, ya que las autoridades fronterizas tenían otra forma de tratar a los wayuu diferente a como lo hacían los españoles. Nicolás incorporó a miembros de su familia a las actividades para mantener la unidad y el trabajo comunitario en beneficio de todos. Juan responsabilizó al Chioku y lo aconsejó para controlar sus impulsos violentos.

Ana María, mujer dedicada a seguir los acontecimientos en su familia y dar los consejos a tiempo, después de un raro sueño, se dirigió temprano al cementerio para estar un largo rato inclinada sobre la tumba de su hermano Chaano'ushi como tratando de pedirle la explicación del sueño que había tenido. A su retorno, fue directo a la casa de su hijo, quien atendía a varios parientes que venían a pedir una colaboración a fin de arreglar el problema que había tenido un sobrino con otra familia amiga. Su madre le dijo: –Hijo, cuando termines de hablar con los parientes, me buscas que quiero conversar algo urgente contigo.

Cuando buscó a su mamá, fue ella quien comenzó a hablar y dijo: –Es bueno que ayudes a todos los familiares, amigos y vecinos cuando tienen problemas para que mantengamos las buenas relaciones. Una vaca que tu les des, eso hace reproducir los rebaños porque estás haciendo el bien y ayudas a solucionar un problema. Recuerdo, que a través de la indemnización son muchos los problemas que se han resuelto sin necesidad de la violencia.

Nicolás dijo: –Así es. Esa es una buena costumbre entre nosotros y que tenemos que cumplir. Recuerda que mi tío me decía que así tuviéramos muchos animales, cuando ocurría un problema y había que indemnizar, teníamos que recoger entre parientes y amigos porque si no se hacía, ellos se disgustaban y al tocarles a ellos no venían a solicitar la colaboración porque no los habían tomado en cuenta.

Ana María dijo: –Anoche soñé con tu tío que se quejaba en una hamaca y estaba rodeado de miembros de la familia a quienes no se les ha hecho segundo velorio. Después del invierno, tenemos que hacer el desentierro de todos y revisaremos antes si tu tío ya está seco para llorarlos juntos. Zoila murió pensando en el desentierro de su marido y sí lo hacemos pronto, ella se sentirá bien, dijo con la tristeza en el rostro y con la mirada perdida hacia la puesta del sol que se ocultaba detrás de los cardonales.

Nicolás, en señal de obediencia, sobre lo que decía su madre, dijo: –Prepararemos todo. Les avisaremos a familiares y amigos. Quiero que estés tranquila porque todo se cumplirá.

Continuaron hablando de las cosas normales que pasaban en la familia: los matrimonios después del juego de las cabras, las mujeres que habían parido con problemas, la muerte de algunos niños y ancianos, la buena cacería en la zona montañosa, la tranquilidad en otras comunidades donde vivían familiares, las enfermedades de parientes cercanos y la preocupación por ellos y el contenido de diálogos sostenidos con hombres de otros linajes, con quienes se había encontrado Nicolás en velorios, bailes, cayapas, cacerías, arreglos y en los sitios de agua. Conversando otros detalles, llegaron caminando a la ranchería.

Pasado un tiempo, llegó el momento para realizar el segundo velorio. Sobrinos y demás familiares participaron en la organización del lloro de los huesos de los parientes a los cuales ya se les había cumplido el tiempo por estar en condiciones y por decisión de sus dolientes. Días atrás habían revisado los restos de Chaano'ushi. Estaban secos y en disposición para la exhumación.

Una noche antes, en el cementerio, las enramadas estaban ocupadas. En la madrugada del siguiente día, varias jóvenes solteras y Sofía ya estaban cerca de las tumbas para iniciar la labor de limpieza de los huesos y su colocación en una pachiisha (vasija o urna funeraria de barro). Todas ellas habían sido preparadas anímicamente para ser fuertes y hacer la ceremonia con tranquilidad. Habían consumido mazamorra caliente y frutas silvestres.

Sofía inició su especial trabajo desprendiendo la parte ósea de la cabeza de su padre Chaano'ushi. La limpió y luego la depositó en una bolsa blanca de tela para llevarla inmediatamente a un chinchorro blanco que colgaba en la enramada central. El resto de los huesos fueron depositados en la vasija de barro para llevarlos también al chinchorro, iniciándose con ello el lloro que encabezaba Ana María. Con los demás parientes se hizo la misma operación. Culminada toda la colocación de los huesos en las vasijas y los chinchorros, Sofía y sus acompañantes fueron llevadas a otra enramada donde les lavaron las manos con aguardiente y las sentaron en varios chinchorros, para permanecer hasta que se cumpliese el entierro definitivo. Los primeros dos días no debían dormir y les cantaban canciones, acompañadas de otras muchachas que las animaban para no dormirse.

Numerosos familiares y amigos de Chaano'ushi rindieron homenaje con sus lágrimas y la presencia durante cinco días que fue el tiempo que duró el velorio. Ana María reprimía a las mujeres embarazadas para que no se acercaran a los chinchorros donde estaban los restos para evitar problemas en el parto.

Al llegar la noche, todas las fogatas se encendieron y en la enramada central se pusieron unos faroles de kerosene que Juan, el padre de Nicolás, había traído de Maracaibo. La comida y la bebida abundaron durante los cinco días. Los presentes exaltaban las cualidades del jefe de familia que se estaba veloriando. Algunos miembros de la familia se emborracharon y cometieron imprudencias. Nicolás los remitió a sus casas y les ordenó que no se aparecieran hasta el día del entierro.

Al tercer día del velorio, que se caracterizó por el diálogo entre las cabezas de familias, llegó la grata noticia de que Rosana, hermana de Nicolás y compañera de Mo'uwala, había dado a luz un robusto niño. Enterado Nicolás, dijo a los presentes que como homenaje a Chaano'ushi, se llamaría igual que él: José de la Rosa Fernández.

Ana María, después de atender a su hija, se fue al cementerio y le dijo a Nicolás: –Tu sobrino se parece a un toro, es un *toolo* que trae orgullo para los Uliana.

Nicolás dijo: –Nació en un buen momento y en una buena época. Será un gran jefe de la familia. Mi tío Chaano'ushi lo llamó para que naciera estando todavía con nosotros y le dejará todas las fuerzas que él tenía. También nació cuando empieza a soplar el viento que lo mantendrá alejado de las cosas malas que pudieran esconderse detrás de la calma de invierno.

Como lo ha dicho mi madre será el toolo de la familia. Un toro fuerte para lo que puede venir en el futuro. Tenemos que prepararlo bien a fin de que le dé continuidad a lo que iniciaron los antepasados y ese gran hombre que tiene sus huesos en ese chinchorro.

Llegó el momento del entierro. Una tarde de brisa y con nubes viajeras, daban la sensación de que esperaban por Chaano'ushi para acompañarlo hacia Jepira. Las cabezas de familia que siempre lo acompañaron, evocaron su memoria y sabiduría para llegar a acuerdos importantes. Se fortaleció la integración social y étnica. Varios alíjuna que asistieron admiraron la unidad que se demostraba y el respeto que se tiene por los muertos.

En el fondo de las vasijas depositaron parte de sus prendas preferidas. Nicolás y sus sobrinos distribuyeron la entrega final de animales a las familias acompañantes para llevarse un testimonio que se daba en honor al finado, quien en la otra vida se sentiría feliz por cuanto sus veloriantes se llevaban como recuerdo parte de los animales que él crió en vida. Nicolás y otros familiares, se quedarían unos días más en el cementerio.

Como lo esperaban todos los wayuu, después del velorio y entierro, se vivió una tranquilidad espiritual al estar en paz con los muertos que ahora viajaban por el firmamento y en cualquier momento de los tiempos volverán a la tierra. En Makalo'u y en sus rancherías satélites regresó la calma.

Nicolás, orgulloso de su sobrino heredero y sustituto, visitaba la casa de Mo'uwala todas las tardes. El Torito empezaba a ser noticia entre los integrantes del linaje. Tenían una atención especial con el embarazo de Margarita.

Juan Ja'yaliyuu asignó mayores responsabilidades al Chioku, quien con su viaje a Maracaibo estrechó relaciones con los comerciantes que le recordaban el incidente con los Jinnuu, la esclavitud y venta de muchos de ellos. Lo animaban a decirle a su gente que continuaran con esa práctica que daba buenos dividendos económicos. Tales alíjuna se instalaron en Mécoro, Puerto Libre y Makaraipao.

Juan, en su recorrido por las rancherías, para enterarse de la situación de los familiares, se hizo acompañar de Chioku y a la altura de Mo'yojooin, se acercaron a la casa de una de las compañeras de su sobrino de nombre Amalieta con quien tenía varios hijos, llamados: Seeperia, Sapátakii, Germán, Moyójoona, Isabel, Karümiitü, Celina y Angélica. Una vez instalados y atendidos, Juan le dijo: –Sobrino, me he dado cuenta que tienes muchos hijos y eso exige que debes cuidarte. Te quiero pedir que no continues pensando en negocios malos con los alíjuna que puedan perjudicarte. No te dejes engañar. Recuerda que tu eres mi heredero–. Juan, con signos de preocupación, continuó hablando y dijo: –Por allí andan unos hermanos Echeto acompañados de un tal León que vinieron de sus tierras para proponernos malos negocios. Tu tienes un hermoso futuro. Cuando pasen los años y mueras, tus descendientes estarán orgullosos de ti.

El Chioku le contestó a su tío: –Yo sé que estás preocupado por lo que puede pasar en cualquier momento porque los alíjuna se están acostumbrando a comprar los wayuu que no tienen como pagar sus deudas y ofensas. Los Jinnuu fueron bien vendidos por lo que hicieron. Te aseguro que yo me estoy alejando de los que proponen ese tipo de negocios. Nosotros no estamos acostumbrados a eso, son ellos los que insisten. Ya me han hablado varias veces. Varios alíjuna ya tienen otros wayuu de socios.

Juan le dijo: –Espero que eso sea cierto, porque la familia entera está preocupada. Quedaríamos mal ante otras familias si hacemos eso. Cuídate mucho de esa gente. Tú eres el hombre fuerte y respetado.

Durante esos años tenía fuerza la venta de miembros de humildes familias a comerciantes que fondeaban sus embarcaciones a lo largo de la costa. Los conflictos y peleas fueron motivos suficientes para este inhumano tráfico.

Hijos de notables familias reclutaban a quienes se acercaban para pedir un pedazo de panela o una manta para arroparse.

Las autoridades de Riohacha, Sinamaica y Maracaibo toleraban el negocio. Algunos de ellos participaban indirectamente. Por estos mismos años, Venancio Pulgar Presidente del Zulia en el gobierno de Guzmán Blanco, tomó severas medidas en relación a la esclavitud de los wayuu.

o – o – o

Las autoridades nacionales y republicanas de Colombia y Venezuela continuaban incrementando las relaciones con los wayuu, en especial con aquellos que vivían cerca de los pueblos de Ríohacha, Paraguaipoa y Sinamaica. Los gobiernos tomaban una serie de decisiones sobre la relación comercial y sobre la presencia en centros poblados.

Tanto los Ja'yaliyuu, Uliana y otros linajes siguieron acercándose con reservas pensando en la autonomía de su territorio. El alíjuna Juan Fernández, padre de Nicolás, ya bastante anciano se dedicó a montarles a sus hijas negocios con artículos y víveres traídos de Coro, Las Antillas y Maracaibo. Así mismo, hicieron sus negociaciones a través del trueque, del dinero y en especial la morocota.

En Walitpana le organizó el negocio a su hija Ana Josefa, donde tenía una casa central de barro y al lado otra, donde se almacenaba lo que se iba a ofrecer. Atrás había dos corrales: uno para ganado vacuno y otro para chivos y carneros. Un sitio ideal para vender a muchas rancherías, pensando que dado el respeto a la familia no tendrían problemas, incluyendo el pillaje de los Kusina.[2]

Resultó que un día un grupo de jóvenes Uliana que había ido a la costa en procura de licor traído por uno de tantos de sus amigo alíjuna, a

---

[2] Los kusina o cocina constituían un reducto de la población originaria wayuu y otras etnias vecinas que no se adaptaron a la sociedad pastoril desarrollada desde finales del siglo XVI y durante el XVII. Los kusina aparentemente continuaron dedicándose principalmente a la horticultura, cacería y recolección, y además depredaban a las demás poblaciones de la región, agrupando en su seno a individuos y familias desprendidos de los clanes y linajes establecidos a partir de la transformación pastoril.

su retorno a Makalo'u, se encontraron con un grupo de personas de linaje Jusayuu de Kalálialuu quienes iban a vender cueros a los alíjuna. Estos fueron interceptados por los más atrevidos de los Uliana con la finalidad de conocer las mujeres hermosas que venían con ellos. Hubo disparos y golpes. Gracias a la intervención de dos ancianas, no hubo mayores consecuencias. Los Jusayuu, al regreso de Mécoro, ebrios, se consiguieron con Juan Fernández acompañado de varios familiares. Sin mediar discusión alguna mataron al anciano, marido de Ana María, de varios balazos. Un miembro del linaje Apüshana, casado con una Uliana, vengó la muerte de Juan en el mismo sitio. La noticia llegó a Makalo'u y se les avisó a los Uliana en los diferentes sitios.

Nicolás, consternado por la muerte de su padre, se apresuró a partir de su casa, dónde su mujer, Margarita, tenía dolores de parto, para dirigirse a la casa de su mamá. Ella le dijo: –Ya perdimos a tu padre. Yo esperaba que muriera de viejo acompañado de sus nietos. No quiero venganzas por esta muerte. Ya uno de ellos también murió. Tenemos que enterrarlo hoy mismo. Que no lo vean los hombres y que lo carguen las mujeres –concluyó, al acercarse a la enramada donde tenían el cadáver.

Nicolás no dijo nada. Comprendió que todo lo había dicho su mamá. Por su mente cruzaron muchas ideas. Pensó en un ataque en la madrugada, pero sería ir contra la vida familiar en paz. Se imaginó que fue una equivocación de los Jusayuu y que seguro enviarían un putchimajachi (el que lleva la palabra)[3] para pedir excusas por matar a un viejo querido por todos. En el fondo, no estaba satisfecho con la venganza hecha en el momento, porque además lo hizo alguien ajeno a la familia. Pero tenía que acatar lo dicho por su madre.

Reunida la familia, la decisión fue esperar el desarrollo de los acontecimientos, pero Nicolás, con su voz de cabeza de familia impuso el criterio de su mamá. La presencia de los solidarios Ja'yaliyuu, encabezados por Juan y el Chioku, creó mayor expectativa, sin embargo fueron informados de la decisión tomada.

Mientras los mayores conversaban y lamentaban lo sucedido, El Chioku, Cachuera y un grupo de jóvenes Uliana se alejaron hacia una enramada donde el Chioku dijo: –Cada día se están poniendo las cosas peor y nosotros

---

[3] Sobre los palabreros, ver el texto de Weildler Guerra y la entrevista a Eduardo Suárez en esta antología.

no podemos dejar que otros traten de ponernos por debajo, si no hacemos nada ahora, mañana seremos señalados como cobardes que dejamos que nos mataran a nuestros viejos. Les propongo que los vayamos a ver, puede ser que estén confiados; pero esperemos que les llegue el comentario de que Nicolás no quiere hacer nada, y entonces les caemos. No estoy de acuerdo con agarrar a la gente humilde y sana para vendérselos a los alíjuna que llegan en los barcos, pero estos bandidos que han matado al viejo Juan, sí tenemos que entregárselos a cambio de morocotas. La conversación continuó y se planificó lo que había que hacer sin que se enteraran los viejos.

En la madrugada después del entierro, nació el hijo de Nicolás y Margarita, a quien le pusieron por nombre Enrique (Riiku) en honor a un amigo alíjuna que sería su padrino. La celebración del nacimiento fue diferida por el luto que había en la casa y por el recibimiento que se hacía de las personas que llegaban para dar el pésame.

Dos madrugadas después, en un sitio cercano a Ta'pülii, los jóvenes Uliana, la gente del Chioku y Wawachiira Uliana que vivía en Ma'akii se concentraron para realizar el ataque sobre Kalálialuu. Tenían la confirmación de que estaban tranquilos y sin esperar represalias, por cuanto les había llegado la información de que los Uliana no se movilizarían.

El Chioku, quien asumió el mando de la operación, una vez completadas las treinta personas dijo: –Ashutüinjana wayá joolu'u (vamos atacar ahora) para tener este asunto arreglado antes de que el sol se levante. Dejaremos los caballos aquí. –Se refería a una pequeña quebrada. –Y entraremos a la ranchería, tres por cada casa, a los viejos hay que dejarlos y a los jóvenes los reuniremos para saber quien mató al viejo Juan. Ustedes los Uliana se encargarán de él. Los demás los llevaremos a la orilla de la playa para que se los lleven los alíjuna. Quien tenga miedo que se quede cuidando los caballos. Tengan cuidado con los rifles, –terminó diciendo, no sin antes apretarse el amuleto de guerra que tenía amarrado en el antebrazo. Todos iban vestidos con guayucos y camisas, el pelo amarrado a la cabeza con cintas de tela. Como armamento, llevaban rifles, algunos revólveres, cuchillos, arcos y flechas.

En la ranchería de los Jusayuu todo parecía normal a esa hora de la madrugada cuando los gallos avisaron que había que levantarse para comenzar un día de actividades con los rebaños y ocuparse de limpiar la siembra. Los ancianos, conocedores de todo lo que era extraño en su espacio de convivencia, fueron los primeros en darse cuenta de que los estaban visitando.

El mismo día de la muerte de Juan, los Jusayuu se reunieron y su cabeza de familia dijo: –Es grave lo que acaba de pasar con los Uliana y estoy seguro que en esto se van a meter los Ja'yaliyuu. Ellos tienen más fuerza que nosotros y cuentan con el apoyo de los alíjuna, poseen armas y son más numerosos. Ellos mismos van a querer vengarse con mi sobrino Jiipü (Hueso), quien ha salido borracho y loco. Nos ha metido en un gran problema.

Conozco a Ka'ürülai como un hombre sano y que viene haciendo lo mismo que su tío Chaano'ushi, es decir, buscarle solución a todos los problemas, pero hay gente que los asusa y los muchachos son arrebatados. Conozco a Nicolás y sé que va a esperar. Sin embargo tengo un pálpito y lo mejor sería que todos los muchachos y muchachas se fueran esta misma noche a Walitpana, sin ser vistos por nadie y se refugien donde el pariente Koulashi (el Enchinchorrado). Nosotros los viejos nos quedaremos aquí y enviaremos pasado mañana a Jasípa (Ciempiés) Ipuana como palabrero con esa familia, con la cual no quiero problemas porque aquí estamos bien y ellos tienen buenas relaciones con nosotros o mejor dicho, tenían. Esperaremos a ver que pasa, por lo que hicieron nuestros hijos, a quienes aconsejamos, pero no esperaron a que los A'laülaa arregláramos lo que ocurrió con las muchachas. Luego, pensativo y mirando a su hermano menor, dijo: –Si estos muchachos no hubieran hecho eso, te aseguro que Nicolás se hubiera presentado en persona al otro día en la mañana para pedir disculpas e indemnizar la falta.

Esta misma noche, mientras enterraban a Juan, a Jiipü lo bañó la *outsü* con un preparado de raíces. Igual operación hicieron con los demás jóvenes y les hicieron los pases con la *a'lania*. Iniciaron la caminata hacia el mar, que estaba cerca y siguieron con el agua hasta los tobillos hacia el sur para que no aparecieran huellas. Frente a Walitpana saldrían del mar para caminar un pequeño trecho y así llegar a su destino sin ser descubiertos.

El Chioku se ocupó de la casa central del líder de los Jusayuu, en compañía de tres de sus hombres de confianza. La inmediata salida de la casa de Manulu (Sin Cuello) paralizó cualquier acción que pudiera hacer el atacante, quien dijo: –*Jakotch'ira samüin sasá* (agrúpense hacia allá) –señalando el corral vacío de carneros y ovejas que había sido desocupado para llevarse el rebaño a los predios de los Ja'yaliyuu. Todos hicieron similar operación sin el resultado esperado: apenas tres muchachas y dos muchachos que se habían escondido el día de la retirada –ése fue el botín humano del asalto más los animales que había.

El viejo Manulu pidió explicación diciendo: –*Kasa wayuu tüünee* (¿Qué es esto?) y el Chioku le contestó: –*Pasálawaa tüü. Wanaa Sümaa atkawaa nojotsü eín yootajirawaa* (Esta es una venganza y en momentos de pelea no se habla).

Tal como se había acordado, los viejos se quedaron y los cinco jóvenes fueron llevados a una piragua y cambiados por aguardiente, municiones y morocotas. El retorno fue hacia la casa de Chioku en Mo'yojooin, donde decidieron dejar todo para evitar las furias de Nicolás y Juan en Makalo'u y Wuinkua, respectivamente.

No tardó en llegar la noticia a las cabezas de los dos familias. Decidieron encontrarse en Cusia para analizar la grave situación provocada por miembros de ambos linajes.

La noticia del asalto a Kalálialuu fue el comentario del momento en toda la costa que va desde Cojoro hasta más allá de Makálaipou. Humildes familias que vivían por esos lugares, comenzaron a sentir miedo y pensaron en mudarse hacia Siapana y Makuira. Miembros del clan Uleewana, que se habían acercado a dichas costas para conseguir víveres a cambio de trabajo, animales pequeños de cacería y pájaros, ante la amenaza latente de ser reclutados y vendidos, fueron reunidos por su cabeza de familia de nombre Walíirü (Zorro), quien les dijo: –*Anátashin wounüi woumainpamüin wachúkuaa waikünalajüi sütüma wayuu mujúlasü* (Debemos de regresar a nuestra tierra de origen para evitar ser vendidos por los wayuu malos). Allá, aunque sea frutos silvestres y cacería comeremos, antes de que nos lleven para otras tierras, donde quizás haya hombres que comen gentes o que seamos sus esclavos, como sucede con los negros en Riohacha. En Palálialuu (Puerto Estrella), Santa Ana y Nazaret, también llegan barcos, pero no pasa lo que estamos viendo aquí. Reconocemos que fue un error la muerte de Juan. Podían cobrarla de otra manera. El peligro es que se van acostumbrando a este sucio negocio.

Con un sentimiento que se reflejaba en su cara, la mujer de Walíitü hablaba con todo el que venía llegando para averiguar. Ella vestía solo de la cintura hacia abajo con una coleta larga hasta los pies, presada en la cintura por una especie de correa, hecha con granos de árboles silvestres. La cara pintada con la mezcla de un hongo de sombrerito y cebo de carnero que sintetizaban un color marrón oscuro, dijo: –Los alíjuna que están en la playa tienen muchas cosas que quieren cambiar por nosotros. ¿Para qué será que nos quieren? Será que ellos se están acabando y quieren muchachos y muchachas que den hijos? –Así como esta señora, los presentes hacían conjeturas sobre el interés que tenían los alíjuna para llevárselos al otro lado del mar. Al final coincidieron en que era para usarlos como trabajadores.

La piache de los Uleewana, con el misterio que andan estos personajes, dijo: –Nosotros nacimos para vivir y morir en Wajiirü y no del otro lado del mar, donde hay otras personas con otros dioses y con una vida distinta a la nuestra. Lo sueños, el *seyuu* y el *a'lania* me dicen que tenemos que volver a Wuinpumuin lo más pronto. Si morimos lejos, sufriremos para llegar a Jepira.

Mientras tanto, Nicolás y Juan, tuvieron que esperar que sus representados pasaran unos cuantos días de borrachera para reprimirlos por la acción realizada sin la debida autorización. Ambos coincidieron que lo hecho era un desprestigio para las familias y que dejaba muy mal el honor que siempre mantuvieron como linajes sanos y de trabajo. Para los participantes en el ataque quedó totalmente prohibido volver a relacionarse con los alíjuna que llegaban a la playa y que ellos, Nicolás y Juan, irían a conversar con estos señores, una vez que regresaran, para que se retiraran de esa costa que era su zona de pesca, que los alíjuna los estaban perjudicando y que les pedirían que se fuesen para otras playas. Si no lo hacían, seguro que iban a tener problemas graves con ellos. Nunca fue posible localizarlos porque después de cometer las fechorías los más conocidos se quedaban un tiempo en Maracaibo o enviaban a otros para continuar con el negocio. Eludían conversar con las cabezas de familias que se oponían al tráfico y de manera solapada obtenían el respaldo de unos pocos que veían la posibilidad de un buen negocio.

Tanto en Castilletes como en otros improvisados puertos, se instalaron autoridades quienes fungían de jefes civiles y militares, nombrados por las autoridades de Maracaibo, pero hacían lo que querían y se hicieron cómplices de los que andaban en malos negocios.

Los Uleewana pronto entendieron esta situación y aligeraron su retorno a la punta de la península, que estaba separada de esta parte por la serranía de Makuira. Por esta zona abundaban otros linajes humildes, tales como los Ulíyuu, Uchálayuu y Waliryuu quienes siempre fueron maltratados por los poderosos Epieyuu y buscaron protección de los Püshaina, que sí eran respetados por los descendientes del ave Matájua (Cataneja).

Walirü era un hombre íntegro y pretendía representar a sus parientes respetando a otras familias. Su humildad y moral lo llevaron a ser tomado en cuenta a pesar de la pobreza de sus parientes. Su inteligencia le permitió aprender habilidades para tratar con los linajes poseedores de rebaños y bienes. Tenía muchos conocimientos sobre leyendas, historias y cuentos. Pareciera que su tamaño pequeño, caminar lento y voz casi apagada se hubiesen unido para moldear la figura de un wayuu sencillo. Lo mandaban a llamar los poderosos A'laülaa para escuchar sus relatos y canciones. Cuando los jefes Epieyuu: Mazálajüinchi, Waiwa y Juanchito se enteraron de que Walirü había llegado de la otra costa lo invitaron a la ranchería donde se encontraban en compañía de su familia y de Juan de Dios Iguarán, un mestizo proveniente de Ríohacha. Después de los respetuosos saludos y de haber disfrutado de una jarra de chicha de maíz, Walirü, dijo: –*Katchinchipa tayá süpüla eishajawaa* (Ya tengo fuerzas para hablar).

Juanchito le repuso: –*Púikalaa sulú süikaa, aná paín* (Siéntate con confianza en ese chinchorro), –y enseguida añadió: –Teníamos tiempo que no te veíamos por aquí. Siempre haces falta en las reuniones.

Walirü, más calmado, siguió: –Me animaron para que no fuéramos para el otro lado de la sierra porque según algunas personas de aquí, había comida que traían los alíjuna que han llegado allá. Entre ellos, hay varios que son malos y a lo que vienen es a comprar gente. Una minoría de paisanos nuestros se ponen de acuerdo con ellos e inventan cualquier problema para atacar a las rancherías pobres.[4] Aquí, el asunto es diferente y todos ayudan cuando estamos necesitados. Los jefes de familias de allá, empiezan a no ser respetados por sus familiares quienes hacen lo que les venga en ganas cuando andan borrachos con los alíjuna. Estoy asombrado con lo que pueda seguir pasando. Ojala y que nunca venga esa desgracia por aquí. Estoy orgulloso de ustedes que están formando bien a sus familias. Nos quedaremos aquí para siempre con la protección de Ma'leiwa y de ustedes.

Waiwa, golpeado por las palabras del anciano, dijo: –Es triste y grave lo que nos acabas de explicar, pero dime si los A'laülaa están de acuerdo con eso.

---

[4] Los enfrentamientos entre clanes en ocasiones alimentan el tráfico de esclavos por cuanto los prisioneros de estos choques son vendidos a los comerciantes que acuden a las costas a comprar seres humanos para venderlos como mano de obra a los hacendados del sur del lago de Maracaibo. Algunos enfrentamientos se realizan con cualquier excusa, expresamente para "cazar" a miembros del plan atacado con el propósito de venderlos. La crónica de Antonio J. López describe en detalle aspectos de esta práctica. Ver selección incluida en esta antología.

El viejo respondió: –Los A'laülaa Ja'yaliyuu y Uliana son sanos y se oponen a lo que están saboreando los muchachos o mejor dicho, una parte de ellos.

Waiwa dijo: –Esa gente es honorable y deben estar preocupados con lo que hacen algunos de sus familiares. Espero que eso se controle. Nos pueden reventar problemas de todo tipo en la Guajira.

Walírü, animado por la conversación que se iniciaba, prosiguió: –Es cierto, en muchas partes de nuestra tierra hay problemas. Recuerdan ustedes aquella pelea de los Apüshana de la Baja Guajira con los Epínayuu que eran sus vecinos en Oolokiimana. Allá murió Wimana Epínayuu en manos de Wunúpata Apüshana (José Dolores González), apoyado por Rafaél González Apüshana (El Maneto) y por los familiares de Cristina Ipuana, quien era la mujer de Wunúpata. Esa guerra reventó porque el Wimana había matado unos tíos de José Dolores. Ya he oído dos *jayeechi* largos sobre esa *atkawaa* (pelea). Yo creo que esas peleas vienen porque ahora hay ricos y pobres. Los ricos se pelean por cualquier cosa para ver quien tiene mas fuerza. Después de hacer una breve pausa para tomar un trago de ron que le ofrecieron, dijo: –Y para complicar la situación, muchos jefes de familias se han unido de aquel otro lado para que, todos juntos, se fueran a las sabanas de Paraguaipoa y Sinamaica a traerse los rebaños de los alíjuna que viven allá. Antes de venirme me enteré de la matazón que hubo en Kaimaluu, cerca de Sinamaica, cuando el Uliana Uyeipala Yolújamaa a quien llaman los alíjuna Julián Chapara de Yorujama, acompañado de Mujúakua (El Manco) llamado Majaracúa, trataron de apoderarse de los animales. Fueron esperados por el jefe de Sinamaica, Rudecindo González, su hijo Bartolo González Jusayuu, el cual por allá llaman Asíjuushi (El Asao) y mucha gente de Sinamaica. Uyeipala y su gente regresaron derrotados y con muchos muertos.

–Uyeipala –continuó relatando Walírü –es de los otros Uliana, diferentes a la gente de Ka'ürülai, el Uliana de Makalo'u, quien como ya les dije está preocupado por lo que estamos viviendo. Les quiero decir, respetados señores, que de este lado, desde la Guajira Abajo hasta cerca de Siapana siguiendo la costa, hay muchos alíjuna que vienen de Ríohacha y de otras partes que han montado sus negocios. Se aprovechan de los wayuu y los tratan mal. Esta gente se ha casado con mujeres wayuu de buena familia y son los que manejan el contrabando que llega. Y controlan el dividive en el que trabajan pobres como yo. Menos mal que ya tienen hijos entre los wayuu y es posible que se queden. Se ve que las autoridades del Resguardo de Ríohacha andan detrás de ellos, pero se dice que también los controlan. Hay otros que son como los sobrinos de ustedes, que lo que quieren es ayudar a los wayuu.

Juanchito Iguarán, persona con una extensa familia en Colombia, que se mudó para la Alta Guajira y fue criando una familia mestiza dedicada al comercio y a la cría, con las noticias frescas que le trajo el Wáliirü, permanecía callado y pensativo, oyendo lo que contaba el invitado, a quien al final le dijo: –Esa tormenta puede llegar hasta nosotros. Tenemos que evitar eso e ir pensando en serio para solicitarles a las autoridades responsables de Riohacha para que se cree una Comisaría Especial para La Guajira.

Waliirü continuó hablando de otras vivencias y pasó a tocar el tema de los kusina, quienes tenían tiempo agrupados en diferentes partes de la Guajira y en especial en la zona que va desde Cojoro, el cerro de La Teta y Jalaala; eran guajiros seminómadas y belicosos. Sus acciones se reducían al pillaje y asalto al alíjuna y wayuu que pasaban por los territorios ocupados. Para A'laülaa representaban grupos que desertaron o fueron expulsados de sus linajes y se fueron agrupando sin tener que ajustarse a ningún tipo de control social sancionado por la sociedad Wayuu. Había kusina de todos los clanes, sin el consentimiento de sus representantes. El más famoso fue Yueipala Uliana con otros provenientes de algunos linajes Sapuana, Apüshana y Jusayuu.

Muchas familias, cuyos animales habían sido robados por los kusina, los amenazaron y asaltaron más de una vez, para hacer efectiva la devolución. José Dolores González Apüshana (Wunúpata), cuando sabía que los kusina tenían buenos animales, los asaltaba con saldo de muertos y heridos. Muchas madrugadas fueron utilizadas para que los kusina amanecieran rodeados por todas partes a fin de obligarlos a regresar animales de varios linajes.

Los numerosos linajes que se encontraban desde Paraguaipoa hasta Castilletes, a través de sus jefes, pedían a los comerciantes que no se relacionaran con los salteadores de caminos.

Las autoridades de Ríohacha y Sinamaica realizaban numerosos rastreos en busca de los malhechores, pero siempre se internaban en las zonas montañosas y de difícil acceso que hacía imposible su localización. A raíz del comercio con seres humanos en las costas, quienes se dedicaban a este negocio se la pasaban acechando a los kusina para en cualquier descuido de algunos de ellos, capturarlos y trasladarlos a los sitios de compra-venta.

Muchos miembros de familias conocidas por su honorabilidad, argumentaban que el grupo que ellos habían vendido pertenecía a los kusina que los quisieron asaltar, que se les adelantaron y por lo tanto los fueron a vender para que no continuaran con sus asaltos y rapiñas. Seguramente, más de un wayuu fue a dar bien lejos bajo el pretexto de que era un kusina.

Ante el permanente acoso, varios grupos de kusina bajaron de sus escondites para incorporarse a una vida familiar y de trabajo. Algunos de los jefes hicieron lo mismo, otros murieron en combate y una parte continuó con su práctica de siempre.

Los a'lau'laa y compadres wayuu (2006)[1]
(Selección)

A finales de 1966, el Toolo y otros cabezas de familias tienen frecuentes reuniones para analizar la situación entre sus representados y los problemas con las autoridades fronterizas por el llamado comercio entre Maicao y Maracaibo, que seguía dando buenas ganancias. Un velorio, una carrera de caballos, un arreglo de problema entre familias o un encuentro casual; ahí siempre salía el tema motivo de preocupación.

Las noticias sobre estas situaciones corrían por todas partes. Los conflictos familiares no paraban los negocios de subsistencia. Por ese mismo año, se desató una guerra, como otras tantas, en el cerro de la Teta, entre Epieyuu y Uliana, asunto que fue solucionado por el Toolo con el apoyo de otros hombres preocupados, deseosos de mantener la paz.

Vicente Fernández y Ja'yaliyuu, hijo menor del Torito (Toolo) con Selmira, se aparta de cuidar la ganadería de su madre y tías, y se dedica a comerciar de Colombia para Maracaibo. Se vincula con productores del Departamento del Cesar de Colombia y organiza una ruta de camionetas para pasajeros de Maicao a Paraguaipoa. Como representante respetado de los Ja'yaliyuu, es requerido para arreglar problemas de alíjuna con sus familiares. Hombre correcto, de mucho carácter y experto en manejar armas, no aceptaba traiciones ni manipulaciones.

Llegó un año de extrema cosecha de aguacates en Valledupar y en San Juan del Cesar, y en Venezuela se requería del mismo. Vicente, hombre visionario en los negocios, se propuso llenar Maracaibo (su tradicional mercado de Boburitos) de aguacates de buena calidad y de allí a otras partes del país.

Con una saludable brisa de tarde en Alitasía, después de dejar todos los pasajeros en Los Filúos, Chacín, uno de los choferes de Vicente, de su camioneta de doble tracción, llamada Chinquita en honor a su primera

---

[1] Selección tomada del libro de Nemesio Montiel Fernández Ja'yaliyuu, *Los A'laulaa y compadres wayuu*. Maracaibo: Rectoría Universidad del Zulia, 2006.

hija, se le presenta en su casa para decirle que en la misma estaba un señor que le urgía hablar con él. Sin más detalles, Vicente sale a recibirlo con su revólver calibre 38 al cinto.

–Hombre Gallo, ¿usted por aquí y a esta hora?

–Resulta, niño Vicente, que su compadre Teobaldo me envió de urgencia para decirle que la cosecha está al máximo y como usted sabe cómo meter el asunto en Venezuela, él cuenta con su persona. Se lo ponemos en Maicao, adelanta la mitad para las próximas cargas y abastece el mercado venezolano. Ahí le envía una buena muestra y una caja de whisky Old Parr.

–Gallo, entendido. Tengo el contacto en la Aduana de Maracaibo para la licencia, baja eso y te regresas. Mañana estaré en Maicao, en el Cacaíto, para hablar directamente con el amigo. Sobrino Glicerio; embarca un saco de cocos jojotos para el amigo Teobaldo.

Tremendo palo de agua se desató en la noche. Vicente acostumbraba, siguiendo las pautas wayuu y las de su padre, celebrar con un carnero asado y whisky. Suspendió toda actividad, se dedicó a su familia y a su mujer Zenaida Reverol Ipuana. Un tocadiscos empezó a animar el ambiente con canciones de Antonio Aguilar. Es costumbre entre los familiares maternos de Alitasía al escuchar las rancheras, acercarse para compartir. Llegó Eleazar, Virgilio, Rudecindo, Chacame, Eduardo y Capirón.

Vicente, en parranda con sus familiares, se olvidó ese día del negocio de los aguacates, se dedicó a cultivar la solidaridad hablando de las reservas frente a posibles problemas. Y que había que armarse muy bien. Comprar armas en Maicao y tenerlas dispuestas ante cualquier eventualidad en un escenario fronterizo tenso.

A medio trago les decía: –Muchas familias se han venido de todas partes de La Guajira para estos lados de la frontera y hay competencia en el negocio. Ya existen los delincuentes colombo-venezolanos. Ahora tenemos que hacernos respetar enseñando los dientes: antes teníamos las armas bien escondidas, solo las sacábamos para hacer las competencias de tiro al blanco en los velorios o cuando lamentablemente surgía un problema entre familias. Coño, ahora, nos están obligando a cargar los revólveres cacha afuera y los rifles en las camionetas. Esto se está poniendo feo, no respetan a las familias y a sus jefes.

Capirón, hombre sano y trabajador, heredó de su padre Malírachon el ser mujeriego. En ese momento, en extrema emoción por los tragos y al son de los long-play de Rafael Escalona, dijo: –Carajo Vicente, yo recuerdo que los revolvitos que teníamos casi nunca los sacábamos, solo para competir en los velorios, como lo dices, y para el 31 de diciembre en la noche. Te acuerdas de un rifle FN-30 que te regaló el amigo Fernando Bustamente en Caracas, que lo tenías escondido en el tronco de una mata, frente al corral de las vacas de las viejas, para que la Guardia Nacional no lo decomisara durante sus requisas? Ese rifle siempre estaba ahí. Ahora hay armas largas automáticas por todas partes. Bueno, échame el otro trago que voy para los cerros a darles vueltas a unas muchachas bonitas.

Vicente, hombre de palabra y de responsabilidad, madrugó para viajar a Maicao para hacer el contacto con los productores de Valledupar, invitó a otros familiares y amigos para que participaran en el negocio. En el trayecto se encontró con Bartolo González Epieyuu, cuñado de Capirón, y negoció algunas armas para bien familiar en una frontera difícil. Más allá del centro de Maicao, en un suburbio lleno de accidentados mercados, el diálogo entre Vicente y Bartolo fue el siguiente: Vicente empezó diciendo: –Ajá primo Bartolo, cuénteme del acontecer aquí en Maicao.

–Bueno hermano, esto está lleno de árabes, controlan todo el negocio. Utilizan a muchos wayuu para mover la mercancía desde Portete y Puerto López. También la seguridad se la hacemos los nativos de estas tierras. Nos llegan muchas armas escondidas entre la mercancía y es lo que te estoy ofreciendo. Aquí hay varios vendedores de armas, pero para la familia te entiendes conmigo. Algunos dueños de mercancías me regalan algunas para rebuscarme, y yo los coloco con la familia. Usted sabe que al guajiro siempre le han gustado las armas desde la época de los piratas, quienes llegaron por aquí hace muchos años.

Vicente dijo: –Nosotros tenemos algunos máuser y rifles viejos de los que les regalaron el general Gómez y López Contreras a mi padre. Ahora necesitamos renovar el parque familiar para prevenir. Esto está cada día más feo. Ojalá pudieras conseguirme algunos Mágnum 357, si tienes 38, 7 pulgadas. También los M1 son buenos.

–Bueno pariente, cuenta con eso, para dentro de 15 días todos vienen en su caja, nuevecitos.

Despedida con almuerzo con base en tortuga, después de disfrutar de 2 botellas de Old Parr.

Vicente le dijo a su chofer: –Mirá Chacín, te quedas con la Power para llevar los pasajeros a Paraguaipoa, que el Negro Pimienta conduce la camioneta azul conmigo. Don Teo, seguro que ya se fue, él sabe que vamos detrás. Cruza aquí para llegar a la casa de Pistola, el hijo mayor del cuñado Nemesio. Ese amigo, tiene mucha influencia en Maicao y tiene unos barcos viajando para la Antillas. Cualquier apuro que tengamos en estas tierras colombianas, él nos puede ayudar cuando lo necesitemos.

Camino de barro y entre casas humildes, resaltan las amplias residencias altamente cercadas y con vigilancia privada. El chofer, en su mínimo lenguaje, le expresó a Vicente: –Patrón, dicen que esta gente tiene mucha fuerza en La Guajira colombiana. Ya nos han ayudado, en su ausencia, a que nos respeten aquí en Maicao, donde han llegado personas de todas partes de Colombia y están montado sus negocios.

La llegada fue sorpresiva para Nelson Montiel Sapuana, quien de inmediato recibió a Vicente con todas las de la ley, como dicen por esas tierras. Avisado, Pistola sale amable, con sus inseparables lentes Ray-Ban oscuros a recibir a su casual y sorpresivo visitante.

El visitado dijo: –Qué vaina Vicente, ¿porqué no me mandaste a avisar que venías a visitarme? Aquí tenemos todo, pero siempre hay que enviar el mensaje a los amigos de tu presencia entre nosotros, ya el viejo Toolo no puede hacer lo que tú puedes. Y ahora tenemos que entendernos contigo y con los sobrinos, quienes viven cerca y siempre me visitan. Bueno, ya estás con nosotros y es muy importante para mantener esa relación entre familias amigas de siempre. Vicente respondió: –Pistola, cuando hay confianza no tenemos que estar avisando de que vamos a visitar a un gran amigo como tú. Voy hacia Valledupar, pero antes quise detenerme en tu casa para saber de ti y de tu gente.

–Walee –(amigo), dijo Pistola, –todo marcha bien. Tengo toda la experiencia de mi padre. Lo ayudé mucho en todas partes, ahora me toca hacer mi propia vida, como lo están haciendo Alejandro y Timoshenco y todos los demás hermanos. Trabajo con la mercancía de Aruba para Maicao. No somos contrabandistas, estamos aprovechando la decisión del Presidente López sobre el puerto. Del puerto para acá es asunto nuestro. Ahí funcionan los billetes con todo el mundo.

–Y qué pasa con los guardacostas colombianos que, supuestamente, controlan la entrada de los barcos a territorio wayuu?

Pistola explicó: –Es un negocio, a pesar del puerto libre, ellos nos controlan la entrada a Puerto López y tenemos que pasarles mucho dinero, se amparan en que el mar no es libre y es de soberanía del gobierno colombiano. La base Naval de Santa María tiene cinco civiles que negocian con todos los que tienen barcos. Nosotros les pagamos y ellos, cuando nos toca llegar, desvían los guardacostas o los dejan en sus bases. Lo cierto es que los tenemos controlados a punta de billetes.

Mientras se mantenía la conversación, las radios de larga distancia tenían comunicado a Pistola con su capitán y marinos en alta mar, rumbo a Aruba.

–Wayuu, wayuu uno, como está la sabana? *Anáshin jayá* (Están bien).

–Respuesta a wayuu uno, todo bien, en dos horas estamos en Aruba. *Anashin wayá.* (Estamos bien).

–Hermano Pistola, hay que cuidarse mucho y la envidia siempre está presente. Está reventando un problema contigo y unos paisanos de Taparito. Te recomiendo que lo sepas llevar, siempre hay que evitar la violencias.

–Vicente, –dijo Pistola –yo me cuido mucho en estos asuntos. Tengo el ejemplo de mi padre, quien dice que hay que evitar los problemas y que los guapos están tres metros bajo tierra, pero que no hay que dejarse echar vainas de nadie. Si me buscan, yo me defiendo. Ya veremos qué pasa más adelante

El encuentro culminó con recomendaciones de lado y lado y con el obsequio de una buena dotación de whisky para el visitante. La camioneta arranca duro, como si estuviera pidiendo pista rápido para llegar pronto a Valledupar, San Juan del Cesar y Villa Nueva. En tres horas ya estaban en la finca del amigo Teo, casi oscureciendo. Seguían a la camioneta de Vicente otras personas invitadas para invertir en el rentable negocio.

Vicente dijo: –Bueno amigo, ya me tienes aquí, antes de hablar de negocios quiero parrandear, escuchar música vallenata y comer buena carne en orillas de río Guatapurí.

Teo respondió: –Seguro que sí hermano. Le tengo una buena sorpresa; ya mañana hablamos de negocios.

Noche de sorpresas, una parranda vallenata y hermosas mujeres de Villa Nueva. Trago seco tempranero de ron antioqueño y un desayuno especial ponen las condiciones para hablar del negocio de aguacates. –Bueno Chente, –dijo Teobaldo –te tengo la mejor producción de año y te puedes llevar todos los camiones que quieras, igual para tus familiares. Te llevamos la carga hasta Maicao y de allí la trasladas en camiones venezolanos. El precio por camión será de 15.000 pesos.

Vicente, libreta en mano, dijo: –Muy bien, ganas tú y gano yo, cada uno pensó como podíamos llegar a un entendimiento y tú lo has dicho. De una vez, mañana me llevo cinco camiones.

Por la vía, en las alcabalas, el arreglo con las autoridades de control corría por cuenta de Teo. En Maicao, Vicente alquiló camiones de amigos venezolanos. De Maicao a Maracaibo, Vicente iba en algunos de sus vehículos con la licencia de la aduana de Maracaibo y algunos regalos para las autoridades fronterizas, para aligerar el procedimiento, dado lo delicado que es el aguacate con el tiempo y el sol. Esta fue la rutina durante varios meses. Las ganancias fueron buenas, el aguacate de Colombia, desde Boburitos, abastecía a varios municipios de Zulia y llegaba hasta Caracas.

En una reunión-parranda familiar y en época de lluvias, Vicente explicaba a sus parientes: –Hicimos un gran esfuerzo para pasar casi todas las semanas antes de que llegaran las lluvias. Por la sabana pagábamos poco, pero ahora tememos que pasar por Paraguachón, Guarero y Paraguaipoa, hay que bajarse de la mula en estos tres sitios. La licencia que me otorga la Aduana de Maracaibo nos protege, pero a veces hay que arreglarse con los controles de frontera.

Eleazar, el Garza, un hombre de apariencia tranquila, de hablar poco y conforme con ganar para subsistir con sus tres mujeres e hijos, se atrevió a hablar y dijo: –Mira Araguato, –que así llamaban a Vicente los más allegados –pegao a vos ya tengo capital para abrir una chocita para vender comida, comprarme una camionetica vieja para ir y venir a los Filúos con pasajeros. –Tabaco guajiro marca Península en boca, después de soplar el humo entre los chinchorros, continuó su comentario: –Yo creo que tenemos que esperar un poco a que pasen las lluvias, se acabe el alboroto de diciembre y además tenemos que descansar. No podemos estar parrandeando en Maicao y Maracaibo con varias mujeres aquí. Estos meses son peligrosos.

Vicente, enchinchorrao, satisfecho de la preparación de carnero que hacía su mujer en el fogón, dijo: –Garza, vos estáis apendejiao. Estos meses son los mejores. ¿No sabéis que los alíjuna tienen cobres a finales de año y comen mucho? Voy a tirar los últimos viajes, estoy seguro que me irá bien, coronao. Quédate con tus mujeres. Ahora, decime como hacéis para tener dos hermanas en la misma casa. –Eleazar, saboreando un trago, expresó: –Déjame tranquilo con mis mujeres, yo me las arreglo, mal estáis vos que no saliste a tu padre. –Después de comer y practicar el tiro al blanco, se despidieron. Vicente vivía bien, tenía su buena casa de bloques y madera, alternaba su chinchorro de doble cara con una cama de madera adquirida en Colombia. Su esposa Zenaida, nativa de Los Hermanitos, ya le había dado cuatro hijos. Vicente Segundo, el mayor, a sus doce años, ya seguía los pasos de su padre. Estaba estudiando primaria en Paraguaipoa, pero ayudaba a su progenitor en los ratos libres.

Los hermanos y las hermanas Fernández Ja'yaliyuu conforman una familia numerosa, unida y solidaria. Todos se apoyan bajo los consejos de las matronas. Por la mañana se vino caminando por la orilla de la laguna, Anita, compañera de Torito Barroso Ipuana, quien con su lento caminar sorteaba con cañitos de agua que dejó la llovizna de la madrugada.

–Antüsü piá kumaare ¿Ya llegaste comadre? –le dijo Zenaida. –Vicente mandó a matar dos carneros y te envié una pierna, otra para Rina y también a Freda, la mujer de Capirón.

Anita contestó: –Sí comadre, recibí la carne para un buen hervido en el mediodía, valiente casualidad, porque me estaba provocando. Ayer oímos las rancheras del parrandero y después los tiros. Quiero hablar con él porque tuve un sueño feo.

La hermana mayor de Vicente acarició de paso a sus sobrinos y se fue al cuarto.

Después de los saludos de rutina, le dijo a Vicente: –Esta madrugada soñé contigo, te arrastrabas por un camino negro largo, te fuiste ensuciando y sufrías mucho. Te salvó un fuerte grito de la Maachon (espíritu protector de los Ja'yaliyuu), para que corrieras a un rancho de barro cercano. Ese es el mandato de que tenemos que encerrarte por tres días. La piache Adelina Epieyuu te bañará esta noche. Ya ella te dará las otras recomendaciones una vez que yo le cuente el sueño. –Adelina no se hizo esperar más cuando se trataba del hombre que se perfilaba como el jefe de los Ja'yaliyuu de Alitasía. A media mañana ya estaba en la casa con todos sus accesorios para la ritualidad sagrada. Previo al encuentro, solicitó los detalles que facilitarían su piacheo: silenciar, apartar a toda persona con posibles suciedades negativas, alejar todos los animales, llevar a otros sitios pajaritos y aves, sacar del escenario a las mujeres embarazadas, no interrumpir ante posibles personas visitantes, quienes sólo son espíritus malignos disfrazados de curiosos. Adelina empezó su trabajo con dedicación y máxima concentración. Llevaba una vestimenta roja, un inseparable *susú* (bolso) con la carga de amuletos, talismanes y demás herencias de generaciones de parientes, sin faltar el aguardiente wayuu, mezclado con raíces desconocidas para personas comunes.

La piache rompió el silencio y dijo: –Te quitas todo y miras siempre hacia el mar. Te sientas sobre esta piedra. Empieza a pensar en tus antepasados. Olvídate de tus negocios y cree en que el *seyu* (espíritu protector) que me bajará ahora te va a ayudar.

El tabaco en la boca y su profunda concentración la fue llevando al trance que buscaba. De repente hace varios movimientos de forma espontánea con su seyuu posesionado, toma una totuma, saca de la tinaja una cantidad del líquido que resultó de hervir varias clases de hojas. Con calma, fue bañando al paciente con dedicación: la cabeza, el pecho, las manos y los pies. Luego vino el Uuuuu, respiración profunda y un diálogo que Vicente no entendía. Ausculta en medio de su trance. Después los salivazos con tabaco y ron blanco de cabeza.

–*Püshawalaa* –(Párate) le dijo. –Respira profundo, pídele por ti y por los tuyos a la Maachon. Permanece como estás, no mires hacia atrás. Ahora, torta en el mismo sitio y seguido pegas unos fuertes brincos con los brazos levantados.

Largo rato con otros contactos de la Piache y su *seyuu* o espíritu tutelar.

Pasado un prolongado silencio, le dijo: –Hijo, tenías varias cosas raras encima: te envidian, te quieren enredar con unos alíjuna que visten iguales. Cuídate mucho por esos caminos por donde andas. Por eso te he bañado con ramas de enredadera y otras efectivas para los problemas. Te quedas tres días encerrado, cuando salgas te vas a bañar en la playa con tus hijos y familiares. Al regresar, tus hermanas deben tener lista carne asada de un carnero negro para que lo coman todos menos tú. El seyuu pide una cobija roja y tres piedras pequeñas de tu'umá. Tengo que prepararte una buena protección que te enviaré con tu hermana Anita. Una recomendación final: si haces el esfuerzo para quedarte unos días con tu familia sería mejor.

Vicente había sido tocado por la fuerza y energía de *seyuu*, toda la caída de la tarde le pareció largas penumbras; el baño, como si fuera con abundante agua. Se entregó al ritual de Adelina y se forzó mentalmente por buscar con su pensamiento la ayuda de sus ancestros y espíritus protectores.

Tenía demasiado sueño, pero antes de dormirse, le dijo a Adelina: –Prima, yo creo mucho en lo que me has hecho; he quedado aturdido, quizás mañana piense mejor y hablamos. Mis hermanas y mi mujer cumplirán todo lo que tú les digas. Te agradezco lo que has hecho por mí. Te prometo cuidarme.

La virtuosa maraca de Adelina, con su rara melodía y las desconocidas canciones del rito, lo durmieron en profundidad. Sólo su hermana Anita, la que soñó, la podía ver y atender.

El Toolo había estado en tres oportunidades para saber de su hijo y en la última aseguró que regresaría para conversar con él. Así fue, el anciano jefe llegó la última noche para esperar que Vicente saliera de su asülajawaa (encierro). Se instaló en la casa de su hija Chinca. Aprovechó para conocer de la vida y situación de sus familiares. Todos los nietos y nietas lo fueron a saludar. La más pequeña de Nemesio y Rina, Erika Luisa, de apenas 6 años, jugó con tremendura en el chinchorro del Toolo.

El Toolo le dijo a Rudecindo: –Estoy contento de tener tantos nietos con tu familia, los wayuu jamás se acabaran, los Ja'yaliyuu de Alitasía van pa'rriba. Tienen que hacer como el doctor Yunaatta, para que ayuden a su gente.

–Bueno papá, –dijo Chifle (sobrenombre de Rudecindo) –los míos han salido buenos. Jóvito, es un gran maestro, trabaja cerca de tu casa en Yaguasirú; el Paruta, me atiende los animales y es trabajador; Bigote trabaja con mi hermano Vicente; la Shuleta, como tú sabes, se casó con otro wayuu de los Epieyuu de Waruttain y está llena de hijos: esas criaturas nos cuidarán en un mañana. Mi Santo querido va por lo alto para ser un gran perito agropecuario, las demás hijas están estudiando en Maracaibo. También crecen los Uliana. Los otros hijos que no son de Olivia, siguen por buen camino. –El A'laülaa, disfrutando de tragos secos de whisky, Robertico, con su hijo en cómodos chinchorros, dijo: –Rudecindo, hay que tener cuidado con los muchachos, que no tengan malas juntas porque abundan los jóvenes wayuu de mala cabeza. Te pido que no pelees con tus cuñados Torito y Nemesio cuando te emborrachas. Cuando lo haces con el compadre Nemesio, él aprovecha para decirle a Rina que lo estás botando de Alitasía y se va a buscar a otra de sus compañeras. Yo aprecio a todas esas compañeras porque casi todas son de la misma familia y mujeres valiosas.

Jóvito siempre me va a visitar para ofrecerme su Jeep, pero le digo que no cambio mi mula por nada. Me voy a acostar temprano, porque en la casa de mi hija Francia está Ismael Fernández Ja'yaliyuu y le pedí a Antonio Méndez Ja'yaliyuu que lo trajera para acá en la madrugada para escucharle unos buenos *jayeechi*. Ya oigo bien con este aparato que me regaló mi hijo Yunaatta, pero me dijo el nieto Tuco, tu sobrino mayor, hijo de Rina, que en Caracas se consiguen mejores. Él va a estudiar allá en la universidad, ése va pa'lante. Cuando yo vaya para Caracas se lo voy a recomendar al Presidente y al tocayo José Giacopini Zárraga, porque va a estar muy solo entre tanto alíjuna.

El madrugador de siempre esperó a Ismael, quien conocedor del Toolo, llegó a la hora precisa y después del café reglamentario, se pasaron a whisky, esperando la tortuga que ya preparaban en diferentes versiones. Y, deseosos de ver a Vicente, quien con la salida del sol cumpliría su encierro y se sumaría a ellos para compartir juntos.

Vicente salió de la choza de barro y *yotójolo* (canaletes de cactus), con una cinta roja que le envolvía la cabeza y sus extremos se extendían hacia su espalda. El *kasha* empezó a sonar al compás de sus repiqueteos. Fue directo a la enramada donde estaba su padre y demás familiares.

–*Jamayaa paa'ín* ¿Cómo te sientes? –fueron las primeras palabras pronunciadas por el Toolo.

–*Aa Taata, aní'iyaya taa'ín* (Sí padre estoy mejor)

–Sé que quieres hablar conmigo, yo también, lo hacemos al regresar del baño de playa, esto hay que cumplirlo ya.

Mientras se cumplía lo de la playa, el Toolo entró a hablar con Adelina y salió con cara de preocupación.

La peregrinación a la playa era con la compañía de los familiares presentes. Se propusieron hacerlo a pie con la Piache a la cabeza para ir despejando el camino de malos espíritus. Adelina giraba en círculo, otro talismán para abrir una ruta de energía positiva. Al retorno, se sentía mejor, ocupó un chinchorro y se dispuso a tomar un coquinchi que le había llevado su cuñado Nemesio.

Nadie decía nada, esperando la sorpresiva voz del jefe, quien después de larga espera dijo:

—Los wayuu tenemos la ventaja de que los primeros que nos trajeron a la madre tierra dejaron sus fuerzas y energías que nunca mueren; es como el viento, siempre están con nosotros y viven con los a'lanía (talismanes y amuletos). Avisan cuando nos viene algo y es sobre todo con el sueño. Cuando eso se cumple, también tenemos que poner de nuestra parte y cuidarnos. Conmigo han tenido muchos sueños malos, todo lo que me podía pasar fue regresado o desviado.

—Ya te ven arriba –prosiguió –y bien, te vendrán muchos sueños y tienes que cumplirlos. No me hables ahora, mañana en la madrugada subiremos al cerro de arena más alto de aquí, conversaremos los dos con varios visitantes.

Se refería el Toolo a la ceremonia que durante generaciones se hacía para que un nuevo A'laülaa asumiera el poder, en este caso, el de los Ja'yaliyuu. Un necesario cabeza de familia para los Ja'yaliyuu de Alitasía, por las muertes de quienes ocupaban ese lugar.

Selmira, madre de Vicente, junto a sus hermanas: Ana Josefa, Isolina, Celina, Ana y Yema, como matronas de la familia, se encontraban reunidas en la Casa Blanca revisando la situación de la familia, planificando la visita al cementerio para el día de los muertos y asignándose responsabilidades con las muchachas y muchachos que iban creciendo. Sus hijas se encontraban atendiendo a los comensales. Rina y Olivia estaban pendientes de las viejas reunidas con mucha seriedad, hablando en voz baja.

Fogatas, toque de tambor, maraqueo de la *piache*, luego silencio en la noche, cerró el ritual de ese día.

Un cambio repentino en el espacio oscureció la madrugada. Grandes nubes grises se posaron sobre Alitasía, la luna no aparecía.

Una sacudida del chinchorro del Toolo lo despertó, sabía que ya era el aviso. Vicente se le acercó como un cuerpo guiado. Sin palabra alguna, se fueron al médano. La difícil subida se sentía como suaves pastos verdes que remojaban los pies. El olor dulce a irua (aceituna) con la acogedora sensación de los frutos del poló (guayacán), se combinan con el de la Kasápanai, para crear un ambiente acogedor para un encuentro entre vivos y muertos.

—*Naa A'laülaayuukanu motsamüin wama'a* (Están los viejos del pasado con nosotros, un momento) –dijo el Toolo. –Se encuentran los Ja'yaliyuu y los Uliana. Sólo quiero que escuches. Esto tendría que hacértelo el Chioku o el

Eriiyoushi, quienes son Ja'yaliyuu como tú, pero sus recientes muertes me obligan a hacerlo como aliado de tu familia y sobre todo, como tu padre.

Relámpagos sin rayo ni lluvia se aproximan de Ayajuy, que había sido tomado como un sitio de descanso de los dioses, después de matar, tiempos atrás, a la culebra gigante que se comió a las hijas del dios de la lluvia, Juyá.

Todo estaba preparado para este encuentro. Sin embargo, clareando la mañana, un inesperado avión, que pasó muy cerca, proveniente de la base aérea venezolana en Maracaibo, acabó con el ritual de vivos y muertos para reconocer, a partir de ese momento, a Vicente como jefe de los Ja'yaliyuu y aliado de los Uliana. Los espíritus se retiraron y los vivos se irritaron internamente y se sintieron apenados ante sus espíritus invitados.

–Ese *Katünasü* (avión) nos echó a perder la gran conversación –dijo Toolo. –Sin embargo, esperemos a que pase la próxima primavera, para volver a llamar a los que ya no están con nosotros, quienes seguro van por la ruta indetenible hacia las estrellas, por el camino de los indios muertos.

Ramiro Epiayu Morales

Dragón de noche espía de día (2013)
(Fragmento de serie inédita)

La noche trae el bullicio de los viajeros eternos. Ellos caen desnudos en el desierto. La noche nos trae en sus sombras. Allí, nos devora en su rumor.

Cuando cae la tarde, se dibuja la tristeza de la abuela Marriarat, se refleja en sus ojos el rojo cobrizo del ocaso escapándose por un huequito del cielo, el viento se pasea lento atrapando su lamento, una lágrima cruda recorre todas las grietas de su cara hasta secarse. La noche nos trae el bullicio de los pájaros que anidan cerca a la enramada. Allí abraza en la distancia el vivo recuerdo de Sharechon, sus risas, la correría como caballo desbocado por todo el alar del dormitorio.

Sharechon creció con nosotros, era unos cuatro años mayor que Tolo, Machetsü, Parruta y que yo. Jugábamos en el *jagüey* a ese juego que a todos los niños nos gusta cuando estamos nadando, "Kaliina". Cuando íbamos a pastorear, siempre nos llenaba las horas con sus hermosas melodías de *wawai*. En nuestras jornadas de pastoreo nos daba nombres de guerreros wayuu, nos decía que sólo de esa manera tendríamos valor y coraje cuando estuviéramos solos y nos defendiéramos de animales salvajes. Sharechon nos enseñó a ver en la profundidad de la oscuridad y a ver las imágenes de los cuentos de la abuela Marriarat. El tiempo nos ha pasado, ahora vuelvo, nuestra prima Tamaiwaa ya es toda una *majayut*; ella cuando pequeña dibujaba las rutas de los sueños y cada noche nos presentaba viejos ancestros que llegaban a su chinchorro para presagiarle los cuidados de nuestro clan. Ella nunca pidió que se le acercaran estos espíritus de nuestros antepasados; creo que sus sueños eran un instrumento para proteger a nuestras familias de la guerra que luego de varios años se desató con los Ulewanayu, en que por culpa de una pasión vimos caer a nuestro Tío Kalaira, que significa Tigre. Así le pusieron por nombre al Tío Kalaira, porque cuando nació tenía unas rayas en su rostro y era todo velludo en su espalda.

La noche en que los Ulewanayu sometieron a nuestro hogar a insultos y profanas acciones, el viento nos llegaba pegajoso, espeso, como si la baba del viento fuera lo que nos merecíamos. El tiempo estaba detenido en una parálisis donde solo podías respirar, no era costumbre ver a un gallinazo dormir cerca de la huerta, ni mucho menos ver a los perros pelearse. Nuestro Alaüla Kalaira llegaba de visitar a su hermana Kashita, que por esos días estaba enferma, aunque la oütsüü Salamina decía que era un Yoluja que vino a reclamarla porque estaba enamorado de ella. Y es que la tía Kashita era hermosa, había heredado los genes del primer Van Grienken, navegador pirata que llegó a nuestros mares intercambiando armas de fuego, caballos, por perlas que extraían nuestros antepasados del fondo del mar.

Los Ulewanayu llegaron en caballos y rodearon toda la casa, el miedo nos sometió, sólo fraguábamos la idea de escapar hacia donde había un rincón de pringamozas, hasta que un disparo al aire borró la huida de nuestra mente. Al Alaüla Kalaira lo sorprendieron por la espalda y de un tiro cayó, sin poder quejarse, ni armar una defensa argumentando desde la palabra, lo condenaron a vivir por siempre en Jepira. A Tolo, Machetsü, Parruta y a mí nos encerraron en el dormitorio para quemarnos, a las niñas y a las mujeres las aislaron hacia donde está el *jagüey*. Gritábamos, sentíamos en un parpadeo que nuestras almas se despedían de nuestros cuerpos. El llanto agujeraba nuestros ojos y el dolor nos crecía como una bola de barro. La lluvia ardía afuera, caliente como un fogón de mañanita. Tolo, Machetsü, Parruta y yo nos escondimos debajo de unos viejos baúles, exprimíamos el silencio para que no se escapara un quejido. Los Ulewanayu, con risas y burlas, decían *"oütüshi espushua toloyu"*, que en español traduce "todos los hombres están muertos" y es que en nuestra cultura todos los hombres deben morir en una guerra, porque si dejan uno vivo es como la semilla de veneno que con los años crecería y caería en sus ranchos como polen a dejar el miedo y el dolor. A las mujeres las dejan ir, no se les puede hacer daño, son sagradas.

Después de la lluvia de tiros lanzaron fuego sobre el techo tejido de corazón de cactus. Diez minutos más tarde se fueron; sentimos que se fueron porque sentíamos el mismo viento espeso paseándose y el silencio profundo nos traía el eco del llanto de las mujeres. Por suerte había una pala de esas de limpiar el cultivo y echamos arena al fuego cuando éste se quiso meter con nosotros. También había agua y nos las arrojamos sobre el cuerpo. Con un viejo pico rompimos la ventana y salimos del cuarto para abrazar al viento, a la abuela, a Tamaiwa, a la tía Josefina, quien por esos días había llegado de Machiques, Venezuela.

Sharechon en ese lapso de tiempo había ido a buscar una cabra recién nacida que estaba perdida, y había tardado, además se encontró con unos amigos vecinos de Jalala. Al llegar a casa se topó con el suceso y el dolor de todos.

De un lado para otro se paseaba la noche, estampaba pedazos de ruinas en nuestros cuerpos. No sentimos a *aipa 'a ni a sawaa 'i*, solo veíamos el desespero de las estrellas borrarse del cielo; al menos eso vi yo, desconsolado debajo de un frondoso trupillo donde descansan los chivos cuando llegan a las doce del día, huyendo del sol.

El odio invadió a Sharechon, él se paseaba en círculos como siguiendo la sombras del odio, para estrangular su raíz y humedecer a las cenizas del fuego. El cuerpo del Alaüla Kalaira fue bañado de inmediato y colocado sobre un chinchorro, lo arropaba una sábana blanca hasta el cuello; en la mañanita fue enterrado. Sentí que una fuerza extraña poseía a Sharechon, juró la venganza y seguir como perro el rastro de los Ulewanayu. Nosotros no alcanzábamos a comprender eso de "venganza".

Cinco años antes de la tragedia, cuando yo solo tenía cuatro años, en la tierra del Sol Ichitki, también llamada Uribia, los Ulewanayu celebraban un matrimonio de una de sus sobrinas, le daban la entrada a los Ishoinayu, a la familia por medio de la *paüna*, el cual es el rito que compensa por medio de la dote el valor que tiene una mujer wayuu. Por lo general en estas celebraciones, la familia e invitados departen con *yotchi* (chirrinche), mucha comida, cantos de *jayeechi* y *yonna*. En la celebración estaba un sobrino materno del Alaüla Kalaira, Mutsia (Negro), apodado así por su piel oscura. En medio de los tragos y risas le confesó a uno de los sobrinos de los Ulewanayu haberle quitado la virginidad a la feliz mujer que estaba desposándose. Mockai, uno de los sobrinos de los Ulewanayu, en la mañana después de la celebración, le contó a su tío Katire Ulewanayu, la burla que hizo Mutsia, del clan Lipuanayu.

A los dos días los Ishoinayuu devolvían a la mujer que días antes se había desposado. La ira se apoderó de los Ulewanayu y éstos enviaron a un Putchipüi para que llevara la palabra a los Lipuanayu, para que estos pagaran la falta de jactarse de haber burlado la virginidad de la novia. Resulta que Shirachon, la mujer desposada y devuelta por los Ishoinayuu por no ser virgen, ya cuando Mutsia Lipuanayu la pretendió en lo escondido, había tenido también unos encuentros pasionales con dos primos de su clan, lo que motivaba el despecho del muchacho. El Tío Kalaira, como autoridad moral y jefe familiar de los Lipuanayu, reconoció la falta del muchacho, compensado a la familia Ulewanayu por el dolor y la pena. Después de la compensación y cuando de nuevo reinaba la paz entre los clanes, Mutsia, en sus borracheras seguía hablando de aquel hecho de Shirrachon. Los Ishoinayuu, mientras tanto, idearon matar a Mutsia. Al año después de este suceso, los Ishoinayuu y los Ulewanayu lo mataron en un camino cerca de Siapana. La familia de la víctima fue debidamente compensada por las familias claniles que participaron en su muerte. Aun así quedaba una herida: la reparación, cuando no es sincera, se esconde tras los años, luego sorprende.

Los días aquellos de alegría pasaron, en cada esquina de la enramada estaba el tio Kalaira, que nos veía. Sharechon fue creciendo con odios, y todos los días contaba el paso del tiempo para que llegara la venganza. Nada volvió a ser igual, se sentía el vacío y poco a poco todo fue perdiendo sentido en la ranchería. A Tolo, Machetsü y Parruta, se los llevó la tía Zoila para la villa del Rosario en Venezuela; de ellos siempre tengo noticias. Aquí nada es fácil, el cielo dibuja otras señales, el día se tarda en ocultarse y por las noches las estrellas no me hablan.

La guerra entre los clanes ya terminó, nuestras familias volvieron a la tierra de donde somos originarios y aunque las sonrisas se pasean por cada rostro, se dibuja la tristeza cuando miramos hacia el *jagüey*, allí donde todo es una imagen de la niñez, donde aprendimos a ver el nudo de las aguas cuando el viento bate.

Sharechon salió hace unos días de la ranchería...

A él aún lo persigue el dolor y la imagen del tio Kalaira. Aunque la abuela Mariarrat lo aconseja para que olvide, él en su silencio no acepta, veo en sus ojos una extraña figura roja, como una llama. Ya no queda nada de él. Por las tardes se queda en el *jagüey* viendo volar los pájaros, toca *wawai* y suspira profundo. Por las noches se pierde en el fondo de la oscuridad y aparece con una botella de *yotchi* en la mano, se echa en su chinchorro. Vuelve cada tarde a juntar sus manos en el *jagüey* entonando la misma canción de *wawai*.

A todos nos preocupa la situación de Sharechon, su silencio. ¿Qué piensa? ¿Qué sueña? ¿Qué siente? Son interrogantes que nos someten también a la angustia. El día en que se reunía la familia para dialogar sobre la disposición de los restos del tio Kalaira, apareció todo sucio, con heridas en el cuerpo y espinas en los pies, sudaba frío y temblaba en fiebre. A todos nos afectó su aspecto y le colgamos un chinchorro. La Oüütsü Salamina llegó a la casa guiada por un sueño, lo desnudó y le retiró las espinas y curó las heridas de su cuerpo. Había una marca en su espalda, una mano tatuada cerca de su columna. La Oütsü Salamina se concentró y sus espíritus le hablaron, se quitó el tabaco de la boca y dijo: "que cosa más extraña, sin figura, nunca he visto algo igual, no logro describirla". Se sentó, pidió *yotchi* y de un solo trago bebió media botella. A los segundos su voz fue cambiando, parecía un trueno de esos que te dan miedo y te echas las puntas de tu chinchorro encima intentando protegerte. Luego pronunció una palabra, creo que escuché: "*Kerariat*". Todos nos miramos, recuerdo que mi prima Tamaiwa me abrazó tan duro que solté lágrimas. Los espíritus siguieron hablando, pero ya la noche se había robado varias horas y quedamos dormidos en el miedo.

¿En verdad era Kerariat? Si, se había dibujado la figura del viento en su cuerpo. Esa misma noche Sharechon tomó varios litros de *yotchi* para olvidarse de los miedos, del viento, de las ranas y sapos que celebraban la llegada de la lluvia. Salamina la *oütsü* nos contó en la noche que Kerariat tomaba la figura de camaleón y de iguana, se enamoraba del olor del *yotchi*, de un buen *jayeechi*, de la oscuridad y de los odios de los hombres. Era un espía en el día, y de noche cuando los hombres pisan su umbral, emprende una lucha, persigue a su víctima en forma de luz, luego aparece como hombre debajo de un frondoso árbol: allí el hombre tiene que vencerlo para continuar con vida, para que no viva de nuevo tiene que quemarlo. El hombre que no vence a Kerariat queda embarazado y a los tres días muere pariendo lagartijas e iguanas.

En la mañana unas botellas en el alar de la casa se miraban de frente como si reclamaran la última gota, y me dije: a ese espíritu le gustaba el ron. Sharechon pasó todo el día pegado a su chinchorro, parecía una barricada en su defensa. No paraba de llorar, cada vez que soplaba el viento sentía que una voz lo llamaba por su nombre: "Sharechon." Miraba a todos lados, desorientado buscaba la claridad del sol para refugiarse en su luz. Todos pensábamos que estaba perdiendo el juicio.

La abuela Marriarat viajaba constantemente meciéndose en su chinchorro. Perdíamos de vista su mirada, creo que en su mente tocaba la orilla del mar y el borde del arcoíris que aparecía al costado de la cerca del corral de los chivos. Al menos eso veía yo, me colocaba en la misma dirección de ella y solo se veía el arcoíris pálido bebiendo agua por el costado de la cerca del corral de los chivos.

No supimos a qué horas Sharechon se fue del dormitorio, ni por donde salió, sólo vimos que sus mejores prendas de vestir no estaban en el viejo baúl. Aaah... el viejo baúl fue lo único que se salvó de aquel incendio; también tenía una historia que contar: el fuego devoró un pedazo de su coraza rustica, le quedó grabada una imagen fresca de la escurridiza huida del fuego que se agitaba como un escorpión venenoso atacando a su víctima.

Los días han pasado, la soledad es espesa como el lodo del *jagüey*, se siente el tiempo detenido, la tarde no quiere salir. Sharechon sólo aparece en los sueños de la abuela Marriarat, "siempre está corriendo, y debajo de un árbol de trupillo, hay un hermoso caballo que relincha azorado, en la cercanía de la sabana se oscurece y luego se pierde." No sabemos el significado del sueño; la Oütsü Salamina no ha venido.

Algunas amistades han venido a decirnos que han visto a Sharechon cerca de Jepira, sentado, lanzando pequeñas piedras al mar; otros lo han visto en las sabanas de Maikoü, allí donde abundan los Kerariat.

La noche del segundo velorio de nuestro tío Kalaira, los vecinos vieron una extraña luz que venía del norte, que luego se fue apagando y se escondió en la oscuridad de los matorrales. En el velorio toda la familia y allegados compartíamos la noche, que por cierto estaba harapienta, con pedazos de nubes negras que tapaban su claridad. Con el paso de la noche fuimos sorprendidos por el llanto de alguien. La bulla venía de la vieja huerta del tío Kalaira. Salimos a ver y había unos cactus rasgados, tenían la carne verde fresca y pequeñas manchas de sangre. Rondamos varios minutos. Al final de la cerca de la huerta pedazos de ropas hacían una trilla. Alumbramos hacia el camino y parecía que llevaran arrastrando a alguien. Las huellas se perdían hacía el lodo del *jagüey*. El viento venteaba y traía a veces olores añejos, a veces podridos. El miedo nos congelaba las articulaciones y los sentidos.

Al día siguiente salimos a llevar los chivos a la sabana y cuando llegábamos al *jagüey* salían las iguanas de todos lados.

Salamina la Oütsü llego en la tarde y le contamos de los sueños de la abuela Marriarat, de los gritos en la cerca de la huerta y de las iguanas en el *jagüey*. "Sharechon no vendrá más, ahora vive en los agujeros de la tierra y todos los días vigila su antigua vida, a Sharechon lo vencieron el dolor y el odio. Kerariat lo libró de más sufrimientos, ahora vive libre persiguiendo la sombra del viento y embarazándose en la promiscuidad de la lluvia". Nos contagiamos de lágrimas como si fuera la fiebre del sarampión. La abuela Marriarat cada tarde espera al viento fresco de la noche para abrazarse al recuerdo. El ocaso cobrizo de la tarde llega hasta la ventana donde la abuela dibuja las rutas de la vida que se tejerán en la mañana.

Vocabulario:

Joutai:	viento.
Toushi:	abuela.
Yoluja:	espíritu de los muertos.
Alaula:	tío materno.
Jepira:	lugar donde van las almas wayuu, también conocido como Cabo de la Vela.
Oütsü:	mujer curadora e interpretadora de sueños.
Aipa'a:	la noche joven.
Sawa'i:	la noche oscura y mala.
Yotchi:	bebida alcohólica tradicional.
Kerariat:	espíritu que aparece de noche como luz roja con figura de dragón y de día como iguana.
Ulewanayu:	clan wayuu que se extinguió en la década de los 50, su ancestro totémico es el lagarto.
Ishoinayu:	clan wayuu que se extinguió a mediados de los 70, su ancestro totémico es el saltamontes.

Sergio Kohen

Atpanaa pone a suplicar al yolüja. (Jayeechi)[1]

Llegó a oídos del *yolüja*[2] que el señor conejo (Atpanaa) era muy hábil. ¡Era un ser muy hábil! Entonces el *yolüja* sintió mucha curiosidad, y mucha envidia de que Atpanaa fuera tan hábil y dijo:

—Yo tengo que saber qué tan hábil es Atpanaa, o si es más hábil que yo... Yo tengo que demostrarle que soy más hábil que él, más fuerte.

Entonces lo buscó hasta que lo encontró. Cuando lo encontró, Atpanaa estaba jugando en el monte. Le llamó, le dijo:

—Amigo.

Y el conejo seguía jugando y no le prestaba atención... lo llamó de nuevo y le dijo:

—Amigo... —y nada, seguía jugando, se hacía el que no le escuchaba.

Nuevamente el *yolüja* lo llamó, y el conejo dijo:

—¿Qué pasó? —Y se hizo como si no lo hubiera escuchado.

El *yolüja* le dijo que estaba buscando a Atpanaa, pues le habían dicho que era muy hábil. Entonces él dijo que sí, que él era Atpanaa. El *yolüja* replicó que quería saber qué tan hábil era él. Entonces Atpanaa respondió:

—Aquí estoy yo.

---

[1] Este tipo de composición, el *jayeechi*, es estrictamente oral y se recita exclusivamente en lengua wayuunaiki. Presentamos aquí una transcripción de un *jayeechi* cantado por el legendario rapsoda de la Alta Guajira, Sergio Kohen y compilado por Miguel Rocha Vivas (ver bibliografía) y sus estudiantes, traducido al castellano por Eliana Palacio. No pocos *jayeechis* han sido transcritos, traducidos y reelaborados a manera de cuentos, como es el caso de algunos textos de Ramón Paz Ipuana y Miguel Ángel Jusayú compilados en esta antología (Nota del editor).

[2] El *yolüja* es un personaje perteneciente al *mundo otro*, que según el pensamiento wayuu, acompaña, en paralelo, al mundo ordinario. El *yolüja* reside en el mundo de los muertos pero incursiona ocasionalmente en el mundo de los vivos con diversos propósitos (Nota del editor).

Entonces el *yolüja* le dijo que es que si se iban a dar golpes, se iban a hacer, a ver quién era más hábil, más fuerte... Atpanaa sugirió:

–No... vamos a medir nuestras capacidades de otra manera.

Había dos trupillos (árboles) muy parecidos y juntos. Y Atpanaa le dijo al *yolüja*:

–Vamos a derrumbar esos trupillos de un solo golpe. –*Yolüja* respondió que sí.

–¿Entonces lo vamos a hacer de una vez? –preguntó, ansioso, el *yolüja*.

–No, no lo vamos a hacer de una vez. Hagámoslo mañana temprano –volvió a sugerir Atpanaa.

–Ah listo –aceptó el *yolüja*.

En eso quedaron. Yolüja se fue a esperar el encuentro del día siguiente. Atpanaa estaba preocupado y pensaba cómo iba a tumbar el trupillo de un solo golpe. No lo podía hacer y se preguntó: "¿Qué voy a hacer?". Entonces Atpanaa fue donde el pájaro carpintero, pensando:

"Voy a ir donde mi amigo el pájaro carpintero a pedirle el favor de que me ayude".

Y fue donde el amigo pájaro carpintero. Le dijo que él necesitaba un tambor, que le ayudara a construir un tambor de un trupillo, que él quería que quedara lo más fino posible para que su sonido fuera el mejor. Y así hizo el amigo pájaro carpintero, engañado por el señor conejo. Lo manipuló, pulió el palo hasta que lo dejó totalmente hueco, finito por dentro, pero aparentemente el palo estaba bien. Al día siguiente llegó el señor diablo a su competencia con Atpanaa, y le preguntó si estaba listo. Y él le dijo:

–¡Claro, yo estoy listo!

Entonces el *yolüja* dijo:

–Déle usted primero.

Y el conejo respondió:

–No, déle usted primero.

Así fue que el *yolüja* accedió y golpeó fuertemente el palo, y el palo se destruyó, se partió, porque el golpe fue muy fuerte. Pero aunque el trupillo se destruyó no se le salieron las raíces; las raíces quedaron enterradas. Entonces Atpanaa le decía al *yolüja*:

–¿Y eso es todo?

Y el *yolüja* le decía a Atpanaa:

–¡Sí! Déle usted a ver...

Entonces Atpanaa le dio un golpe fuerte al palo, y lo sacó con todo y raíz, y el *yolüja* se sorprendió mientras afirmaba:

–¡Qué hombre tan fuerte! ¡Qué ser tan fuerte! Destruyó ese árbol de un solo golpe.

Atpanaa se limitó a decir:

–Bueno... ahí está... ¿entonces qué hacemos ahora?

El *yolüja* dijo:

–Tenemos que hacer otra cosa para que me quede claro que tú eres más hábil, fuerte y poderoso que yo.

El *yolüja* le dijo que lanzaran piedra, a ver quién lanzaba más lejos la piedra. Atpanaa preguntó:

–¿Lo vamos a hacer ahora?

Y él mismo se respondió diciendo:

–No. Hagámoslo mañana temprano.

Pasó lo mismo. El *yolüja* se fue a descansar para el día siguiente. Y el conejo se quedó pensando qué iba a hacer para demostrarle al yolüja que él era más fuerte... Y se acordó del amigo perdiz, el pájaro, y se fue donde su amigo perdiz, el pájaro. Y le dijo que necesitaba que al día siguiente volara lo más lejos que él pudiera, que no volviera. Entonces el perdiz accedió a hacerle el favor a Atpanaa. Y así fue.

Al día siguiente llegó el señor yolüja y le dijo que empezara Atpanaa primero. Y Atpanaa contestó:

–No señor, empiece usted primero.

Entonces el yolüja accedió, y lanzó muy fuerte la piedra, y cayó muy lejos. Pero se alcanzó a ver donde cayó. Y Atpanaa preguntó irónicamente:

–¿Y eso es todo?

Y el yolüja lo miró y le dijo:

–Bueno, ¡entonces supéralo!

El astuto Atpanaa indicó al *yolüja* que no podía mirar cuando él lanzara, sino que fuera a mirar a donde cae la piedra:

–No vas a mirar cuando yo lance, sino donde cae la piedra.

De hecho, Atpanaa previamente se había guardado el perdiz debajo del brazo. Ahí lo tenía bien escondido de manera que el *yolüja* no lo pudiese ver. Cuando él soltó el pájaro, efectivamente el *yolüja* no pudo ver, porque estaba mirando dónde iba a caer la piedra. Así que el pájaro voló, voló y voló. Y el yolüja esperó y esperó, y no sonaba la piedra. Pero no era el zumbido de la piedra, sino el volar del pájaro… y voló y nunca cayó. Y el *yolüja*, inconforme le dijo:

–¡Pero no puede ser que tú seas más fuerte y más hábil que yo!

El conejo contestó sin vacilar:

–Bueno… ¡ya lo demostré!

El *yolüja* dijo que tenían que hacer otra prueba, así que practicaran el tiro de la flecha…. Y quedaron para el día siguiente nuevamente. Y así fue, al día siguiente llegó el señor conejo con una flecha. El yolüja hizo la flecha de un árbol muy fuerte. Bueno, al día siguiente fue y se encontró con el señor conejo y le instó a que lanzara. Y Atpanaa le dijo al yolüja que lanzara primero. Así que el *yolüja* lanzó en dirección recta hacia el horizonte, y la flecha cayó en las montañas. Y cuando le tocó el turno a Atpanaa, Atpanaa apuntó hacia el cielo… Atpanaa no hallaba qué hacer. Atpanaa no tenía una estrategia. Entonces él consiguió una: que iba a lanzar para arriba. El yolüja le dijo al conejo que tenía que lanzar en la dirección en la que él había lanzado la flecha. Y Atpanaa, astuto como siempre, respondió que iba a lanzar adonde Dios:

–Porque si lanzó para donde Dios… ¡se acaba la tierra, se acaba el mundo y te mueres tú y me muero yo!

Y el *yolüja* se asustó y preguntó suplicando:

–Pero, ¿cómo vas a hacer eso, cómo nos vas a matar a todos?

Atpanaa afirmó con cruel seguridad:

–Nos vamos a morir todos, ¡porque tú no me vas a ganar, tú no eres más hábil que yo!

Y así nos acabamos todos y nadie va a saber quién es el más hábil.

Y el *yolüja* suplicaba:

–No. ¡Por favor, no lo hagas!

Y Atpanaa decía que sí, que sí. Entonces el *yolüja* no se quería morir. Y se rindió dándose por vencido. Le reconoció a Atpanaa:

–Tú eres más hábil que yo, ¡pero no mates a Dios ni nos mates a todos!

Y así fue como el Atpanaa le ganó al *yolüja*.

Y sí: ¡el conejo es más fuerte y hábil que el diablo!

Michel Perrin

El viaje al más allá. Eurídice guajira (1980)[1]

Eeshi wanee wayuu chii ouktüsü nierüin,
ni'alajaka weinshi süchiirua...
Un indio guajiro lloró durante mucho tiempo,
tanto tiempo,
a su esposa muerta
que ella tuvo piedad de él.

Una noche vino hacia él,
en un sueño.
Tenía apariencia humana.
Parecía viva.

Ella avanzó hacia él.
– ¡Esposa mía! ¡Esposa mía! ¡Detente!
¡Estoy allá! ¡No me dejes!
gritó el guajiro, levantándose.
Ella no respondió.
Cruzándolo, apuró el paso.

El guajiro partió en su persecución.
Corría,
pero no la podía alcanzar.
Estaba cerca de ella,
y sin embargo no llegaba a asirla...

Al día siguiente, al alba, ella le habló.
–¿Por qué me persigues tú?
Estoy perdida, he llegado a mi fin.
Soy una sombra en la noche...

---

[1] Texto tomado de Michel Perrin, *El camino de los indios muertos. Mitos y símbolos guajiros* (Caracas: Monte Ávila, 1980). Todas las notas al calce de este texto son del autor.

¡Pero ven conmigo si quieres!
Ven conmigo ya que lloras...
Ella lo tomó sobre sus espaldas
y partieron muy lejos,
hacia el centro del mar.
en dirección de *Jepira*,
la tierra de los guajiros muertos.

Ella avanzaba sobre el agua,
muy rápida,
como un pelícano.
Muy pronto llegaron a la otra orilla.
–¡Sígueme! ¡Apúrate!
¡Tengo sed! dijo ella.
El guajiro se apuró.

Encontraron entonces a Alcaraván,
el guardián del agua.
–El agua que beben los *yoluja* está en un terreno cercado.
Alcaraván cuida su entrada–

Alcaraván estaba allí parado.
–¡Tú debes quedarte aquí!
dijo la mujer a su esposo.
El guajiro sediento miraba.
Se precipitó.
Alcaraván le hizo tomar primero.
La mujer bebió en seguida.

Continuaron su camino...

–Es con ella con la que yo había soñado,
dijo después el guajiro viendo una puerta.
La puerta se abrió por sí sola.

El guajiro se precipitó para entrar él primero.
Su esposa corrió para intentar impedírselo.
–¡Ven detrás de mí!, exclamó ella.
Pero ya él se había adelantado.
Continuaron caminando...

Al alba,
habían llegado cerca de una montaña.
Era allí donde la mujer habitaba.
Antes de llegar a la cima,
atravesaron un terreno movedizo y cenagoso.[2]

Se escuchaba gentes ebrias hablar.
Comidos tras del entierro de un muerto,
un toro mugía, las cabras balaban...
Y sobre los caballos muertos, galopaban los *yoluja* ebrios
Una vez que llegaron allí,
cuando el sol apuntó,
las gentes que habían muerto hacía mucho tiempo saludaron
                                          [al guajiro.
–¡Cuñado! le dijo uno.
–¿Cómo estás amigo?, le preguntó otro.
–¡Primo! exclamó un tercero...
Todos eran *yoluja*.
Sólo el guajiro tenía aspecto de viviente.

Allá comía el melón y la patilla.
Cada mañana,
una marmita y alimentos preparados lo esperaban.

Así, durante muchos días se quedó con ella...

En la noche,
cuando su mujer quería compartir el lecho,
ella suspendía una hamaca.

Pero cuando aquél se aproximaba a ella,
dispuesto a tomarla,
ella desaparecía.
El guajiro caía boca abajo al suelo
y la volvía a encontrar de pie,
a su lado.
Ella no quería dejarlo que se juntara con ella.
Durante mucho tiempo hizo eso...

---

[2] *Mma mokomokosü*: "Una tierra en la cual uno se hunde y se ahoga irremediablemente" (de *omokin*, "écume").

–Me han venido a buscar para ir a bailar,
pero tú, quédate aquí, le dijo ella un día.
–Se había organizado una danza *yonna*.
Todos los *yoluja* habían sido invitados–.
–¡Yo voy contigo! le dijo el guajiro.
El quería seguirla.
–¡Allá me harán cosas que no te gustará ver!

Los lugares del baile estaban iluminados.
Un gran número de personas vestidas de rojo danzaban.
Todo aparecía rojo.
Alguien tocaba el tambor.

Los bailarines se detuvieron, para descansar.
Algunos se dirigían a una casa.
En las hamacas, podían reposar.

–¡Espérame aquí! dijo la mujer.
Pero el guajiro insistió en seguirla.
Juntos, dieron unos pasos más,
hasta otra casa.
–¡Ahora, tú te quedas aquí!
¡Yo te traeré la comida!

Esta vez el guajiro la dejó partir...

En seguida de ello,
los jóvenes se acercaban a ella,
la abrazaban.
La besaban en la boca...

El guajiro se aproximó, para ver mejor.
Le chocó mucho.
Dio media vuelta y se regresó a la casa.
La mujer cambió de vestido,
y se regresó a bailar.
Su marido no le quitaba la vista...

Hacia el mediodía,
ella le trajo un gran melón.

–¡Come conmigo! le dijo.
–No, no quiero nada, ya he comido.
Aquél insistió,
ella compartió su almuerzo en el interior de la casa.
Luego, se marcho y se puso de nuevo a bailar.

El guajiro estaba sentado,
pero nadie se acercaba a él.

Cuando la noche cayó,
aquél se precipitó al baile.
Pero cuando quiso bailar,
todos los que estaban allí se fueron,
porque estaba despierto,
porque estaba vivo.

Su esposa bailó toda la noche.
El la buscó,
pero no la encontró.

Las mujeres estaban tendidas,
con las piernas separadas. . .
Toda la noche estuvieron así.

Al alba,
el guajiro encontró una mesa,
cubierta de toda clase de alimentos preparados.
Le parecía que habían llegado allí solos,
sin que nadie los hubiese cocinado.

Se le mostró la mesa.
Y se le dijo que sirviera,
pero él prefirió comer solo,
solo en su casa.
Por el contrario,
su mujer se dirigió a la mesa. . .

Cuando el sol se ocultó,
nadie se había acercado todavía a él.

Entonces, vio llegar a un hombre,
aquél que había sido el primero,
–una sola vez–,
en poseer a su esposa antes de su matrimonio.
El hombre se acopló con ella,
mientras que otros,
los que la habían tomado a continuación,
la penetraban por todas partes:
el uno por aquí,
el otro por allá...
por la oreja, por la nariz...

El guajiro estaba muy contrariado.
Y partió al alba.

Pero el camino por donde habían venido se bifurcaba.
El guajiro se equivocó.
Escogió el camino que llevaba a *Juya*.[3]

Perdido,
durante una luna entera,[4] caminó.

Iba recogiendo las auyamas, las frutas de cardón,
las frutas de semeruco y de caujaro.
Ellas estaban allí para él,
y podía comerlas hasta saciarse.

Cada mañana,
Las vacas lecheras de *Juya* venían a su encuentro.
Por la tarde, de regreso,
pasaban de nuevo delante de él.
Una de ellas era muy vieja.
Tenía muchísima leche,
y se quedaba atrás.

–¿De dónde vendrán?
se preguntaba el guajiro.

---

[3] *Lluvia* es el primer sentido de la palabra guajira *juya*.
[4] *Wanee Kashi*: un mes lunar.

Un día,
aquél atrapó la cola de la vaca vieja.
Así llegó donde *Juya*.

Juya lo veía venir.
–¡Allí está mi nieto!
dijo, estrechándolo.
–¿Cómo has llegado hasta aquí?
–¡He caminado!
–¡Siéntate en mi banco![5]
–Pero si es una boa,
se dijo a sí mismo lleno de pánico.

–¡Vamos, siéntate!
–¡Si debo morir, moriré!
El guajiro se sentó contra su voluntad.
El banco se enrolló en seguida...

–¡Anda y búscame una patilla,
perdices, conejos, corzos,[6] venados...
Primero anda a buscar a los corzos,
¡porque quiero comer!
le dijo *Juya*.
El hombre partió en busca de un corzo.
Encontró a un indio *kusina*.[7]
Éste tenía en la mano una flecha
y plumas de gallo superpuestas.
–Y bien, ¿cómo vas? le preguntó *Juya*.

---

[5] *Tulu*: pequeño banco de forma alargada, hecho de una sola pieza de madera, generalmente zoomórfica, sobre el cual se sienta el chamán guajiro durante la curación. Hoy día, cuando son figurativos, los *tulu* representan casi siempre equinos (caballo o mula). Ciertos guajiros aseguran que los *tulu* en otro tiempo podían tener la forma de animales temidos, tales como el jaguar o la boa, pero esta afirmación es controvertida.

[6] En este libro se nombra "corzo" al animal llamado en Venezuela "venado matacán" o "venado locho".

[7] Indios guajiros que no conocen la cría y viven exclusivamente de la caza, de la recolección y de la horticultura. En el siglo pasado, había todavía muchos *kusina*, principalmente en un macizo situado al sudeste de la península, hacia Cojoro, llamado "montaña de los *kusina*". Algunos consideraban a los *kusina* (o "cosinas") como "salvajes y feroces". *Kusina* es a veces también el nombre con el cual los guajiros llaman a los indios no guajiros, por oposición a los *alijuna*, los blancos, y a los *wayuu*, los guajiros.

–A un hombre llevando una flecha y una corona en cují.
– ¡Es él! ¡fléchalo!
El guajiro se fue y le lanzó sus flechas.
Trajo de regreso a los corzos. . .

–¡Quiero comer venado!
¡Anda y búscame uno!, dijo *Juya*.
El guajiro se encontró a un indio rico.
Éste llevaba un cinturón rojo, traje y sombrero.[8]
–¿Adónde vas? le preguntó el hombre rico.
–¡Voy a buscar venados!
–¡Busca, busca!
El guajiro nada encontró.
Regresó cuando se hubo fatigado.
–¿Entonces? dijo *Juya*.
–¡He encontrado solamente a un indio rico!
–¡Es él, tírale!
El guajiro se fue y tiró sobre el indio.
Trajo un venado. . .

–¡Ahora anda a buscarme conejos!
–No he visto conejos,

sino gentes que juegan *oulakawaa*,[9]
con lianas de *waleerü*.

---

[8] La vestimenta usual del hombre guajiro consiste en un taparrabo (*wusi*, o *aichee*) sostenido por un largo cinturón de lana tejida (*si'ira*) al cual se le fijan unas borlas (*si'irapana*) y pequeños bolsillos tejidos a *crochet* (*riuula* o *susu*) en los cuales deposita los objetos menudos. La finura y la riqueza de colores de los cinturones está considerada por algunos como una marca de la posición social de aquél que la lleva.
Hoy día, desde el momento que sale del perímetro de su casa, el hombre guajiro viste una camisa de tipo europeo (*kamiisa*, del español "camisa") y lleva a menudo un sombrero (*woma*) pero los ricos recubren su taparrabo con una especie de vestimenta (*ashe'in palajana*, o *ashe'inpala*). Ésta, que cae hasta las rodillas, es confeccionada con una pieza grande de tela industrial enrollada alrededor del cuerpo y sostenida a la cintura. En otro tiempo los ricos llevaban una amplia caja de lana (*sheewe*) tejida por las mujeres.
[9] *Oulakawaa* o *einawaa* (*ainawaa*), literalmente: "arrojar mutuamente", designa un juego de destreza practicado entre parejas masculinas. La regla consiste en tocar primero a la pareja con objetos vegetales preparados de antemano, tales como trozos de cardones columnares (*yosü* o *kayuusi*), de *yoshuushula* (cactácea) de ciertas lianas (*waleerü*) o fragmentos de tubérculos de *jourai* (especie de yuca de flores blancas llamadas "escorzonera" en el español de Venezuela: *Craniolaria annua*). Este juego es a menudo prescrito por los chamanes al final de una curación, según dicen los votos de sus *espíritus*. A veces es jugado espontáneamente por aquellos que se hacen un reto, en el curso de cualquier reunión.

–¡Son ellos! ¡anda y cázalos! dijo *Juya*.
El guajiro fue a flecharlos.
Ellos tomaron en seguida la forma de simples cultivadas:

–Tengo aquí toda clase de plantas cultivadas:
patillas, melones, maíz, auyama. . .
¿Qué quieres comer?,
le preguntó esta vez *Juya*.
–Me gustaría comer patilla.
–¡Ve a buscarlas!
El guajiro se fue.
–¡Yo soy amiga de *Juya*! dijo una patilla.
Las patillas hablaban,
ellas tenían forma humana.
–¡Buenos días! respondió el guajiro.
–¿Qué buscas?
–¡Busco patillas!
–Y bien, ¡busca, busca!
El guajiro se volteó.
No encontró nada.
–¿Qué has visto? le preguntó *Juya*.
–He visto gente de piel negra, con sus hijos.
–¡Es de eso que se trata! ¡Debes acercarte!
El guajiro partió.

Trajo una patilla enorme, brillante, jugosa. . .
–¿Es ésta?
preguntó a su vez.
–Sí, vas a comértela hoy mismo
¡y entera! dijo *Juya*.

–¿Qué quieres ahora?
–Quiero comer auyamas.
–Anda a buscarlas.
El guajiro encontró gentes de vientres dobles,
de vientres enormes.
–¿Dónde vas? le preguntaron.
–Voy a buscar auyama.
–Y bien, ¡anda!
El guajiro no encontró nada.

Se regresó cuando se cansó.
-¿Entonces? dijo *Juya*.
-¡No hay nada!
-¿Qué has visto?
-¡Unos hombres ventrudos!
-¡Son ellos! ¡anda a buscarlos!
"¿Qué irá a hacer ahora?" se preguntaba *Juya*
El guajiro partió nuevamente.
-¿Es aquello? dijo al regresar.
-¡Sí, es ello!
Cortó la auyama en dos,
pero comió muy poco.

-¿Qué quieres ahora?
-Quiero comer maíz.
-¡Ve a buscarlo!
"¿Cuánta gente de pubis peludo irá a ver?"
se preguntaba *Juya*.
-¿Qué has encontrado?
preguntó al guajiro a su regreso.
-He visto gente de pubis muy peludo.
-¡Es ello! ¡Regresa!
El guajiro trajo el maíz.

-¿Tienes melones?
-¡Allí hay! dijo *Juya*.
-¡Quiero comer!
"¿Qué irá a hacer con los pequeños *alijuna*?"[10]
se preguntaba *Juya*.
El guajiro buscó por todas partes,
pero no vio más que a los *alijuna*.
-He visto sólo a los *alijuna*.
-¡Son ellos, anda a buscarlos!
El guajiro regresó con los melones.

Juya dijo entonces:
-Tú te quedarás aquí, mi hijo.
Yo me voy ahora,

---

[10] *Alijuna* designa al "extranjero", pero únicamente cuando se trata de un blanco o un representante no indio de la sociedad occidental.

¡pero tú no te muevas!
No te ocurrirá nada.
Pero, ¡cuidado!
no vayas a pasear allí donde se encuentra mi esposa.
Pülasü tiá:
ella tiene poderes sobrenaturales. Su casa está cerca de aquí,
en esta dirección.
Delante, hay una gran enramada.
No te acerques,
pues es allí donde vive ella.
-Su esposa era *Pulowi*.
Püloui nierüin Juya, münüshii:
Pulowi es la esposa de *Juya*, dicen los guajiros-.
Juya se alejó.
Iba a hacer llover, en algún lugar sobre la tierra.
El guajiro lo vio partir,
con sus botellas.
-*Juya* lleva siempre consigo botellas,
para meter la sangre de los hombres.

Esa sangre no se pierde.
Se la lleva a *Pulowi*,
para que ella la beba.
Pulowi no come nunca con él.
Ella se alimenta de la sangre de los indios-.

Allá, no había nadie.
El guajiro se puso a caminar.
"¿A qué se parecerá su esposa,
esta mujer de poderes sobrenaturales?"
se preguntaba.
Éste quería verla.

El guajiro miró por la ventana.
Vio entonces a la mujer de *Juya*,
sin taparrabo,
las piernas abiertas.
Cuando puso los ojos en ella,
ésta estalló:
-¡*Ouu. . . ooolojolon*!

El guajiro se precipitó al suelo,
boca abajo.
Cayó, tieso como un muerto,
al oeste de la cerca.

Juya había escuchado todo.
−¡Ay! Este hombre no atendió a mis consejos...
Éste decidió regresar donde aquél.

Cuando *Juya* regresó,
hacía ya un buen rato que el guajiro estaba tendido sobre
                                        [la tierra.
Su vientre estaba hinchado...
Juya lo agarró y lo puso de pie.
−¡Qué desgracia, el hombre que no escucha!
¿Por qué has hecho eso?
¡Por tu falta, me regañarán!, dijo *Juya*.
−¡Duerme ahora! ¡Duerme! añadió.
Fue donde *Pulowi*.

−¿Qué le ha ocurrido a mi nieto?
¿Por qué ha muerto?
Preguntó *Juya* a *Pulowi*.
−Está muerto porque ha visto,−
respondió su esposa.
−¿Por qué has ido a buscar a ese hombre?
Debería comerlo,
¡como todo lo que recoges!
−¡Cómelo si quieres!

Con rabia *Juya* se había expresado así.
−Quiero cortarlo en dos partes.
¡Mañana comeré la mitad!,
dijo entonces *Pulowi*...

Pero allá vivía *Alekerü*, Araña.
Era una viejecita de cabellos blancos.
Ella había escuchado todo
y fue a contárselo al guajiro.
−¡*Pulowi* te comerá mañana!

Por culpa tuya se han peleado,
y *Juya* te ha dejado a ella.
Pero si tú quisieras irte,
yo podría guiarte.
Partiremos de noche.
Al alba llegaremos cerca de donde tú vives.
Sé de dónde vienes,
porque yo permanezco con *Juya*.
Conozco el nombre del lugar donde vives...
–Haré lo que me propones!,
dijo el guajiro.
Durante la noche,
fue a ver a Araña.
–¡Sube a la grupa! le dijo ella.
Aquélla comenzó a descender.
Ella hacía una pelota.
Soltando el cordelillo
segregando su hilo,
ella lo depositó al lugar de donde partió,
muy cerca de su casa.

Antes de dejarle partir,
Araña le dijo todavía:
–Cuando llegues a tu casa
tu madre y tu hermana tendrán miedo.
Ellas querrán llorarte.[11]
Impídeles que lo hagan.
Ya que si ellas lloran, tú morirás.
No cuentes tampoco lo que te ha ocurrido.
Si guardas el secreto,
podrás todavía caminar mucho tiempo.
Si no, morirás.

La cabellera del guajiro era abundante.
Le caía muy abajo.
Su barba estaba larga,

---

[11] Entre los guajiros, los llantos rituales (*ayalaja*) acompañan la ceremonia fúnebre, que se trate del primero o del segundo entierro. Pero se practica igualmente en situaciones excepcionales, por ejemplo, el regreso inesperado de un pariente o de un allegado que viene de correr grandes peligros o al que se le creía desaparecido, como es el caso aquí.

no se había afeitado desde hacía mucho tiempo.
-¿De dónde vienes?
le preguntaron su madre y hermana.
-¡Si yo les digo lo que he hecho, moriré!
dijo el guajiro.
No les contó nada.
Su hermana lloraba.
-¡No me llores! le ordenó.
Cuando estaba con ellas,
se cuidaba de no decir nada.

Pero un día, éste contó a dónde había ido.
Cuando terminó de contar su historia,
murió.

Se fue directamente a *Jepira*,
la tierra de los *yoluja*...

Relato contado por *Luuka Iipuana* el 23 de diciembre de 1969, y luego el 1° de agosto de 1973. Este hombre de alrededor de cincuenta años, es pescador y criador en *Wüinkua*, Guajira venezolana.

Ramón Paz Ipuana

Mitos, leyendas y cuentos guajiros (1972)

Ala'ala y Juyá[1]

En los tiempos oscuros del pasado, cuando las cosas del mundo no habían alcanzado la plenitud de hoy: sucedió que ALA'ALA,[2] el Araguato, Señor de ilustre señorío, era el personaje más respetado que hasta entonces moraba sobre la Tierra. Era riquísimo, dueño de muchos bienes y renombrada estirpe, que según se cree dio origen a la tribu de los SAPUANAS; vivía ALA'ALA en las serranías de MEEKOLOU, cerca de los dominios de JUYA, su cuñado, quien a su vez no gozaba de mucha nombradía a pesar de su ilustre descendencia. La razón de aquella aparente inferioridad, era porque ALA'ALA había heredado de ARRALIATÚ'U WARRATTUY, el dominio de las nubes, y las armas potentes que le correspondían a JUYÁ.

ALA'ALA, sentíase orgulloso porque era dueño del Rayo y el Trueno, armas poderosas conque fácilmente podía dominar la humanidad y someter el mundo a su capricho.

ALA'ALA era celosísimo por sus armas, tanto que al Trueno lo llegó a esconder en su garganta para convertirlo en su propia voz, al Rayo jamás lo soltaba de su mano, y en las noches cuando dormía escondíalo en su cuerpo para que nadie lo tocase. La humanidad para entonces sufría la más cruel de las ignominias. Y si todos lo respetaban, era más por temor que por virtud. Era una especie de ogro que no permitía que nadie se le acercara; ni mucho menos dirigirle una palabra suplicante en demanda de un favor. Todos los UCHÍI temblaban ante él, y nadie era capaz de hostilizarlo.

El gran jefe, podía permitirse todas las mujeres que quisiera, porque no admitía reproches ni reclamos en ningún momento. Sin embargo, JUYÁ

---

[1] Se respeta el particular énfasis que el autor le imprime a los nombres tomados del *wayuunaiki* al transcribirlos en mayúsculas (Nota del editor). Todas las notas que siguen al calce de este texto son del autor.
[2] Versión suministrada en idioma guajiro, por José Antonio González, 55 años de edad. Tribu IPUANA. Natural de Yosipa –Guajira venezolana.

era su vecino más inmediato. Éste vivía en MA'ALIWAPA, a tres días de distancia de MEEKOLOU.

Vivía JUYÁ cultivando su pequeño APAIN (conuco) junto con su hijita ATTIEE, su hermana SIMIT y su mujer MÁTAISHI.

ALA'ALA tenía por mujer a una hermana de JUYÁ, llamada ATPA (Guacharaca); pero ambos cuñados no se estimaban lo suficiente porque ATPA robaba el agua de las nubes para dársela a su hermano. Tales favores a escondidas eran reprochados por ALA'ALA, quien siempre veíase ofuscado contra su mujer y su cuñado. De tal suerte que los continuos disgustos y reclamos terminaron por romper sus amistades con JUYÁ.

Algunas veces cuando una nube promisoria se asomaba tras la cumbre de los lomas, JUYÁ decía a sus vecinos los UCHÍI: –Andad mis amigos: decidle a aquella nube que está sentada sobre el cerro, que venga a derramar su agua en nuestros campos, que refresque nuestras tierras y humedezca nuestras huertas. No es para otra cosa por lo que se ha asomado. –Pero los UCHÍI (animales), temerosos de un castigo, no hacían caso a las palabras de JUYÁ.

El APAIN de JUYÁ casi nunca daba buenas cosechas, sus siembras crecían escuálidas, llenas de gusanos, y muchas veces se secaban por falta de agua. Lo mismo sucedía con las siembras de las demás gentes.

ALA'ALA además de mezquino era egoísta, y a nadie quería dar una gota de agua después de pasado el invierno. Sus APAINSES eran florecientes porque regábalos con abundantes lluvias, para así obtener buenas cosechas. Sus trojas eran las únicas que hasta entonces tenían abundancia, mientras que las otras gentes sufrían las hambres más crueles y las sequías más espantosas.

Un día JUYÁ, cansado de tanta sequía y muerto de sed, fue a suplicar a su cuñado un poco de agua para su siembra.

Cuando JUYÁ llegó a MEEKOLOU, ALA'ALA lo saludó:

–¿Habéis llegado, mi cuñado?

–Sí. –Respondió JUYÁ.

–Qué nuevas traéis, que tan presto habéis venido a mí?

–Algo muy serio, cuñado.

—¡Vamos! ¿De qué se trata?

—Pues, que mi APAIN se está secando, y mi familia se está muriendo de sed. Vengo a suplicaros que me deis una múcura de agua para mitigar esta sequía que nos está matando. El agua de mis tinajas, que recogí en el pasado invierno, ya se acabó, y no puedo ordeñar las nubes porque vos las alejáis cuanto más las queremos alcanzar.

—¡Ah!..., cuñado. —Rugió ALA'ALA, lanzando una carcajada burlona. —Esperad el otro invierno, cuando yo vuelva a remojar la tierra, porque mis nubes ahora, sólo están flotando para sombrear mis dominios. De suerte que, si tenéis apuros regad vuestro APAIN con orines de mapurite, que yo...

—¡Muy bien! ... Cuñado. —Afirmó JUYÁ, cortándole la palabra.

—Así lo haré, seguiré vuestros acertadísimos consejos; pero siempre quiero que me regaléis una múcura de agua, aunque sea para no perder mi viaje, al permitirme venir desde tan lejos a imploraros un favor.

—¡Bueno! Aceptaré. Pero que sea la última vez, cuñado. Sabréis que no admito pedigüeños en mi casa, ni aun tratándose de vos. ¿Entendido?

—¡Entendido!, ya sabré recompensar vuestra bondad. —Repuso JUYÁ.

Cuando ALA'ALA oyó hablar de recompensa, se le vino una mala intención, y dijo:

—Bien, ojalá sea con otra de vuestras hermanas. Me gustan mucho porque son para mi lecho más dulces que la miel silvestre.

No vaciló JUYÁ en convenir todo cuanto exigía ALA'ALA, por no despertar en éste sus arrebatos de cólera, a la cual era muy dado.

Llenó JUYÁ su múcura de agua con una nube que flotaba sobre el cerro de MEEKOLOU, y luego se encaminó a casa, donde su familia ansiosa le aguardaba.

JUYÁ era pródigo como su propio nombre; y así distribuyó entre sus vecinos los UCHÍI, parte de su NAINÑA. Es decir, de su agua.

Aquella agua duró todo el verano. Y con ella regó parte de su sembrado hasta la llegada del invierno. Para aquel entonces, las lluvias del invierno eran distribuidas por ALA'ALA cada seis lunas.

Las cosas en el mundo cada día iban de mal en peor. Las gentes morían de sed, los animales se extinguían, las plantas se secaban, y en la tierra sólo imperaba la desolación y el hambre. Si las cosas continuaban en tal forma, todo acabaría con la dictadura de ALA'ALA, dueño absoluto de la tierra y único señor del mundo.

Un día JUYÁ, sumido en sus cavilaciones, devanaba su cerebro en buscar una fórmula para deshacerse del tirano. En esto se dijo:

–*AISHA'AJAA SHEE!... AITU'A MA'I TAANEE PULAKA AINÑ SUMAA ERÜLAA WAYAMUIN.* (¡Qué dolor maldito me da! Quién pudiera echar un veneno en el corazón de mi cuñado, que se muestra tan orgulloso de su maldad).

Su hermana, la bella SIMIT, que lo escuchaba, dijo:

–Hermano, con lamentos no se determinan las cosas. La resignación es humillante y es propia de la gente doblemente fracasada. Nuestro cuñado ALA'ALA es fuerte y soberbio porque tiene armas poderosas; sin ello, no es nadie. Despojándolo de sus armas es fácil vencerlo, y eso se logra con habilidad y astucia. Vencerlo por la fuerza es una temeridad mayor que los males que ha causado. Esperemos que maduren todos los frutos de los montes, y cuando ya estén al punto haremos una IMÉMA de todos los frutos recolectados. Luego anunciaremos una Gran Fiesta donde habrá bailes, competencias, comida y libaciones. Invitaremos a todos los personajes más egregios: ALA'ALA y su familia. Diremos que tal fiesta se hizo en honor a su alta dignidad, como muy amantes seguidores de su persona. Luego, trataremos de emborracharlo dándole a probar la bebida fermentada que más le guste. Vos trataréis de ser fiel a vuestra promesa de entregarme a él, en recompensa de aquel servicio que te hiciera en MEEKOLOU, cuando os dio la múcura de agua. Yo me rendiré sin vacilación a sus requerimientos, lo demás corre por mi cuenta.

JUYÁ alabó el ingenio de su hermana SIMIT, y ambos se dispusieron secretamente a realizar el plan.

A ese tiempo, ALA'ALA comenzaba a distribuir la lluvia en las diferentes regiones de la tierra.

Los alcaravanes comenzaron su algarabía preguntando el buen tiempo; los venados corrieron a abrevar su sed en los turbios lagunajos de la floresta; los caranchos guapearon acentuando sus graznidos; los animales pequeños abandonaron sus madrigueras y jugaron con la brisa del pajonal; el campo reverdecido se pobló de flores, para que las abejas cuajaran su miel; y los árboles se llenaron de frutos exquisitos.

JUYÁ sembró en su conuco: maíz, yuca, millo, patilla, melones, etc.

Pero solamente hubo alegría pasajera en todos los corazones, porque ALA'ALA prodigó su bondad una sola vez. Y los campos volvieron a quedar yermos, los árboles desnudos, la humanidad triste, y en la tierra desolada sólo reinaba el viento cargado de hambre.

JUYÁ aprovechó el pasajero invierno porque cosechó toda su siembra.

De la cosecha de patillas hizo SIMIT diez tinajas de VIINAIRA; jugo de patilla fermentada. Del maíz, veinte camuros de ISHIRRUUNA. De la AIMA, yuca mascada, diez calderos rebosantes. Se preparó veinte chiriguas de WAANAMA'A, millo fermentado. Luego SIMIT recolectó los frutos del cardón. Del Guáimaro, del ATUUNULÜ (pitahaya). Del espumoso JAYÁ-JAYÁ. Y en fin, de todos los frutos silvestres hizo una bebida diferente, para ver cual de las tantas agradaría más al gusto de ALA'ALA. Recolectó la miel de todas las abejas. Entre los más agrios en WARRUWETTUUKA, el JUNÜJIA, el ETCHA'AMUINRÜ, o cagajón de perro.

Entre los más fuertes: el CHOOKONO, que se forma en los montículos de barro llamados MIEECHI. el WAAYAT, que habita en rotondas como los termites; el JULITMA'A, que se forma en los troncos.

Entre los más dulces: EL MEERAI, SI'ICHIYUU, MEICHÓN PUINÑA, JUNUUNALIN, KANA'ALIRAS, A'ARRIWA y TO'ORONKA. De toda la miel de las abejas, preparó SIMIT las más fuertes bebidas fermentadas capaces de tumbar de un sorbo al catador más empedernido y exigente. Llenó con ellas muchas botijuelas, camuros, tinajas, taparas y demás envases.

De la miel de las avispas bravas, recolectó el KO'OI, agrio y menudo, que obnubila los sesos más potentes; el MALEEYA, el ISHEINSET, JO'OMÁ, JESULA, POTOT, JOUTALIN o avispón zumbador. Y otros tantos panales suculentos que emborrachan prontamente al bebedor.

Así preparó SIMIT su IMÉMA, la bebida que se iba a consumir en la Gran Fiesta que se montaría en WALE'ECHI.

Por su parte JUYÁ mandó a levantar una Gran Enramada, donde holgadamente pudieran caber todos los invitados. Mandó a clavar horcones para los colgaderos (JEPÜJU) en toda la majada de su estancia; hizo levantar trojas para almacenar la comida; pista para el baile, sitios para el tiro al blanco. Habilitó sirvientes de toda clase para las emergencias de rigor. Se invitó a las más hermosas señoritas (MAJÁYÚNUU) bailadoras gentiles de cadencioso ritmo; a los augures respetables, a los Nigromantes, cantores, flautista y tocadores de gran fama.

Por ultimo, se nombraron comisiones para recibir a los invitados, especialmente ALA'ALA, el soberano.

Cuando todo estuvo preparado, JUYÁ se reunió en consejo de familia para nombrar un palabrero (PUTCHIMAAJACHI), hábil e inteligente, que fuese a parlamentar con ALA'ALA, y a formularle personalmente la invitación respectiva.

JUYÁ escogió a su mensajero entre los mejores palabreros de entonces. Y después de las instrucciones respectivas los despachó hacia MEEKOLOU, con la esperanza de convencer a su cuñado.

La comisión estaba integrada por JAKAALIWA, el lagarto, hombre prudente y de mucha elocuencia, quien iba en representación de JUYA.

IISHO, el Cardenal, joven apuesto e inteligente, en representación de los pájaros. KALAIRA, El Tigre, ceñudo y feroz en representación de los salvajes; más un séquito de elegantes compañeros en número de diez.

Todos iban desarmados, menos KALAIRA; que llevaba escondido entre sus dedos unos UYEECHIS corvos a manera de garfios que después se dice fueron las uñas de los tigres.

La razón por la cual los enviados iban desarmados era para evitar sospechas por parte de ALA'ALA.

Los enviados caminaron por espacio de tres soles, hasta que llegaron a MEEKOLOU donde vivía ALA'ALA.

El Gran Jefe los recibió en una amplia enramada, y después de un cambio de impresiones, se sentaron sobre sus bancos (TULÚ) respectivos para dar curso al mensaje.

JAKAALIWA tomó su tiempo, y después de un silencio preliminar, dijo con solemne voz:

–Estamos aquí, para traeros la nueva de JUYÁ.

Y continuó:

–Él ha dicho: Andad, decidle a mi cuñado que venga a disfrutar conmigo unos días de jubiloso encuentro aquí en WALE'ECHI, donde he puesto una Gran Fiesta. Decidle que venga, porque quiero rendirle pleitesía como él se lo merece. Yo no olvido que a los amigos siempre se los recuerda en las grandes ocasiones. No sería meritorio que yo pasase por alto la presencia de tan dignísimo pariente, de quién se reciben todos los bienes, sin restituir ninguno, excepto la gratitud. No sólo por su investidura de Jefe sino por la calidad de su persona, es por lo que me apresuro invitarlo. Así ha dicho JUYÁ, que os dijera.

Y prosiguió:

–Espero que mi cuñado no trate de eludir la invitación, formándose ideas contrarias a la sana intención que me guía. Nada puede temer: porque todas las precauciones están tomadas y todas las garantías están dadas. Bien puede ser mi huésped y disponer de todo cuanto quiera.

Quiero que venga a compartir conmigo un momento de alegría; que la risa entre nosotros vaya de boca en boca como el pájaro que va de rama en rama. Que de todos los labios brote una ocurrencia salpicada de frases ingeniosas. Momentos graciosos, en que se le abre una puerta al corazón para librarlo de la amargura que lo amengua y lo aprisiona. Que venga para que coma el pan dulcificado por mi trabajo; para que guste de los frutos madurados al calor del SUURULAKA'I, sazonado al sudor de muchos días y regados por las aguas generosas de vuestras nubes. Bien podré decir en los días postrimeros de mi vida cuando el sol esté próximo a nublarse en mis pupilas y esté cerca de ser sombra entre las sombras:

–Aquí estuvo el venerable Jefe, a quien tuve el honor de recibir con el don que merecía...

En este punto del discurso, ALA'ALA, cabizbajo, sentado en una peña, trazaba caracteres en la arena oyendo el melifluo discurso de JAKAALIWA, cuando intempestivamente, cortándole la palabra a su interlocutor, le dijo:

–Buena es vuestra palabra; mejor aún si fuera miel para las moscas; pero al punto me duermo escuchando vuestra labia...Id de vuelta, y decidle a mi cuñado JUYÁ que agradezco su lisonja; pero no quiero sus regias diversiones, que más fácil es oír el estornudo de un mosquito, que yo asistir a su fiesta. Dicho esto, despidió a los comisionados sin mayores protocolos.

No era muy fácil ablandar un corazón tan duro como el de ALA'ALA con palabras delicadas. Y los enviados tuvieron que regresar pesarosos, con el rabo metido entre las piernas. Al llegar, los mensajeros de JUYÁ, informaron a éste sobre lo infructífero de sus gestiones con ALA'ALA, al no acceder a la invitación.

JUYÁ se indignó por la respuesta de su cuñado, y se propuso vengar la humillación.

–NO puedo creer, amigo JAKAALIWA, que vos, con esa elocuencia que te gastas, no hayas podido convencer a mi cuñado. ¿Dónde está esa pretendida persuasión por la que tanto se os aclama? No habéis tenido el vuelo ingenioso ni el alcance de un UTTA; la astucia de un WALÍRÚ (zorro), ni la sagacidad de un ATPANAA (conejo). Los demás que os acompañaron no han sido más que unos boquiabiertas que sólo saben comerse las uñas; timoratos! que les tiembla el corazón como a pájaro azorado; que en vez de hiel tienen todo en el hígado, que en vez de brío tienen frío en las taparas.

Así reprendió JUYÁ a sus mensajeros, echándoles en cara su cobardía e ineficiencia.

Al día siguiente, JUYÁ volvió a nombrar otra comisión. Esta vez, integrada por UTTA, ATPANAA y WALÍRÚ: El pico gordo, el conejo y el zorro, respectivamente.

Después que JUYÁ los instruyó debidamente, y hechos los preparativos necesarios de la comitiva, los enviados partieron para MEEKOLOU a invitar al señor ALA'ALA.

Después de una jornada de tres días, llegaron a presencia del Gran Jefe.

ALA'ALA, al ver a aquellos personajes tan extraños, indágales con gesto displicente:

–A ver señores, cabecitas de TASHU'U (testículos), cuáles son vuestros informes?

Y ATPANAA irguiéndose, comenzó a desgranar su verba, con tono entristecido:

–Hemos venido de parte de vuestro cuñado JUYÁ, quien ha dicho que se siente entristecido por...

Pero ALA'ALA, que era muy dado a cortar la palabra de sus interlocutores, se apresuró a decir:

—¡Ah! Embustero... Venís con el mismo cuento del cuñado... Acaso me creéis presa fácil de vuestras patrañas, como a esos imbéciles de quienes habéis hecho pasto de vuestras burlas. No! Os conozco bien como farsantes. Recordad que vuestras orejas crecieron por castigo a vuestras mentiras, lo que tenís de corto en la cola lo tenís de grande en las orejas; tramposo, no por otra cosa os pusieron ese nombre. Dejad las plañideras y largaos inmediatamente, antes que os fulmine de un centellazo.

Y ATPANAA, despavorido dio tres saltos, dejó a sus compañeros y se fue.

ALA'ALA era más duro que una piedra.

Entonces el zorro, con más aplomo, y sin moverse de su asiento, dijo:

—Escuchadme amigo...

...Y quién sois vos... —Rugió ALA'ALA enardecido. —Quién sois vos para que os preste mi atención... Ah!... Marrullero, vuestra cola denuncia que sois el ladrón más astuto que sobre la tierra ha nacido; tenéis el mundo rancio de fechorías. Sólo servís para amedrantar de noche a los apocados con vuestros aullidos. Y tomando su RAYO, trató de fulminarlo, si tan rápido no corre el pobre zorro. Por su parte, UTTA, que jamás había sentido miedo, esgrimió su coraje y dijo:

—Despedazadme, fulminadme, estrujadme contra las peñas, pero escuchad tres palabras:

—JUYÁ OS INVITA.

Dicho esto, UTTA se alejó sin esperar respuesta. Había cumplido su misión. ALA'ALA quedó sorprendido de la serenidad de UTTA, y aunque trató de hacerlo regresar, su orgullo se lo impidió.

Llenos de vergüenza regresaron los comisionados, y no quisieron dejarse ver las caras, por temor a que JUYÁ los reprendiese por su falta de habilidad. Mas, éste razonable y magnánimo, comprendió que todo intento contra ALA'ALA era inútil.

JUYÁ se entristeció al pensar que su fiesta se aguaría para interferir sus planes.

Pero si ALA'ALA era inflexible, más terco era JUYÁ en convencer a su cuñado. Y sin más recurso, llamó a la bella SIMIT, y le dijo:

–Hermana, nuestro cuñado no es un prodigio carente de debilidad. Sé que no hay ánimo que no resista un halago ni pasión que no le domine. La flaqueza está dada en todos los corazones, y mi cuñado no puede ser una excepción. Andad, mostradle vuestros encantos de mujer y ablandadle su apetito con falsas tentaciones. Poned en sus ojos el veneno femenil de tu belleza y hacedle insinuaciones.

SIMIT convino, con bien estudiadas intenciones: se adornó, se encoquetó y se puso en camino a MEEKOLOU.

Cuando ALA'ALA recibió a su cuñada, ésta sin demora dijo:

–Me fue difícil trasponer los umbrales de vuestro PUUMAIN, después que dos veces rechazasteis a nuestros enviados. Ahora he venido personalmente a invitaros a la Gran Fiesta que los augures han mandado a celebrar en WALE'ECHI, con motivo del advenimiento de la abundancia y la buena época.

Y la bella mensajera, continuó.

–La razón por la cual insistimos tanto en vuestra presencia, no es otra cosa que la de nombraros anfitrión, asistido por los más ilustres personajes. No insistáis en vuestra negativa; que tal desaire iría en desmedro de vuestra estima y opacaría el buen signo que los Piromantes han vislumbrado para la eterna duración de vuestra dicha. Cumpliendo fielmente con la voz de los Espíritus de APALAINS, estaréis junto al creador de los principios admirables. La inmortalidad os reservará un puesto de honor al lado de nuestro abuelo ARRALIATU'U WARRATTUY, la Claridad del Cielo, el Espejo del Tiempo…

A este punto del discurso, ALA'ALA, el de la barba espesa, el padre de los SAPUANAS bravos, se conmovió grandemente; pero no por el halago sino por la belleza tentadora de SIMIT.

–No quisiera dañar con mi venablo a IRRAMA de los grandes ojos, que de tantos honores me ha colmado. Decidme, mi cuñada hermosa: ¿De qué otras cosas podré disfrutar en vuestra fiesta?

SIMIT, respondió:

–La avidez del varón, es solazarse en las dulzuras que le brindan las muchachas en la flor de sus edades. Considerad mi delicadeza de mujer entregada a vuestro viril sosiego.

ALA'ALA comprendió que SIMIT se le brindaba, pero... Había que ver primero a JUYÁ para reconvenir con él la espontaneidad de SIMIT.

Emocionado ante la gran sorpresa, ALA'ALA dijo:

–Andad mi cuñada, esperadme en WALE'ECHI a vuelta de tres días, decidle a mi cuñado que juntos estaremos compartiendo su MI'IRRAA (Fiesta). Además, quiero pedir vuestra persona y llevar previamente vuestra dote.

Entre tanto, JUYÁ recibía a sus invitados a la fiesta. Todos los personajes con su legión de honor, y su chusma de sirvientes: las aves, los reptiles, los insectos, los carnívoros salvajes; y todos los animales que en el principio del mundo fueron gentes, llegaron con sus grandes comitivas para reunirse en la gran hondonada de WALE'ECHI.

Después que SIMIT comunicó a JUYÁ la aceptación de ALA'ALA, aquel dijo:

–Hermana mía, proceded con cautela en vuestros fingidos requerimientos. Si os invita a compartir el lecho, aceptadlo; pero no os entreguéis. Si dice que ansía conocer vuestros secretos, hacedlo esperar con subterfugios hasta que se encalabrine y duerma. Si os quiere obligar por la fuerza, arrulladlo con palabras dulces y hacedle beber en vuestra IITA (Totuma). No ablandéis vuestro cuerpo hasta tanto los vapores de la IMÉMA le obnubilen los sesos, hasta que el último destello de su conciencia se ahogue en el sopor. Entonces procederéis a quitarle las armas que a nosotros por derecho nos corresponden.

Entre tanto, allá en MEEKOLOU, ALA'ALA decía:

–Aceptaré la invitación de mi cuñado, para disfrutar de los encantos de SIMIT. Después que la conozca, le daré a mi cuñado un regañón. Y como buena salida que absolverá mis culpas, diré que el bocado estaba rancio y en malas condiciones su desflorado virgo.

Esto decía el malvado mono, tramando deshonestos planes, para estigma de sus cuñados.

ALA'ALA avisó entonces a su familia sobre el caso, y se preparó a viajar.

Su montura, la danta llamada WAYAKATANA, ensillóla de arrogantes atavíos. Enjaezada con jáquimas bordadas, chumbes, pellones con borlones, correajes colgantes y vistosos, formaban el atuendo de su mula.

ALA'ALA vistió el SHE'WE, el más costoso de los trajes nobles, el más amplio, el más hermoso. Cubrió su cabeza con un lienzo a manera de Bonet; se engalanó con prendas de TU'UMÁ. Se ciñó su amplio cinturón de KANÁSÚ, llamado SIMARRURIA terminado en flecos multicolores. Luego se amarró un pañolón color de grana y se ciñó el Garniel de piel-tragavenado. La vistosidad, el colorido y la profusión de lujo hacían de ALA'ALA un personaje de buen gusto jamás superado en otros tiempos.

Reunido el sequito, compuesto de diez veces cien personas, esperaron la partida.

ALA'ALA se terció su arma poderosa llamada KACHAAKÜINRU: EL RAYO que lo destruye todo y hace estremecer la tierra. Dice la leyenda, que también se llamaba SKAPULA (Relámpago), porque anuncia la lluvia a distancia de muchos soles.

Montado en su briosa WAYAKATANA y como era ceremonia de rigor, antaño practicada en las partidas, ALA'ALA tomó su arma y disparó a los aires en señal de buen augurio y buena marcha.

Sus disparos se oyeron lejanamente allá en WALE'ECHI, donde gran tumulto le esperaba. Al oír el retumbar del trueno, los presentes invitados se dijeron, más de temor que de contento:

—Ya viene ALA'ALA disparando sus armas contra el viento. Todo nos hace presentir peligro, cuando ese despiadado se emborracha y pierde sus controles. Es capaz de hacer matanza entre nosotros.

JUYÁ los confortaba, los calmaba, dábales confianza en él.

ALA'ALA partió de MEEKOLOU, cuando el sol se inclinaba hacia la tarde atenuando su fulgor (NÜPOOLITPA KA'I KAI). Después de tantas leguas de camino, la sombra que viene desde arriba lo sorprendió en ATUWAS; lugar de muchas serranías donde pernoctó el viajero. Allí en ATÚWAS durmió al campo raso la primera noche de su gran jornada.

Al otro día, cuando la noche se destiñó en la aurora, ALA'ALA tomó su arma y disparó por segunda vez. El retumbar se oyó a distancia de dos soles. Mas los de WALE'ECHI, llenos de pavor, dijeron:

—ALA'ALA se acerca en son de guerra, el viento nos trae el estruendo lejos de sus armas. Habrá matanza y brutales desafíos cuando el humo de la IMÉMA nos perturbe.

Pero JUYÁ los convenció diciendo que todo era signo de alegría.

En su marcha, ALA'ALA cruzó el PULOI de JACHITUMA donde están las tocas probatorias de la vida; pasó por OULICHII, donde habita la serpiente que devora caminantes extraviados; luego siguió por KALAIROU, la tierra de los tigres; tramontó las serranías de JOSOOWA, donde moran los JAKALAKUICHONES que deambulan por las noches asaltando los caminos. Por fin, llegó a un lugar solitario llamado PALIT, donde acampó la segunda noche.

Allí en PALIT se le unió a la comitiva el Gran ANUWANA (REY ZAMURO), con sus sirvientes los zamuros; las MATÁJUAS —auras de pelonas testas que iban con ansias de aprovechar los muertos que a su paso dejaría entre los montes el terrible ALA'ALA.

Al amanecer, volvieron a marchar los viajeros, no sin antes disparar por tercera vez el tremendo KACHAAKÜINRU.

Cuando los invitados de WALE'ESHI oyeron el tercer disparo de ALA'ALA temblaron de miedo y quisieron huir hacia los montes. Mas JUYÁ los contuvo de nuevo a duras penas.

Siguió ALA'ALA su marcha hasta que llegó a un punto llamado ACHITOULIWOT (Disparar de paso) a un día de WALE'ECHI. Allí descansó ALA'ALA la tercera noche al frente de sus íntimos parciales.

Al otro día, dispuestos a la marcha, El Gran Jefe volvió a disparar su potente RAYO por cuarta vez, anunciando que ya se aproximaba.

Los invitados esta vez se dispersaron, escondiéndose entre las piedras y acusando a JUYÁ por haberlos engañado. Pero SIMIT esta vez con su presencia les calmó sus inquietudes. Los vientos precedieron la llegada de ALA'ALA:

Primero llegó PÍCHIKUA (El Remolino), el menudo viento, quien saltando al ruedo del gran PIOUY ejecutó sus pasos entre gritos polvorosos y violentos, que hubieron de admirar los concurrentes.

Después que PÍCHIKUA se arremolinó en la pista, dijo JUYÁ:

—He allí el ritmo que deben aprender los bailadores de mi YONNA. Y se llenó de contento.

Después de PÍCHIKUA, vino CHIPUUTNA, el viento fuerte y veloz que viene de oriente en los cálidos veranos. Es el viento persistente que todo lo empolva con su bruma, el que barre las arenas del desierto. CHIPUUTNA (la Brisa) bailó largamente, con pasos alternados de giros violentos y serenos. Bailó las danzas de las olas que aprendió en el mar.

Después de CHIPUUTNA, saltó a la pista WA'ALE (El Chubasco), el viento borrascoso que baila en las grandes tempestades con ráfaga inclemente. WA'ALE era fuerte y violento en la carrera, y largo rato bailó sin pareja alguna.

Después vino a la pista JEPÍRACHI o JEPIRAICHI (Hálito), suave como el aliento del que sueña, sereno como el respiro del que duerme. Este caballero venía del Norte, y era el hijo más tierno de PALÁA, la madre de los vientos.

Con JÉPIRACHI bailó SUMAIRA, la quietud del tiempo, la más bella entre las bellas, hermana de MAITUS, la calma y la bonanza.

Enseguida llegó por el Oeste, JOOJOTSHI, el viento frío, portador de calentura y otros males. No mucho tiempo que bailaba, cuando se oyó a lo lejos un zumbido terrible como la mar violenta. Se estremeció la tierra, se estremeció al ambiente, las matas se doblaron hasta el suelo, las gentes se escondieron en las peñas presas de terror. Era WAIWÁI (El Huracán) que se acercaba destrozando las cosas en brutal carrera.

WAIWÁI no había sido invitado a la fiesta, pero ALA'ALA lo mandó a que anunciase su llegada.

De este modo, todos los vientos asistieron. Menos los que moran en los cuatro costados del mundo, menos los que vienen de arriba y los que vienen de abajo.

El baile de los vientos fue el preludio de la fiesta y el anuncio de llegada de ALA'ALA.

El Gran Jefe, oyó a los lejos el tamborileo del famoso MOLOKOONA, que invitaba las parejas a bailar. Lo mismo hacía KAASHAPA el maraquero (Langostón, o tara maraquera).

Cuando ALA'ALA llegó a WALE'ECHI, fue recibido por una comitiva de personas respetables, entre ellas el sabio UTTA, a quien MALEIWA otorgó el don del buen humor, y quien días atrás había sido desairado por ALA'ALA.

Colgáronle el mejor chinchorro, prestáronle las más delicadas atenciones, y a su comitiva se le ubicó en su puesto.

JUYÁ, con toda la calma que lo caracteriza vino a saludarlo:

–¡Hola! Mi cuñado… ¿Habéis llegado?

–¡Sí! –Respondió ALA'ALA, distraído.

Luego… Después de un silencio breve, JUYÁ inquirió:

–¿Qué se dice por los lugares de donde habéis venido?

Y ALA'ALA, con gesto pícaro, respondió:

–¡Sí!… ¡Una delicia de maricas! Se dice que un hombre, tras haber defecado su excremento creyó haber parido. Y cuando vio su mojón después del parto, no sabía si el hijo era hembra, o era macho. Entonces yo le dije: Si el mojón es largo, es varón, pero si es aplastado, es hembra. Ah! sí… respondió el muy virote: es varón, es varón porque cuando estaba naciendo me hacía cosquillas el fondillo.

–¡Ja!… ¡Ja! … ¡Ja!… Prorrumpió la concurrencia con aquel chiste de color subido.

Entonces JUYÁ, desviando el curso de las chanzas, dijo:

–Cuñado: Os he mandado a llamar para que disfrutéis con nosotros esta fiesta; para que seáis el anfitrión de ella y yo quede como simple espectador. Disponed y nombrad vuestros colaboradores más competentes, a fin de que la fiesta luzca en todo su esplendor..

ALA'ALA agradeció a su cuñado el honor concedido; y en breve nombró auxiliares, mayordomos y asistentes. Unos para servir, y otros para guardar el orden. Luego mando que sirvieran comida y bebida a todos los invitados, y se reanudara el baile. Cuando todo fue cumplido hizo que le sirvieran su bebida.

Las muchachas le trajeron una JIIKALA (jícara) rebosante de VIINAIRAMA'A, la cual tomó con avidez.

Después de tomar el fermento de patilla, eructó y dijo:

–Esta IMÉMA da placer, alegra el corazón y da fuerzas a mi bálano pelón... Venga más!... Que cuando bebo soy como el barril sin fondo –Y volvió a tomar otra JIIKALA de VIINAIRAMA'A.

ALA'ALA, era KEMEERANCHI, es decir, muy dado al ME'ERRA (chanzas pesadas y sarcasmos).

Y así comenzó a dar rienda suelta a sus sarcasmos, chistes e ironías.

UTTA y ALA'ALA, se retaron para ver cuál de los dos era más agudo para los chistes. Pero UTTA se lo ganó en el duelo. Cuentan que UTTA preguntó a su contrincante:

–¿Qué os parece nuestro baile?

–ALA'ALA, respondió:

–Pues... Es como la vuelta que da el gallo en torno a la gallina para pisarla; con la diferencia de que en vuestro baile es la mujer quien acosa al hombre para pisarlo.

–A propósito de gallos, dijo UTTA:

–¿Cuál es la muerte más horrible que puede tener un gallo?

–¡Ah!... ¡Morir acosando a la gallina para echarle un polvo!

–Pues no. Morir encalcado sin haber pisado nunca una gallina, estando entre gallinas, –repuso UTTA.

La concurrencia se desternillaba de risas oyendo las ocurrencias de personajes tan ingeniosos.

–¿Cuáles son los defectos del cacho? –Preguntó UTTA.

–Pues, duro, torcido y hueco. –Respondió ALA'ALA.

–No. –Dijo UTTA:

—El defecto es que, después que ya están en la cabeza no se pueden enderezar.

JUYA, con la intención de quitar el arma de su cuñado, no bebía, no comía ni dormía. La angustia lo atormentaba, al ver que ALA'ALA no soltaba de sus manos la famosa KACHAAKÜINRÜ. La fiesta entraba en calor, el tamborileo de MOLOKOONA dejaba oír sus acentos en la lejanía, la cual parecía hacer hablar:

—¡TAITAITARALU!... ¡TAITAITARALU!..

—¡WASIN WASIN!...

—¡PUICHERULÚ!... ¡PUICHERULÚ!...

—¡Púyalo!... ¡Púyalo, amigo!...

—¡Que su guayuco lo abriga!...

—¡TEMENEMENOT!... ¡TEMENOT!... ¡TARALAM!... ¡TARALAM!...

—¡AISTAPULAPÍA, MUINKAPÍA, MUINKAPIAALÏNPULATAYÁ!...

Corre hacia mí.

Ven hacia mí.

Que yo te quiero a ti.

Como tú me quieres a mí!

Los jóvenes galantes, que saltaban al ruedo corriendo de espaldas en armoniosos giros, desafiaban a las damas de los pies ligeros:

—¡JOOSEI!... ¡JIERRAA!... ¡PÜSAAJA MIIRUACHON!...

—Mujer, buscad vuestra hermanita... Que ya vos estáis vencida...

Y con más violencia la resonante Caja, retumbaba con el pulso de MOLOKOONA.

El tumulto, el inmenso vocerío, la algazara de los borrachos, el grito de los danzantes; era el caótico ambiente de la empenachada fiesta.

El holgorio era indescriptible; la orgía desenfrenada; los ánimos caldeados y los borrachos desvanecidos se contorsionaban en el suelo.

La noche avanzaba bajo la inmensa claridad del plenilunio. Algunos concurrentes, sobre todo la chusma, dormían sus tempranas borracheras. Pero ALA'ALA, JUYÁ y demás nobles, se resistían al sueño, y conversaban animadamente al son del TALIRAY, el MAASE y el Tambor.

A medianoche, ALA'ALA pidió más bebida. Y en hondas IITAS le dieron del fino YOSUMA'A, jugo del fruto de cardón maduro. Tomósela a grandes sorbos, y su garganta hacía: ¡KULACHI!... ¡KULACHI!... ¡KULACHI!... A medida que ingería la espumosa IMÉMA. Luego de tomarla, dijo:

–Apuradme más bebida, que mi garganta pide que yo escurra vuestra IMÉMA.

Todos los UCHÍI bebieron y bailaron: las aves, los reptiles, los insectos, los mamíferos salvajes, etc.

Los cantadores entonaron los JAYEECHIIS, canciones de melancólicos acentos, que rememoran las gestas del pasado.

Cantaron el origen de SAINÑ-MÁ, el Corazón de la Tierra. Cantaron las guerras de ALA'ALA contra los hijos del PULOI. Ensalsaron el origen de la danta WAYAKATANA, domada por ALA'ALA en los pantanos de LANTASIROU.

Esa noche ALA'ALA en los pantanos de LANTASIROU.

Esa noche ALA'ALA acabó con la IMÉMA de todos los frutos silvestres. Cuatro veces diez tinajas se tomó, y apenas si se sintió vivaz.

JUYÁ estaba preocupado, porque veía mermar su chicha, sin que ALA'ALA mostrara el menor signo de borrachera.

–¿Qué haremos para dormirlo?

–Él, no sabe dormir.

–Démosle conversación... Es inútil... Es imposible...

ALA'ALA pasaba los días y las noches sin dormir, con el arma aprisionada entre sus piernas.

SIMIT, no tuvo más remedio que recurrir a la miel de las abejas. Llegada la segunda noche, ALA'ALA volvió a pedir IMEMA. Y trajéronle un SHO'OLO de miel de TO'ORONKA, y tomósela a pecho como un sediento:

¡KULACHI!... ¡KULACHI!... hacía su garganta cuando tragaba grandes buches. Después de vaciar el contenido del SHO'OLO eructó con atronadora fuerza: ¡BOOOUUUU!... ¡BOOOUUUU!... ¡BOOOOUUUU!... y así expulsaba los vapores del fermento.

Esa misma noche acabó con toda la miel de las abejas, que SIMIT le había preparado.

Era imposible que ALA'ALA se embriagara, porque el SEYUU de su ALANÍA, lo protegía de cualquier adversidad.

Sólo quedaba para la próxima noche, la miel de las avispas.

Y llegada la penúltima noche de aquella fiesta, ALA'ALA dijo a JUYÁ:

–Cuñado, supongo que ha sido vuestra hermana quien ha preparado tan deliciosas bebidas... Alabadas sean sus manos, que también deben fermentar dulces caricias! Cuñado: recuerda una vez, que cuando fuistéis a implorarme un favor en MEEKOLOU, yo os lo concedí sin mayores inconvenientes. Ahora quiero que un tanto hagáis vos respecto a mí, restituyendo aquel favor en la persona de mi cuñada. Quiero hacerla mi mujer, y os prometo para ella grandes beneficios, aparte de la Dote que le corresponde. Más dichoso seré teniendo a tan hermosa compañera junto a mí, que todos los bienes que puedan procurarme mis riquezas. Mientras ATPA recoge los frutos de los montes, SIMIT prepara mis bebidas, será la confidente de mis noches y me brindará su amor. Siendo éste mi propósito inmediato, espero que mis palabras no os hayan sorprendido.

JUYÁ, respondió:

–SIMIT es dueña de su corazón; no es niña que tengo a mi cuidado. Es mujer; no semilla que guardo para sembrar. Es libre; y no prisionera de mi capricho. Ella os dará su juicio. ALA'ALA llamó a SIMIT, y ésta muy solícita atendió al llamado. Ahora se sentía el gran Jefe más poderoso que nunca. Y para celebrar el Sí de la muchacha, sacó de sus ropajes a la poderosa KACHAAKÜINRÜ y disparó un centellazo que hizo estremecer la tierra. Luego hizo llevar un tremendo aguacero, para beneplácito de los concurrentes, quienes alabaron su desprendimiento al ver sus campos nuevamente humedecidos.

La emoción lo embargaba, había triunfado sobre los hijos de los genios.

Cuando llegó la tercera noche, no quedaba otra bebida sino la miel de las avispas. Entonces ALA'ALA mandó que SIMIT le sirviera una totuma de miel fermentada. Ella le brindó un SHO'OLO de WAAYAT.

El Gran Jefe se escanciaba y decía:

–Ésta es la bebida que revive mis bríos, me dará vigor para cabalgar esta noche bajo la luna clara, sobre potranca nueva.

Referíase a SIMIT.

Ya los invitados al MI'IRRA, vencidos por la borrachera, se arrastraban como culebras en el suelo.

ALA'ALA volvió a pedir más bebida. Y SIMIT le sirvió esta vez la más fuerte de las bebidas fermentadas: le dio MALEEYAMA'A, miel de matajey.

Ahora empezaba a marearse, y como un trueno lanzaba sus rugidos: ¡BOOOUUUU!... ¡OOOUUUU!... ¡BOOOUUUU!...

Y con torpeza se envanecía de su poder:

–Soy poderoso, las cosas viven por mí, soy quien les doy vida. Más, algún día venceré a todos los hijos de SAIINÑ PALÁA, el Corazón del Mar. Me sentaré junto a nuestro abuelo ARRALIATU'U WARRATTUY, el Cielo Resplandeciente, El Cielo Luminoso...

A medianoche, ALA'ALA llamó a SIMIT para compartir el lecho.

Él, la acariciaba, la besaba en sus locas ansiedades; pero ella se resistía diciendo:

–Vuestro desvarío es grande, yo lo comprendo en los latidos de mi corazón. Aguardad los instantes en que la soledad nos oculte de las miradas indiscretas. Tomad otra IITA de la miel de mis panales.

Esta vez, SIMIT, vació un PARRIIRRIAA (vasijas gemelas de barro) de JO'OMÁ, miel mortífera elaborada por avispas venenosas.

ALA'ALA, tomósela a grandes engullones sin reparar sobre su condición. Luego, todo confuso, tambaleante y encalabrinado, dijo:

–SIMIT, quiero conocer vuestros secretos de mujer, no me hagáis esperar más tiempo.

Y tanteando con torpes movimientos el cuerpo de la bella, trató de poseerla. Pero SIMIT, con sus muslos fuertemente aprisionados, le dijo serenamente:

–Esperad que os brinde la miel de mis caricias, aguardad los instantes de silencio, en el que sólo se oiga el palpitar convulso de nuestras dos emociones encontradas. No hay sueño en nuestros ojos, no hay preocupación en nuestra mente. Sólo están nuestros antojos, nuestros dulces desvaríos prestos a entregarse mutuamente.

Y avanzando una IITA repleta de KO'OLIMA'A, le hizo beber miel de memerea.

ALA'ALA no sintió cuando se le opacó el cerebro, se le hipnotizó la mente. Y tomando inconscientemente su poderosa KACHAAKÜINRÜ: la cruzó entre sus muslos, la comprimió contra su pecho, la apretó fuertemente con sus brazos, la empuñó entre sus manos, inclinó su cabeza sobre ella, y se tumbó bajo el peso de su propia borrachera.

El sopor lo hundió en el abismo de la inconsciencia, sin antes haber consumado el acto de su lujuria.

Entonces SIMIT, esperó que roncara para escurrirse de su lado. La muchacha se le fue apartando poco a poco (de dentro) del chinchorro. Pero... A cada movimiento de ella, él daba un sobresalto. Al fin, a duras penas y con muchísimo cuidado, SIMIT logró bajarse del chinchorro que juntos compartían.

Cuando ALA'ALA quedó profundamente dormido, sus músculos tensos se relajaron; y así la muchacha cuidadosamente, le aflojó las manos. Pero ALA'ALA, al más leve movimiento, brincaba dormido sin darse cuenta.

Poco a poco le entreabrió las piernas, le apartó los brazos y le enderezó la cabeza ladeada; hasta que por fin lo despojó del arma.

Enseguida, sin pérdida de tiempo y con profunda alegría se la entregó a JUYÁ. Desde entonces JUYÁ, el fecundante padre de la vida, fue dueño del RAYO, de las NUBES, del TRUENO y de las tempestades.

Entonces JUYÁ, levantando el arma, dijo a su hermana:

–He aquí el prodigio. No perdamos tiempo. Vámonos de nuestra tierra. Lejos, pero bien lejos, en busca de otros lares más prósperos tal vez. Estas tierras polvorientas no dan frutos; sus lágrimas se han secado para siempre. El viento quema nuestras siembras, la sed nos atormenta y el hambre nos aflige. Mi hijita ATTIÉE, la llevaré conmigo para que desparrame su belleza sobre los montes y sembradíos de otras partes. Es penoso trabajar sobre estos cerros tan pelados y tan bajos, donde sólo abundan las piedras y las tunas, donde todo es resolana y sequedad.

–Allá en occidente haremos nuestras sementeras, al amparo de los bosques, de los días nublados y la humedad perenne de la selva. Vamos a humedecer las raíces de las montañas que nos esperan; vamos a cultivar nuestras riquezas en las altas campiñas de las sierras; porque las nuestras están llenas de viento, de polvo y de sombras muertas. El Genio del Mal le insufló a esta tierra su agria maldición; la mano hechicera le secó sus lágrimas, y el mar le tendió una celada para besarla eternamente con sus espumas salobres, y arrojar sobre ella el aroma de su aliento perenne. Vamos, hermana: seamos por un momento fugitivos de nuestra suerte. Vamos: antes que ALA'ALA despierte de su letargo y nos castigue.

Esa misma noche, JUYÁ, su hijita, la raquítica ATTIÉE, su hermana SIMIT y su mujer MÁTAISHI huyeron camino al occidente lejano. Llevándose también el Trueno, que ALA'ALA dejó escapar en sus ronquidos.

De paso desvalijaron a la célebre WAYAKATAANA, cuyas vistosas prendas sirvieron para adornar después, la montura y los corceles de JUYÁ.

ALA'ALA dormía su tremenda borrachera en medio de la más espantosa soledad; todos los invitados esa misma noche se dispersaron a sus viviendas. Huyeron desconcertados ante la proximidad de una guerra que podría sobrevenir entre los dos cuñados.

Cuando a la mañana siguiente, ALA'ALA despertó, bruscamente se tocó su cuerpo y se dio cuenta que sus armas habían desaparecido. Entonces, rugió colérico; pero sus ruidos no eran tan potentes como para infundir miedo y estremecer la tierra. Sólo lanzaba débiles aullidos que nadie oía; porque JUYÁ se había llevado el Trueno que hacía horrísona su voz.

Solamente habíale quedado su garniel, su ancho cinturón de SIIMARRUIRIA, y la montura despojada de todos sus atuendos. ALA'ALA, más furioso que sorprendido empezó a buscar sus armas por doquiera, pero en ninguna parte las encontró, y lleno de soberbia gritó a los aires:

–¡¡Aáa!!... ¡Fuisteis vos JUYE'ETA (despectivo de JUYÁ), el de la vil ofensa...! ¡Traidor!... Hijo bastardo de los Genios. Me mandaste llamar para hacerme comer los porquerías de vuestro engaño. ¡Aáa!... Ladrón calculador, os buscaré hasta el fin del mundo, y os mandaré a la prisión de las sombras (APALAINSU). Hay muchos días para pagar la deuda; mi venganza no se hará esperar. ¡Y vos, ramera maldita! Gritó contra SIMIT –¡¡Ojalá seáis el nido de las peores taras!!

ALA'ALA, sin más demora, montó a pelo su veloz WAYAKATAANA y partió sin dirección alguna en persecución de sus cuñados. Mas él no sabía qué rumbo habían tomado los fugitivos.

Cuando KA'I, el sol, se levantó en oriente y se puso en camino a su trabajo, ALA'ALA, le dijo:

–Amigo: Vos que todo lo véis desde lo alto, y a cada paso vencéis la lejanía de los espacios, ayudadme a buscar el miserable ladrón que ha robado mis armas.

Pero KA'I, sin hacerle mayor caso le contestó:

–Ahora estoy ocupado en mi trabajo y no puedo complaceros.

–¿Acaso estoy bromeando? –Apostrofó ALA'ALA.

–Aunque no lo estéis, aunque aleguéis razones, aunque sean muy graves los problemas que tenéis... Pero no puedo complaceros. No sea que por dejar de revisar mis predios, se pierdan mis sembrados y mis crías.

Y ALA'ALA continuó su marcha desorientada, hasta que preguntó a los caminos:

–¿Habéis visto pasar el ladrón que robó mis armas? Y los caminos (WOPU), respondieron:

–Para nosotros no hay prófugos, los que ruedan por nuestras sendas son iguales porque a todos servimos por igual. Los seis caminos del mundo tienen muchos brazos, y por cualquiera se va y por cualquiera se llega. Además, no reparamos quién es el que pasa y el que no pasa.

ALA'ALA continuó su rumbo indefinido, hasta que ya desesperado preguntó a la Tierra (MA):

–¿Habéis visto el ladrón que robó mis armas: el RAYO y el TRUENO?

La tierra contestó:

—No lo he visto, porque en mis arenas no ha dejado huellas. Además, con tanta gente que por sobre mí camina, no podría decir quién es ladrón y quién no lo es!

ALA'ALA, golpeó la tierra con sus plantas y se fue.

Más adelante y ya cansado de soportar tanta indiferencia, preguntó al viento que venía de oriente:

—Vos que sois incansable viajero: ¿No habéis encontrado a vuestro paso el malvado que robó mis armas?

Y el viento, llamado ANAKUAY, le respondió:

—No lo he visto en mi camino. Pero decidme: ¿De quién se trata?

—Se trata de JUYA, apodado JI'ICHI.

—Bien. —Afirmó ANAKUAY— JI'ICHI en estos tiempos corre hacia los últimos confines de occidente, tal vez, en busca de las grandes cordilleras y las selvas húmedas del sur. Lo sé porque su estrella está próxima a verse en el oriente tan pronto termine la menguante. Si apresuráis el paso lo alcanzaréis a vuelta de cuatro soles, antes que la luna pase. Después de ese tiempo, si no lo habéis alcanzado, abandonad toda esperanza.

Sin pérdida de tiempo, ALA'ALA taloneó su danta y enrumbó hacia occidente en persecución de JUYA.

WAYAKATANA era veloz como el brío de los mares. Y así galopó por las llanuras abiertas; remontó las serranías, bajó las hondonadas, cruzó los montes y vadeó los caños.

El paso de WAYAKATANA era áspero como el tropel de una estampida de cien corceles salvajes. Cuando afincaba sus pezuñas en el suelo, agrietaba las montañas y hacía temblar la tierra.

Un viento como sacudón de arena se avecinó sobre los fugitivos.

—Ese ulular de viento fuerte, es el paso de WAYAKATANA, que nos viene persiguiendo —dijo JUYA.

—¡Apresuremos el paso!

Pero los prófugos no avanzaban grandes distancias, porque iban a pie. Sus marchas eran lentas, sus pasos eran limitados. Cuando JUYÁ vio próximo el chubasco que traía la danta en su carrera, levantando grandes polvaredas, comprendió que ALA'ALA lo alcanzaba.

Entonces JUYÁ, disparó su RAYO, y las nubes cargadas de agua reventaron sobre la sierra provocando fuertes aguaceros e inundaciones vastas. Al instante, la tierra árida, se cubrió de plantas espinosas. Nacieron los cardones de fuertes espinas, las pringamozas, las tunas, los cardos. Una enorme extensión de tupidas espinas cerró el paso de su perseguidor. ALA'ALA, sin arredrarse ante aquel percance espoleó a su arisca WAYAKATANA, y con violencia embistió contra el tunero a riesgo de toda suerte: Las pringamozas de guasábara urticante, hincharon el cuerpo de ALA'ALA; las espinas de PARRULUA se incrustaron en las patas de WAYAKATANA y la hicieron cojear. Las tunas de erizadas espinas pendían del cuerpo de la indomable bestia haciéndola brincar de furia; los pinchos de los cardones hicieron sangrar a jinete y cabalgadura. Las púas y las astillas dejaron bastante maltrecha a WAYAKATANA.

Un día completo tardó ALA'ALA en salir de aquel atolladero. Sólo faltaban tres soles para pasar la luna.

Vencido el primer obstáculo volvió con ímpetu a emprender la marcha.

JUYÁ entonces pasó por KO'OISHIMA'ANA, región de las avispas bravas. Y como vio que éstas estaban sedientas a causa de la sequía que imperaba, se compadeció de ellas, e hizo llover sobre sus campos. Al instante las avispas mitigaron su sed; reverdeció la tierra; florecieron las plantas y ellas pudieron recolectar el polen de las flores.

Las avispas, agradecidas alabaron a JUYÁ y prometieron ayudarlo de la persecución de ALA'ALA. JUYÁ se encaminó hacia el sur en pos de las altas cordilleras y las regiones de las grandes selvas.

Cuando ALA'ALA llegó a KO'OISHIMA'ANA, todas las avispas existentes formaron grandes nubarrones para cerrarle el paso. Enjambres enteros de KO'OI oscurecieron el cielo: MALEEYA, POIOT, JO'OMÁ, ALEPEEYA, ISHEINSET, JOUTTALIN, JESULA, KO'OI, etc.

Juntáronse las abejas y las hormigas; y todas le aguijonearon la cara, las manos, las orejas, los ojos, los belfos, hasta dejarlo hinchado y aturdido. Los Repelones (WAAYAT), furiosos se le incrustaron en la pelambre y le hicieron lanzar desesperantes alaridos. Las hormigas roían el cuerpo de WAYAKATANA y la hacían berrear. La danta, casi exhausta por las picadas de los bichos, no avanzaba el menor trecho.

Al fin, a costa de grandes esfuerzos, de trabajos, logró ALA'ALA salir del dominio de las avispas. Un día entero perdió en vencer aquel contratiempo. Sólo faltaban dos soles para pasar la luna, y aparecer la estrella de JUYÁ en el oriente.

Después que ALA'ALA superó el segundo obstáculo, salió al campo abierto. Ahora le quedaban las inmensas llanuras hacia el sur, donde bien podía galopar a rienda suelta.

ALA'ALA pasó el PULOI de MULEERU'U; ganó el cerro de PO'UTTA donde dicen que vivió MALEIWA. Atravesó los oteros de IPAPÜLE y EPITSÜ, y luego enrumbó hacia las áridas planicies de SI'ICHIPES y MAIÑNA.

Cuando JUYÁ se vio casi alcanzado por ALA'ALA, volvió a disparar su RAYO y desató un torrencial aguacero que bañó todos los campos. Esta vez, la tierra se llenó de tupida vegetación. Una selva se formó de árboles ingentes, arbustos y extendidas hierbas. Brotaron las malezas, los abrojos; crecieron los bejucos, los zarzales, arañagatales y juncales que enredaron el camino.

Guamachos, aritiba, cadeneta y maya enmarañaron más los montes.

Los bejucos entrelazados en todas direcciones se hacían impenetrables.

Cuando ALA'ALA llegó a este sitio, no quedóle más remedio que bajar de su montura y andar a pie, para reventar los bejucos que le cerraban el paso.

La extensión del bejucal era grande. Casi la distancia de lo que había recorrido desde KO'OISHIMA'ANA.

ALA'ALA no desmayó en su intento de vencer al tercer obstáculo que se le interponía. Con las manos y los dientes empezó a desgajar las zarzas para despejar el camino. En esta operación se le sangraron las encías, se le avejigaron las manos y se le punzaron los ojos con los bejucos. Entonces aulló con todas sus fuerzas para estremecer el monte: ¡BOOOUUU!... ¡BOOOUUU!... ¡OOOUUU!...

–¡Cobarde JUYE'ETA! ¡Sirviente de WANULUU, proliferador de pestes y enfermedades, detened vuestra marcha y venid a medir conmigo vuestros bríos!

La leyenda dice que aquel punto se llamó: ALA'ALA KIIMA'ANA; porque fue allí donde ALA'ALA comenzó a ulular de rabia desafiando a JUYÁ.

ALA'ALA perdió un día en atravesar aquel paraje sombrío y enmarañado.

Sólo faltaba un sol para pasar la luna a su otra posición. JUYÁ, en su afanosa huída, caminaba día y noche. Desviando su ruta hacia el sureste, bordeó la laguna de los alcaravanes y las níveas garzas, donde habitan los PARRAUJAS (PARAUJANOS) que comen caracoles y cangrejos. Luego desvió hacia el suroeste y atravesó el WINÑMATIRRA (Agua de veloz carrera) para seguir hacia el oeste en busca de las grandes serranías.

Después que ALA'ALA venció el tercer obstáculo; tomó a JUYÁ por un atajo para ganarle mediodía de distancia. Se alongó por el gran corredor de YOULUNA y ATPANAATIRRA, hasta que llegó al WINÑMATIRRA, el cual atravesó a nado en su mula. ALA'ALA era incansable, porque era descendiente de los Genios que poblaron la Tierra antes de la Gran Inundación. Era hijo de WUNU'U y de WUNA'APU, las Plantas y la Selva, que en el principio de la Creación del mundo fueron protectores de JUYÁ.

JUYÁ estuvo a punto de ser alcanzado por ALA'ALA, cuando a éste se le interpuso en su camino una laguna de asfalto movedizo (MENA). ALA'ALA, sin demora, y sin reparar sobre posibles contratiempos se lanzó sobre la bituminosa laguna; pero con tan mala suerte que la bestia se le atascó en el acto. La danta WAYAKATANA, que en un principio fue de color rojizo, se tornó negruzca con el betún. Como la bestia ya cansada no pudiera avanzar con más ahínco, ALA'ALA se enfureció contra ella y la castigó tan duro que estuvo dando un violento corcoveo, perdió el equilibrio y cayó de bruces en la laguna. La trompa de WAYAKATANA se hundió en el asfalto movedizo, manchándosele toda la cara.

Desde entonces las dantas quedaron con el hocico negro. Como ALA'ALA no pudiera sujetarse del tremendo empellón, también cayó al MENA amortiguando la caída con la palma de sus manos, las cuales le quedaron negras para siempre, lo mismo que la planta de sus pies.

ALA'ALA, todo maltrecho, sudoroso y fatigado se pasó la mano por la cara para limpiarse del sudor, y al hacerlo: he aquí que la cara se le manchó de negro para siempre.

Desde entonces los araguatos tienen la cara negra.

La danta desde aquel momento volvió a su antiguo salvajismo, se internó en los bosques húmedos y se quedó a vivir en los lugares pantanosos y tupidos.

Habíase cumplido la predicción de ANAKUAY. La luna había pasado, y JUYÁ caía torrencialmente sobre las altas serranías de occidente.

ALA'ALA, derrotado al fin, se convirtió en mono, trepó a los árboles y quedose a vivir entre los montes lanzando sus aullidos que remedan los vientos cargados de tormenta.

Así perdió ALA'ALA su grandeza, de la que tanto se envanecía. Así perdió sus sus armas: el Rayo y el Trueno de las que tanto se enorgullecía.

Desde entonces: cuando JUYÁ se aproxima ávido de fecundidad, los bosques se estremecen con los aullidos de ALA'ALA, quien solo quedó para anunciar las lluvias y llorar con amargura su impotencia.

Esta es la explicación por qué las lluvias se retiraron de la Guajira.

Por qué, en las altas montañas llueve más.

Por qué, la lluvia es un fenómeno poderoso y benefactor.

Por qué, la intemperancia, aprovechada por la astucia de la mujer, destruye las grandezas que se tienen.

(Nota: toda esta leyenda amerita un extenso comentario.)

La historia de Ulépala

I. *El paraíso de los muertos*

Un joven llamado ULÉPALA, raptó a una hermosa muchacha y la llevó consigo a su vivienda, con la intención de recolectar entre sus parientes y amigos el valor de la dote que debía pagar por ella, y que de por sí, se merecía como esposa. Pocos amantes habían encuadrado tanto en el amor como el de aquellas dos parejas que se fundían en un solo crisol de adoración.

Un día, ULÉPALA ensilló su mula, y en compañía de seis hombres emprendió viaje hacia lejanas tierras donde habitaban sus tíos, hermanos, parientes, amigos y conocidos. Iba con la intención de recolectar: carneros, caballos, mulas, collares y demás bienes que debía entregar como precio de la novia. Y así, durante el viaje, fue de rancho en rancho pidiendo dádivas de honor –OMNUWASHI SPÜLEERRUWAJIETCHON NIIPIRRE'ERAKATII

Había transcurrido una luna sin que ULÉPALA llegara. Entonces la joven dijo a su suegra, madre de ULÉPALA:

–Madre, estoy preocupada. Tanto tiempo sin venir mi esposo. Temo por su vida. ¿Dónde habrá ido?...

–No os preocupéis, hija mía. El vendrá pronto. Supongo que ha tenido que marchar muy lejos, donde habitan sus parientes allegados. Pero no os preocupéis, él os ama, y ansioso estará por regresar a vuestro lado.

Pero entonces, la joven preguntó con mucha angustia, mirando hacia lo lejos:

–Madre, dime: ¿Hacia dónde conduce ese camino?

–¡Oh! No. ¡Hija mía! Ese camino tenebroso conduce hacia los dominios encantados del espíritu MALINOT. El más soberbio y amargo de los WANULUU. Por ningún motivo se os ocurra transitarlo, porque os perderéis irremisiblemente.

La joven guardó silencio, pero con cierta reserva.

Entonces la joven, a escondidas de su suegra se fue por el camino prohibido. Mas cuando hubo caminado cierto trecho, he aquí que se le apareció un tigre que de inmediato la devoró. Pero... la sombra de la joven proyectada sobre el suelo tomó sus propias apariencias y volvió de nuevo a ser de carne y hueso, aunque con la naturaleza distinta que tienen los espíritus errantes, llamados YOLUJA.

Al volver la joven a su casa, convertida en YOLUJA, se acostó tranquilamente y no habló.

Entonces, la suegra preguntó a su nuera:

–De dónde vienes a estas horas, hija mía. ¿Dónde estabas hace poco? Te buscaba y no te hallé.

Mas la joven no respondía porque ya no era de este mundo. La suegra, en vista de que no respondía a sus palabras, guardó silencio.

Mas la joven, al llegar la madrugada se levantó de su lecho y siguió el rumbo que antes había tomado su marido.

Había transcurrido una luna completa cuando ya ULÉPALA venia de regreso, trayendo consigo: carneros, cabras, caballos, burros, collares y reses, para el pago de la dote.

Cuando ya venían de regreso, vieron a lo lejos una silueta blanca, con apariencias de mujer, que se asomaba y ocultaba bajo las brumas del atardecer.

Entonces ULÉPALA mandó a que sus hombres prosiguieran la marcha, mientras él desviaba su ruta para ver de cerca de quien se trataba.

Pero... Cuál no sería su sorpresa, al ver que era la imagen viva de su amor... Y en el acto la abrazó, y le habló; pero ella permaneció callada e indiferente, estaba sustraída de toda realidad, de toda emoción y de toda identidad.

Y durante aquel encuentro, ni un momento dejó de contemplarla, hasta que por fin la hizo montar en la grupa de su caballo para traería de nuevo a su vivienda.

Y cuando hubieron llegado; él, ansioso de poseerla, hizo que se acostara y se despojara de sus vestiduras. Ella, obedeciendo, se acostó con él, pero se negó a desnudarse y copular.

–¿Por qué no brindas el calor de tus delicias que ha fermentado mis caricias? ¿Por qué te muestras fría e indiferente y no calmas esta fiebre que me abrasa?

Entonces ella, rompiendo su mutismo, respondió:

–Lo haré, amado mío, pero tendrás que ir conmigo a casa de mi familia abandonada.

–¿Y qué tanto es eso? Una y mil veces lo haría, con tal de disfrutar las dulzuras de vuestro cuerpo. De inmediato montaron a caballo y se dirigieron hacia el lugar donde vivían los padres de la joven, los cuales ya no pertenecían a este mundo.

Cuando hubieron llegado, todos los antepasados y familiares que habían muerto estaban congregados aguardando su regreso. Y cuando ellos llegaron... Los familiares de la muchacha saludaron con efusión al flamante cónyuge invitado. Y enseguida se dispuso que preparasen comida.

Los amantes colgaron sus chinchorros, y se ofrecieron las caricias. Pero en aquel instante la muchacha se levantó y dijo:

–Aguardadme unos momentos mientras hago mis necesidades inmediatas...

Entonces ella, avanzando algunos pasos desapareció en las sombras para no volver.

Y al amanecer, ULÉPALA se vio que estaba tendido en medio de las tinajas de un viejo cementerio.

Fue tan grande su tristeza y su amargura, que en el acto quiso morir. Mas él no se alejó del cementerio, sino que permaneció llorando y pensando en la desaparición de su dulce amada. Allí trascurrió un día y una noche. Otro día y otra noche. Mas a la tercera noche los espíritus de los antepasados y parientes de su novia que vivían en JEPÍRA, vinieron en gran tumulto e hiciéronle compañía y le confortaron.

A la mañana siguiente, los espíritus de ultratumba volvieron a sus cuevas y dijeron a la joven uno a uno, primero hablaron los hermanos ya difuntos:

–Hermana, ¿por qué hacéis sufrir tanto a nuestro cuñado? ¿Por qué no le confortáis el ánimo haciéndole compañía? ¡Pobre cuñado! Lo hemos visto llorar amargamente sin que a su espíritu se avenga un mínimo consuelo.

Luego hablaron sus tíos:

–¿Os place ver sufrir a nuestro yerno? ¿Por qué no le prodigáis los amores que merece?

Después hablaron sus abuelas:

–Nieta, andad y consolad a vuestro marido. Recordad con qué amor os espera.

Después que todos los espíritus hubieron hablado, ella sintió tristeza en su corazón y se dispuso a hacerlo venir a sus mansiones.

ULÉPALA lloraba y lloraba, apoyado sobre una botijuela, cuando de pronto... vio venir a lo lejos una figura de mujer montada sobre un asno profusamente enjaezado y con todos los atuendos de una mujer rica.

El joven, algo confuso, enjugó sus lágrimas y pensó sí se trataría de su bella mujer. Mas la distancia aun hacía irreconocible a la persona, hasta que ya un poco más cerca, vio con sorpresa que sí era su mujer.

Cuando la dama se detuvo y se apeó de la montura, él, ansioso y contento, corrió y la estrechó en sus brazos, exclamando:

–¡Amada mía! ¡Amor mío! ¡Has vuelto! Qué dulce momento para mi corazón y mi alma transida de penas.

Y en el acto: la besó, la apretó y la sintió. Y así creyó darse cuenta que su dulce amada no estaba muerta, sino viva. Que no era espíritu, ni espectro ni fantasma vaporoso, sino aliento perfumado de carne y hueso.

Y ella, zafando sus provisiones de la enjalma, dijo:

–Amado mío, aquí os traigo UUJOLÜ y algunas presas de carne, para que bebáis y comáis. Tal vez habéis creído que vengo del trasmundo donde vagan las sombras olvidadas. No, Amor mío. Sólo me ausenté unos momentos a ver mis predios, y a darme cuenta de mis padres, quienes desde hace tantos días también deseaban verme. Pero ya no os preocupéis. Aquí estoy de nuevo a vuestro lado. Compartiré con vos las alegrías que siempre hemos compartido. Estos serán nuestros momentos más felices. Desde ahora me dedicaré a borrar vuestras penas y a colmar de alegrías vuestra vida.

ULÉPALA, al escuchar aquellas palabras tan dulces, se sintió arrebatado, y estrechó y besó más a su amada:

–Amor mío, siempre os pensaba. Pero ahora os sirvo. Estoy consagrado a vos y os adoro. Viviremos felices en mi tierra y tendremos numerosa prole.

Cuando ULÉPALA decía esto, la joven recién llegada, replicó:

–Amado mío, lamento pediros que aquí sobre este suelo no me consagréis vuestro amor. Si en verdad me amáis, aceptad mis requerimientos. Os he venido a buscar para que estéis a mi lado en la tierra de mis padres. Allí seréis feliz junto a mí como yo puedo serlo en esta misma tierra junto a vos.

ULÉPALA, dado el amor tan grande que sentía por su amada, aceptó. Y juntos aquella noche se fueron a pernoctar a casa de sus propios familiares.

Cuando llegaron a la casa de ULÉPALA, toda la familia de éste sintió alegría, y hubo fiesta en honor a su retorno aquella noche. Luego la joven colgó su chinchorro en sitio aparte para disfrutar las delicias del amor.

Entonces, cuando ambos estaban juntos y entrelazados cuerpo a cuerpo, él la propuso para que copulara, pero ella se negó diciendo:

–Amado mío, podéis hacer conmigo todas las caricias deseadas, pero no puedo entregaros mi cuerpo para la cópula. No, eso no. Me niego por el momento. Esperad a que lleguemos al lugar convenido. Por ahora, para abreviar nuestra ida, disponed que sacrifiquen un cabrito de dos meses, que hagan de él un TULÚJASHI para que nos sirva de avío en nuestro viaje. Haced que ello se prepare esta misma noche, en cuanto que prontamente y antes de la madrugada nos habremos de marchar.

ULÉPALA, acatando las palabras de su amada, mandó a sacrificar el cabrito. Y ya dispuesto, hizo aprovisionarse de UUJOLÜ, leche cuajada y demás vituallas requeridas para un largo viaje. A la media noche, cuando todas las cosas estaban dormidas, ULÉPALA y su amada se levantaron, ensillaron un caballo blanco, se vistieron, acomodaron los avíos y se fueron.

Los dos amantes habían tomado un rumbo desconocido. Ella iba jineteando el corcel mientras él, sentado sobre las ancas, espoleaba los pasos veloces de aquella cabalgadura siniestra. Una sensación de vértigo causó a ULÉPALA el despegue del corcel. Las cosas del mundo corrían como plástica nubosidad ante sus ojos. La vertiginosa carrera de aquella extraña cabalgadura era como para desvanecer el equilibrio de la vida, guiada y empujada por controles de ultratumba.

ULÉPALA quiso que los pasos del caballo fueran suaves, pero no había tiempo, la convulsión de la pesadilla llegaba a su punto culminante cuando el caballo se detuvo junto al mar de superficie inquieta.

Cuando detuvieron su marcha a las orillas del mar, la joven, todavía envuelta en las nieblas de la noche, dijo:

—Amado mío, bajad del caballo, hemos llegado.

ULÉPALA obedeció, y aunque grande fue su sorpresa, él no pidió explicaciones. Entonces ella, desensilló el corcel, dejó los aperos en el suelo, dio un fuerte latigazo al caballo, y éste como si fuese una nube de polvo se desvaneció en el acto.

Y dijo Ella:

—Mi hombre, si sois valiente, ¡venid!

Y echándose al hombro los enseres, y tomando a su esposo de la mano se dirigió hacia una oscura caverna que las aguas habían modelado en los cantiles.

ULÉPALA y su bella esposa penetraron en el interior de la caverna, que se prolongaba a través de las profundidades del mar. Más, dentro de ella hacia un frío intenso, gélido y envolvente como las ventiscas de las cumbres que paralizan la sangre.

Las piedras goteantes destilaban un sudor frío que punzaba las carnes. Y a medida que atravesaban aquella caverna de filosas rocas, ella lo confortaba y lo abrigaba con sus amplias mantolas.

Así atravesaron la extensión del mar, hasta que por fin llegaron al otro extremo.

Llegados que hubieron a la orilla opuesta, ella dijo a su marido:

—Amado mío. Esperadme aquí. De inmediato vuelvo.

Habían llegado a la Mansión de los Espíritus, a la región etérea de JEPIRA donde todas las almas guajiras van a descansar eternamente. Habían llegado al "Paraíso de los Muertos". Abandonado ULÉPALA junto al mar, su mujer se dirigió hacia unas colinas azules donde moraban los espíritus de su otrora parentela.

Cuando vieron llegar a la mujer, sus hermanos le salieron al encuentro y la dijeron:
—¿Qué habéis hecho de nuestro cuñado?
—Lo he dejado abandonado junto al mar.
Y preguntaron sus tíos:
—¿Qué habéis hecho de nuestro suegro?
—Lo he dejado junto al mar, a expensas de su propia suerte.
Y preguntaron sus abuelas:
—¿Qué habéis hecho de nuestro yerno?
—Lo he dejado dormido al arrullo de los vientos de la mar.
Entonces los espíritus, modulando sus voces dijeron al unísono:
—Traedlo a nuestro lares para que lo conozcamos y comparta con nosotros la alegría de nuestra mansión.
La joven, entonces, fue de nuevo a las orillas del mar, y trajo consigo a su marido.
Los habitantes de aquellas tierras eran cordiales y hospitalarios y enseguida prepararon comida para el nuevo huésped. Y cuando llegó la noche de aquel mundo, la joven mujer colgó su chinchorro. Y ya juntos en el lecho conyugal él la dijo:
—Hasta cuándo, mujer mía, me hacéis sufrir esta espera tan larga, tengo grandes deseos de copular con vos.
La joven dejábase tocar, besar, acariciar, pero no permitía que su hombre la poseyera.
—Amor mío. No os impacientéis, ya tendréis tiempo de hacerlo. Pero por ahora no puedo complaceros. Y… ¿quién más que yo anhela ese deseo tan vehemente? Es imposible para mí hacerlo. Hay algo que nos impide compartir a plenitud nuestros amores. Por ahora, controlad vuestra impaciencia.
Y la joven se negaba…
Y él la reprochaba:
—¿Acaso habéis faltado a vuestra fidelidad, o es que no me consideráis suficientemente hombre para vos?
—La joven se mantenía firme en su rotundo ¡NO!
ULÉPALA sentía enfado y mal humor ante aquella negativa tan categórica y contundente.
Mas, cuando ella lo acariciaba tratando de hacerle comprender sus razones, él se mostraba desdeñoso y molestó:
—ULÉPALA, amor mío. Comed, aquí tenéis todo sazonado a vuestro gusto.
Pero ULÉPALA, aflorando su disgusto, respondía:
—No tengo hambre. No tengo apetito. No he venido a comer sino a estar con vos.

Y así, en la misma forma transcurrieron tres noches consecutivas sin que la joven esposa accediera a complacerlo.

Los días los pasaba ocioso, pensativo y triste. Así pasaba sus horas, acostado y meciéndose al compás de su ansiedad.

Al cuarto día, una de las abuelas de la joven se llegó hasta él, y le dijo:

—Yerno mío, pasáis los días sumido entre grandes sufrimientos: ¿Por qué no me hacéis un trabajo para que se os desvanezcan las penas? Mirad, allí en aquella parcela tengo un sembrado de algodoneros. ¿Serías tan bondadoso en tundir y desyerbar las malezas que lo envuelven? Hacedlo hijo mío, con esa actividad se os expandirá el ánimo y olvidareis un poco vuestras penas.

Cuando la vieja dijo esto, ULÉPALA accedió muy satisfecho. Tomó la pala en sus manos y se dirigió hacia la parcela donde crecían los algodoneros. Y de seguidas desbrozó los hierbajos que cubrían las plantaciones. Podó los ramojos inútiles y las albercó para que empozaran las aguas en sus troncos y así se preservara por más tiempo la humedad de los plantíos.

Después de haber hecho aquel trabajo, se reclinó a descansar bajo la sombra de uno de los algodoneros. Mas la vieja, viéndolo sumido en tristes pesares, fue donde la joven, y la dijo:

—Hija mía, llevadle comida a vuestro marido y llenadlo de consuelo. Le he pedido que me hiciera un trabajo, y ya presto lo realizó. Levadle algo de comer y estad con él unos momentos. La joven, acatando aquellos consejos, preparó abundante comida y llevole a su marido.

Y cuando llegó junto a él, lo sorprendió dormido:

—Amor mio, estais extenuado. Aquí os traigo comida.

Mas él, complacido y complaciente con ella, hizo que se sentara a su lado. Y luego la miró profundamente con ansiedad y amor. Y la dijo:

—Amada mía, comed conmigo.

—Sí —respondió ella.

Cada momento tomaba una porción de alimento y poníala en su boca. Y dábale de comer con sus propias manos. Ambos compartieron aquella deliciosa compañía. Y después de haber comido, se tendieron en el suelo, y platicaron, se acariciaron con ternura, unieron sus labios en prolongados besos y ambos sintieron estremecer sus cuerpos. El deslizó sus manos por entre los escotes de sus vestiduras y acarició sus senos turgentes y lascivos.

—Amor mío, os amo mucho, mucho, complacedme en esta hora. ¿Acaso no sientes la misma sensación que estremece todo mi cuerpo?

La joven estaba extasiada, y embelesada ante las palabras y las caricias, relajó su cuerpo. Y las inhibiciones liberaron sus fuerzas, y ya nada los podía contener. Una fuerza ciega los aproximaba más al paroxismo del amor y de la unión.

La joven, inadvertidamente, bajo el influjo de una emoción incontrolada fue cediendo cada vez más a la dulce tentación. Y... Así la estrechó, la conmovió con todas sus ansias, la acomodó en supino, zafó sus ropas interiores, desajuntó sus muslos, enfiló su miembro varonil hacia su vulva y ensayó sus movimientos de rítmico vaivén. Y sintió sobrevenir el orgasmo... y ella en su éxtasis decía:

–Hombre mío, os lo advertí. No era tiempo de hacerlo. Os habéis apresurado, y por este acto, habréis de perderme para siempre.

Y cuando esto dijo... En él se producía el orgasmo tras una fuerte eyaculación de locuras incontroladas.

Terminado el acto de nuevo quiso estrecharla con ternura, pero... qué sorpresa... al volver en sí, se encontró solo. Había copulado con la sombra de su amada. Había satisfecho sus ansias con la imagen espectral de una mujer que había muerto tiempo atrás devorada por un WANULUU. Y, cuando se percató de su error y de su lamentable estado, vio con horror que había derramado su semen sobre la tierra.

Impresionado ante aquel insólito percance vio con estupor que aquella emisión viscosa se transformaba en una mariposa blanca, que lentamente remontó las alturas hasta perderse en los ámbitos inaccesibles de los espacios infinitos.

Súbitamente se operó en los ojos de ULÉPALA una transformación inverosímil. Se vio de pronto perdido en una extensión desértica y vacía, desolada y triste. Las visiones que antes había tenido, habían desaparecido como un sueño. Había sido traspuesto a los umbrales de otros tiempos y otras tierras.

II. Los dominios de JUYÁ

Andando por aquellas soledades sin saber qué hacer, vio de pronto sobre la arena un tropel de innumerables huellas como de ganado en pie que trashumaba de Sur a Norte.

Aquella pista, enfilada en una misma dirección, indújole a pensar que algo de vida rastreaba por aquellas soledades, y se dijo:

–Quisiera la fortuna que estas huellas de ganado me conduzcan hacia un lugar insospechado. No importa la distancia que tenga que vencer. Las seguiré sin descanso hasta encontrar su punto de llegada.

Y siguió tras la pista del rebaño enorme.

Andando y andando, llegó al atardecer hasta un lugar misterioso, de verdes pastizales y de fresco ambiente. Un aire de frescura perfumaba la campiña. Los nublados eran perennes. Había llegado sin saberlo a las tierras donde JUYÁ solía veranear. Allí en los alrededores había manantiales, arboledas, corrales, vallados y un sinfín de cosas que hacían pensar en la presencia de un riquísimo estanciero.

Pero lo más curioso era que todo tenía un aspecto descomunal ante sus ojos. Cuando tales cosas observaba, he aquí que los moradores de aquel lugar se sorprendieron al ver la figura extraña del recién llegado, que se paseaba por las talanqueras observando el ganado. Y se dijeron sorprendidos:

–¿Qué? ¿Qué ven nuestros ojos? Jamás hemos visto esa figura extraña. Y... corrieron alarmados, y... participaron a JUYÁ:

–Padre, nuestros ojos han visto algo raro en las talanqueras de vuestros corrales. Un bicho raro se pasea de un lado a otro sin que podamos saber de qué se trata.

Entonces, JUYÁ, personalmente se dirigió hacia las talanqueras, y vio con sorpresa que se trataba de un hombre. Aproximándose al desconocido le inquirió:

–¿Quién sois vos, que sin permiso mío os habéis atrevido a trasponer vuestras plantas sobre mis dominios? Contestad: ¿De dónde sois, de dónde venís y qué buscáis?

ULÉPALA, todo tembloroso y con grande miedo respondió:

–Perdonadme Señor, que haya venido a tus dominios sin saber el riesgo a que me expongo. Yo vengo de lejos. He olvidado mis vivencias anteriores. No tengo conexión con mi pasado y estoy como sustraído de toda realidad. Sólo sé que vengo desde muy lejos, sin saber hacia dónde voy. Cuando me hube extraviado en el desierto, vi de pronto las huellas de vuestro rebaño y siguiéndolas me dije: "Hacia un lugar me han de conducir estas huellas de ganado, las seguiré". Por eso, Señor, no ha sido otra cosa mi intención, sino la de querer sobrevivir al infortunio que amarga mi suerte. Os suplico Señor, por la memoria de mis padres, que tengáis piedad de mí. Hace poco fui engañado por una mujer a quien yo amo y la infeliz me ha hecho padecer los peores sufrimientos dejándome abandonado en el desierto.

Entonces, JUYÁ, suavizando su gesto, respondió:

–No debiste aceptar los requerimientos viles de aquella mujer infortunada cuya larga espera hizo madurar en vos aquel deseo insatisfecho. Pero no importa, olvidad sus pasos, su rostro, sus palabras y todos sus actos, porque desde ahora seréis mi huésped.

Dicho aquello, JUYÁ llevó al joven hasta una enorme enramada.

Y las criadas de JUYÁ trajéronle un banco de madera para que se sentara. Pero qué sorpresa la de ULÉPALA, tan pronto se fue a sentar en el banco, éste se transformó en un enorme jabalí furioso. El joven, sorprendido ante aquel percance saltó intempestivamente del lomo del jabalí. Mas JUYÁ se reía –NIMI'I JA AKACHI –Jugaba con él.

Luego, las sirvientas de JUYÁ colgaron para el joven un chinchorro extremadamente grande, para que descansara. ULÉPALA no podía rehusar de aquellas atenciones, y así tuvo que acostarse, y... parecía un muñequito de barro dentro de aquel chinchorro gigantesco.

La vivienda de JUYÁ era descomunal y suntuosa. Sus sirvientes eran numerosos: ágiles y muy serios. JUYÁ era de contextura fuerte, alto, grueso, panzudo. Su rostro era bellamente feo, y su cabellera blanca y abundante caía sobre sus hombros como una cascada de espumas. Su aristocrática vestimenta era amplia, de gris reluciente con solapas de grana. Su sandalias eran gruesas y siempre solía llevar en sus manos una vara (bejuco) flexible de quebrada forma, que a cada momento solía restallar en el suelo con estruendoso ruido (alude al Rayo de las tempestades). JUYÁ tenía una voz sonora y profunda en sus momentos de humor, pero violenta y fragorosa en sus momentos de rebelde furia.

Establecido ULÉPALA en el nuevo reino, fue atendido y admirado. Aquel día de su llegada, JUYÁ le obsequió un cabrito para que comiera, ya que no podía equipararse con la exagerada comida de JUYÁ, quien diariamente se comía una vaca entera.

—Hijo mío, tomad este cabrito, beneficiadlo a vuestro modo y comedlo según convenga a vuestras necesidades.

—Así lo haré, padre —Respondió ULÉPALA muy contento.

Y la carne de aquel cabrito durole unos diez días, ya que sólo comía lo justamente necesario. Y diariamente, el régimen de sus comidas fue:

El primer día, fritó la sangre del cabrito y la comió.

El segundo día, asó las patas y las cañas, y las comió.

El tercer día, comió los bofes y los riñones.

El cuarto día, se comió el hígado y el corazón.

El quinto día, comió las tripas y el mondongo.

El sexto día, comió la nuca y el espinazo.

El séptimo día, se comió la cabeza, y por consiguiente: la lengua, los sesos y las orejas.

El octavo día, se comió las pulpas de las piernas.

El noveno día, se comió las paletillas.

El décimo día, se comió el esófago, las costillas y el pecho.

Y así distribuyó ULÉPALA su gran economía. Mas JUYÁ, mandábale yuca, batatas y demás ingredientes para sus platos. Un día, JUYÁ fue a visitarlo a su habitación, y llevole algunas armas de cacería:

—Hijo mío: Me parece que os sentís incomodo al no desempeñar ninguna actividad que ponga en juego el ejercicio de vuestras facultades y las energías de vuestro cuerpo. Aquí os traigo estas armas de cacería para que por cuenta propia procuréis vuestro alimento y el hambre no se apodere de vuestras carnes. Con ellas, obtendréis algunas piezas de cacería que puedan satisfaceros la barriga. De paso, yo también seré beneficiario de lo que podáis obtener.

Y entregole un arco y unas flechas. Las flechas eran:
SIWA'ARRAI, KOCHOMPAKIIRÜ, JATÜ, IRRAMÓUWA, KACHUWEERRA y una JUNAAYA.

Y díjole:
–Hijo mío, Tomad este URRAICHI (arco) y estas flechas (SHIPÍ), para que vayáis de cacería donde yo os indique.

Este SIWA'ARRAI (flecha con punta de hierro), es para que cacéis animales mayores, tales como: Venados, matacanes, dantas, jabalíes, báquiros y tigres.

Y entregole un par de aquellas piezas.

Esta KOCHOMPAKJIRÜ (flecha cuya punta termina en una pelota de cera), es para que cacéis pájaros, conejos, picures, lapas y lagartos.

Este JATÜ (especie de dardo que termina en una pelota de cera y clavo), es para que cacéis paujíes, guacharacas, pavitas, palomas, perdices.

Y entregole un par de aquellas piezas.

Esta IRRAMÓUWA (flecha cuya punta de hueso semeja una cabeza de carnero), es para que cacéis: cachicamos, ardillas, zarigüeyas.

Y entregole un par de aquellas piezas.

Esta KACHUWEERRA (flecha cuya punta remata en un clavo de metal), es para que cacéis micos, marimondas, zorros, puerco-espines, cuchicuchi, comadreja y mapurites.

Y entregole un par de aquellas piezas.

Y esta JUNAAYA (Honda), es para que os defendáis de los peligros y la saña de cualquier malvado.

Entregadas las armas, añadió JUYÁ:
–Ahora que tenéis todos los útiles de cazar en vuestras manos, id a buscar algunas piezas de cacería. Andad, internaos en el bosque y traedme perdices, conejos, venados o cualquiera otra carne de animales silvestres.

Sin mayores explicaciones, despachó a ULÉPALA para que fuera de cacería.

Cuando llegó al bosque más tupido, ULÉPALA vio una multitud de jóvenes que correteaban, jugaban, cantaban, danzaban y conversaban animadamente. Las voces de aquellos jóvenes eran ininteligibles y extrañas. Algunos cantaban dulces melodías y llevaban en sus cabezas vistosos penachos. Algunas jóvenes coquetas flirteaban y hacían sus amores, mientras otras vestían amplias mantolas.

Los jóvenes tenían puesto el SHE'EBE, el KOTSÜ y el MOLÓNO. Unos disfrutaban de extrañas comidas y bebidas mientras otros silbaban y fumaban.

El ambiente de la dulce algarabía ocupaba un área extensa de sombreadas arboledas, bajo las cuales se divertían las más hermosas señoritas.

Extrañado ante aquello que veía, recorrió gran parte de la selva, y se volvió a casa sin ninguna presa.

Entonces JUYÁ le preguntó:

–¿Dónde están las piezas de vuestra cacería?

–Padre, he recorrido la selva muy adentro, pero nada he podido conseguir. Parece que los animales allí no existen o han huido a otros sitios apartados. Durante mi rastreo sólo vi una multitud de jóvenes que se divertían en bailar, tocar, jugar, cantar, corretear y conversar...

–Ah! Hijo mío! Me habéis decepcionado –Le interrumpió JUYÁ con cierto enfado –¿Acaso no comprendiste mi mandato? ¡Esos jóvenes que viste son los animales objeto de cacería, muchacho! Andad, volved... y traedme un puerco-espín para comer.

ULÉPALA fue de nuevo al sitio donde antes había visto la multitud de jóvenes, pero... ya todos habían desaparecido. Apenas había quedado un terreno plantado de PARRÚLUWAS (equinocactos). Ansioso buscó a los jóvenes, pero todo fue inútil.

Ya cansado de recorrer los montes, regresó a casa, y dijo a JUYÁ:

–Padre, volví al sitio donde antes vi a los jóvenes pobladores de la selva, pero ya todos se habían marchado. En el campo donde ellos jugaban sólo vi plantaciones de PARRÚLUWAS. De tal suerte que no vi puerco-espines.

Entonces JUYÁ contestó:

–Hijo mío, me habéis decepcionado. Esos PARRÚLUWAS son los puerco-espines que os mandé a buscar. Andad, disparad vuestra flecha contra ellos y traedlos.

Entonces ULÉPALA volvió al sitio. Y viendo los plantados de PARRÚLUWA, colocó en el arco el KACHUWEERRA, disparó contra ellos y atravesó tres cactos que al instante se transformaron en tres erizados puerco-espines.

Desde entonces los puerco-espines cuyas erizadas púas semejan las espinas de los equinocactos, habitaron las selvas como animales silvestres.

Y ULÉPALA, recogiendo su presa, se la llevó a JUYÁ, quien muy contento los desolló y se los comió en el acto.

Al siguiente día, JUYÁ, dijo a su protegido:

–Hijo mío, hoy quiero ser delicado en mis comidas. Id pues, al SALATSHI (selva xerófila) y traedme diez conejos.

ULEPALA de inmediato se encaminó al SALATSHI para cumplir el mandato. Mas, cuando llegó, no vio conejos por ninguna parte, solamente tunas orejonas con erizadas espinas que le impedían caminar.

Con mucha dificultad caminó por entre las tunas escudriñando las supuestas madrigueras donde duermen los conejos. Pero todo fue inútil. Nada pudo conseguir. Y como ya se hacía tarde, se volvió a casa de su Protector.

–¿Qué ha sucedido? ¿Dónde están los conejos?

–Padre, busqué por todas partes los conejos, pero no los encontré en el sitio que me indicaste. Sólo vi tunas atropadas que me impedían caminar. Busqué en vano sus madrigueras, pero nada encontré. Luego, como ya se hacía tarde me volví sin traeros nada.

–¡Ah! ¡Qué cándido sois!, hijo mío. A las claras se ve que no entendéis mis palabras, ni sabéis tampoco distinguir una imagen alucinante de una realidad cualquiera. Andad de nuevo al SALATSHI y flechad esas tunas que visteis a vuestro paso. Ellas son los conejos que os mandé a buscar.

El joven, sorprendido ante aquel caso tan extraño, rápidamente corrió a dar cumplimiento a su misión.

Mas, cuando llegó al sitio, flechó tres tunas con el KOCHOMPAKIIRÜ, y enseguida se transformaron en conejos. Los cuales, unos cayeron muertos en el acto, y otros corrieron despavoridos a esconderse entre los matorrales.

Y aquellas tunas se volvieron conejos de grandes orejas.

Desde entonces los conejos fueron silvestres, y sus orejas semejaron a las de las tunas espinosas que crecen en los montes ralos de la Guajira.

ULÉPALA, recogió los conejos y se los llevó a JUYÁ, quien muy contento hizo guisos muy sabrosos.

Al siguiente día, JUYÁ se antojó comer auyamas. Y dijo a su protegido:

–Hijo mío, andad a mi conuco y traedme unas auyamas para que sirvan de ingrediente a mis comidas. Hoy quiero comer un sancocho de cecina bien recargado de auyamas.

Y señalando hacia el Sur, despachó a ULÉPALA, diciendo:

–Tras de aquellas loma está mi conuco.

Pero cuando el joven llegó al otro lado de las lomas, no vio conuco ni sembrado alguno. Sólo vio hermosas mujeres vestidas de amplias mantas con solapas verdes. Unas tenían senos recién formados, otras tenían pechos abultados, otras eran cabezonas pero muy bien proporcionadas.

Sentadas, las mujeres dialogaban en tenues voces que ULÉPALA no pudo comprender. Entonces ULÉPALA, las preguntó:

–Por casualidad, madres de mi amigo, ¿No sabéis dónde tiene JUYÁ su conuco sembrado de auyamas?

Pero las mujeres permanecían mudas e indiferentes.

Luego ULÉPALA volvió a insistir:

–Decidme mujeres, ¿Dónde se encuentra el conuco de JUYÁ. Pero las mujeres callaban. Cansado ya de preguntar y en vista que las mujeres no respondían, el joven se volvió.

Y cuando llegó:

–Padre, me fue imposible encontrar vuestro conuco. Busqué por todas partes pero no vi ningún sembrado, sólo me topé con unas mujeres vistosamente vestidas que conversaban en un extraño lenguaje. Las pregunté, pero no me respondieron. Se mostraban indiferentes y ni siquiera me miraron. Jamás he visto mujeres más presuntuosas...

Entonces JUYÁ, constestole con pesar:

–Pero... Como es posible hijo mío, que seáis tan poco galante, que ni siquiera os atrevisteis a rodear con vuestro brazo el cuello de una de esas hermosas MAJAYURAS. ¡Ah! Que vuestra impotencia de ánimo ni siquiera dé para torcer el cuello de una de esas mujeres. Pues, andad, hijo mío. Andad de nuevo. Y cuando veáis a esas mujeres, torced sus cuellos y veréis que se transformarán en auyamas.

ULÉPALA, al escuchar aquellas explicaciones se volvió al sitio indicado. Y vio con sorpresa que las mujeres murmuraban en su extraño lenguaje. Mas ULÉPALA, tan pronto llegó, tocó sus vestiduras, acarició sus hermosos labios y sintió lástima por ellas. No quiso dañarlas... pero... acordándose de sus percances anteriores se recriminó, diciendo:

–¡Ah! No debo tener deseos impuros que pongan en peligro mi existencia. Estas mujeres no son reales ni tampoco tienen emoción.

Y... diciendo esto, tomó a una de las jóvenes por la cabeza, y le quebró la nuca.

Y las mujeres gritaron de repente: ¡TANUT TÉEE! TANUT TEEE! ¡Mi cuello, hay de mi cuello...!!

Y en el acto se convirtieron en auyamas.

Y las de seno pequeño eran auyamas tiernas (que no se pueden mirar porque se atrofian y no crecen). Y las de cabeza grande, eran las auyamas jechas. Y las de senos abultados, eran auyamas grandes.

Un suspiro largo y resonante entonaron las voces de las jóvenes extrañas, y desde entonces fueron murmullos de viento entre las hojas. Las solapas verdes fueron las hojas, y las flores amarillas fueron sus labios de pálida hermosura.

Cuando húbose verificado aquella transformación, ULÉPALA recogió dos hermosas auyamas y se las llevó a JUYÁ, quien muy contento las recibió para preparar su buen sancocho de cecina. Cuando ULÉPALA creyó haber cumplido todos sus difíciles trabajos, fue de nuevo sorprendido por su Protector, quien le dijo:

—Hijo Mío, quiero que me busquéis en el monte una buena presa. Hoy deseo comer venado. Andad al monte más cercano, y allí los veréis en sus aguajes.

Dicho aquello, ULÉPALA tomó sus flechas y partió hacia el lugar indicado. Mas en el paraje no habían venados, sino un grupo de jóvenes con TOLOMAS y empenachados casquetes en sus cabezas. Los jóvenes eran inquietos, listos y muy nerviosos. Sus movimientos eran ágiles, y muy recelosos al andar. Caminaban con elegancia.

Cuando ULÉPALA se acercó a ellos, les exigió que le indicara el camino que debía seguir para obtener una buena cacería de venados.

Los jóvenes, con mucha suspicacia eludieron aquella pregunta y no dieron ninguna información.

ULÉPALA, ante aquella indiferencia, regresó a casa, y dijo a JUYÁ:

—Padre, No conseguí los venados. Recorrí sus comederos, velé los sesteaderos, aceché en sus aguajes, pero todo fue inútil. Sólo vi unos jóvenes elegantes que parecían chancearse, mas cuando me vieron se llenaron de sospechas y nada me informaron sobre los lugares que frecuentan los venados. Por eso he vuelto.

Entonces JUYÁ, díjole con ironía:

—Sois tan hábil e ingenioso, que habéis cumplido perfectamente mis palabras. Sois un joven sorprendente tal como esos que habéis visto. Inclusive, tenéis un corazón tan frágil, que un acto de bondad tan desmedido es siempre agradecido por vuestra panza. ¡Vaya una candidez! Andad, id de nuevo, emplead el SIWA'ARRAI y flechad al joven más hermoso del grupo. Mas, cuando hayáis hecho esto veréis con sorpresa que habéis muerto al venado más hermoso de la manada.

Dicho aquello, ULÉPALA, sin perder tiempo, templó el arco y disparó la flecha que atravesó en el acto el corazón del joven. Y... cuando se desplomó sin vida se trasformó en venado, al igual que todos los del grupo quienes se desparramaron a toda carrera por los montes.

Desde entonces fueron los venados y matacanes, animales silvestres de cacería.

Concluido aquel trabajo, desde entonces ULÉPALA comenzó a interpretar los difíciles mandatos de JUYÁ cuyas órdenes confusas envolvían siempre complicadas paradojas, para probar el ingenio y la audacia de su protegido. Y así, cuando mandábalo JUYÁ de cacería, ya sabía a qué atenerse. No vacilaba, y de seguidas disparaba su flecha sin la menor lástima en su pecho. Y aprendió a cazar perdices, palomas, codornices, guacharacas, paujíes, jabalíes, báquiros, cachicamos, cuáqueros y picures, que para entonces parecían personas a su vista; pero que al ser flechadas enseguida se transformaban en animales de cacería.

Aprendió a lidiar las caballerías: enlazar, domar, jinetear. Supo los oficios de arrear y pastorear. Aprendió a tejer sogas de cuero crudo, de cerdas, de fibras. A confeccionar bozales, jáquimas, sillas de montar. Aprendió a cantar JAYEECHIS, a tocar instrumentos musicales. Aprendió a cultivar las plantas y a recolectar la miel silvestre. En su ánimo se operó un profundo cambio de conducta: fue alegre, vivaz, emprendedor y bondadoso. Y JUYÁ sentíase feliz con su huésped; y le brindó confianza y le adoptó como hijo.

Todas las tardes, ULÉPALA cantaba sobre las colinas calvas los JAYEECHIS de su numen. Siempre oíanlo desgranar en la TROMPA sonidos armoniosos que hablaban de amores y recuerdos.

Un día, cuando la calma imperaba en toda su extensión, vio en los horizontes del Nordeste una tenue polvareda que se desplazaba veloz como un travieso torbellino (remolino). La pequeña polvareda, a medida que avanzaba iba creciendo como grandes tolvaneras sobre la superficie yerma del desierto. Y venía veloz, las arenas se arremolinaban batidas por un viento vertiginoso y tenaz. Todas las cosas tuvieron que afianzarse para no ser voladas al paso de aquel incontrolable viento. Pero a medida que se acercaba la nubosa polvareda, vio ULÉPALA con asombro que eran los pasos de un fogoso corcel cuyo jinete era todo un Gran Señor.

El caballo que montaba era hermoso y blanco. Sus bridas eran relucientes como el oro, en la montura de nácar parecían converger todos los colores del espectro luminoso. Y JUYÁ, ante aquella intempestiva llegada, dejó su reposo y salió a recibir al recién llegado.

–¡Ah!... mi cuñado, ¿habéis llegado?

–¡Si! –Respondió el hombre.

Y... tras una pausa...

–¿Qué nuevas me traéis cuñado? Me admira el veros por mis predios en alegres correrías, cosa que muy poco hacéis a menos que algo importante os lo impulse.

–Es cierto, cuñado. He venido a celebrar los días que alegran el corazón de mis súbditos allá en la tierra. Pero como no he tenido con quién celebrar mis alegrías, vengo para que vos, mi cuñado, me acompañéis a libar unos tragos.

Y diciendo esto: sacó una calabaza que contenía ron y se la entregó a JUYÁ para que escanciara.

Entonces JUYÁ comenzó a beber con su cuñado, quien era nada menos que MALEIWA, el Gran Señor de los Señores, padre de los cielos y la tierra.

Los dos genios se chanceaban con soltura, delicadeza y tino. Y... Estando en lo más álgido de las conversaciones, he aquí que ULÉPALA después de tocar su TALIRAY bajó de las colinas con rumbo a su aposento. Pero en

aquel momento cometió la imprudencia de pasar por la enramada donde dialogaban los dos cuñados. Y... Al momento. MALEIWA preguntó a JUYAÁ:
—¿Quién es ese joven?
—Es un hijo mío que atiende mis quehaceres mientras yo me ocupo de otras cosas.
—Es hijo vuestro de verdad, ¿o lo habéis adoptado como tal?
—Sí, no es hijo nacido de mi vientre, pero así lo considero. Es un muchacho noble que a mis puertas llegó implorando protección, y yo se la ofrecí de muy sobrada voluntad. De tal suerte que lo he enseñado al nuevo orden de cosas que aquí existen. Y él ha aprendido a desenvolverse como es debido.
—Cuñado —Dijo entonces MALEIWA —¿Sería doloroso para vos, si yo os brindase una oferta, que a la verdad parece ventajosa para mí?
—¿Qué queréis decir?
—¡Ah!... que me entreguéis a ese joven —Contestó MALEIWA.
—Pero... ¡Cómo! —Inquirió JUYÁ sorprendido —¿Queréis que os entregue a mi hijo? Pero... ¡A cambio de qué! ¿Para qué lo queréis, y qué os induce arrebatármelo?
—No os sonrojéis, cuñado. Lo quiero para mí porque deseo comérmelo. Sus carnes son tiernas todavía, y de él haría un buen bocado. Saciaría mi apetito. Y de paso, os agradecería para siempre ese favor.
—No. ¡Imposible! —Replicó JUYÁ. —Yo jamás, ni por nada ni a cambio de los tesoros más ricos del mundo me desprendería de mi hijo. Y mucho menos para que...
—Pero cuñado, —insistió MALEIWA. —¿No comprendéis que tarde o temprano siempre lo habréis de perder? Pues bien, antes que se malogre, dádmelo, y me habréis colmado de satisfacciones.
Entonces dijo JUYA:
—Si desde hace muchos años nos unen fuertes lazos de amistad, considerad que por esta causa, habréis perdido la mía. Yo tengo a este joven, no como sirviente que puedo transferirlo a cambio de una oferta tentadora. No lo he conservado para subastarlo al precio vil de unas cuantas reses porque no me hacen falta: riquezas tengo, prestigio tengo, mujeres hermosas tengo. Entonces, ¿a qué puedo aspirar para entregároslo? Tampoco vayáis a creer que por ser vos el dueño del mundo vayáis a presionar mi voluntad para declinar mi negativa a vuestro favor.
Y contestó MALEIWA:
—Siempre dejáis entrever un rasgo de temor, que a la larga no habrá de serviros para nada. Respetando vuestros derechos, he sido tan amable que no he vacilado en hacer un largo viaje para exigir de vos este favor. Las cosas hubieran sido distintas si a la fuerza me hubiese apoderado de

vuestro hijo. Pero como formador de todos los principios admirables, debo ser justo y magnánimo. Pero en vos, no reconozco esa virtud; en cuanto lanzáis amenazas infundadas contra mí, como el de poner en peligro nuestro afecto. Cuñado: no declino mi proposición. Quiero a ese joven. Su presencia ha despertado en mí una fruición tan grande, que sería capaz de todo por llevármelo.

Y contestole JUYÁ:

—Si vuestro propósito inmediato fue beber conmigo: ¿Por qué ahora se os antoja pedir a mi hijo, como si se tratase de una muchacha a quien se la pide en casamiento?

Y al oír aquello, MALEIWA se vino abajo tras una explosiva carcajada.

ULÉPALA observaba los movimientos de aquellos inmortales personajes, sin entender nada de lo que hablaban. ULÉPALA se mostraba sorprendido, y admiraba los gestos varoniles de aquel misterioso personaje.

Y cuando hubieron departido largo rato: MALEIWA dijo a JUYÁ:

—Cuñado, venid conmigo a mi casa para obsequiaros un banquete como desagravio a mis palabras. Deseo olvidar mi propuesta. No quiero ver vuestro ánimo sumido en profundas aflicciones. Quiero tomar con vos, cuñado. Venid.

Entonces JUYÁ, complacido ante aquellas palabras, mandó a ensillar su mejor mula, y se marchó con MALEIWA hacia un lugar desconocido y lejano.

Y cuando hubieron llegado a los dominios de MALEIWA, éste mandó a preparar un rico banquete. Mandó a extraer aguardiente de los frutos silvestres. Hizo que colgaran los mejores chinchorros. Hizo invitar a las más exquisitas majayuras y a los más renombrados tocadores, bailadores, cantadores y cuentistas, para que amenizaran la fiesta en honor a JUYÁ.

Mientras tanto, ULÉPALA estaba en casa, inocente de todo cuanto se tramaba en pos de su persona. Y... Cantaba feliz, cuando de improviso se llegó hasta él una vieja que le dijo:

—Qué lástima me da oír los cantares de un joven tan bueno como vos y que pronto ya no volveremos a ver entre nosotros...

—¿Cómo es eso? —inquirió ULÉPALA sorprendido.

—Sí, hijo mío. Nada sabéis de todas las cosas que se tejen en torno a vuestra vida. Tristezas tengo al presentir que tendréis un fin funesto. Aquel personaje que ayer pasó por aquí, os quiere comer en un opíparo banquete. Más JUYÁ se resiste. Él no quiere entregaros a ese cruento sacrificio. El personaje, por lo visto, es poderoso y habita en otras tierras. Pues bien, esa es vuestra suerte hijo mío. Ese personaje os quiere comer, por eso, os he alertado para que toméis las precauciones debidas, no sea que a fuerza de razones insistentes, JUYAÁ se convenza y os entregue.

Por su parte, MALEIWA y JUYÁ, fundidos en cálida embriaguez solazaban sus ánimos y calibraban sus juicios. Y entonces dijo MALEIWA:

—Es grande mi obstinación, cuñado. Quiero para mí el muchacho que antes vi. Dádmelo. Pues, su sangre y su carne sustentarán mi vida. Vuestra misericordia debe tener un límite y no debe sobrepasar a lo inminente, negándome a ese joven que ni siquiera es vuestro hijo. Jamás os negaría un favor si vos me lo exigieses. Me desprendería de él aunque fuese mi tesoro más preciado. Sinceramente os digo, que no me importaría que fuese un objeto de infinito valor. Más aún, si vinieses de muy lejos, con más razón os complacería.

Y respondió JUYÁ:

—Sí, mi cuñado. La terquedad surge de un antojo egoísta que quiere ser satisfecho a expensas de sacrificios ajenos. La terquedad es un mal espíritu que siempre desea su presas a costa de lo que fuere. Y que cuando la rehúyen, arremete de nuevo con más empuje. Ese es vuestro caso. Dijisteis haber olvidado vuestra oferta, pero ahora deseáis incorporar mi hijo a vuestra esencia.

Y así la polémica se prolongó dos noches, sin que ninguna de los dos contendores doblegaran sus criterios.

Entonces MALEIWA hizo recolectar en costales y mochilas todas las joyas más valiosas del mundo. Vasijas de oro, cornalinas encendidas, prendedores, zarcillos, collares, medallones, sortijas, brazaletes, cinturones... Los hizo regar al suelo, y los cubrió con un manto. Después hizo venir un grupo de doncellas núbiles y grandes rebaños de animales para que JUYÁ aumentase sus riquezas. Dejó como garantía sus armas, y empeñó su palabra en ofrecer todas sus pertenecías, con tal que su cuñado le entregara a ULÉPALA.

Así, MALEIWA, dirigiéndose a JUYÁ, dijo:

—Cuñado, he aquí todas mis riquezas. Os las ofrezco a cambio de vuestro hijo. Es mi última palabra.

Y descorriendo el manto que cubrían las joyas, JUYÁ vio con asombro que eran piezas relucientes de infinito valor.

Entonces JUYÁ, derramando lágrimas, quebrantó su firmeza y dijo:

—Cuñado. Como no habéis tenido razones para convencerme, os habéis valido de vuestro poder para doblegarme. ¡Basta ya! ¡Basta Yá! Os entregaré a mi hijo. Será vuestro. Pero no mortifiquéis más mi corazón. Venid conmigo para entregároslo.

Entonces JUYÁ, despreciando las joyas, las dejó en el suelo, he hizo sobrevenir un viento que las esparció por los cielos. Desde entonces aquellas joyas formaron las hermosas constelaciones y el reguero de estrellas que simulan figuras en el cielo durante las noches claras.

Entre tanto, ULÉPALA encontrábase en casa muy preocupado, cuando la viejita amiga suya, volvió a insistir:

—Hijo mío, decidid vuestra suerte. JUYÁ os ha entregado. Pronto vendrá el personaje rico a buscaros. Tomad una determinación cuanto antes. ¡Apresuraos!

—No importa madre abuela, he afinado mis flechas para enfrentarme a él. No le temo. Si muero, es a combate limpio y no vilmente destrozado por sus dientes.

—Pero... ¡Hijo mío! Eso es imposible... Cometéis un error... Pero... ¡Espera! Todavía os queda una alternativa.

—¿Cuál?

—¡Huir!

—Pero... ¿Cómo?

—Pues, yo os conduciré a través de las sombras y os pondré a salvo.

—Pues, bien, abuela. Acepto vuestra idea. Iré con vos. Entonces la vieja hizo ensillar dos mulas mohínas y caminadoras, para emprender la huida a través de las sombras.

Y ya para partir, dijo la vieja:

—Hijo mío, cubrid vuestros ojos con este lienzo, tomad en vuestras manos este ovillo de hilo y descorredlo mientras marche vuestra mula. Si algún día queréis regresar a estos dominios por esta misma vía, os guiaréis por este hilo.

Y diciendo esto:

El joven vendó sus ojos, y ambos apresuradamente espolearon sus mulas, y salieron disparados como una flecha a través de las sombras.

Y así recorrieron las profundidades del mar, y así pasaron las tinieblas de arriba, y así pasaron por las gargantas de la tierra, hasta que por fin llegaron a la superficie de los campos. Y cuando la vieja quitó la venda que cubría los ojos de ULÉPALA, éste vio con sorpresa que se encontraba en su propia tierra, de donde antes había partido.

Y dijo la vieja antes de volverse:

—Hijo mío, sabed que os he salvado, sin saber el castigo que me espera. Pero eso será imposible si vos mismo no me delatáis. Oíd bien: Guardad mi secreto, no digáis a nadie de dónde habéis venido y dónde habéis estado en los días anteriores. Procurad que transcurran dos ciclos invernales para que reveléis los percances de vuestra vida mientras estuvisteis ausente. Si antes de esta fecha indicada cometéis la imprudencia de contar vuestra historia, os perderéis para siempre. Obrad con tino, sed prudente en vuestras actuaciones y expresiones. No cometáis ninguna indiscreción aun cuando la insistencia os halague con provocativas tentaciones.

–Está bien, abuela, os guardaré el secreto en lo más profundo de mi alma. Y dicho aquello, la vieja desapareció ante sus ojos.

Y cuando MALEIWA y JUYÁ, llegaron en busca de ULÉPALA, éste ya no estaba.

Lo buscaron en su aposento, pero no estaba.
Lo buscaron en los potreros, pero no estaba.
Lo buscaron en la campiña, pero no estaba.
Lo buscaron en la sabana, pero no estaba.
Entonces MALEIWA reprendió a JUYÁ:
–Ah, lo mandasteis a esconder, ¿verdad?
–No. No soy ventajista –replicó JUYÁ.
–Entonces. ¿Dónde está mi presa?
–No lo sé. Los dueños no son dueños de la libertad de sus animales. Cada oveja, cada cabra, cada bestia, toman rumbos diferentes sin que los dueños sepamos exactamente dónde ponen sus pisadas. Por lo visto, menos sabría yo de los pasos de una persona dueña de su voluntad.

Y dicho aquello, MALEIWA se fue en persecución de ULÉPALA. Todos los moradores preguntaron a ULÉPALA:
–¿Dónde estabas en los días anteriores?
–Pues, en mis campos labrando mi tierra.
–¿En qué lugar de la tierra te encontrabas mientras estabas ausente?
–En cualquier parte se está, sin que sea preciso ubicar el lugar. Decir dónde estaba, es como querer ubicar al soñador en las propias correrías de su sueño.
–¿De dónde habéis venido?
–No siempre se viaja cuando se está ausente. De suerte que, no vengo de ninguna parte.
–¿Es verdad que regresasteis de ultratumba?
–Jamás he visto que un Espíritu de ultratumba esté conversando tan campante.
–¿Sois de carne y hueso, o sois espectro?
–Si fuera espectro, se os erizarían los pelos, y no preguntaríais sobre mi ausencia con tanto empeño.
–¿Por qué no contáis vuestra historia?
–Qué novedad puede tener mi vida, sin antes haber salido de mi tierra?
–Y… Vuestra mujer: ¿Por qué no está con vos?
–Mi mujer está ocupada en sus labores.

Y siempre había una coartada, y siempre una evasiva para los que se empeñaban en saber la vida de ULÉPALA durante su ausencia.

Los que llegaban, los que pasaban; sus amigos, sus parientes, sus antiguos servidores, todos preguntaban, ansiosos de conocer su pasado.

Algunas veces lo invitaban a comer, y hacían grandes comidas en su honor, para que revelase sus secretos. Otros hacían grandes libaciones y lo invitaban, para ver si borracho contaba sus aventuras y el motivo de su ausencia. La vida de ULÉPALA se hacía insoportable. Por todas partes era asediado. Por doquiera su nombre iba de boca en boca. Su fama trascendía de territorio en territorio. Los niños querían oír sus cuentos. Los jóvenes saber sus aventuras y las ancianos saber su pasado. Y así transcurrió una primavera, un verano y un invierno.

Más un día, llegó a él una noble invitación por parte de un amigo fraternal, quien a propósito organizó una fiesta, para de ese modo, conocer los secretos que ULÉPALA ocultaba. Y aquella noche, él y su amigo charlaban, tomaban, se sentían vivaces y hablaban con soltura y se contaban cuitas.

Entonces el amigo, con táctica persuasiva, dijo:

—Amigo mío. Toda la gente se empeña en saber vuestro pasado, sin saber realmente que nunca habéis salido de vuestra propia tierra. Eso es necedad. Sin embargo, los que sospechan de vos quedarían satisfechos si le trajeses a vuestra mujer para que todos la vieran. Yo por mi parte sé que nunca, nunca habéis tratado de ocultar nada...

Entonces ULÉPALA, con gran franqueza, y olvidando su promesa de mantener en reserva su secreto, habló con soltura de este modo:

—Amigo mío. Os engañáis. La verdad de mi pasado es como sigue:

III. La relación de Ulépala

Una vez me robé una hermosa Majayura, y queriéndola hacer mi esposa me fui a tierras lejanas, para colectar entre mis tíos y parientes, todo lo que por ella me exigieron como pago...

Y así comenzó a relatar su historia. Punto por punto, palabra por palabra.

A su amigo y a la mujer de su amigo se la refirió.

Ni un rasgo de su pasado, ni una mínima vivencia dejó de relatar. Palmo a palmo recorrió los capítulos de su vida: Sus amores frustrados. Su deseo insatisfecho. Sus llantos en la tumba. La visión de su mujer. Las palabras de su mujer. La negación de copular. La fuga por el mar en un corcel de nubes. Su paso por la caverna fría. Su abandono en las orillas del mar. Su estadía en el Paraíso de los Muertos. La ansiedad de cohabitar con su mujer. La vieja que le hizo trabajar. La comida que juntos disfrutaron bajo un algodonero. La cópula de horror. La mariposa blanca que salió de su semen y el cambio de cosas en su vista.

Todo eso lo contó sin perder un punto de su ilación:

Su abandono en el desierto. Las huellas del rebaño de JUYÁ. La llegada a las Talanqueras. El rubor de los habitantes cuando lo vieron. La presencia de JUYÁ. El pedido de piedad. La invitación como huésped. La mansión descomunal. La fisonomía de JUYÁ. El asiento de jabalí. El chinchorro enorme. El cabrito para comer. El ritmo de sus comidas. La proposición de JUYÁ. Las flechas de cacería. Los trabajos a realizar. El campo de los jóvenes salvajes. Las PARRULUWAS. Los puerco-espines. Las tunas. Los conejos. Las beldades. Las auyamas. Los jóvenes y los venados. Y todo cuanto aprendió en los reinos de JUYÁ.

Y ULÉPALA decía:

–He aquí mi verdadera historia, amigo mío.

Y así prosiguió contando:

La llegada de un personaje misterioso. Su diálogo con JUYÁ. Las ofertas que por él hacían. La embriaguez de los Genios. El sobreaviso de la vieja.

Y decía ULÉPALA:

–Todo esto me sucedió: Más, he aquí que... viéndome ya en peligro, la buena anciana me alertó diciendo: Hijo mío, decidid vuestra suerte. JUYÁ os ha entregado. Pronto vendrá el personaje rico a buscaros. Tomad una determinación cuanto antes. ¡Apresuraos!

Y yo le respondí:

–No importa, madre abuela. He afinado mis flechas para enfrentarme a él. No le temo. Si muero, es a combate limpio y no vilmente destrozado por sus dientes.

Entonces la anciana me suplicó:

–Pero... ¡Hijo mío! Eso es imposible... Cometéis un error... Pero... ¡Espera! Todavía queda una alternativa.

–¿Cuál? –inquirí.

–¡Huir!

–Pero... ¿Cómo?

Y ella me dijo:

–Pues, yo os conduciré a través de las sombras y os pondré a salvo.

Y... Yo respondí:

–Pues bien, abuela. Acepto vuestra idea. Iré con vos.

–Entonces la vieja hizo ensillar dos mulas mohínas y caminadoras, para emprender la huida a través de las sombras.

Y ya para partir, me dijo la anciana:

–Hijo mío, cubrid vuestros ojos con este lienzo. Tomad en vuestras manos este ovillo de hilo y descorredlo mientras carche vuestra mula. Si algún día queréis regresar a estos dominios por esta misma vía os guiareis por este hilo.

Y dicho aquello, vendé mis ojos. Y ambos apresuradamente espoleamos nuestras mulas y salimos disparados como flechas a través de las sombras.

Y así recorrimos las profundidades del mar, y así pasamos por las tinieblas de arriba, y así pasamos por las gargantas de la tierra, hasta que por fin llegamos a la superficie de los campos.

Y cuando la vieja me quitó la venda que cubría mis ojos, vi con sorpresa que me encontraba en mi propia tierra de donde antes había partido.

Y me dijo la vieja antes de volverse:

–Hijo mío, sabed que os he salvado, sin saber el castigo que me espera. Pero eso será imposible si vos mismo no me delatáis. Oíd bien: guardad mi secreto, no digáis a nadie de dónde habéis venido y dónde habéis estado en los días anteriores. Procurad que transcurran dos ciclos invernales, para que reveléis los percances de vuestra vida, mientras estuvisteis ausente. Si antes de esta fecha indicada cometéis la imprudencia de contar vuestra historia, os perderéis para siempre. Obrad con tino. Sed prudente en vuestras actuaciones y expresiones. No cometáis ninguna indiscreción aun cuando la insistencia os halague con provocativas tentaciones.

Y yo respondí:

–Está bien, abuela. Os guardaré el secreto en lo más profundo de mi alma...

Y terminando de pronunciar estas palabras, ULÉPALA cayó de muerte herido de un certero flechazo en la garganta, que le disparó MALEIWA.

La misma suerte corrió su amigo y la mujer de su amigo, quienes vomitaron sangre, y murieron en el acto.

Más, cuando MALEIWA, cargó con el cuerpo inerte de ULÉPALA, he aquí que se le apareció JUYÁ, y le dijo:

–¡Oh! Cuñado, si habéis muerto a mi hijo, os suplico que me déis su corazón para conservarlo en mi poder. Así me ahorráis de grandes amarguras y de no poca hostilidad hacia vos. Entonces MALEIWA, cuando extrajo el cálido corazón de ULÉPALA, éste se transformó en un hermoso cardenal que trepó de rama en rama anunciando con su canto y su presencia la proximidad de las lluvias.

Desde entonces los guajiros dicen que, ISHO el cardenal es hijo de JUYÁ, que siempre anuncia su llegada en los días invernales.

...AKA ULÉPALA NÜKETTALEJE' ESKALIA TÜ SUMAKAT ALALAÜ LAAKAT NUMÜIN SPÜLA NÜKTÜJAIN NUKUWA' AIPA, NAPOISHIJE AMULOULIN NUÜUMA MALEIWA.

...Si ULÉPALA hubiese cumplido con el tiempo que le asignó la vieja para contar su historia, MALEIWA nunca le hubiera dado muerte.

Pero así tenía que suceder.

La leyenda de Waleker[1]

Versión sobre el origen de los tejidos

Cuentan los viejos guajiros, que un día de primavera cuando los pájaros cantaron de alegría anunciando las primeras lluvias; cuando los suspiros florecieron y se llenaron de perfume los caminos, un joven salió de cacería por los montes del ISÁSHII, donde sólo impera la soledad y el miedo:

Aquel joven era un cazador valiente, como esos que llevan en el pulso la prueba de su valor y en el cuerpo las huellas de sus heridas.

Dicen los ancianos que cuando aquel joven nació, una estrella se desprendió del cielo e iluminó la noche. Y los augures vaticinaron al recién nacido grandes sorpresas en su vida.

Aquella mañana el cazador habíase adentrado lo bastante en el interior del monte cuando oyó de pronto una vocecita suave que parecía brincar por los ramajes.

Al principio creyó que se trataba de un simple crujir de ramas a merced del viento. Y prosiguió su marcha.

Al rato, volvió a oír una risita entrecortada como la de un chiquilín a quien le hicieran cosquillas. Creyó el cazador que se trataba de un pajarito oculto entre las hojas. Y sin hacer caso reanudó su marcha.

---

[1] Versión suministrada por Josefina Conzales Ipuana, natural de Jarara,. Guajira Central.

Al dar un paso más, volvió a sentir la tierna vocecita. Esta vez, aguzó el oído, contuvo la respiración, acomodó la flecha sobre el arco y esperó que se repitiera el extraño rumor.

Muchas cosas pensó el joven en aquel instante: creyó que fuesen las ramas del boscaje rozándose entre sí. Y hasta pensó que fuese un WANULUU en forma de pájaro que trataba de asustarlo.

Una mezcla de temor y curiosidad se apoderó del joven, quien bajo el temple de su coraje y la agudeza de sus sentidos avanzó poco a poco hacia el punto de donde salía la voz.

Cuál no sería su sorpresa, al ver una niñita echada en el suelo jugando con las hormigas.

Aquella niña fea, barrigona y sucia, se entretenía haciendo puentecitos por donde iban y venían las inquietas hormiguitas. Se reía a carcajadas cuando las veía saludarse con toda cortesía por los caminitos que trillaban. Otras veces, con una ramita les hacía agujeritos en el suelo por donde entraban y salían en ordenado afán. Y así, les repartía sabandijas y miguitas de PULAA que ellas acarreaban a sus cuevas.

Aquella criatura despertó tanta curiosidad en el joven, que éste, acercándose sigilosamente a ella por entre las matas, quiso asustarla. Pero la niñita al verlo no dio signos de mayor sorpresa.

–¿Qué hacéis aquí, niña?

–No véis que estoy jugando con mis amigas. –Respondió. El joven, entonces la abrumó de preguntas:

–¿De dónde sois? ¿Con quién habéis venido a estos parajes?

¿Quiénes son vuestros padres? ¿Estáis extraviada?

La niña no hizo caso y siguió jugando con sus amiguitas.

Ella decía:

–Siempre WOKOLOONAT, nunca trae nada. Mientras las demás trabajan ella se queda en su galería haciéndose la tonta. Esto era refiriéndose a una hormiguita cabezona que era muy perezosa.

El joven, sorprendido ante aquello que veía, creyó que estaba en un PULOWI de extraños maleficios. Mas, cuando trató de huir, la niñita le dijo:

—No temáis, señor, que mis amiguitas no os harán daño, ellas son muy bondadosas y tan pronto caliente el sol se irán a sus casitas.

El joven respondió:

—No sé quién sois. Tan pronto creo que sois una criatura de verdad, como un WANULUU en forma humana.

—No. No soy WANULUU; soy tan humana como vos, y prueba de ello es que, si dudáis de mí, llevadme y dejadme donde os mejor parezca. Yo soy una triste huérfana que no tengo familia. A mi madrecita la devoró un KALAIRA y mis hermanitas perecieron todas. Yo siento el temor de la soledad porque nadie se conduele de mí. Éstas, mis amigas me acompañan en el día, mientras que en las noches, el frío aliento de los bosques llena de lágrimas mis ojos.

A la niña, se le agolparon las penas, y haciendo una mueca en el semblante prorrumpió a llorar amargamente, a la vez que restregaba su rostro con el dorso de sus manitas sucias.

El joven, del estupor pasó a la compasión, y después de oír las palabras de aquella deforme criatura un beso de ternura estampó en su corazón. Había encontrado una florecita, antes hija del azar, ahora hija de su alma. Y con tierna caricia de buen padre la consoló en el acto.

El joven la tomó de la mano, la levantó del suelo y la llevó consigo a su vivienda.

Aquel joven tenía unas hermanas orgullosas que jamás conocieron la ternura, nacidas tal vez para nunca conocer la felicidad de madre; vientres estériles donde nunca cuajaron los frutos del amor; manos frías que no conocieron las caricias.

Cuando vieron a su hermano trayendo en sus brazos a una criatura repugnante, dijeron:

—¡Esto es el colmo! ¿Dónde habrá encontrado nuestro hermano semejante monstruosidad? De seguro que ese engendro de fealdad nos lo ha traído para asustarnos. Merece que se la destripemos en su cabeza –dijo otra.

Y comenzaron a reírse haciéndole el ridículo a su hermano al verlo tan solícito con aquella criatura chata, cabezona, de ojos pelones, patoja, ventruda, lagañosa y fétida.

Cuando el joven llegó, les dijo:

—Hermanas, os traigo esta niña para que cuidéis de ella, le prodiguéis los cuidados que merece a su edad, y la consideréis como una hermanita más, como una sobrina, como una hija. Recordad nuestra infancia desvalida y sin amor, después de haber perdido a nuestra madre. Crecimos como crecen las plantitas que no se dejan ahogar entre tupidos bruscales y malezas. Un tanto es ella, criatura endeble que puede traernos gozos o desdichas, pero que siempre nos recuerda lo bien que nuestros padres pudieron hacer de nuestras vidas.

Ellas, escondiendo sus malvadas intenciones, simularon acatar las palabras de su hermano.

El joven dispensaba a la niñita los mayores cuidados: la bañaba, la peinaba, le daba de beber en su totuma, la acostaba en su chinchorro, la mecía y la dormía.

En los ratos de ocio, la consentía en todos sus antojos: la cargaba entre sus brazos, le plasmaba muñequitos de cera y de barro para que jugara. Le arrullaba con canciones imprecisas, la acariciaba y le refería cuentos de un paraíso de sueños. Jamás permitía que un asomo de tristeza afligiera su tierno corazón. Aquel joven era como un padre afectuoso, quien puso a la niñita el nombre de WOKOLOONAT en recuerdo de su amiga, la hormiguita perezosa.

IRUNÚU (Estrella que cae), se llamaba el joven, así lo pusieron los augures por haber nacido la noche en que una estrella se desprendió del cielo.

IRUNÚU era el único varón, era el sostén de la casa, vivía con sus tres hermanas, a quienes cuidaba y defendía.

Una mañana IRUNÚU se levantó temprano, se caló su JAPUKIIRU'U (Muñequera) llenó de agua su tapara, tomó sus armas, y llamó a sus hermanas.

—Hermanas, hoy tengo que ausentarme todo el día, voy a remontarme lo bastante en el corazón del bosque, para ventear un venado que ayer se me escapó, regresaré por la tardecita... si tengo suerte. Aquí os dejo la niña a vuestro cuidado; procurad que no llore ni pase hambre; bañadla y mantenedla limpia; procurad que no sienta tristeza ni desgano.

—Así lo haremos, hermano. —Respondieron ellas.

Aquella mañana IRUNÚU se fue de cacería antes que la aurora se desparramara sobre los montes.

Tras la ausencia de IRUNÚU sobrevinieron las amarguras de WOKOLOONAT.

Las malvadas mujeres comenzaron a hostilizarla de palabras y de trato. Aquella mañana la hicieron levantar a sacudones del chinchorro. Le espetaron en cara sus defectos, su origen, su horrible condición. La hicieron presa de sus mofas, le dieron la hiel de sus palabras y la insultaron de mil modos.

El chinchorro de IRUNÚU donde dormía la niña, lo despedazaron a jirones y lo quemaron; la totuma donde antes bebía, la rompieron y la botaron; todo por el asco que le tenían a la pobre niña.

La amenaza y el maltrato le siguieron de cerca.

Si lloraba, la obligaban a que callase; si no callaba, blandían el mandador para azotarla, de suerte que la pobre criatura estaba a merced de aquellas energúmenas peor que las fieras de la selva.

Aquel día le dieron de comer las sobras en una concha de icotea. Pasó la tarde, vino la noche, pero su protector no llegaba de sus largas incursiones.

Aquella noche a WOKOLOONAT la hicieron dormir en las cenizas del fogón con los perros, con las pulgas, en el frío de la noche. Al día siguiente, llegó IRUNÚU con un venado a cuesta, y las hermanas muy contentas salieron a recibirlo.

Al dejar la presa, preguntó:

—¿Dónde está WOKOLOONAT?

—Jugando con las hormigas. —Respondieron ellas.

La niña, al oír la voz de su amado protector corrió hacia él, y llena de gozo se lanzó en sus brazos.

—¡Hija mía!!! —Exclamó.

La niña, enternecida, se deshizo en llanto... Con sus lágrimas quiso lanzar una protesta y una acusación, porque no sabía defenderse de otro modo. IRUNÚU comprendió su arrebato pero no supo las razones que la impulsaban.

Del monte trájole un calumel de piedra y una flor de KANÁSPI que puso en su muñeca.

Luego dirigiéndose a sus hermanas que lo miraban con desdén, les dijo:

–Hermanas, os hago un reproche: No cuidasteis de la niña, como yo os encomendé. Sucia, llorosa y hambrienta la encuentro. ¿Qué habéis hecho de mi niña? ¿Dónde está vuestro cariño, vuestro afecto de mujeres compasivas...?

–Hermano, cumplimos todo cuanto nos dijisteis; pero esa niña es una descuidada. Sólo gusta revolcarse en el suelo y jugar con arena y con hormigas. Ayer rompió vuestra IITA con sus pies y de rabia no comió. Anoche ensució vuestro chinchorro de excrementos y a escondidas lo quemó. Cuando nos levantamos, la encontramos durmiendo en las cenizas; la bañamos en el acto, le cambiamos el traje, y después se revolcó en la arena mofándose de nosotras. Volvemos a deciros que es incorregible.

IRUNÚU, aceptando las razones de sus hermanas, volviose a WOKOLOONAT, y con gesto cariñoso le dijo:

–Hija mía, ¿Por qué lo habéis hecho? Portaos bien con vuestras tías.

WOKOLOONAT no sabía qué decir, se le atoró la voz en la garganta y su corazoncito se nubló de llanto, y de lágrimas se inundaron sus ojitos.

Al otro día, el joven se fue como de costumbre a sus lejanas cacerías; no sin antes haber encomendado a sus hermanas el cuidado de WOKOLOONAT.

Tan pronto se alejó IRUNÚU, las malvadas mujeres descargaron sobre la niña sus peores crueldades. Jugaron con ella, como juega una fiera con su víctima indefensa. Le hicieron mil maldades: le pincharon las manitas con punzones encendidos, le hicieron oler sus excrementos; con un cordel atado a los pies, la levantaron en peso hasta la altura de la enramada para que se balanceara de cabeza y vomitara.

Aquellas mujeres despiadadas reían haciendo sufrir a la niña. Cuando le suspendieron el suplicio tenía los pies hinchados y lloraba amargamente.

Aquel día no le dieron comida sino huesos para que royera, y el lavado de las ollas para que bebiera.

Cuando llegó la noche la hicieron acostar en una choza alejada del resto de la vivienda, para que WANULUU le oprimiera la garganta y los duendes de la noche se la llevaran.

Cuando la niña quedó sola, recordó a su amado protector. Sus gestos, su bondad, su dulzura de padre; siguió con el pensamiento todos sus pasos; evocó su triste condición de no tener un chinchorro en que dormir, ni manta que vestir ni faja que lucir.

Ella conversaba consigo misma. Las mujeres dormían. Cuando... Llegó el conticinio. Al verse sola, WOKOLOONAT cambió su forma de niña fea y se convirtió en una doncella hermosísima que iluminó la noche con el fulgor de sus ojos.

Su belleza era incomparable, ya no era la niña repugnante que infundía miedo; sino la MAJAYÜT de mágicos embrujos. Sólo la noche conocía el secreto de aquella transformación, de aquella flor salvaje que nació bajo sus sombras por obra de un prodigio.

La muchacha, imponente y hermosa se levantó, y miró a su alrededor como quien teme ser vista al desnudarse; pero todo estaba tranquilo, nada se movía... el silencio dominaba la noche.

La doncella llevose los dedos a la boca y sacó del cerco de sus dientes un hilo tan fino y centelleante que parecía una hebra de luz. Con aquel hilo trazó la vaporosa urdimbre y con hábiles manos comenzó a enhebrar las tramas de su tejido.

WOKOLOONAT sacaba de su saliva los hilos con que tejía. De sus labios húmedos brotaron madejas polícromas que fue combinando con exquisita delicadeza.

WOKOLOONAT era una hábil tejedora hasta entonces desconocida. Para ella no había secretos en el arte de tejer, porque todos los conocía. Sabía combinar los colores maravillosos con que se visten las mariposas, porque así lo aprendió de ATÍA, la que tejió el arcoiris sobre los cielos y el cinturón de KA'I sobre la aurora. Sabía imitar los matices de las flores porque así se lo enseñó KANÁSPI. Sabía tejer encajes primorosos como los que teje el mar con sus espumas.

Tal era el prodigio de WOKOLOONAT, que ahora tejía un chinchorro para IRUNÚU.

La muchacha terminó su obra en la madrugada antes que los animales despertaran y el lucero matinal se levantara.

Había tejido un chinchorro de bellísimos colores que semejaban el plumaje de las WA'AMAYAS. Rápidamente lo dobló, y lo tendió afuera sobre un horcón de la enramada, donde las malvadas mujeres roncaban su pesado sueño.

En el tiempo que demora un pestañar de ojos, el prodigio de la beldad se diluyó en las sombras y la doncella volvió a su primitiva forma de niña repulsiva y fea.

El día amaneció radiante, pero a medida que avanzaba se tornaba pesado y bochornoso.

Las mujeres, sorprendidas de ver aquel tejido tan extraño, con visos de serpientes enrolladas, no se atrevieron tocarlo por temor que fuese un WANULUU. Pero la curiosidad venció al temor.

Examinaron la simetría del tejido, la disposición de los hilos, sus colores, su hechura, su dimensión exacta. Todo era perfecto, no había duda, aquella preciosidad era obra de una hábil tejedora, y no de malos espíritus como creyeron antes.

Pensaron que fuese de algún caminante nocturno que de paso la dejó olvidada.

Buscaron huella en los senderos, pero nada vieron.

Fueron a la pieza donde dormía WOKOLOONAT para ver si el WANE'ETUUNAY, el Destripador de niños la había cambiado por aquel chinchorro. Pero la encontraron dormida todavía.

Ninguna suposición les aclaró el enigma.

Aquel día llegó IRUNÚU con varios conejos y perdices colgados de la cintura.

Después de entregar a sus hermanas la humilde presa, llamó a WOKOLOONAT.

La acarició como de costumbre; pero esta vez, a más de la mugre que la cubría y la hacía heder el cuerpo, notó que había enflaquecido, que sus pies estaban hinchados y sus manitas avejigadas.

Sorprendido, preguntó a sus hermanas con dureza:

—¿A qué viene que mi niña tenga los pies hinchados, las manos avejigadas y el cuerpo enflaquecido? ¿No la bañasteis, no le disteis de comer? ¿La habéis torturado acaso? Piojosa, enflaquecida, mugrienta, la encuentro como siempre.

Ellas, para atenuar el tono de las preguntas, respondieron:

—La cuidamos con esmero, hermano. Ayer mientras fuimos a buscar la leña, la picaron los ciempiés, por eso tiene los pies hinchados. Jugando, tropezó con las topias del fogón y se quemó con las brasas encendidas, por eso tiene las manos avejigadas. La veis flaca porque detesta la comida, sólo gusta roer huesos y lamer el fondo de los calderos. Limpiamos su cabeza de piojos y de liendres, y luego la bañamos. Pero después sin darnos cuenta, comenzó a jugar con excrementos.

IRUNÚU, convencido ante aquellas mentiras bien tramadas, se entristeció al pensar que su niña era irremediablemente boba. La niña volvió a llorar sus amarguras y se fue a consolar con las hormigas.

Complacidas las malvadas por la buena aceptación de sus mentiras, dijeron a IRUNÚU, mostrando la joya aparecida:

—Hermano, ayer tejimos para vos este chinchorro, como prueba del afecto que os tenemos. Toda la noche trabajamos para tenerlo listo y podáis descansar en él, después de vuestras largas caminatas.

Así hablaron las impostoras haciendo creer que ellas habían tejido aquel chinchorro.

IRUNÚU, admirado ante aquel regalo sorpresivo, alabó el talento de sus hermanas, la fineza de sus manos, el buen gusto de su arte, y sobre todo, su desprendimiento de tan bella prenda. El joven tomó el presente, y para que no se ajara, lo guardó en su capotera, para usarlo en momentos oportunos: de un viaje, de una fiesta, de un encuentro.

Aquella misma tarde, el joven incansable se fue de cacería, después de encomendar a sus hermanas la suerte de WOKOLOONAT.

Cuando ya la noche se acercaba, las perversas mujeres se dijeron:

—No se nos tranquilizará el ánimo hasta no ver con nuestros ojos quién hizo ese chinchorro, quién lo trajo y cómo vino. Esta noche velaremos juntas.

—Yo mascaré MANIIA para no dormir —dijo una.

—Yo utilizaré un punzón bien caliente, para pincharla que se duerma —dijo otra.

—Yo atizaré el fuego para darnos lumbre —dijo la tercera.

—No, —repuso la que primero habló. —La lumbre ahuyentará las cosas y no podremos ver nada a sus reflejos. Es preciso estar en silencio y en completa oscuridad.

WOKOLOONAT oía con aflicción el comentario de las malvadas, quienes tramaban un plan para sorprenderla aquella noche. Ellas no sabían que WOKOLOONAT se transfiguraba en doncella para tejer, ni siquiera remotamente lo pensaban.

Pero aquella niña grotesca, horriblemente repulsiva tenía necesariamente que transformarse todas las noches para elaborar los tejidos que sabía.

Cuando las formas de las cosas desaparecieron en las sombras, las mujeres se juntaron a velar. A WOKOLOONAT la mandaron a dormir temprano.

La noche avanzaba, el momento de transformarse en doncella se acercaba.

Las mujeres, echadas en el suelo, permanecían despiertas; de pronto dijeron en voz baja para que no las oyera el YOLUJÀA:

—Colguemos el chinchorro cuyo misterio queremos descubrir, para darnos unas mecidas en él, y disfrutar de su dulce tentación. Cuando las tres mujeres se acostaron, un profundo sopor las envolvió y quedaron como muertas en el acto.

Aquel chinchorro maravilloso tenía la virtud de los sueños enervantes. El que se acostara en él durante el día, se tornaba vicioso y holgazán; y el que lo hacía en la noche, dormía profundamente un sueño letífero como el que duermen los muertos en sus huecos.

El sueño venenoso de aquel chinchorro sólo duraba hasta el amanecer, porque en el día debilitaba las fuerzas y mataba el ánimo.

Aquella noche, la doncella, llamada WALEKER, imitó los colores con que los genios tejieron los paisajes: los mantos que tejen los inviernos sobre las llanuras; las enredaderas que se entretejen sobre los árboles; el pabellón de las neblinas que cubren la cuesta azul de los montes; las blancuras de las nubes que afloran en la lontananza y la armonía de los crepúsculos vespertinos.

Aquella gama de colores maravillosos los combinó la doncella en una noche, para dar variedad a sus tejidos.

Hizo una manta color de cielo con encajes de filigrana (AANALÁA), una ruana de felpa, un SHE'BE enlistado de tintes espectrales, una faja ancha de KANÁS de diferentes tonos y decorada con líneas zigzagueantes (SI'IRA), un amplio cinturón de figuras geométricas, armoniosamente acabadas en borlas multicolores. (ATULUUSHI SUMAA SALIÜU), un lienzo satinado llamado AICHÉE (guayuco), una bolsita rojinegra terminada en borla unicolor, para usarla como bolsillo en la parte lateral del muslo (WO'LUÚ), un pañolón, un gorro a manera de bonete con topes de MOLONO, un TOLOOMA profuso.

Así tejió la doncella toda la indumentaria de IRUNÚU sin que sus espías, las malvadas, se dieran cuenta.

Al llegar la madrugada, colocó sus tejidos donde siempre, y volvió a tomar su apariencia de niña fea.

A la mañana siguiente, cuando las mujeres despertaron de su profundo sueño, no podían contener su asombro ante las maravillas que veían. No sabían si estaban soñando todavía, o aquella obra de encantamiento era una tentación maligna. Pero lo cierto fue que aceptaron con beneplácito aquellas prendas de vestir.

Ellas decían:

–No podemos saber cómo pudo ocurrir todo esto sin darnos cuenta. Todo fue culpa del sueño que nubló nuestros ojos. Pero no importa, la próxima noche volveremos a velar para descubrir el misterio.

–Siempre diremos a nuestro hermano que todas estas prendas las tejimos para él, y se llenará de gozo.

Examinaban las piezas, mientras iban relatando los sueños desconcertantes que habían tenido.

–Soñé que había ido a JEPIRA, caminando sobre una vara tendida a través del mar agitado. Cuando llegué, los espíritus reconocieron en mi olor que yo había profanado sus dominios sin antes haber pasado por la muerte; luego me encerraron en una cueva para que no envenenara con mi hedor los antros del JEPIRA.

La otra, dijo:

–Soñé que estaba en medio de un rebaño de animales flacos, que pastaban su miseria sobre un campo yermo. Luego sentí sed, y para no morir bebí la sangre de aquellos animales.

–Yo, –dijo la tercera, volaba y volaba en las tinieblas, cuando una luz me enceguecío los ojos.

–¿Qué significan nuestros sueños?

–¡Prosperidad!! ¡Larga vida! –Prorrumpieron ellas.

Prontamente hicieron levantar a WOKOLOONAT para que fuera a bañarse en los pozones antes que llegara IRUNÚU.

Otro motivo para sus juegos inocentes fue el agua de las lluvias retenida en los caminos, encharcada en los pozones.

WOKOLOONAT, con cualquier cosa se entretenía.

Las charcas, las aguas empozadas también le brindaban otro mundo de constante diversión: colémbolas, guazarapas, libélulas, renacuajos, etc.

La extensión de arriba se reflejaba en el fondo de las aguas como un abismo azulado, como un pedazo de cielo en el fondo de un espejo.

El contorno de las nubes y los arbolitos de la orilla miraban su silueta en aquel espejo de linfas cristalinas.

Para WOKOLOONAT no había más realidad que las fantasías que se dibujaban a sus ojos.

Apostada en la orilla no se atrevía a mirarse en el agua, por temor a caer en aquel abismo sin fondo que tenía ante sus ojos a pesar que la hondura de aquel charco no pasaba del tobillo. Comenzó a lanzar piedrecitas para romper la tranquila superficie y extasiarse en la contemplación de sus ondas circulares, que después de agrandarse más y más volvían a morir en el reposo.

Así distraída, la encontró IRUNÚU.

—¿Qué hacéis aquí, mi niñita cara sucia? ¿Por qué habéis venido a jugar tan lejos de nuestra casa?

La niña no respondió. Sólo inclinó su cabecita y comenzó a jugar con las hierbas así como juegan los insectos con las briznas. Seguidamente la bañó, y limpia la llevó consigo de regreso al rancho.

Llegado que hubo, fue recibido por sus tres hermanas.

Al verlo se pusieron muy contentas, y dijeron:

—He aquí la nueva indumentaria que tejimos para vos, hermano. Son trajes que merece lucir un hombre rico. He aquí vuestra manta color de añil, la cobija, la ruana, el SHE'BE, el AICHÉE, el cinturón, el bonete, el TOLOOMA y demás cosas. Sois el hombre más afortunado de cuantos hay; por tener hermanas laboriosas. Ninguna mujer hará lo que nosotras hacemos para vos. —IRUNÚU aceptó complacido aquellos regalos sorprendentes, después de un titubeo en el cual creyó que aún estaba soñando. Pero todo pasó cuando se midió los trajes que lo hacían el más imponente de los hombres.

Agradeció a sus hermanas los regalos, pero no del todo convencido. Esta vez no tuvo para ellas palabras de gratificación, porque la duda se le interpuso con todo su influjo de interrogantes.

No podía comprender que sus hermanas en tan poco tiempo pudiesen aprender un arte tan difícil y desconocido. Además, ellas eran despreocupadas e indolentes por naturaleza.

IRUNÚU sospechaba de sus hermanas porque las conocía a fondo. Siendo ellas torpes, sin aptitudes para nada, mal podrían presentarse de la noche a la mañana como excelentes tejedoras.

—¿Cómo pueden mis hermanas hacer un tejido sin HUSO, sin telar, sin algodón, sin hilos y sin agujas? No veo en este rancho instrumentos de tejer. ¿Cómo pueden trabajar de noche sin que el sueño las agote? ¿Cómo pueden tejer sin lumbre, sin claridad de luna? ¿Cómo pueden saber un arte sin norma, sin principio ni destreza? No comprendo, mis hermanas: o son un prodigio, o unas impostoras que pretenden engañarme. Esta tarde no iré a mi acostumbrada cacería. Simularé mi partida, y me esconderé en el monte hasta que llegue la noche. Tengo que saber cuál es el misterio que las anima, cuál es el afán que las impulsa.

Así decía IRUNÚU mientras se mecía en un chinchorro con sus pensamientos.

Entre tanto, cada una de las tres mujeres cavilaban para dar con el secreto de los tejidos que supuestamente habían elaborado.

Pensaron en lo más descabellado, en lo más absurdo, en lo más inverosímil.

–Tengo un plan que no falla –dijo una. Esta noche me acostaré con un brazo tendido fuera del chinchorro, ataré de mi muñeca una piedra que sostendré en la mano, y tan pronto empiece a dormitar la piedra caerá y enseguida despertaré.

–Buena idea –respondieron las otras.

La otra dijo:

–Mi plan es el siguiente: Yo me acostaré con el talón izquierdo puesto sobre el dedo gordo de mi pie derecho; tan pronto sienta venir el sueño, mi pie izquierdo caerá, y yo sobresaltada despertaré en el acto.

–Perfecta idea –respondieron sus hermanas.

La tercera dijo:

–Yo estaré sentada todo el tiempo. Ataré mis cabellos con un cordel desde una vara de la enramada; tan pronto empiece a cabecear despertaré con el brusco jalonazo que me dé.

–Es perfecto el plan –respondieron todas.

Aquel día tuvieron una visita pasajera en la persona de UYÁALIWA, el PIACHE más famoso de aquel tiempo.

UYAALIWA era un anciano que tenía los ojos tan chiquitos que parecían dos pulguitas; por esta razón siempre andaba cabizbajo. Y tal vez, avergonzado de su defecto no miraba de frente para no mostrar sus ojitos de pulga; pero aun con todo eso, era bastante escrupuloso y no permitía que nadie se burlara de él, ya que se creía de buena catadura.

UYÁALIWA, llamado también AUTSHI, que significa curandero, era un personaje de cuyo cuerpo emanaba un efluvio penetrante y encantador. Ese olor le provenía porque gustaba alimentarse con las flores más fragrantes, las hojas tiernas y la miel silvestre.

Cuando el anciano llegó, conversó con IRUNÚU de todo cuanto había visto y oído en su camino.

Conversaron sobre LAS COSAS QUE SE DICEN, el ciclo de las lluvias, el curso de la luna, la trayectoria de las constelaciones, el hambre, la cacería y todos los temas que pueda caber en la vida de un anciano.

A medida que hablaba, el viejo sacaba de su morral un puñado de flores perfumadas, se las echaba en la boca y las comía con deleite.

Entonces IRUNÚU, movido por la curiosidad ante aquella rara costumbre que veía, le preguntó al anciano:

–¿Por qué coméis flores, abuelo?

–Es mi comida predilecta, hijo mío. Acostumbro comerlas cuando hago largas jornadas para espantar el sueño y la fatiga. Estas flores no dan sueño a quien las coma, y como ahora vengo de lejos y voy hacia muy lejos, las llevo en mi morral como una provisión.

Ésa fue la respuesta del anciano a la indiscreta pregunta de IRUNÚU, quien no volvió a insistir en el asunto. Pero sus hermanas, que estaban escuchando la conversación, pidieron un poco de flores al anciano para probar sus efectos. Mas él, no se hizo rogar y, a cada una le dio un puñado de flores, que guardaron cuidadosamente para el plan que tenían preparado. Caída la tarde, el anciano se despidió y continuó su marcha. IRUNÚU entonces, llamó a sus hermanas y les dijo:

–Hermanas, voy a retirarme lejos esta noche. Los consejos de ese anciano que visteis son acertadísimos. Ha dicho que la primavera va de paso y se aproxima el estío. Si es así, los animales se han ido espantados presintiendo la sequía; ya los montes se niegan a darnos de comer, por eso tengo que remontarme hasta donde esté lloviendo, para ver si consigo lo necesario para comer. Entretanto continuad vosotras dedicadas al tejido y a la recolección de los frutos. Es tiempo que saquéis provecho de vuestro arte. Yo volveré dentro de dos días.

Y continuó diciendo:

—No olvidéis los cuidados que merecen a WOKOLOONAT: cuidadla, que cuando sea grande estará a nuestro lado cuidándonos también. Queredla, no la tratéis con severidad. El corazón de los niños es frágil como la policromía de las mariposas. Ellos merecen amor y ternura. Si eso les falta, sus corazones se marchitan y sus ojos se llenan de lágrimas. Las lágrimas producen amargura, y las amarguras dolor; el dolor engendra odio y remordimiento para quienes no supieron cuidar su infancia.

Esto dijo IRUNÚU a sus hermanas, fingiendo ir más allá de los sitios que siempre frecuentaba.

Cuando IRUNÚU se marchó, sus tres hermanas se mofaron de sus palabras, remedaron su gesto y su voz, se desternillaron de risas y...

—Lo que nuestro hermano espera de esa cara de boñinga, es que sea señorita para hacerla su mujer. No es otra cosa las caricias que le da y las ternezas que le prodiga. Ahora quiere que se la cuidemos. Sin duda; nuestro hermano está loco.

Mientras esto decían, las insolentes mujeres ponían sus traseros en la cara de la niña, para hacerla oler sus cuescos.

—Cuando seáis señorita, esto le daréis a nuestro hermano, un cuesco en sus narices para que se asfixie, mientras vos te vais de alboroto con otros machos.

Tales fueron las palabras insultantes que le endilgaron a WOKOLOONAT antes que llegara la noche.

La luna chiquitica, sin brillo todavía apareció en la tarde, y poco a poco tras una sonrisa se ocultó en la noche. La noche no la hicieron enteramente callada como el silencio de las tumbas. Se crearon los insectos, las aves y demás animales para que amenizaran con sus voces la quietud de sus sombras.

WOKOLOONAT, también formaba parte de esa maravilla nocturnal.

Aquella noche hicieron que la niña boba se acostara temprano, la "cara de boñinga" como le decían las perversas mujeres. Ellas por su parte, colgaron afuera sus chinchorros y se acostaron bajo la enramada.

La mayor de ellas, dijo entonces:

–Es mejor desistir de nuestros planes anteriores, y valernos de las flores que nos regaló el viejo UYAALIWA. Esas flores tienen la virtud del insomnio, y con ello permaneceremos despiertas toda la noche. Esta vez, el misterio de los tejidos no escapará a nuestra vista.

–Así es. –Afirmaron las otras.

Seguidamente sacaron las flores que habían guardado en sus camuros; pero... aquellas flores eran tan olorosas, tan ricamente perfumadas, que antes de comerlas quisieron saciarse de su aroma oliéndolas un rato. Aquel perfume embriagador les produjo una sed insaciablemente deliciosa. Se sintieron como transportadas. La fragancia sutil que despedían las envolvió en un extraño éxtasis, en una dulce sensación de placer que no podían contener. Sintieron la fruición de su ardiente naturaleza en todo el cuerpo; estaban como hechizadas de voluptuosidad; se reían, se pellizcaban y se acariciaban ansiosas. Sus deseos, largamente dormidos en la fría inhibición, despertaron de su sueño; y creyéndose cada una hombre frente a una mujer, comenzaron a abrazarse, besarse y acariciarse impúdicamente.

Aquellas flores no eran realmente odoríferas, sino hediondas adormideras cuya esencia afrodisíaca hacían cometer los más feos actos de lujuria.

El zumo de aquellas flores les pareció más dulce que el almíbar. Y... cuando las hubieron devorado, les sobrevino una especie de locura desenfrenada, que las ensañó contra sí mismas. Se retorcieron furiosas y se mordieron como serpientes venenosas... y... Así se fueron aletargando hasta que ya exhaustas y borrachas cayeron en un profundo sueño.

La noche se hacía cada vez más densa y más pesada.

IRUNÚU había escuchado desordenadas voces desde su escondite, había oído confusas algazaras, pero no se imaginaba que pudieran ser sus hermanas en tremenda borrachera.

Al fin se llegó hasta ellas y las encontró dormidas. Roncando, como si hubieran estado en libaciones. Nada sospechó IRUNÚU sobre el caso, creyó simplemente que dormían como de costumbre.

Luego se sentó en un tronco, satisfecho de haber comprobado que sus hermanas no hacían más que dormir en vez de tejer.

De pronto, un tenue resplandor se vio en el rancho donde dormía WOKOLOONAT, algo así como una luz opacamente desleída entre las sombras. IRUNÚU se estremeció al momento y sintió miedo en su corazón. Mas, para un cazador acostumbrado a los peligros aquello era muy poco.

Tomó su cuchillo y, lentamente en puntilla de pies se acercó hasta el aposento de WOKOLOONAT. Tal calma presagiaba una tormenta; solamente los grillos taladraban la noche con su larga chilladera, el cielo borrascoso y sin estrellas hacían más tétrico el ambiente. Al fin se acercó... Miró por una hendija, pero el interior del rancho estaba como el plumaje de los zamuros, negro como el tizne de los calderos, IRUNÚU sudaba frío porque temía enfrentarse a un WANULUU. El más leve movimiento le asaltaba, el martirio de la incertidumbre lo mantenía en suspenso.

Después de un rato breve, sintió un suspiro como de alguien que despierta y se incorpora. Pensó que fuese WOKOLOONAT, pero... ¿a qué podía levantarse a esa hora?

Poco a poco del fondo de las sombras fue emergiendo una figura blanquecina como la de un fantasma. Aquella figura vaporosa fue iluminando el recinto hasta que todo quedó completamente claro.

Cuál no sería la sorpresa de IRUNÚU al ver a WOKOLOONAT transformada en una doncella hermosísima, resplandeciente como las auroras que preceden los amaneceres.

IRUNÚU se palpó la frente como queriendo despertar de un sueño. Se restregó los ojos como queriendo apartar una visión, pero todo fue en vano. Estaba frente a la maravillosa realidad de un prodigio.

La doncella miró a su alrededor como siempre lo hacía antes de tejer.

Sus ojos brillaban como dos luceros. Eran bellos, como dos paraparas encendidas sobre el fondo de una blanca nube. Su cabellera undosa caía sobre la espalda como una cascada de azabache. Sus labios purpurinos, su tez de leche y sus vestiduras blancas le daban un aspecto imponente.

Por fin, después de lanzar su escrutadora mirada, escupió en sus manos, y de aquella saliva hizo innumerables ovillos de seda con las que tejió una hamaca (JAMÁ), un chaleco (SPÜNA), una mochila profusamente dibujada (SUSÚ), un pañolón (EKIAALÜJAA), una amplia mantola (SHE'I), un pellón de caballería.

Así tejió la doncella con hábil maestría los más hermosos encajes, los más finos bordados, los más preciosos caireles, los más variados tejidos hasta entonces desconocidos por los WAYÚU.

Ella sabía que IRUNÚU la estaba acechando; aunque él se creyese muy oculto a su mirada.

Luego sucedió lo inesperado: Una dulce voz acarició su corazón.

- IRUNÚU, amado mío. ¿Por qué estáis escondido mirándome por la hendija, atisbando los secretos de mi intimidad? ¡Venid! Entrad... quiero mostraros el misterio que encierra mi existencia.

IRUNÚU, entró en el aposento.

Después de un silencio breve, la Majayura dijo:

-Ya no soy WOKOLOONAT sino WALEKER, la hija de la noche y la soledad. Participo de mi doble naturaleza para enseñar en vuestro orden el arte de mis predecesoras aquellas que tejieron para los Genios: ATÍA, MAAWÜI, KANÁSPI, SE'SE. Los WAYÚU no saben tejer, y yo he venido a enseñarlos. Creí que vuestras hermanas pudiesen aprender mi arte; pero no han querido porque son soberbias, indolentes y perversas. Antes creí encontrar en vuestro hogar la paz y la armonía; pero sólo encontré odio, maldad y sufrimiento. Hubiera preferido huir sin heredar mi arte si no me hubiese prendido de vuestra bondad. Fuera la eterna niña, columpiando en el ramaje de los arboles al amparo de mi madre, si el destino no me hubiese puesto en el camino de vuestra suerte. Ambos nos campadecimos aquella vez; me disteis vuestra bondad y vuestro cuidado, y yo os di mi gratitud. Fui la hija que en los brazos del padre llegó al hogar de las hermanas torpes que tuvieron miedo de mi fealdad. -A IRUNÚU se le extravió la voz en la garganta, y no supo responder. Ardía su corazón ante aquel reproche, sintió remordimiento sin ser culpable.

Ahora se percataba de la conducta de sus hermanas y sentía vergüenza de sí mismo. Pero ante aquella beldad nada podía ser duradero. Seguidamente renació el amor, un amor distinto al que le brindaba siendo WOKOLOONAT. Ahora sentía por aquella doncella un deseo de posesión que lo turbaba. Quiso tocar a la muchacha y suplicarle que no cambiara de forma, que no volviera a su estado de niña repugnante, que fuera eternamente bella, eternamente joven. Pero ella lo esquivó y no quiso que la tocara.

–Aguardad, IRUNÚU, que faltan nuevas sorpresas todavía. Ahora quiero que os retiréis de mi presencia, porque ya se acerca la madrugada y no quiero que vuestras hermanas nos sorprendan conversando. Pero... antes quiero una cosa: No reveléis a nadie el secreto de mi vida, ni mencionéis mi nombre, ni habléis de las maravillas que habéis visto, si lo hacéis me perderéis para siempre; en cambio, si acatáis fielmente mis consejos tendréis la recompensa: seré tuya. –Así dijo la gentil doncella.

Y continuó:

–Cuidaos de aquel chinchorro acogedor que hice para vos, usadlo solamente para dormir en la noche, pero no permanezcáis en él durante mucho tiempo, porque os volveréis vicioso, corrompido y holgazán. Tened en cuenta que el chinchorro es el mejor amigo de la ociosidad y el peor enemigo del trabajo. Os repito, cuidaos de la menor indiscreción.

IRUNÚU se fue pensativo y maravillado. La imagen de la doncella lo atormentaba. Al día siguiente, las malvadas mujeres se levantaron desvanecidas y aporreadas. No encontraron asidero a sus torpes movimientos.

–¿Qué nos pasó anoche? –preguntaron.

–¿Por qué tenemos el aliento fétido y aguardentoso?

–La culpa fue del vejete que nos engañó con sus flores malolientes. Ahora nos hiede la boca a orines de mapurite.

Cuando el sol comenzó a calentar, venía IRUNÚU con varias piezas de cacería, y sus hermanas, llenas de efusión salieron a recibirlo; pero no le hablaron de cerca por temor a la hedentina de sus bocas.

IRUNÚU recordaba la visión que había tenido aquella noche. La tristeza lo embargaba porque estaba enamorado de una beldad insospechada. Su semblante decaía y sus facciones se mostraban ásperas.

Una de las hermanas al verlo tan afligido se le acercó entonces:

–¿A qué esa palidez, hermano mío? ¿Estáis enfermo acaso?

–No, hermana. Tengo un veneno en el corazón. Creo que WANULUU me hirió anoche con su flecha, y hoy me hace padecer grandes dolores. Una extraña visión me ensombrece el alma.

–Llamaremos al AUTSHI para que adivine vuestros males, –replicó la hermana.

Entonces IRUNÚU con un gesto de repugnancia, preguntó a la hermana:

–¿Por qué tenéis el aliento insoportable? Un hedor de mortecina y excremento despide vuestra boca cuando habláis. Apartaos de mí, vuestro cuerpo hiede a sudor quemado. Habéis tomado aguardiente.

A poco llegaron las otras, con los presentes que supuestamente habían tejido aquella noche.

A IRUNÚU, al verlas, se le inyectaron los ojos de indignación, y se tapó las narices para no percibir el olor de sus hermanas.

–¡Impostoras! Todavía os parecen poco vuestras mentiras, haciéndome creer que estáis tocadas por un prodigio. Anoche descubrí toda vuestra falsedad. Largaos de aquí, estáis hediondas a chinche.

Las mujeres corrieron a bañarse y a enjuagarse la boca pero jamás se les quitó el hedor.

En aquellos momentos una comitiva de varios hombres, llegó a su rancho. Venían de muy lejos a dar la infausta noticia de la muerte de un personaje famoso de aquellos tiempos.

–Amigo IRUNÚU, –dijeron los recién llegados –venimos a invitaros para que nos acompañéis en nuestro duelo. Ayer murió nuestro amado padre, y las exequias tendrán lugar durante dos noches consecutivas. Vamos a rendir el último tributo a nuestro deudo, por eso hemos venido a vos.

IRUNÚU, no se hizo esperar; tan pronto aceptó la invitación se caló sus mejores trajes.

Aquella vestimenta deslumbró a sus amigos, quienes jamás habían visto tanta maravilla en el cuerpo de un personaje. Sus amigos estaban embelesados ante aquel vestuario esplendoroso. IRUNUU tomó su ruana, su manta, su faja, su cobija, su chinchorro, su tolooma, y sin decir nada partió con sus amigos.

Se había olvidado de WOKOLOONAT, ahora pensaba en la doncella WALEKER como si en aquel momento ambas fuesen de distinta naturaleza.

Las hermanas no pudieron curarse del mal aliento y del sudor a chinche que transpiraban.

Y decían ellas:

—Es raro que nuestro hermano se haya olvidado de su Cara de Bóñiga. La obcecación lo tiene maltrecho y una rara enfermedad lo agobia. No le perdonaremos el insulto que nos dio. Se cree tan necesario que sin él no podremos subsistir; pero se equivoca, lo venceremos.

En efecto, aquellas diabólicas mujeres pensaron envenenar a su hermano y después huir.

En cuanto a WOKOLOONAT, pensaron enterrarla viva para que los bachacos la devoraran. Pero esa noche tenían que descubrir el enigma de los tejidos.

Maquinando planes, encontraron, por fin, la idea definitiva y contundente.

Una de las más astutas, dijo entonces:

—Se me ocurre un plan que no fallará. Esta noche contrataremos los servicios de la vieja TOOL. La que todo lo ve, la que siempre vela. TOOL no sabe dormir porque su oficio es desmotar algodón durante la noche.

Aquella tarde las mujeres fueron donde la anciana, y le dijeron:

—Hemos venido para que nos acompañéis esta noche. Nuestro hermano se halla ausente y tenemos miedo de dormir solas. Estas noches algo extraño ronda nuestra casa y tememos que sean los YOLUJAA. Llevado consigo vuestro huso y todo el algodón que podáis hilar; agradeceremos altamente vuestra compañía, abuelita.

La vieja se fue con ellas.

Y cuando llegaron, dijeron a ésta:

—Abuela, si esta noche cuando ya estemos dormidas alguien llega a nuestro lado, despertadnos prontamente, que grandes recompensas os daremos por tal servicio.

La vieja desde temprano se puso a desmotar y hacer madejas de algodón. Cuando llegó la hora crepuscular, improvisó un canto lastimero y monótono, contenta porque ya la noche se acercaba.

A media noche, WOKOLOONAY, convertida en señorita comenzó su acostumbrada tarea. Cuando ya estaba en pleno trabajo, la bella sintió en su cuerpo un cosquilleo que la enfadaba, como si alguien la estuviera observando.

Efectivamente, la vieja se acercó, y cuando trató de mirar en el interior del rancho, sus ojos se abrieron desmesuradamente de asombro, al ver aquella doncella bañada de luz y de hermosura.

Rápidamente, de varios sacudones despertó a las mujeres que dormían para que vieran aquel espectáculo impresionante. Las mujeres se levantaron sobresaltadas y corrieron con la vieja hasta el aposento de WOKOLOONAT.

La vieja TOOL trató de cerrar sus ojos desorbitados, pero no pudo; trató de pestañar pero no tenía párpados ni pestañas. Desesperada huyó del lugar gritando ¡¡TO'U!! ¡TO'U...! ¡TO'U...! ¡¡TO'U...!! ¡MIS OJOS! ¡MIS OJOS! ¡MIS OJOS!

A medida que corría agitaba sus brazos como queriendo volar en la oscuridad de la noche. Se le llenó de plumas el cuerpo, las uñas se le volvieron garras y su rostro quedó deformado. Desde entonces la vieja quedó transformada en lechuza y condenada a rondar las noches. El canto de la lechuza es el grito de la vieja lamentando sus ojos.

Poco a poco las apariencias de las hermanas también fueron cambiando y adquiriendo horripilante forma. Sus voces estridentes se volvieron chillidos imperceptibles, sus mantas fueron tomando formas de membranas que les cubrieron el cuerpo, y en aquel instante quedaron transformadas en murciélagos asquerosos que revoloteaban en la oscuridad.

De esta manera quedaron castigadas las hermanas de IRUNÚU. Colgadas del techo, balanceándose de cabeza y con su olor característico.

No había sido otra cosa el sueño que habían tenido; habitarían en los sitios más lúgubres de JEPIRA, vivirían en las cuevas más hediondas, se alimentarían de sangre como sus parientes los vampiros y estarían condenadas a vivir colgadas de sus pies en medio de la oscuridad.

Entre tanto, IRUNÚU, creía realmente que había llegado al velorio del amigo muerto; pero estaba en la MANSION DE LOS ESPIRITUS (SUU-MAIN YOLUJÁA).

Aquellos personajes a quienes él creía sus amigos, no eran más que sirvientes de WANULUU, que habían adoptado la forma humana para engañarlo.

Las muchachas hermosas lo aclamaban, los hombres famosos lo admiraban como el más valiente cazador de entonces.

Allí estaban presentes todas las enfermedades y las pestes que ceñudas lo miraban.

IRUNÚU había perdido la noción de las cosas, los espíritus le habían anulado el entendimiento y le habían insuflado sus venenos.

Un hombre de distinguido porte le preguntó:

—¿Quién hizo vuestras vestiduras de tan ricos ornamentos, muchacho?

—Una bellísima doncella, de nombre WALEKER, que de noche las teje, —respondió IRUNÚU.

Luego vino otro personaje y le preguntó:

— IRUNÚU, valiente cazador de las noches. Habéis acabado con todos los animales que habitan mis extensas posesiones: los bosques, los ríos, las montañas, las llanuras. Ahora deseo que a cambio de todo eso me deis a vuestra prometida para hacerla mi mujer. Quiero tener esos trajes maravillosos que sólo ella sabe hacer. Decidme: ¿Dónde la puedo encontrar para buscarla de inmediato?

—En mi casa, al cabo de tres noches, —respondió IRUNÚU.

—Está bien, muchacho, —respondió el WANULUU.

—Dentro de tres noches iré por ella.

La mañana se acercaba y los espíritus volvieron a sus tumbas. Cuando IRUNÚU venía ya de vuelta de los antros pesarosos, recobró el sentido.

Apenas si recordaba sus palabras de aquella tremenda pesadilla.

Al llegar a su rancho llamó a sus hermanas; pero no estaban. Sólo vio murciélagos que revoloteaban sobre su cabeza.

—Tengo hambre, dónde estarán mis hermanas.

Cuando entró al rancho, vio tres enormes murciélagos que colgaban del techo, pero jamás se imaginó que pudieran ser sus hermanas.

Cansado de esperar, se acostó y durmió profundamente hasta la media noche.

WALEKER se puso a tejer a su lado como todas las noches lo hacía.

Cuál no sería la sorpresa de IRUNÚU al despertar junto a su bella amada, que tejía y tejía incansablemente todas las cosas que sabía.

IRUNÚU contempló el cuerpo bellamente desnudo de la joven a través de sus claras vestiduras. Un deseo voluptuoso le hizo estremecer el cuerpo.

—Conozco vuestra intención, no brindo mi pureza al capricho de lo falso y de lo impuro. Jamás podréis disfrutar de mi eterna juventud, como tampoco soportareis la eterna falsedad de mi niñez.

El, respondió entonces:

—Hermosa. ¿Por qué habéis envenenado mi corazón con vuestra falsa apariencia haciéndome ver encantos que no puedo disfrutar?

—¡Callad! No he demostrado mis encantos para tentar vuestra virilidad. Vine a enseñar el arte de tejer a quienes no lo saben. Quise sacrificar mis noches para enseñar a vuestras hermanas, pero las malvadas sólo me hacían sufrir en vuestra ausencia. Sus palabras y sus tratos me endurecieron el alma.

Y continuó:

—Tejí para vos todos los ornamentos de que os preciáis ahora, pero vos no cumplisteis vuestra palabra de guardar el secreto de mi vida; os lo habéis revelado a los malos Espíritus que habitan en JEPIRA. Os digo: vos estáis tocado por los Malos Espíritus y habéis hecho un pacto con ellos para entregarme dentro de dos noches. Pero desde ahora me perderéis para siempre, así como habéis perdido a vuestras hermanas, que por su maldad han sido convertidas en murciélagos.

–Aguardad, hermosa. Os suplico perdonéis mis imprudencias, no lo hice en mi completo juicio; fue el veneno de los demonios lo que hizo sucumbir mi promesa.

WALEKER lloró porque sentía afecto hacia aquel joven que tanto amaba.

IRUNÚU la acarició con sus ojos y el fuego del amor le quemó su corazón.

Mas, ella le dijo:

– IRUNÚU, tengo miedo de vuestras intenciones, soltadme, ved que la mañana se aproxima y después el día nos sorprende.

–No, yo quiero la promesa de vuestro amor, aceptad mis requerimientos...

Pero WALEKER, de un brusco movimiento se zafó de las manos de IRUNÚU y de un salto corrió hacia afuera.

IRUNÚU la persiguió.

La noche agonizaba tras la augusta claridad del alba que precede las mañanas.

–Hermosa, doncella mía: ¡Venid!

Pero WALEKER iba tendida huyendo a través de la lejanía como un blanco crespón de nubes caída sobre la llanura.

Lloraba desesperada... IRUNÚU iba tras ella gritando: –¡Amada mía...! ¡Esperadme!! Escuchad mis súplicas.

La fuga era desesperante, ella tenía miedo de aquel hombre bondadoso que la había amado como jamás se ama.

Cada vez, las voces de IRUNÚU se hacían más débiles y más apagadas. Lloraba inconsolablemente. Sus lágrimas encegueciéron sus ojos.

–¡Hija mía!!! ¡Hija mía!!!

La muchacha, confusa, jadeante y llena de temor se internó en el monte.

IRUNÚU, tras ella casi desfallecía. De pronto la vio que trepaba sobre un árbol. Y sin perder tiempo subió por ella.

La doncella, hermosa como la flor de las tunas, subía y subía desesperadamente.

IRUNÚU, le gritó: –¡Cuidado, hija mía! No subáis más, detened vuestro ascenso, las débiles ramas del follaje no podrán sostener vuestro peso... ¡Aguardad, os vais a caer...!!!

La doncella no hacía caso, subía cada vez más, huyendo de su perseguidor.

El joven, entonces, haciendo un supremo esfuerzo, logró asirla por el manto, pero tan pronto agarró sus vestiduras, la delgada rama en que posaba se quebró y la doncella cayó al suelo tras un grito desgarrador que estremeció los montes.

Un jirón de telaraña quedó en las manos de IRUNÚU.

La bella WALEKER se convirtió en araña y se perdió en el monte, sin que IRUNÚU jamás la volviese a ver.

La primavera lloró aquella mañana su triste despedida.

IRUNÚU había quedado solo. Aquella pesadilla había dejado en su alma los escombros de un amor y las huellas lacerantes del dolor.

Cuando retornó a su rancho, guardó cuidadosamente todos los tejidos y los envió a una famosa KULAMI'A para que ésta los imitara y los enseñara a las mujeres de buen juicio.

Desde entonces los guajiros conocieron el arte de tejer; maravilloso legado de WALEKER, que en nuestro idioma significa araña.

IRUNÚU, triste y desolado por su suerte se retiró a los montes, y murió de tristeza en el mismo sitio donde encontró a WOKOLOONAT por primera vez.

Dicen los ancianos, que al morir, su corazón se convirtió en estrella y se estampó en el cielo. De donde siempre cae anunciando malos presagios.

Por tal motivo, cuando un guajiro ve una estrella fugaz, no puede señalarla, ni sorprenderse; porque es la exhalación de IRUNUU, el joven cuya vida estuvo llena de sorpresas y fue un desgraciado que nació cuando una estrella se desprendió del cielo.

Los maizales de Lijonta[1]
(cuento agrícola guajiro)

LIJONTA, era una riquísima hechicera que habitaba en la selva. Era de carácter irascible y muy autoritaria. Sus propiedades se extendían en miles y miles de cabuyas. Todos los WAYÚU para ese entonces eran sus sirvientes, y tratábalos con mucha crueldad. No les daba de comer lo suficiente ni mucho menos momento de reposo a sus trabajos.

Un día mandó a sembrar tanto maíz que casi era imposible calcular su inmensidad.

Mas ella, no tenía mayordomos, caporales ni encargados que vigilaran sus cultivos, puesto que era sumamente desconfiada. Y así, ella misma se bastaba. Cuando inspeccionaba los sembrados siempre llevábase en el cinto un filoso machete para castigar a los peones holgazanes y para defenderse de posibles asonadas.

Un día, cuando el maíz llegó a su madurez y tuvo buenas mazorcas, los sirvientes se mostraron muy contentos, y en voz baja comentaron:

—Este año pasaremos un verano sin hambrunas, puesto que las cosechas están muy buenas.

Pero entonces LIJONTA, que adivinaba desde lejos los pensamientos más ocultos, se presentó a ellos y les dijo:

—Ya sé vuestra intención. Estáis esperanzados en que pronto vais a comer de mis cosechas. Pero estáis equivocados. Puesto que el valor de estas cosechas será para comprar mulas, caballos, vacas, cabras, carneros

---

[1] La narración de este cuento fue en WAITAPA'A. Región de la BAJA Guajira. SIBOTTA es un anciano honorable de ese poblado. Pertenece a la Tribu SAPUANA y es padre Nominal del Compilador. El anciano no habla castellano ni tampoco lo entiende. No tiene contacto con personas civilizadas.

y collares que aumenten mis riquezas, pero no para alimentar barrigas miserables que nada importan.

Y repitió:

–¡Oíd bien!! ¡Es para comprar objetos de valor, y no para saciar estómagos hambrientos que sólo producen excrementos!! Los WAYÚU, al oír aquellas advertencias se entristecieron grandemente.

Desde entonces la comida de los WAYÚU fue racionada con una exactitud tal, que parecía emplear todos sus cálculos matemáticos en la planificación. Y dijo:

–Esta mazorca, de una cuarta de largo (medida desde la punta del dedo gordo a la punta del meñique) por una anillada de grueso, contiene una hilera de cinco veces diez granos cada una. De suerte que, si la anillada tiene diez hileras la mazorca contiene un total de QUINIENTOS granos. Es decir, esta misma mazorca desgranada, molida y aumentada con agua da un rendimiento de media caldera de mazamorra. Mas la mazamorra espesa añadiéndole CINCO totumas de agua; rendiría el doble y se obtendría una botisjuela de UUJOLU' de CUATRO veces DIEZ totumas. Ahora, si el contenido de una totuma es de VEINTE sorbos, alcanzaría para tomar OCHOCIENTOS sorbos en DIEZ días, a razón de CUATRO totumas diarias distribuidas así:

Una totuma en la mañana. Una en el mediodía. Una en la tarde y otra en la noche. Esto es en cuanto a una mazorca. Ahora imaginad cuánta bebida podréis obtener si juntos la preparáis. Por otra parte os daré un hoyo de yuca, la cual contiene una carga de DIEZ tubérculos. Cada tubérculo de dos cuartas de largo seccionándolos por la mitad de extremo a extremo, da el doble. Cosa que les daría para ingredientes de sus hervidos, fritos y sancochos.

En cuanto al salado, os lo procurareis del mejor modo que podáis, cazareis machorros, iguanas, aves y otras cosas que os puedan servir de alimento hasta que yo regrese. Mi largueza no puede ser más justa y acertada. De suerte que no vayáis a disponer de una mazorca más de lo que yo les he dado. El que quebrante mis órdenes, lo castigaré a mi juicio de acuerdo a la gravedad del delito. No esperéis que yo llegue a estos extremos.

Y ellos asintieron con la cabeza, y ella prosiguió: –El deber de vosotros es acatar mis órdenes y cuidar mis cosechas.

Y dicho aquello, LIJONTA enfundó su machete y se fue.

Los WAYÚU trabajaban de sol a sol. Unos inspeccionaban los sembrados para resguardarlos de posibles ladrones, mientras otros escudriñaban y espulgaban las mazorcas de posibles gorgojos y gusanos.

Y los hijos de los WAYÚU lloraban de hambre: desnutridos, macilentos, tenían voluminosas sus cabezas y se les veían sus costillas. Casi no tenían carnes, sólo la piel les cubría los huesos. Sumidos en tal calamidad, vieron venir a un joven WAYÚU. Alegre y bonachón venía correteando y silbando. Entonces ellos, muy entristecidos le dijeron:

–Joven, vos tenéis un corazón de piedra. ¿Cómo podéis sentiros tan feliz en medio de estas aflixiones que estamos padeciendo? Tenemos: miseria, hambre, calamidad...

Y él, sorprendido respondió:

–¿...Cómo...? ¿Pasando hambres en medio de tanta saciedad...? Eso es increíble. ¿Cómo no tenéis ánimo para arrancar una mazorca...? ¿Qué tanto escrúpulo es ése?

Y ellos respondieron: –No. Ella nos castigará sin contemplaciones.

–Y... ¿Quién es ella?

–LIJONTA, la patrona. Nos castigará sin misericordia si desacatamos sus órdenes.

–¡Ah...! vaya una tontería... –Dijo el joven ATPANAA. –Si LIJONTA tiene fama de bravucona, vosotros tomad fama de testaduras y sediciosos. No tengáis miedo, arrancad mazorcas y comed hasta saciaros.

–¡No! ¡Imposible! –respondieron ellos.

–¡Cómo que imposible!... Si vosotros no lo hacéis, yo lo haré. Y dirigiéndose a una mata de maíz arrancó todas las mazorcas que tenía y las dio a los WAYÚU. Mas éstos, ante aquella osadía de ATPANAA, encendieron fuego: asaron y sancocharon mazorcas; molieron maíz, hicieron cachapas, UUJOLU y majarete. Y aquella vez, todos los WAYÚU comieron y se llenaron. Después de aquello, ATPANAA se fue brincando y silbando. Oliendo flores y tarareando, hasta que se perdió en la selva.

A la mañana siguiente, los WAYUU oyeron unos ruidos:

¡¡CHALÉN...!! ¡CHALÉN...! ¡CHALÉN! –Era el ruido onomatopéyico que producía el machete de LIJONTA al blandirlo contra los palos para anunciar su llegada y amedrentar a sus lacayos.

Y la maga, al inspeccionar sus maizales, vio que faltaban algunas matas.

Mas ellos, con mucha angustia callaban.

–¡Vamos! Respondan. ¿Por qué algunas matas de maíz no están en su sitio?

Y tragaban grueso, y no sabían qué decir.

Y por tercera vez...

Vio que las barrigas de sus hijos estaban abultadas, y preguntó:

–¿Por qué están sobrecargadas las barrigas de vuestros hijos?

¿Qué han comido?

Y ellos callaban...

Y entonces ella, inspeccionando los alrededores, vio los malojos, las chalas y las tusas esparcidas por el suelo.

Y llena de indignación, dijo en tono amenazante:

–¡Ah! Con que robando mis cosechas, eh!

Y cerrando la mano, dio un fuerte puñetazo en la nariz de uno de los WAYÚU:

–¡Toma! Aprende lacayo a respetar las propiedades ajenas. Ojalá que siempre llevares en la nariz la marca de tu robo.

Y el WAYÚU quedó con la nariz aplastada como la trompa callosa con que hozan los puercos.

Y luego puso al fuego su machete, y cuando ya la hoja estuvo caliente al rojo vivo, quemó las plantas de los pies de otro WAYÚU.

De seguidas agarró a otro por el guayuco, le dio tres vueltas en el aire y lo zumbó sobre una mata en medio de grandes alaridos.

Después cogió a otro WAYÚU y le estregó WINNPIRRAICHA'A (ají silvestre) en el fondillo, y éste desesperado también salió dando gritos.

Y cuando terminó de practicar sus maldades, dijo:

–Tomad escarmiento. Y la próxima vez que robéis mis cosechas os cercenaré la nuca.

Y dicho aquello, guardó su machete y se fue.

Al día siguiente, ATPANAA volvió alegre como siempre:

–¡¡Qué tal amigos!!

Pero los WAYUU estaban tristes...

–A qué viene esa tristeza –indagó ATPANAA.

–¡¡Ah!! Por vuestra culpa LIJONTA nos ha castigado con severidad y ha dicho que si volvemos a comer de sus cosechas, nos decapitará con su machete.

Y él, haciendo un mohín, fríamente respondió:

–¡¡Qué va hombre!! LIJONTA es una idiota. Ojalá estuviera presente para darle su merecido. Como nadie se rebela contra ella, está envanecida de su poder y fuerza.

Pero... ¿Qué habéis comido hoy?

–¡Nada! Tenemos miedo –respondieron:

–¡Qué miedo, ni qué miedo! ¡Vamos a comer!

Y arrancando de cuajo varias matas de maíz, volvió a repartir las cosechas de LIJONTA. Esta vez la proporción fue grande, casi una cabuya entresacada de diferentes partes para que no fuera tan notorio aquel robo a los ojos de LIJONTA.

–¡¡Vamos, coman!! Llénense las barrigas. Y cuando ella venga a reclamarle díganle que yo di la orden.

Dicho aquello, ATPANAA se fue silbandito y brincando; oliendo flores y haciendo cabriolas.

Los WAYÚU comenzaron a comer jojotos, hicieron bollos, UUJOLU y demás pichichuelas de maíz.

Entonces cuando llegó LIJONTA, vio cenizas y brasas encendidas, topias chamuscadas, calderas con comida, sobras de cachapas, marlos, chalas. Y... Gritó con indignación:

–¿Quién los ha autorizado para que malbaraten mis cosechas de este modo? A ver, ¡¡respondan miserables!!...

Y ellos respondieron con trémulas palabras:

–¡Piedad, Señora! Piedad por nuestras vidas. Fue ATPANAA quien nos autorizó Señora, él nos obligó a comer.

–Y quién es ATPANAA –inquirió LIJONTA.

–ATPANAA, es un joven que vive en los montes, Señora. –Respondieron ellos.

–¿Y por qué habéis convenido a ello? –apostrofó LIJONTA.

–Teníamos hambre, Señora. ¡Hambre!

Y cuando aquellos dijeron, tomó LIJONTA su machete, les mandó a que abrieran la boca... y les picó las fibras que sostenían sus lenguas para que hablaran mal.

Desde entonces los animales dejaron de hablar palabras claras como los hombres.

Y dijo LIJONTA, llena de furor:

–Si el culpable es ATPANAA, ya me las pagará ese sinvergüenza. Ahora les untaré ajíes picantes en el culo.

Y diciendo esto, salió en busca de ATPANAA.

Al rato de haberse marchado LIJONTA, llegó ATPANAA muy sonreído. Mas, viendo llorar a los WAYÚU les preguntó:

–¿Por qué lloráis con tanto desconsuelo?

Y ellos, sacando sus lenguas, mostraron el motivo de sus llantos. Trataron de ensayar palabras, pero... no pudieron, sólo articulaban confusamente.

Mas, algunos que habían escapado del castigo, contaron al joven lo que había sucedido.

Luego los WAYÚU dijeron:

−Amigo nuestro, esa bruja nos está acabando. Gran parte de nuestra gente está impedida. ¿Qué podemos hacer para contener este grosero ensañamiento contra nosotros? Momento vendrá en que habrá de liquidarnos a todos, incluso a vos.

Ella ha dicho:− Ya me las pagará ese sinvergüenza. Lo caparé y le restregaré un poco de ají picante en el fondillo.

−¡Ah!... ¿Con que eso dijo...? Ya verá la muy sinvergüenza cómo se capa un conejo. Pero antes... Aprovechad, comed bastante maíz, asad mazorcas, haced sancochos, habilitad todas vuestras ollas, colmad vuestras choilas. Que ya la decisión está tomada y la guerra declarada. Mañana volveré temprano y nos enfrentaremos a Ella.

Y ATPANA se fue al monte, pensando en una fórmula estratégica para su enfrentamiento con LIJONTA.

Y luego de una idea brillante, ATPANAA se fue a casa de las avispas llamadas KO"OISHI (memereas) y las dijo:

−Amigas mías, necesito vuestros servicios por la mañana. Permitidme que os traslade a todas en vuestra casa para una gran fiesta que yo he organizado en mi conuco.

Las avispas, muy contentas, respondieron afirmativamente. Y ATPANAA se las llevó en número de cien rotondas más.

Luego se fue donde las avispas bravas amarillas, llamadas: ISHEINSET (avispas carniceras) que habitan en los troncos y las peñas. Y cuando llegó las dijo:

−Amigas mías, vengo a invitaros a una comilona de carne fresca acecinada para que os llenéis la barriga. Pero como no tenéis casa donde llevaros, me parece desagradable que os presentéis en enjambres a la vista de los demás.

−Pero queremos ir. −Dijeron las avispas carniceras.

Entonces ATPANAA, sacando una especie de tapara hecha de patilla hueca, las metió a todas. Y ellas se arremolinaban y zumbaban de contentas dentro de aquel recipiente. Y así recolectó cien veces cien avispas INSHEINSET.

Luego ATPANAA se fue donde las avispas llamadas: ALEPEEYA (panal) cuyas casas semejan a la lengua de las vacas. Estas avispas son tan ponzoñosas que sus aguijones son mortales. Alertas estaban las ALEPEEYA, cuando llegó ATPANAA:

–No os pongáis en posición de ataque contra mí, amigas mías.

Os vengo a invitar para que vayáis conmigo a unas fiestas en las cuales habrá alegres diversiones.

Está bien. –Dijeron las ALEPEEYA.

–Entonces, con vuestro permiso, permitidme quebrar la ramita de donde pende vuestra casa, para así llevaros con más comodidad.

–Está bien –dijeron ellas.

Y de paso convidaron otras tantas cuyo número superó al anterior. Después ATPANAA se dirigió hacia donde vivían las más terribles y venenosas de las avispas. Es decir, las llamadas JO'OMASHI (cacure o avispas negras).

Y cuando llegó, las JO'OMASHI trataron de aguijonearlo, pero él, cubriéndose la cara y las orejas, murmuró:

–Amigas mías. No me ataquéis, que no vengo a interrumpir la quietud. Sólo exijo que me escuchéis. Oíd bien: se trata de que mañana antes del amanecer vendrá una señora enviada por JUYA, para repartir agua a los sedientos. Mas la señora llegará primero a mi conuco. Y como sé que vosotras estáis padeciendo de una sequía espantosa, os he venido a avisar, para que tengáis el privilegio de aprovisionaros primero del agua necesaria. Pero eso sí, os tendré que llevar en vuestra propia casa, a fin de que la señora al veros venir en tumulto no sospeche de vosotras y suspenda su repartición.

Las JO'OMASHI al escuchar aquellas razones, convinieron y se fueron con ATPANAA en número de Quinientas veces cien avispas.

Después de aquello, ATPANAA se fue adonde las pequeñas avispas llamadas JESULA (cucharetas) que viven en panales adheridos a las ramas.

Y después de hablar con ellas, ATPANAA las colocó dentro de un calabazo, y también se las llevó en número de cuatro veces cien.

Recolectadas las JESÚLA, el diligente joven se dirigió hacia las innumerables MA'ALEEYA (Matajey), a las cuales también convenció con mil estratagemas.

Las MA'ALEEYA en número de mil veces cien, convinieron con ATPANAA, y éste se las llevó en sus propias rotondas.

Después de llevarse a las MA'ALEEYA, fue donde las avispas solitarias llamadas: JALE'ENAWAI que fabrican su casa de barro, y también las convenció. Y fueron un número de ocho veces cien de estas avispas.

Después procuró los servicios de JUNUUNAY (Moscón zumbador) de JIMUT (cigarrón) de WAAYAT (el repelón) y de otros insectos alados cuyas picadas irritantes son peores que las quemaduras de candela.

Colectadas las avispas, éstas durmieron en la noche muy tranquilas aguardando la mañana.

Entonces ATPANAA, llamó a todos los WAYÚU y los arengó:

–Amigos míos mañana vendrá LIJONTA dispuesta a degollaros a todos porque habéis diezmado sus cosechas; pero no tengáis miedo, enfrentaos con valor y decisión, ella no es de hierro ni de piedra, porque también sabe sentir el dolor como nosotros lo sentimos... Y es preferible morir en cruda lid, que ser humillado en carne viva. Ella es feroz, os atacará sin piedad, pero vosotros tenéis que poner a prueba vuestra capacidad de resistencia.

–La estrategia es ésta: allí en esa habitación, tengo enmochiladas unas cuantas amigas invitadas que reforzarán vuestro frente de ataque...!!!

Y terminando su discurso, entregó a cada WAYÚU las avispas recolectadas. Y dijo:

–Tan pronto yo dé la orden, desatad las mochilas y arrojad sobre LIJONTA, lo que hay dentro de ellas.

Entregadas las avispas a cada WAYÚU, todos se colocaron en puntos estratégicos para comenzar el ataque.

Y llegada la mañana, LIJONTA vio que sus maizales habían sido destrozados. Y sacando su machete, llena de furia gritó:

–Malditos hijos de padre!! Habéis acabado con mis cosechas...

En ese momento, ATPANAA silbandito le salió al encuentro, y la dijo con serena picardía:

—¡¡Ola LIJONTA lesbiana...!! ¿Acaso tenéis la vulvita húmeda, que venís con ese histerismo?

—Canalla!! —gritó LIJONTA. Por qué... me enrostráis eso...! Y zumbó en el aire un machetazo que no dio en el blanco. La agilidad de ATPANAA era tal, que todos los golpes los esquivaba.

—Ola! LIJONTICA, ¿tenéis picazón en las verijas?

Y... ¡¡Sas...!! Otro machetazo que se perdió en el aire. Y se le desparramó el cabello, y se le brotaron los ojos de rabia y de odio.

—Ola LIJONTICA, ¿a qué viene esa rabieta? ¿Tenéis escozor en el fondillo?

Y... Cuando lanzó el tercer machetazo, ATPANAA dio media vuelta, le rasgó las vestiduras y le dejó en enaguas.

—Ola LIJONTICA. Vuestros pechos paraditos me estremecen el cuerpo... Quién fuese un chiquilín para sobarlos con ternura... Y de un rápido movimiento le bajó las enaguas y la dejó desnuda. Mas, en uno de esos golpes de suerte LIJONTA agarró al joven por el guayuco. Y entonces ATPANAA gritó desesperado:

¡JALÍAN...! ¡¡¡JALÍAN...!!! ¡¡NEI TACHÉE!!

Y las madres WAYÚU lanzaron las KO'OISHI sobre LIJONTA, y le aguijonearon las orejas.

¡JALÍAN! ¡¡JALÍAN...!! ¡¡WALE'EKUUSAA...!!

Y los amigos WAYÚU, le espetaron en la cabeza las taparas llenas de ISHEISET, y las aguijonearon en la frente y la cara.

¡¡JALÍAN!! ¡¡JALÍAN!! ¡¡TACHEE...!!

Y los hijos de los WAYÚU, le tiraron las ALEPEEYA, que la aguijonearon las tetas.

¡¡JALÍAN...!! ¡¡¡JALÍAN...!!! ¡¡MAACHEE...!!

Y las ancianas abuelas, le lanzaron las JO'OMASHI, que la aguijonearon en las nalgas, las caderas y la cintura.

¡¡JALÍAN ...!! ¡¡JALÍAN ...!! ¡¡NII WAIRRAA...!!

Y las jóvenes hermosas, lanzaron las JESÚLA, que la aguijonearon en los sobacos y las espaldas.

¡¡JALÍAN ...!! ¡¡JALÍAN ...!! ¡¡TATUUSHEE...!!

Y los abuelos WAYÚU, lanzaron las MA'ALEYAS que la aguijonearon en los muslos, las piernas, los pies, los brazos y las manos.

¡¡JALÍAN ...!! ¡¡JALÍAN ...!! ¡¡TAANEE...!!

Y las cuñadas WAYÚU, aventaron las JALE'ENAWAI que la aguijonearon en la nariz y los labios.

¡¡JALÍAN...!! ¡¡JALÍAN...!! ¡¡TALT'INÑUWAA...!!

Y los cuñadas WAYÚU arrojaron las JOUTAY, que se le introdujeron en los oídos, la nariz y el ano.

¡¡JALÍAN ...!! ¡¡JALÍAN ...!! ¡¡TASHIMIAA...!!

Y los suegros WAYÚU lanzaron las JUNUUNAY que se le introdujeron en la vagina y le aguijonearon las entrañas.

¡¡JALÍAN ...!! ¡¡JALÍAN ...!! ¡¡TASIIPAA...!!

Y los sobrinos WAYÚU arrojaron las WAAYAT que se las enredaron en los vellos del pubis y los cabellos.

Mas LIJONTA, desesperada ante aquel ataque inesperado, no pudo defenderse, soltó al joven, arrojó su machete y corrió trastumbándose en medio de desesperados gritos.

Todas las avispas en grandes nubarrones le oscurecieron el paso. Encapotaron el cielo, y la persiguieron hasta más allá de los confines de las tierras conocidas.

Desde entonces LIJONTA nunca más volvió por las tierra guajiras.

Pero MALEIWA, que poco antes había oído los gritos de LIJONTA al ser atacada por las avispas, descorrió las cortinas del horizonte, y vio que los WAYÚU celebraban su triunfo repartiéndose el maíz que antes cuidaban.

Entonces el Gran MALEIWA, indignado ante aquel saqueo, transformó a los WAYÚU en animales montaraces que destruyen los sembrados.

Y entre otros el castigo fue:

El WAYÚU que recibió el puñetazo de LIJONTA, lo transformó en saino trompudo que roba los sembrados.

El WAYÚU a quien LIJONTA le quemó las plantas de los pies, lo transformó en Pericos.

Desde entonces los pericos caminan como si tuvieran quemaduras en las patas.

El WAYÚU a quien LIJONTA dio tres vueltas en el aire, lo transformó en mono.

Desde entonces el guayuco que llevaba aquel hombre, se transformó en la cola prensil de los monos.

El WAYÚU a quien le restregaron ají picante en el fondillo, lo transformó en ardilla, cuya cola espesa semeja el guayuco que no se pudo quitar en la carrera.

Por otra parte, ATPANAA quedó sin cola, cuando estuvo a punto de ser vencido por LIJONTA.

A los WAYÚU que le cercenaron la lengua, no pudieron articular palabra, y sus voces fueron aullidos, chillidos y gritos estentóreos.

Desde entonces aquellas criaturas que nos precedieron quedaron convertidas en animales silvestres que diezman los sembrados de esta generación humana a la cual pertenecemos.

Miguel Ángel Jusayú[1]

ACHI'KÍ. RELATOS GUAJIROS (1986)

RELATO DE UN BORRACHO Y UN EPE'YUI

Según dicen, había una vez un hombre rico. Había estado bebiendo en una casa ajena, algo distante de la suya como hacia allá.[2] Se dirigió a su casa en medio de la borrachera e iba a caballo. Pues bien, le anocheció al hombre por el camino y cabeceaba encima de su cabalgadura. Se bajó después y se echó a dormir en la orilla del camino.

En aquella oportunidad la luna estaba resplandeciente y el hombre rico se hallaba tendido en el suelo. Llevaba él manta,[3] cotiza, collar y llevaba ceñida a la cintura su arma, y también sostenía la rienda de su cabalgadura. Pues bien, luego después, le llegó de repente un *epe'yüi*,[4] que lo encontró roncando. El *epe'yüi* le miró a la cara, también lo palpó; no se movía, estaba profundamente dormido. Se acercó luego el *epe'yüi* al caballo; se puso a examinar lo que había en la silla. Encontró entonces la bebida del hombre. La sacó, la destapó, y bebió, y la guardó de nuevo.

Pues bien, el *epe'yüi* se volvió a ver al hombre. Le quitó la manta, le desamarró el cinturón, le quitó la cotiza, el collar, el sombrero y también le cogió el arma. Pues bien, de repente el borracho se despertó porque le estaban quitando la ropa. "¿Qué será ahora esto que me toca? ¿Y qué será ahora esto que me quita la manta?" –pensaba para sus adentros. No se movía; abría un poco muy levemente su ojo.

---

[1] Miguel Ángel Jusayú publicó sus colecciones de cuentos en formato bilingüe wayuunaiki-español. Aquí sólo incluimos la versión en español. Ver bibliografía. Jusayú usa "waiú" en lugar de "wayuu".
[2] Miguel Ángel Jusayú, a diferencia de Ramón Paz Ipuana, opta por una reproducción más directa del discurso oral. El lector deberá tener esto en cuenta ante las repeticiones e indicaciones propias de la oralidad. Nota del editor. Las siguientes notas al pie de página son del autor.
[3] Manta en las mujeres es la conocida batola; en los hombres es un paño largo y ancho que se ciñen en varias vueltas los guajiros ricos entre la cintura y las rodillas.
[4] Epe'yüi es una especie de pantera o tigre que en el relato toma un aire antropomórfico. Esta pantera aparece siempre como envidiosa de los hombres afortunados y de las mujeres bellas.

El hombre veía el *epe'yüi* parado cerca de él, "¿qué me hará?" –pensaba. Pues bien, después, el *epe'yüi* se puso el vestido del hombre, y se ciñó de una vez su arma. Después de eso sacó el aguardiente y bebió de él. Pues bien, acomodó el caballo para él y se montó encima. Y lo echó a andar encaminándolo en dirección a occidente.

Pues bien, como no era nada lento el caballo, al fin de hombre rico, apenas le amagaba el *epe'yüi* galopaba velozmente hacia el occidente. "*Tüt, tüt, tüt*" –sonaban los pasos del caballo.

Ahora bien, cuando se encontraba algo distante detuvo el caballo con la rienda. Pues bien, lo echó a galopar nuevamente hacia el borracho. Cuando venía de allá para acá, fueron oídos sus pasos por el dueño de la cabalgadura, abrió un poquito los ojos hacia él. Apenas llegó el epe'yüi a donde el hombre se bajó, le miró a la cara. El hombre no se movía, permanecía quieto.

Pues bien, después bebe el *epe'yüi* y se monta de nuevo en el caballo y lo pone a correr. Como el caballo no era nada lento, se había alejado pronto en un instante. Pues bien, se sentó el hombre entonces en la ausencia del *epe'yüi*; al ver la espalda del *epe'yüi* que se alejaba, lo seguía con la vista por detrás al resplandor de la luna. Y lo vio perderse de vista.

Pues bien, de pronto el *epe'yüi* detuvo el caballo un poco más allá. Y se volvió de nuevo rápidamente hacia donde el hombre. Hizo galopar al caballo a más velocidad, frenó de golpe en donde el borracho. Pues bien, se baja, inmediatamente le mira la cara al hombre; lo encuentra tendido y no se movía.

Pues bien, después de eso, bebió el *epe'yüi* y se montó de nuevo encima del caballo. Seguía puesto el vestido del hombre sobre el cuerpo del *epe'yüi* y su arma ceñida a la cintura del *epe'yüi*. Pues bien, seguramente el *epe'yüi* empezaba ya a marearse por efecto de la bebida, el caballo andaba velocísimo y el *epe'yüi* le sacaba más velocidad. "¿Qué será bueno para mí?" –decía el hombre. Y se sentó inmediatamente que partió el *epe'yüi* cuando éste se dirigía hacia allá. Y como el caballo no era nada lento, se alejó rápidamente perdiéndose de vista.

"¡Caramba, conviene que me escape ahora mismo en su ausencia, aunque me encuentre desnudo!" –dijo entonces el hombre. Y se echó a correr por entre las malezas. Llegó a casa de unos conocidos suyos donde relató todo lo que había pasado.[5] "Es bueno que vayamos a buscar al *epe'yüi*" –decían

---

[5] A partir de aquí en el texto guajiro el epe'yüi va en femenino, como algo más vago e indeterminado.

las personas. E inmediatamente salieron a juntar gente para cazarlo.

Pues bien, más tarde regresó el *epe'yüi* a donde el borracho y no encontró nada. Lo buscaba, lo buscaba, miraba por todas partes. Pues bien, cuando ya tenía en eso un buen rato, se quitó el vestido y se desciñó también el arma. Se fue después hacia por allá, llevaba el caballo del cabestro. Pues bien, un poco más adelante arrojó el vestido y el arma. Mató al caballo en medio de una maleza espesa. Lo abrió, le sacó el corazón, los pulmones y el hígado. Hizo pedacitos la carne del caballo, lo colocó después en la punta de los palos y ramas. Seguramente el epe'yüi estaba furioso por no haber encontrado al hombre.

Pues bien, el *epe'yüi* se fue borracho a causa del aguardiente, ya que no era bebedor como para tener resistencia. Aunque el *epe'yüi* se dirigía hacia muy lejos, pero aquel día tenía mucho sueño, y además le amaneció pronto; por lo cual se quedó por allí cerca a dormir.

Pues bien, por otra parte, seguramente por allá se iba acercando mucha gente armada. Se habían dispersado para rastrear las huellas del *epe'yüi*. Ya habían encontrado de paso el vestido del borracho y su arma, y también su silla. Pues bien, desfilaron las personas que buscaban un *epe'yüi*. Y lo encontraron en medio de una maleza muy espesa, donde entonces lo mataron.

Relato de unos esclavos que se escaparon

Según dicen, había una vez unos hombres que habían sido llevados lejos. Los había engañado un hombre muy malo. Los sacó de su tierra a un lugar desconocido para ellos. "Primos, vamos conmigo. Vamos a buscar trabajo a otra parte. Yo conozco donde nos pueden dar algún trabajo bueno. Ustedes estarán muy bien. A la vuelta estarán gordos. Comerán lo que les apetezca. Y además ganarán mucho dinero" –les decía él. "Sí, será mejor que hagamos así. Nos iremos, ya que no hay otro remedio, a trabajar porque de verdad hay mucha hambre aquí en nuestra tierra" –dijeron los hombres. Y ellos se fueron; según cuentan, eran seis.

Ahora bien, más tarde por allá para donde los llevaron, los vendió sin que se diesen cuenta, el que los había convidado antes. Fueron vendidos a un hombre y él los tuvo como esclavos. Aunque trabajaban mucho, sufrían mucho. El pago era irrisorio; no era suficiente lo que les retribuían. Les trataban mal; les hacían trabajar siempre, no les permitían descansar ni un momento. Si ellos sentían pereza, los azotaban como a un burro flojo o perezoso.

"¿Qué vamos a hacer? ¿Será posible que sigamos siempre recibiendo azotes a cambio de este poquito de dinero?" –dijo uno de los esclavos. "Es necesario que escapemos de aquí. No nos extraviaremos, nos dirigiremos directamente a nuestra tierra" –dijeron los otros. "Es lo mejor que vamos a hacer. Vámonos, pues, de aquí" –dijeron todos.

Pues, bien, los hombres se alistaron sin que nadie lo advirtiese. Fueron guardando algo para su avío, cosas como: plátano, queso, yuca, panela, cafecito, sal y tabaco para fumar durante el viaje. Y se escaparon. Llevaron consigo hacha, machete, tapara, y fósforos y lo que utilizarían para cocer la comida.

Pues bien, el día en el que se escaparon vinieron a dormir muy cerca; no pudieron avanzar mucho. Ellos se habían enrumbado por un lugar muy selvático. Ante ellos no estaba nada despejada la maleza, continuamente tenían que cortarla. A pesar de que la vegetación del terreno era muy espesa, tenían que cocinar el alimento y limpiar previamente el terreno una y otra vez. Por otra parte, cuando anochecía, preparaban improvisadamente una troja en lo alto de árboles que fuesen de mucha altura. Tuvieron la oportunidad de ver muchos animales durante el recorrido. Había algunos horripilantes. Había algunos desconocidos para ellos. Vieron tigres, osos hormigueros, zorros, báquiros, venados, culebras, monos morrocoyes y hormigas enormes. No eran pocos los animales cuyos gritos y voces oían en la noche. Debajo de ellos rugían los tigres, en los alrededores silbaba el wanü'lû. Por todo eso los hombres se sentían muy afligidos. Estaban muy atemorizados con el pensamiento de ir a perderse. Estaban tendidos y callados sobre la troja y les palpitaba el corazón. Aunque querían echarse a llorar, ellos se apretaban el corazón siempre, ya que no podían remediar en nada sus padecimientos.

Pues bien, apenas salía un nuevo sol, descendían a pesar de todo de la troja. Y emprendían el corte de la maleza que había por delante. Bebían de paso agua y de paso comían frutos de los árboles. Mataban iguanas, conejos, cachicamos, y todo eso lo asaban para comérselo. Fueron muchos los ríos que cruzaron. Allí donde llegaban a uno que fuese hondo, tendían encima algún árbol y así pasaban al otro lado. Otras veces pasaban flotando sobre algún madero.

Pues bien, los hombres se alejaban en medio de grandes padecimientos. El amo de ellos por su parte entre tanto se hallaba por allá enojado. Vino a enterarse de la falta de ellos al día siguiente de la huida. "¿Qué les habrá pasado a mis esclavos? ¿Dónde estarán ellos? A lo mejor se han escapado" –dijo ante la ausencia de los hombres. Los buscó. Preguntaba por ellos en distintos lugares. Y en verdad no los hallaba. Mandaba recados a donde sus amigos. Se lamentaba de la pérdida de los esclavos por haberlos comprado antes. "¡Presten atención, mis esclavos! Si los ven, captúrenlos que yo les pagaré a ustedes bien"– decía por todas partes el rico a quienes veía. Y no sabe que ellos no han tomado un camino transitado como para ser vistos.

Pues bien, transcurrieron varios días mientras caminaban los hombres. Su avío disminuía. Uno se enfermó. Y no lograban llegar a una casa. A ellos no les parecía que se hubiesen alejado. "Pero, bueno, ¿lograremos llegar estando como estamos?" –se decían en medio de la congoja, en realidad ellos no estaban ya muy lejos que se diga sino que estaban realmente cerca de su tierra; lo que sucedía era que en verdad resultaban muy intrincados los parajes por donde andaban. Pues bien, algunos días más tarde se les acabó el avío. Estaban cansados, estaban sin fuerza, estaban muy asustados porque ya no tenían qué comer. "Miren que nosotros no vamos a llegar nunca. Nos moriremos de hambre aquí en medio de la maleza"– decían. Y díganme el enfermo, ése sí estaba muy afligido. "Atiéndanme, primos, tengan compasión de mí; ayúdenme a caminar. Cuidado con dejarme de paso vivo. Sería preferible que me matasen, para no sufrir tanto" –decía su palabra.

Pues bien, un día más tarde, los hombres llegaron a donde unas matas de guáimaro cargadas de frutos que estaban además maduros. ¡Tenían ya tantas ganas de comer! Se pusieron a recoger inmediatamente del suelo, chupaban la cáscara, reunían las semillas para cocerlas más adelante.

Pues bien, una noche vieron brillar una luz a lo lejos. La vieron tenue desde arriba. Se alegraron mucho de haber visto la luz. "Vamos a llegar por fin a nuestra tierra. Apenas amanezca iremos directamente a ella" –dijeron. Y así lo hicieron, apenas les amaneció, se bajaron y se fueron directamente hacia donde habían visto brillar la luz.

Pues bien, después de eso, pernoctaron muchas veces. Estaban pendientes en todo de aquella luz, a la que ellos veían brillar todas las noches. Poco a poco se iban acercando a ella. Pues bien, después de tanto caminar ya tenían un aspecto deplorable. Estaban todos flacos, sus vestidos estaban hechos jirones, a cada rato se clavaban en el pie, tenían la piel herida por las plantas espinosas, las pringamozas, las avispas, las hormigas y los zancudos.

Pues bien, algún tiempo después, llegaron los hombres cuando el sol estaba muy abajo a donde una casa que a ellos les parecía muy buena. La casa era grande, estaba situada en medio de unos sembrados y había una gran enramada junto a ella. A lo mejor era casa de gente rica. Pues bien ¡qué alegres estaban los esclavos! Se dirigieron en hilera todos a la enramada. Finalmente se pararon debajo de ella. "Hemos tenido buena suerte. Ahora ya sabemos que vamos a vivir" –dijeron. Pero a ellos les parecía que no había nadie dentro de la casa. Estaba cerrada; no había huellas o rastros por debajo de la enramada. No había ningún animal (doméstico) moviéndose por los alrededores de la casa.

A todo esto, según dicen, la casa a la que habían llegado era precisamente la casa de Juya'. Y la luz que habían estado viendo antes encendida, era su luz. "¿Qué será lo que me pasa que siento un cosquilleo muy grande?" –dijo la mujer de Juya'. Ella se encontraba en el interior de la casa con él y con una esclava de ella. "Sal, ve a ver qué me ha provocado el cosquilleo" –le dijo a la esclava. Y ésta entonces se asomó. A la vista de ella se encontraban los hombres de pie debajo de la enramada. "Sí, sepa que allí hay unos hombres parados debajo de la enramada" –le dijo entonces a su ama. "Échalos de aquí, que me producen mucho cosquilleo" –dijo entonces la mujer de Juya'. "Déjalos, no los eches; no vaya a ser que se trate de mis nietos" –intercedió a favor de ellos Juya'. "Vete a verlos, interrógales" –le fue dicho a la esclava. "Bien, que de dónde vienen ustedes" –fueron interrogados luego los hombres. "Sí, venimos de allá hacia acá recorriendo y atravesando todo esto. Nosotros no somos sino gente que se ha extraviado. Nosotros hemos venido derecho hasta aquí" –dijeron los hombres a la que les había preguntado. "Bien, dicen que son personas extraviadas, 'Nosotros somos personas extraviadas. Andamos vagando por la superficie de la tierra', me han dicho ellos" –dijo luego la esclava dentro de la casa a la vuelta. "¡Epa, pobrecitos nietos míos!" –dijo entonces Juya' al oír la referencia sobre ellos. Salió inmediatamente él a saludarlos. "Bien, han llegado ustedes, nietos míos. ¿Qué los trae para acá?" –les fue dicho entonces. "Sí, aquí hemos llegado. Nosotros no somos sino personas extraviadas. A nosotros la que nos ha traído aquí ha sido la mala suerte. Simplemente venimos de por ahí. Tenemos ya muchos días caminando. Así como estamos nos encontramos ya desfallecidos del hambre" –le dijo uno de los hombres a Juya'. "¡Qué lástima con ustedes, pobres nietos míos!" –dijo Juya' entonces yendo a buscar comida para los hombres. Regresó pronto. Tardó muy poco por allá dentro. Trajo abundante comida cocida: bollitos tiernos, maíz jojoto, frijoles, auyamas, yuca y *ishi'rrúna* muy fuerte. "Aquí tienen, nietos míos. Esto es lo único que tengo" –les dijo entonces a ellos. Pues bien, los hombres temblaban al comer. Ya no aguantaban las ganas de comer; cogían grandes bocados. No parecía que masticasen.

Pues bien, luego se saciaron los esclavos. Se recuperaron, se les quitó un poco el cansancio; estaban muy contentos. "Bien, vayan colgando sus chinchorros debajo de esta enramada. Esta enramada es mía, úsenla sin miedo" –les dijo Juya'. Así lo hicieron. Colgó cada uno su chinchorro y se fueron acostando. Por suerte ellos llevaban consigo sus chinchorros, los llevaban terciados al hombro mientras caminaban.

Pues bien, luego más tarde, se sentó Juya' en medio de ellos. A los ojos de los hombres, el Juya' era un hombre alto, grueso, gordo, de piel clara, y de rostro grave. "Nietos míos, cuéntenme sus andanzas. ¿De dónde vienen? ¿Qué les ha pasado allí de dónde vienen?" –les dijo Juya' a los hombres. "Pues bien, nosotros venimos de allá de donde un hombre rico para el que estábamos trabajando, pero él nos ha hecho sufrir mucho. No nos dejaba descansar; además nos estaba siempre azotando y nos hemos escapado de él; y por ese motivo andamos ahora así como estamos" –dijeron los hombres. "Sí, pobres de ustedes nietos míos. Voy a llevarlos allá a donde van" –les dijo Juya' a ellos. "En realidad, ¿a dónde quieren ustedes irse desde aquí? –les dijo a los hombres. "Sí, llévanos de nuevo a allá de donde hemos venido" –dijeron. No acertaron a formular: "queremos ir lejos; queremos ir a nuestras casas para librarnos de los azotes". "Sí, duerman pues, yo les llevaré a ustedes. No se les ocurra decir: «nosotros hemos sido traslados por nuestro abuelo Juyá'», no importa que les pregunten, ustedes van a decir: «no nos ha pasado nada; simplemente nos hemos extraviado». Si ustedes llegan a contar algo de mí, les he de hacer algo": –les dijo Juya' antes de dormir.

Pues bien, los hombres dormían profundamente bajo la enramada de Juya'. Nada les molestaba. Roncaban; soñaban que estaban llegando a su casa. Pues bien, después de eso, aproximadamente a eso de la medianoche, llegó de repente Juya' a donde ellos cuando todavía dormían. Los llevó entonces mientras estaban durmiendo a allá de donde se habían escapado.

Tuvo alguna forma de hacerlo, porque el Juya' es misterioso.

Pues bien, apenas amaneció sobre los hombres, se despertaron, miraron a todas partes y reconocieron pronto el lugar. Les palpitó fuertemente el corazón: se asustaron. "Caramba, conque nos encontramos nosotros aquí. ¡Qué desgracia la nuestra de vernos así!" –decían. Ellos estaban viendo en ese momento al amo que caminaba. "¡Caramba! ¡Esos que están tendidos en los chinchorros se parecen a los esclavos perdidos!" –dijo luego el rico yendo a donde ellos. Y los miró y observó sus caras. "¡Caramba, son ellos, conque han vuelto de nuevo!" –dijo. Se puso muy contento porque habían regresado sus esclavos.

Pues bien, empieza a darles órdenes y regaños a los hombres. "¡Epa! Levántense pues de una vez. Amuelen ya sus machetes. ¿A qué esperan? ¿Ustedes no van a trabajar?" –les dijo. Pues bien, y empieza el rico a preguntarles a los hombres. "¿Qué les ha pasado? ¿Dónde se han escondido? ¿Por qué ustedes tenían ya tanto tiempo que no estaban?" –les decía él. "Pero si a nosotros de veras que no nos ha pasado nada, nos habíamos ido al monte con la intención de comer frutos de los árboles, pero nos extraviamos. No dimos con el sendero por el que habíamos ido antes" –le dijo uno de los esclavos al rico. Pues bien, después de todo eso, descolgó cada uno su chinchorro; amolaron sus machetes; cocinaron sus alimentos; y se fueron a trabajar como siempre. También fueron interrogados por los demás peones, pero ocultaron rigurosamente lo que antes les había pasado.

Pues bien, después de aquello habiendo transcurrido unos cuantos días, se había organizado una gran fiesta en la casa del hombre rico. ¡Qué abundancia de comida y bebida! Se emborracharon los peones, y no digamos los que antes se habían escapado. No estaban ya en su juicio. "¡Cuidado con nosotros!" –habían dicho mientras todavía conservaban su juicio. Pues bien, como los hombres no observaban ninguna prudencia al ponerse borrachos, contaron todo lo que les había pasado allá en la casa de Juya'. Pues bien, después de eso se fueron, se acostó cada quien en su chinchorro, cuando ya estaba casi amaneciendo, y se durmieron.

Pues bien, apenas amaneció, llegó rápidamente a despertar a los hombres el que había sido puesto como encargado de ellos. "Despiértense ya, esclavos. Amuelen ya sus machetes. ¿Por qué están todavía durmiendo? ¿Qué quieren? ¿Ustedes no van a trabajar hoy?" –les decía él. Pues bien, los hombres no hablaban, no se movían. Habían sido muertos por Juya' por haber hablado de él.

Pues bien, se enfureció el que los estaba despertando porque no le hacían caso. "Pero bueno, ¿qué les pasa? ¡qué desobedientes estos desgraciados! ¡Venga! Voy a azotarlos" –se puso a decir después en vista de todo aquello. Pues bien, y empieza a volcar a los hombres del chinchorro al suelo. Les daba puntapiés, les daba planazos con el machete; pero los esclavos no se despertaban por nada.

Pues bien, el hombre corrió a avisarle al rico tras haber azotado a los muertos. "Pero bueno, ¿qué es lo que les pasa? Vamos a verlos" –dijo luego al que le había avisado. Como aquello no era ninguna mentira, encontraron a los hombres muertos en el suelo debajo de sus chinchorros. Y entonces el rico se puso furioso porque ya estaban muertos sus esclavos. "¿Qué les ha pasado a mis esclavos que están así? ¿Quién los ha matado?" –dijo.

Pues bien, después recayeron sus sospechas equivocadamente en el que había sido encargado de ellos cuando vivían, y lo mandó a matar por esa razón.

Pues bien, después de todo eso, se oían los comentarios que hacían los otros peones. Se le contó al rico lo que les había pasado a los hombres. "¡Caramba! ¡Conque mis esclavos no fueron víctimas de gente! ¡Con que fue Juya' el que me los saboteó!' –dijo resignado entonces, ya que ya nada podía hacer por sus esclavos.

Ni era vaca ni era caballo

En aquel día yo era pequeño. Era yo el único que estaba, no había en la casa otro muchacho conmigo. Mis familiares me querían mucho: mis abuelos y mis abuelas. Ellos no me tocaban ni me hacían nada, me acariciaban, "nene, nene" –me decían ellos. ¡Quién sabe qué edad tenía yo en aquellos días! Pues no había nadie que llevase la cuenta de la edad.

Nosotros estábamos viviendo en lo alto de una colina; no me acuerdo dónde fue eso. El mar estaba situado al este, cerca de nosotros. Había unos cerros situados al oeste y al este, cerca de nosotros; tenían los cerros muy buen aspecto y los veíamos azules desde casa. Al lado norte, en lo alto de una loma, había un cementerio llamado Wülísimou. Había un arroyo al lado oeste de nuestro rancho, llamado Kule'matamáana.[1] Por el lado sur vivían unas personas. Como hacia el sureste había unas grandes sementeras, que eran nuestras, llamadas Chalítpia.

El rancho nuestro estaba rodeado de vegetación, no estaba ubicado en un lugar despejado. Había alrededor muchos árboles tales como: matas de guamacho y también cardonales y tuneros.

Ahora bien, cuando ya yo estaba un poquito grande, "¿qué será mejor para el niño?" –decía el hombre de quien yo era hijo. "Lo mejor es que yo le dé animales; conviene que yo busque ovejas para que él las pastoree" –decía él. Y así lo hizo, trocó una yegua por unas borregas; eran unas ovejas de un hombre llamado Órrou.

Después trajeron al rancho unas veinte borregas hermosas. "Sí, aquí tienes unas ovejas para que las pastorees. Tendrás que ser diligente detrás de ellas; no las vayas a desatender, las tienes que querer. No tienes que estar allí junto al fuego en las topias, contemplado la olla. Sábete que tener animales es lo mejor; si no tienes animales, tendrás que estar mendigan-

---

[1] kul'matamaana, lugar de las sonrisas.

do por ahí la leche de animales ajenos" –me decía mi padre cerca de las ovejas. Él me encarecía las ovejas, ellas son traviesas cuando uno las tiene como animales de cría, no son como las cabras. Si se las descuida un poco se echan a perder; se extravían de pronto; algunas veces vuelven a la casa; otras veces duermen fuera, en el campo; otras veces se dispersan; otras veces se ligan o mezclan con ovejas ajenas y de ahí se las comen. Pero las cabras, cuando se las cría, no necesitan tantos cuidados. El único trabajo que dan las cabras es abrirles tempranito el corral después del ordeño y recogerlas en el corral cuando ya se está poniendo el sol y ya están de regreso del campo.

Pues bien, las ovejas me fueron entregadas cierta tarde. Las colocaron cerca del rancho, debajo de un cují. Yo estaba muy alegre con ellas, estaba pasmado de admiración. No quería apartarme de ellas, a la hora de comer me llevaba junto a ellas la comida. Por aquellos días no habíamos tenido ovejas, lo que habíamos tenido en abundancia eran las cabras.

Ahora, después, cuando empecé a pastorear las ovejas, tenía yo por costumbre ir todas las mañanas al monte. Siempre me hacían levantar tempranito; y en seguida me mandaban con el rebaño que pastoreaba. Cuando era pequeño no solía andar por el monte[2] sino que siempre permanecía en la casa. Antes no había conocido los lugares o parajes retirados de la casa; lo único que conocía eran los alrededores cercanos de ir a buscar la leña e ir a buscar el burro.

Pues bien, muy a los comienzos, temía perderme en el monte juntamente con las ovejas; por eso les hacía dar vueltas cerca por los alrededores de la casa. Más tarde ya las conducía a sitios más apartados, las llevaba a donde había pasto.

Estaba siempre en el campo con las ovejas. Solía hacerlas llegar a la casa a mediodía; yo las agrupaba debajo de unas matas de dividive donde ellas rumiaban. Me daban de comer a mí en cuanto llegaba. Descansaba un rato para ir de nuevo al monte con las ovejas. Después de eso las volvía a traer cuando ya el sol estaba para ponerse y de una vez las metía en el corral.

Nosotros en nuestra casa, había veces que hacíamos una sola comida. Y en otras ocasiones comíamos hasta tres veces al día. A veces se pasaba hambre en casa; y otras veces había comida abundante. Solíamos beber leche de cabra hervida a la mañanita y al anochecer. A veces tomábamos

---

[2] No era callejero, porque no había calles y no me alejaba nunca de casa.

mazamorra[3] de leche, hecha unas veces de maíz, otras de millo, de bagazo de yuca, de aceituna salcochada, solía hacerse así siempre.

Nosotros comíamos de nuestra cosecha; solíamos comer la carne de los animales que criábamos. Había comida fruto de los lloros en los velorios; otras veces comíamos con el pago dado por las muchachas; otras veces de lo que pedíamos, otras veces comíamos comida cambiada por otras cosas. A veces iba mi padre al monte a cazar. Si a él le iba bien, lograba piezas de caza tales como: conejo, venado, iguana o si no machorro.

A veces iba de cacería nocturna.[4] Si le iba bien, traía como piezas de caza muchas aves, tales como: palomas torcaces, palomas de patas rojas, palomas nocturnas, tortolitas, zancalargos o paraulatas, cotorras o si no también iguanas. Eso lo comíamos sancochado, otras veces asado. Era muy sabroso, lo preparaban bien; le ponían de acompañamiento cosas como: yuca, batata, auyama o si no bollitos.[5]

Cuando yo era pequeño solían intimidarme o atemorizarme y me hablaban de unos animales del monte que eran muy malos, tales como: zorro, búho, y también el oso hormiguero. "Eso come muchachos, estate bien alerta con ellos" –se me decía. "Hay una cosa horripilante y es muy mala, que se llama yolu'já. El yolu'já es andariego y recorre los campos y caminos en las noches; captura a la persona con la que se topa, no la deja tranquila" –también me decían. Yo me creía lo que me decían. Siempre cuando caminaba por el monte tenía miedo. "Que no me encuentre con algo como eso. Que no me llegue a mí en la noche" –pensaba yo en mis adentros. No me atrevía a levantarme en la noche a orinar del miedo. Me aguantaba las ganas de orinar hasta que amanecía. Algunas veces me orinaba en el mismo chinchorro.

Después me daban a mí un fuerte regaño por aquello. Y dígame cuando escuchaba el ulular del búho y el aullido del zorro en la noche en las cercanías de la casa, quedaba tieso del miedo en el chinchorro. Brotaba mi orinada sin darme cuenta.

Cada vez que andaba por el camino, no sentía tanto miedo. La presencia de las ovejas me libraba del miedo. Me preocupaba constantemente de que

---

[3] Leche hervida con maíz, millo o bagazo de yuca, es siempre algo espesa.
[4] Las flechas que se emplean sobre todo para cazar palomas, de noche, tienen la puna en forma de cruz.
[5] Masa cocida de maíz, sin envoltura, y de forma alargada y chata.

mi rebaño estuviese completo para que no me mandasen al anochecer a mirar entre los rebaños de los vecinos en busca de alguna que faltaba. No caminaba solo de noche o cuando el sol estaba nublando; temía toparme con un yolu'já o con un búho o si no, con un zorro.

Pues bien, ¡qué bien le iba a mi rebaño! No sufría hambre, las lluvias caían a su tiempo; se multiplicaba mucho, tenía buenos carneros, castrados, no era frecuente que se perdiese algún miembro del rebaño. No se comía mucha oveja; se sacrificaba mucho más las cabras. Las sacrificaban para el consumo de la casa, se las daban como regalo a algún visitante, se vendían, y finalmente eran un aporte cuando se hacía alguna colecta.

Yo era siempre muy alabado por la gente que me veía pastoreando las ovejas. "¡Qué diligente es el hijo de él!" –se decía de mi padre aunque él no se enteraba y pronunciaban su nombre. Había personas que lo decían. Había unos familiares de mi padre, que sumaron ovejas a mi rebaño. Habían hablado antes con mi padre, sumaron ovejas a mi rebaño porque veían que yo era muy diligente. Después fui muy apreciado por el cuidado de sus ovejas. Me regalaban algo así como un sombrerito, la camisita o si no comida. Si en alguna oportunidad pasaba por sus casas con hambre, "ahí está ése, denle de comer" –me decían.

Pues bien, habían transcurrido unos cuantos años y las ovejas se habían multiplicado. Yo sufría cada vez que las llevaba al campo. No podía controlarlas. No me hacían ya caso, se dispersaban alejándose de mi presencia. Pues bien, yo me esforzaba corriendo y gritando tras ellas, no hacían caso. Yo daba carreras furioso entre la maleza. Además me encolerizaba contra las ovejas, les caía a pedradas, les daba leñazos y otras veces les daba puntapiés. Yo sufría corriendo de un lugar para otro: me tropezaba con los palos, me mancaba los pies, me rasguñaba con las espinas. A veces lloraba por eso; otras veces aguantaba.

Pues bien, ya por fin, estaba harto de las ovejas. No me sentía ya como cuando empecé a pastorear. La tristeza poco a poco se iba apoderando de mí por encontrarme solo siempre en el campo. Unicamente de noche y para dormir me permitían estar en casa, y también al mediodía un ratico para comer algo.

Yo me estaba llenando de tristeza, me daba mucha rabia porque me mandaban todas las mañanas al monte con las ovejas. Mi anhelo era quedarme en casa. Quería quedarme jugando con mis hermanos pequeños. Y tuvo por fin que llegar un momento en que me sintiese muy disgustado ya que desgraciadamente había crecido y me había desarrollado en el campo y además nadie me acompañaba a pastorear. ¿Qué era lo que yo podía divertirme andando? ¿Qué era lo que podía servirme de diversión en el monte? No había un muchacho con quien conversar; no había un muchacho con quien bromear mientras estaba pastando las ovejas. Lo único que veía todos los días eran los cujíes, los dividives, los cardonales, los tuneros, y machorros, culebras e iguanas. Lo único que escuchaba era el canto de las aves por encima de los árboles y la voz de los animales del rebaño. Voces a las que ni siquiera les entendía el significado, como para que me pudiesen alegrar. Si me encontraba algún que otro día con muchachos en el monte, si eran mayores, yo los esquivaba y me ocultaba de ellos. Se metían conmigo. Me daban coscorrones; me amagaban con las flechas o si no con un palo. Pero si veía alguno de mi tamaño sí hablaba y jugaba un rato con él.

Algún tiempo después, apareció de pronto una peste en las ovejas, se hinchaban, echaban espuma, estaban atontadas, no pastaban. Se iban muriendo una tras otra de la noche al día. ¡Qué pérdida de ovejas! No se botaban, se comían; eran desolladas, su carne era acecinada, su carne era normal y estaba buena y sabrosa, ya que no estaban flacas, sino que se morían gordas.

Lo que estaba muy dañado eran sus vísceras: el hígado, el estómago y las tripas; estaba deshecho, como si estuviese cocido. No era conocida la peste que había matado a los animales. No se sabía de dónde provenía, apareció de repente.

Ahora, después de eso, quedaron como restantes una pequeña cantidad de ovejas. "¿Qué será bueno entonces para ellas? Lo mejor es que yo busque reponer las que se han muerto" –dijo entonces mi padre. Y así lo hizo, hizo que vinieran unas cuantas ovejas adultas. A ellas les puso los palos en el cuello,[6] y las mancornaba con las de las casa para que no se escaparan. "Aquí está esto, cuídalas bien. Si permites que se pierdan, te voy a azotar" –me dijo. "Sí, así lo haré, las cuidaré" –le dije a él.

Las ovejas nuevas fueron traidas en época de lluvias. La superficie de la tierra estaba muy verde; la vegetación estaba muy alta; abundaba el agua como de aquí para alla.[7] Una vez cierto día me hallaba yo por allá en el campo

---

[6] Un palo un poco más grueso que el de la escoba, que llevan arrastrando colgado del cuello y así queda la huella en la arena.
[7] El narrador señala algo presente y ahí sitúa la acción de la narración.

pastoreando las ovejas. Ellas pastaban bajo un cujizal. Eso era ya en la tarde; y a mí se me ocurrió ponerme a jugar mientras ellas pastaban. Yo me había sentado en el suelo a fabricar un ranchito. Le ponía por pared barro, por techo corteza de palo, alrededor tenía todo limpio y despejado. La casa a mí me parecía muy bonita, me resultaba muy atractiva su misma hermosura, parecía una casita de verdad. No me había olvidado de las ovejas, de todas maneras yo a cada rato las miraba, estaban por allí agrupadas cerca de mí. Pues bien, seguramente se escapó de repente una de las ovejas nuevas sin que yo lo advirtiese. Yo me hallaba jugando debajo de un cují; yo estaba tan tranquilo jugando con mi casita. Pues bien, seguramente apareció por allá viniendo hacia mí mi padre, había estado trabajando[8] como por allá. No me di cuenta para nada de que llegaba; me asustó cuando me golpeó con su pala, caí seguidamente al suelo perdiendo momentáneamente el conocimiento. Me había golpeado con la misma pala que había utilizado antes en el trabajo; veía mi sangre chorreando. ¡Quién sabe de dónde me salía la sangre! No acababa de explicármelo. A mí me parecía que mi carne no me dolía, seguramente porque todavía era muy muchacho. El me dijo un montón de cosas; amagaba con darme. "¡Con que tú eres así! ¡Con que no estás tú pendiente de las ovejas como yo creía! ¡Con que te la pasas jugando prescindiendo de ellas!" –me decía. "¿Dónde está la oveja nueva?" –me preguntó. "Ahí está" –le dije con mucho miedo. En realidad ella se había ido hacía mucho tiempo, se había separado mucho antes de las demás. Después yo me dirigí a la casa. En medio de lloros conduje las ovejas a la casa; e inmediatamente en cuanto llegué las metí en el corral.

Al día siguiente, se levantó mi padre de madrugada para emprender la búsqueda de la oveja y preguntar por ella en otros lugares como por allá. Ensilló un burro, como cabalgadura. "Si no aparece la oveja, te mataré después a ti cuando yo vuelva" –me amenazó antes de partir. Tenía miedo, me afligí mucho con lo que me había dicho mi padre. "¡Caramba! ¡Dígame si es verdad lo que me dice! La verdad es que yo no tengo ganas de morir" –pensaba yo para mis adentros. Pero yo tenía muchos pensamientos y pareceres, "seguramente sus palabras se deberán a la rabia, ya que yo no puedo valer lo mismo que una oveja" –pensaba.

Ahora, después, al día siguiente bien tempranito, "intenta y vete a ver si la ves por ahí" –me decía mi madre. Y me fui entonces como de aquí para allá por entre la maleza, por donde solía andar con las ovejas. Aunque

---

[8] El narrador ha señalado con la mano o la cabeza hacia allá, aunque en este caso el hombre se acerca hacia acá, hacia el narrador y los oyentes.

tenía la mirada atenta a sus huellas,[9] no veía absolutamente nada, lo que había era solamente huellas de animales ajenos.

Pues bien, ya se me acercaba y casi se me echaba encima el mediodía en eso. Me dirigí después a una sabana que se encontraba un poco distante como de aquí hacia allá; "posiblemente esté ella por allá" –conjeturaba yo. Aquella sabana, no tenía árboles en su superficie, solamente me había dirigido a la superficie de la sabana, porque desde allí se podía extender muy bien la vista por todo aquello. Se divisaba cualquier cosa desde allí a lo lejos. Y en realidad había sido totalmente inútil el haber andado por allí, no hubo forma de que encontrase a la que buscaba.

Después, cuando todavía andaba caminando por la superficie de la sabana, escuché de repente el ronquido de quién sabe qué cosa. "Aquel ronquido que viene hacia acá ¿de qué será?" –pensaba para mis adentros. Me sobresalté;[10] me llené de pavor. "Seguro que eso es lo que se llama *yolu'já*" –quedé pensando. Levanté la cabeza, miré hacia el lugar donde había escuchado el ronquido de la cosa aquella. "¡Qué lástima de mí, que me he tropezado con un fantasma tras las huellas de aquella pedazo de oveja!" –dije dentro de mi cabeza. Pues bien, vi de repente salir una cosa de gran tamaño y además caminaba muy rápida, parecía marchar como un caballo que corriese mucho. Sentí un gran pavor ante ella, "ahora sí es verdad que voy a morir" – decía yo. Iba a gritar del miedo pero no me salía el grito, me sentía como si tuviese tapada la garganta. Temblé, me caí al suelo del miedo que tenía.

"¿Qué cosa será?" –dije. Ciertamente no es vaca, ni tampoco caballo; no es burro, no es viento, ni tampoco es cabra, de hecho era algo totalmente desconocido para mí. Pues bien, cuando ya me encontraba tendido en el suelo, vi aquella cosa. No había conocido algo semejante: no tenía piernas, su cabeza era grandísima y de color verde; era gruesa y corta, se destacaban unas cosas negras por debajo, había unos abultamientos en la frente, quizás aquellos eran sus ojos, se notaban unos agujeros anchos a ambos lados de la cabeza, quizás aquellos agujeros eran sus oídos; estaba desprovisto de carne, se le notaban los huesos, tenía el dorso como si estuviese abierto y hueco. Corría sin tener piernas. Se deslizaba, parecía como si la estuviesen arrastrando. "El *yolu'já* sí es hábil, que corre sin tener patas" –pensaba yo para mí.

---

[9] La huella del palo colgado al cuello.
[10] Interjección en guajiro.

Y pasó entonces la cosa; se alejaba hacia por allá levantando una gran polvareda. Su olor era raro, olía a quemado, no era como el olor del mma'rrüla.[11] "¡De buena me he escapado! ¡Menos mal que no me ha olido!" –dije y me sentía muy contento. Estuve tendido un rato encima de la hierba, esperaba a que se alejase la cosa.

Después de aquello, me levanté del suelo, y me eché a correr hacia la casa. Corría mucho, estaba como si hubiera escapado de la boca del *yolu'já*. Ni se me ocurrió mirar hacia atrás, yo sentía un cosquilleo y escalofríos, me parecía que la cosa me seguía. Corriendo se me reventaron las cuerdas de la cotiza[12] y yo me alejaba descalzo a todo correr. Yo saltaba por encima de huecos y tunas; se me clavaban espinas en el pie, y no sentía el dolor del miedo que tenía.

Pues bien, yo corría muchísimo. Estaba como si no tuviese cabeza; ya no tenía fuerzas para correr cuando llegué a la casa; en ese momento me caí tendido en el suelo. Hacia mí corrieron las personas que en ese momento se encontraban en la casa. "Caramba, ¿qué te pasa?" –me dijeron. Por nada me salían las palabras; me hallaba tendido en el suelo con la boca abierta. "¿Qué será lo que le habrá venido acosando desde el bosque?" –dijeron las personas. Fui levantado entre varios, me colocaron en un chinchorro. Inmediatamente conté lo que había visto antes por allá por el monte, pero más bien yo fui objeto de risa para todos. "¡Pero qué niño tan tonto que se pone a llamar fantasma al camión" –me dijeron. No había conocido el camión anteriormente, en aquella oportunidad vine a conocerlo, por eso sentí mucho pavor ante él.

En aquel día, se hallaba presente un primo mayor que yo, quien me explicó después detalladamente lo que era el camión. "El camión no es un *yolu'já*, es algo hecho por tierras lejanas. Es de metal, es de tabla y es de caucho" –me decía el primo.

Pues bien, el primo me explicaba cómo funcionaba el camión. "Dentro de él hay una máquina, llamada motor, precisamente es con lo que camina el camión. Ello tiene fuerza, porque lleva dentro puesta gasolina encendida. Junto al motor se encuentra sentado un ali'juna, es el que lo hace caminar, el que lo hace detener, el que lo hace retroceder; lo llaman chofer" –me decía el primo.

---

[11] El mma'rrüla es el mismo yolu'já que se hace presente por su olor muy característico, parecido a la orina del mapurite.

[12] Cotiza rajadedos, de tres huecos en la suela, que están unidos por tres cuerdas.

"El chofer se encuentra sentado, dentro de aquello que parece cabeza. El camión es una cosa muy buena; está destinado a la carga, tiene fuerza, aunque le pongan la carga que sea. Es veloz, no se cansa. No come, no bebe agua como un animal doméstico" –me decía el primo. "¡Qué bueno es el camión!" –le dije a él.

Después de aquello, sentía muchas ganas de ver el camión. "Ojalá topase nuevamente conmigo" –pensaba en mi interior. Se me ocurrió preguntarle al primo. "¿El camión es bueno? ¿no se come a la gente?" –le dije. "Caramba, chico, y ¿por qué se va a comer a la gente? Es hierro y es tabla, no te acuerdas que te lo he dicho. Corre si tiene gasolina encendida dentro de su motor. No camina, permanece quieto si no hay gasolina" –me respondió él. "Caramba, la gasolina sí que es misteriosa, que hace correr una cosa cuando se quema dentro de ella" –pensé por lo que me habían dicho.

Después estando yo dentro de mi chinchorro, o estando por el camino tenía vivos en el recuerdo el camión y la gasolina. "¡El *ali'juna* sí es inteligente que fabrica semejante cosa!" –me decía interiormente. En aquellas circunstancias teníamos un burro castrado, viejito, de color moro o desteñido, y era de caminar muy lento, al que yo llamaba Kuna. A pesar de que él no caminaba nada, prestaba utilidad: con él se buscaba el agua, era utilizado como cabalgadura para moverse a cualquier parte. Aquel burro era de mi abuela; aunque ella tenía burros en abundancia, eran cerreros, se encontraban en el monte y nadie los arreaba; Kuna era el único manso.

Pues bien, de repente entró en mi cabeza un deseo de hacer algo. "¿Qué le pasaría a Kuna si le prendiese gasolina encima de él? ¿Correría muchísimo? ¿Sería su marcha como la del camión? – pensaba en mi interior.

Pues bien, después me fui a una casa en la que vendían gasolina, me llevé un recipiente de totuma[13] de tamaño grande para la gasolina. "Aquí estoy yo, vengo mandado de casa; y vengo a se pagará después" –le dije al que vendía. "¿Para qué es la gasolina?" –se le ocurrió decirme. "No sé, solamente vengo mandado; no sé para qué la van a emplear" –me limité a decirle. Entonces me virtió gasolina casi hasta arriba de la vasija. Me fui con ella; la dejé después de paso cerca de la casa. La escondí de paso en un hueco y la dejé bien cubierta.

---

[13] El shoolo'kí es una totuma de boca estrecha como el jarro, a diferencia de la totuma ordinaria que es de boca ancha como la escudilla.

Llegué a la casa al mediodía. El Kuna se hallaba amarrado en su sitio habitual. "Ya va quedando poca leña, conviene que yo vaya a buscar más" –le dije a la gente que se encontraba en aquel momento. Me miraron todos, "¿Por qué en este día está tan voluntarioso?" –me fue dicho. "Si no me pasa nada; sino que tengo voluntad quiero este día ir a buscar leña" –le dije a la gente. "Bien, vete pues, y enjalma a Kuna" –me dijeron por fin. Pues bien, me fui con Kuna hacia allá.

Yo a la verdad tenía miedo; yo sentía tristeza por lo que iba a hacer. "¿Qué haría yo si se me llegara a escapar Kuna de mi mano? Porque ahora seguramente será muy veloz a causa de la gasolina; y tendrá una velocidad como la del camión" –me decía en mi interior. Pues bien, amarré el burro en un árbol frondoso de olivo. Reuní unas leñitas y las coloqué por encima de la enjalma. Después de aquello, me fui a la casa a buscar un tizón. "¿Qué vas a hacer con el tizón?' –me dijeron. "Sí, el tizón es para quemar un avispero; allí apenas en la orilla del camino me hace mucho mal, me pican siempre cada vez que paso cerca de ellas" –les dije. "Es bueno que lo hagas así, hijito mío, porque a las avispas les gusta picar a la gente" –me fue dicho entonces.

Pues bien, ya que ya nada me distraía, recogí cortezas y ramitas secas, y encendí entonces la candela cerca del burro. Y coloqué la vasija que contenía la gasolina encima de la esterilla del burro. Me hallaba parado, retirado de él, le tenía miedo. "¡Que no me arrolle! Ahora con la gasolina va a tener seguramente gran velocidad" –pensaba yo. En cuanto se encendió la leña, cogí un tizón y se lo lancé a la vasija que contenía la gasolina. Como eso no tarda, brotó la llamarada; las llamaradas se extendían hacia arriba; por poco me alcanzan las llamas, llegó la llama hasta muy cerca de mí. Yo me asusté mucho; creía que se me venía derrumbado sobre mí el firmamento.[14] Pues bien, pobre Kuna, se retorcía allí en medio de las llamas. Del mismo susto grité. Pues bien, salieron corriendo de la casa al oír el grito. Me estremecí lleno de pavor al verlos venir, "ahora me matarán a causa del burro. Es mejor que yo salga corriendo ahora mismo para evitar que me azoten" –me dije.

Y de una vez cogí un camino que se dirigía lejos, yo no estaba en mi juicio, corría descalzo y sin ropa.[15]

---

[14] Para el guajiro el azul del cielo es un techo sólido sostenido por alguien o algo.
[15] Sin camisa pero con guayuco.

Pues bien, aunque al instante se echaron tras de mí, yo no fui alcanzado ni por nada; corría en todo momento por el camino, no vine a parar hasta ya anochecido. Pues bien, pasé grandes sufrimientos. Estaba triste, tenía hambre, tenía sed; me hallaba llorando al fondo de una cañada, donde pernocté al irme de mi casa.

Me fui al día siguiente, caminé todo el rato constantemente paralelo al camino para no ser visto de la gente. Al ver alguna sementera, comía de paso para no morirme de hambre: yuca, patilla; y comía también de paso algún dato.

Pues bien, después, topé con algunas personas que llevaban cabras; que llevaban cargas de cuero de chivo y gallinas; eran personas que iban a vender a donde los *ali'junas*. "Niño, ¿para dónde vas? ¿de quién eres hijo?" –me dijeron ellos. "Vengo solamente de ahí hacia acá, soy una persona extraviada. No sé para dónde voy a ir" –les dije a ellos. "¡Qué desdichado eres! toma, come de nuestro avío, ¿tendrás hambre?" –me dijeron entonces. "Has de saber que nosotros vamos a vender nuestros animales a donde los *ali'junas*; vamos, vente mejor con nosotros" –me dijeron las personas. "¿Y por qué no?" –les dije. Y yo me fui y yo también participé en arrear las cabras.

Pues bien, al otro día, tenía los pies llenos de ampollas, yo no daba para caminar; porque como se sabe yo andaba descalzo. "Móntate aquí" –me dijeron y me subieron a un burro.

Al principio pasé grandes sufrimientos errante entre los *ali'junas*; no hubo nadie que viniese a averiguar por mí. Yo no sabía la lengua de los ali'junas como para pedir auxilio o explicar mi caso.

Pues bien, cuando yo ya era un poco mayorcito, era sirviente de los *ali'junas*. A mí me hacían trabajar a cambio de lo que comía; lavaba las ollas, platos, cubiertos, etc.; barría toda la casa; daba de comer a los perros y gallinas. Me daban algún vestido de vez en cuando.

Hoy en día, yo ya me he hecho mayor entre los *ali'junas*, y además yo ya sé el idioma de los ali'junas, aunque siento tristeza por mi tierra y aunque tengo ganar de ir a casa, es inmensamente grande la vergüenza que he pasado por haber quemado el burrito.

Así me sucedió allá de donde yo soy. Ahora me encuentro aquí acostumbrado a vivir entre los *ali'junas*; ahora ya no quiero separarme de ellos.

Y ahora yo no soy capaz de bajarme por nada del camión al que antes le tuve miedo.

Y se acabó esto.

Relato de una muchacha de la que se enamoró una hormiga macho

Aquí va un relato de una muchacha que era muy diligente, según dicen, en las faenas de recolección. La muchacha era recolectora de *pülá*, era hija de gente trashumante. Según dicen la niña era bonita; además se había desarrollado recientemente. Era tratable, de piel clara, delgada, de estatura mediana, de ojos grandes, de pelo corto, llevaba prendas, iba bien vestida y todavía no había tenido pretendiente.

Hubo, según dicen, un hambre muy fuerte. No llovía por ninguna parte, por lo que en la tierra llamada Wopu'müin había mucha gente trashumante.[1] Los trashumantes montaban sus enramadas en buenos sitios. Pues bien, como el hambre en el tiempo de trashumancia no era nada leve, faltaba siempre algo para medio comer cada mañana. Las mujeres solían ir a recoger frutos del monte. Buscaban algo comestible. Al principio encontraban abundante pülá. Era lo recolectado por las hormigas; ellas lo amontonaban debajo de las bostas de vaca, debajo de las piedras y dentro de los palos con hueco. El *pülá* es de grano muy menudo, casi como el grano del ajonjolí, es semilla de una hierba del monte, parecida a la grama. El *pülá* es comestible, es sabroso y tiene el gusto del millo. Se mezcla con la leche y además se preparan bollos de él. Al principio del día las mujeres solían ir a recoger *pülá*. Llevaban totumas ordinarias, totumas grandes de boca angosta y bolsas. Después regresaban cansadas, con hambre y con sed. Algunas volvían sin nada, otras traían poquito, había algunas que traían bastante.

Pues bien, ocurrió que cierto día la muchacha se sintió incitada o movida, porque también ella quería participar en la recolección. "Déjeme ir a recoger *pülá*, mamacita. Puede ser que yo traiga aunque sea un poquito" –dijo. Al principio no la quisieron dejar ir; no la querían mandar al monte para que no se extraviase, para que no cometiesen algún abuso con ella.

---

[1] El pueblo guajiro, como pueblo ganadero, ha conocido con frecuencia la trashumancia.

"Pero, mándame, mamacita, que a mí no me pasará nada; me irá bien estando con esas mujeres" –dijo insistiendo.

"Vete pues, entonces; aunque vas a volver sin carga" –le dijo por fin la madre. Pues bien, ella se fue con las mujeres recolectoras de *pülá*. Estaba muy contenta cuando se fue, y llevaba una bolsa.

Pues bien, apenas ellas se alejaron un poco, le fue dicho a la jovencita: "es necesario que de momento te separes de nosotras. Vete por allá, que más adelante nos encontraremos". Pues bien, ella se fue; caminaba por lugares solitarios; miraba mucho, levantaba las cosas que veía en el suelo. Pues bien, le fue muy bien, halló en seguida mucho pülá. Ella lo iba recogiendo y recogiendo; ya que no buscaba otra cosa más que aquellos, como para contentarse con verlo. Pues bien, se dirigió entonces hacia sus compañeras. "Yo ya estoy lista, ya tengo la bolsa llena" –les dijo. "Caramba, a ti sí que te ha ido mejor que a nosotras. Vamos para que nos muestres dónde hallaste el *pülá*" –le fue dicho. Y la niña caminó delante, por donde había venido. Pues bien, no se pudo ver nada y la gente cuando ya se cansó, se fue yendo cada uno para su casa.

"Mamá, tú que me decías que iba a volver sin nada, y aquí traigo mucho *pülá* –dijo la muchacha al llegar. La madre se alegró mucho con ella. "Ahora sí que voy a comer de lo recogido por mi hija. La niña estaba cansada; se acostó en su chinchorro y se durmió un rato. Ahora bien, en su sueño se encontraba con que estaba donde había hallado el *pülá*. Se había tropezado con un joven delgado, de piel negra, tratable, que conversaba con ella. Le mostraba dónde estaba amontonado el *pülá*. "Aquí está mi cosecha, prima. Te lo voy a dar a ti, me he compadecido de ti. Y será para ti si vienes todos los días a buscarla" –le decía a ella. No contó su sueño al despertarse. Seguramente no era ella la persona que creyese en los sueños. "¿Qué significará? Así serán los sueños de la gente" –pensaba.

La joven salía siempre con las otras personas. Era abundante el *pülá* que traía cada vez. Las otras traían de a poquito; soportaban inútilmente el sol. Se hablaba de la muchacha sin que ella se diese cuenta. A causa del *pülá* le tenían ojeriza. "Pero bueno, ¿cómo lo consigue? ¡Ella sí que tiene maña para eso! ¡Sí que tiene buena vista para encontrar!" –se decía. Pero aquello no se movía por sí sólo, sino que había algo misterioso que lo acomodaba para que así sucediese.

Pues bien, llegaron algunas personas a donde la madre con el interés del *pülá*. Se lo pedían. Otras veces lo trocaban por otros alimentos. Ella se lo daba, no lo negaba. Era ya sabido que su hija era muy diligente recogiendo *pülá*. Por todo eso ella resultó más tarde un partido muy solicitado por los hombres. La deseaban porque se la veía muy buena recolectora. El hombre joven no puede ver nada sin encapricharse. Al principio se hablaba a cada rato de ella a sus espaldas. "¡Esa muchacha sí rebusca y recoge! ¡Qué bueno sería que ella fuese nuestra mujer![2] ¿Qué pasaría si la comprásemos?" –se decía.

Pues bien, se habló y se hicieron después planes sobre la muchacha. Fue pedida a su padre. Y la concedió; no la negó, estaba contento porque se la habían pedido. Pues bien, se llegó a un acuerdo sobre el pago por ella. Le fueron dadas prendas y animales al padre y fue conducida a donde su suegra.

Pues bien, cuando ya ella tenía tiempo de estar en poder del marido, "¿por qué no empieza de una vez a recolectar la recolectora?" –se decía; ya que nunca se suele hablar bien de los nuevos parientes políticos. Pues bien, se fue entonces la mujer al monte con las que iban a recoger *pülá*. Pues bien, entonces no encontró nada de *pülá*, no había nada. Ella hacía el esfuerzo de buscarlo donde antes solía estar amontonado, y cuanta cosa veía en el suelo la removía y sacudía. No encontraba nada y regresaba sin carga. "¿Dónde está ahora el *pülá* de ésta?" –le fue dicho a ella al llegar. "¡Qué va, de eso ni rastro! Me he cansado en balde, a lo mejor ya se ha agotado" –dijo la joven. Después de esto la mujer hizo varios viajes al monte con el interés del *pülá*. No lo hallaba; siempre llegaba sin nada, ella se entristecía con aquéllo.

Pues bien, la suegra murmuraba de ella. "¿Dónde está ahora su cosecha? ¿Qué le pasa ahora? ¡El tomar marido sí que le ha afectado! A lo mejor se mostraba tan diligente a la vista de las personas por el interés de que la comprasen" –decía. Y aquello no era culpa de ella, sino que en realidad el *pülá* escaseaba.

La mujer quería dejarlo por la repentina escasez del *pülá*. Pues bien, ella decidió más tarde separarse de la gente. Decía: "Caramba, ¿será porque ando acompañada? ¿Qué pasaría si me fuese sola?" Y desde entonces empezó a ir sola. Llevaba agua; recorría y recorría mirando los lugares apartados. Se movía por los lugares de siempre; no tenía miedo de perderse.

---

[2] Es costumbre trocar con el vecino comida, prendas, vestidos y pequeños bienes. El guajiro mira mucho en la mujer su diligencia y laboriosidad y qué utilidad le puede reportar a él el trabajo de la mujer. Es un modo de hablar propio del guajiro, aunque la mujer es de uno solo, consideran que su trabajo y el aporte o riqueza que ella supone pertenece a toda la familia o clan.

Pues bien, un día algún tiempo después, se le ocurrió agacharse cerca de unas bostas de vaca, con la intención de levantarlas y de escarbar debajo, como lo había hecho siempre. "Quizás debajo de estas bostas haya *pülá*" –pensaba. Pues bien, levantó entonces una de las bostas y debajo de ellas había muchísimas hormigas. No era pequeño el número de ellas y surgían más y más de debajo de la tierra; y a poco se las veía cubriendo de negro el suelo. Como las hormigas no querían otra cosa, se movían hacia la mujer. Se le subieron muchas por el cuerpo, eran como si las hubieran arrojado encima. Como la picadura de las hormigas no es algo que no duela, al principio ella brincaba, después las aplastaba contra su piel, las sacudía; no pudo hacer nada contra ellas. La mujer estaba asustada. "¡que me vaya a morir a causa de las hormigas aquí en el monte!" –dijo corriendo hacia la casa sin el vestido. Pues bien, apenas ella se acercaba a la casa cuando de manera sorprendente se fueron cayendo de su cuerpo las hormigas. Pues bien, corrieron hacia ella cuando la vieron llegar. "Caramba, ¿qué es lo que le pasa ahora a la mujer?" –decían de ella. "¿Qué es lo que te ha pasado allí de dónde vienes?" –le dijo el marido. "Has de saber que he sido víctima de las hormigas. Se apoderaron de repente de mí en el sitio de donde vengo" –le dijo a él. "¡Tú sí que eres tonta! A lo mejor estabas durmiendo por allá en el monte al alcance de las hormigas" –le dijo. "No es que yo estuviese durmiendo en el suelo al alcance de ellas, sino que ellas me atacaron sin poder yo evitarlas" –le dijo a él. La piel de la mujer estaba muy afectada, parecía azotada con pringamoza. Tenía heridas en la cara, en la espalda, en las piernas, pero no le había pasado nada grave; mejoró después y la curaron con un remedio cualquiera.

Pues bien, a pesar de todo volvió de nuevo la mujer a recoger *pülá*. No escarmentó con haber sido víctima de las hormigas. ¡Quién sabe cuál hubiera sido su suerte de haberlo dejado del todo! Pero en cambio ella se había aficionado al *pülá*. Lo buscaba persistentemente por ahí, por lo que precisamente se vino a topar con un joven delgado, de tez negra, de rostro grave. "¿Quién será ahora éste?" –pensaba ella.

"Caramba aquí nos encontramos, niño" –le dijo ella a él. "Pues sí, aquí nos encontramos" –respondió. Se detuvo rápidamente frente a ella. "¡Caramba, por fin te veo! Sábete que estoy furioso con tus fechorías" –le dijo a la vez que la tragaba con la mirada. "¡Caramba pues! pero, ¿qué es lo que te pasa conmigo? Creo que tienes ganas de bromear conmigo. O si no es que tú estás loco" –le dijo a él riéndose. "No estoy loco, antes eras mi adorada. Yo te quise mucho. Ahora te tengo rabia porque a despecho mío de pronto has tomado marido" –le dijo a la mujer. "Tú está diciendo mentiras. Yo nunca he sido tu amada, yo no te conozco; y además tú no me conoces" –le dijo ella al joven. "Bien, voy a explicártelo todo" –le dijo. "Yo soy del que eran las cosechas de *pülá* que tú recogías. No lo tenía yo destinado para cualquiera. Yo te lo daba sólo a ti por tratarse de mi amada. Ahora ya no tengo nada que ver contigo; aunque te vea morir de hambre" –le dijo a la joven.

Pues bien, el joven se fue después de haberle explicado eso a la mujer. Ella por su parte regresó a la casa con tristeza. Pues bien, cuando ella había caminado un rato, cuando estaba cerca casi llegando a la casa, se le presentó de pronto un grupo grande de hormigas. Era un grupo numeroso, que cubría de negro la tierra. Pues bien, aunque rápidamente corrió la mujer entre las hormigas, despavorida ante ellas, por la experiencia que tenía de lo dolorosas que resultaban sus picaduras; sin embargo tuvo mala suerte, se cayó un poco más adelante. Se le falseó una de las piernas y vino a caer sentada en el suelo. Pues bien, las hormigas no eran pocas y le atacaban. Ella no pudo hacer nada contra ellas; lo único brincar y patalear mientras la atacaban.

Pues bien, ahora sí es verdad que la mujer estaba muy grave. No se trataba de ninguna tontería, caminaba cojeando con dificultad hacia la casa con gran dolor en el cuerpo. Se le inflamó el cuerpo por todas partes. Tenía heridas en la piel de tanto rascarse. "Acabo de ser víctima de las hormigas ahora, lo mismo que la otra vez" –dijo al llegar y se acostó. Pues bien, no parecía que la mujer fuese a mejorar. Permanecía acostada, se quejaba continuamente, deliraba, por eso, después la suegra se asustó. "¡Caramba! ¿Qué se va a hacer ahora con la mujer? ¿Será posible que se vaya a morir aquí en nuestra casa?" –decía con preocupación. Pues bien, se le buscó inmediatamente una piache. Y ella la trató; le asperjaba zumo de tabaco. E inmediatamente la piache explicó[3] qué le pasaba a la muchacha. Ya que la piache no era ciega, sino muy clarividente y conoce muy bien de qué ha sido víctima la gente que se enferma. "Bien, esta mujer ha sido víctima de las hormigas. Antes había estado enamorado de ella una hormiga macho, pero ella de pronto tomó marido por lo que él se puso muy bravo. Le cogió rabia por eso. De hecho él no piensa matarla, lo que pretende es hacerla sufrir. Ahora, tal como se encuentra hay que hacer un baile en honor de ella. Para que se ponga buena pronto, hay que sacrificar y repartir alguna vaca. Hay que hacer que abunde la carne para los que bailen, para que se alegre mucho la hormiga y deje tranquila a la mujer" –dijo la piache. "¡Caramba, con que todo esto le ha pasado a esta joven!" –dijo la suegra. "¿Qué te ha

---

[3] La piache puede ver el pasado, el futuro y el por qué de los hechos.

pasado? ¿Qué sueles ver por el monte? ¿Con que tienes un admirador? ¿Por qué no dijiste: 'yo ya estoy destinada para alguien', cuando fuiste comprada para mi hijo?" –le dijo a ella.

"Pero si yo no suelo ver nada por el monte. Lo que había eran las hormigas, las cuales no son personas como para que se enamoren de mí. Y sí se topó conmigo un hombre de piel negra, que habló conmigo un rato, el cual no me dijo nada que tuviese especial significado" –le dijo a la suegra.

Pues bien, la mujer sanó después. Se le dedicó un baile, se repartió carne en abundancia. Pero lo único en lo que se observó que ella había escarmentado, fue en que no iba a recoger pülá, por el miedo que tenía a las hormigas. Nunca quiso salir sola para el monte.

Y se acabó esto.

Takü'jala. Lo que he contado (1989)

La historia de Pilar[1]

La Pilar, era una muchacha oriunda de Wûinpumüin,[2] tenía a su padre y a su madre que eran y vivían en Wûinpumüin. Era una joven simpática y recién casada. Era muy tratable, era sonriente cuando se conversaba con ella. Era, según dicen, delgada, tenía la piel trigueña clara, tenía los cabellos largos y era además de labios finos.

En el tiempo en que sucedió este relato, empezaban a llegar con frecuencia, aunque salteados, algún que otro ali'juna, a donde los wayúu en Wûinpumüin. Aquellos ali'junas eran comerciantes, que venían en camiones; otros llegaban en barco. Dedicados a la venta de mercancías caminaban por los lugares y lo recorrían todo. Llevaban comestibles y también otras cosas: maíz, arroz, plátano, panela, café, manteca, aguardiente, telas, sombreros, armas largas, hachas, machetes, palas,[3] cuchillos, pailas. Prendas de oro, tales como: aretes, collares, sortijas y pulseras.[4] Todo eso lo obtenían los waiús en trueque a cambio de sus animales, alimentos,[5] frutos del dividive[6] y algodón. A pesar de que aquellos ali'junas no eran conocidos de nadie, no inspiraban temor ni desconfianza. No se les trataba con desprecio.

Los wayúu se quedaban admirados con ellos, se les solía brindar buen trato y eran bien atendidos. Se les tenía buen cariño, y se les daba lo que pedían. Se les brindaba comida, y a donde quiera que llegaban les prestaban chinchorro. En cambio al wayúu se le trataba con consideración si

---

[1] El relato que sigue está inspirado en una canción muy popular entre los guajiros de la parte oriental, que solían cantarla cuando estaban bebiendo. Aquí se le ha dado forma de relato y se han añadido algunos párrafos, sobre todo al principio y al fin.
[2] Parte oriental de la Guajira, que corresponde en este caso a las cercanías de Castilletes, Puerto Estrella y Puerto López.
[3] Pala de deshierbar típica de la Guajira, que no se debe confundir con la que en España se usa en la construcción; esta última se llama en Maracaibo canalete y se emplea en las obras.
[4] Hechas con cuentas.
[5] Quizás frijoles, topochos, yuca, coco jojoto, pero todo en pequeña cantidad para el consumo doméstico o para poco tiempo.
[6] El legendario dividive de la región de Maracaibo empleado en la curtiembre.

era rico o de la familia. Al que es pobre se le discrimina y no se le tiene en cuenta para nada.

Pues bien, entonces hubo un ali'juna, un camionero, que solía llegar a la casa de Pilar. Pernoctaba de paso en la casa de ella, y ella le solía dar de comer. Se mandaba a matar un chivo para obsequiarlo o si no, gallina; le solía colgar el chinchorro, como a huésped suyo. Cada vez que él llegaba de su tierra le traía algunas cosas y ella se alegraba con aquello. "¡Qué bueno es este ali'juna!" –pensaba ella. Y el marido de ella no estaba pendiente del ali'juna; no permanecía (el marido) en la casa, solía ir al campo a cuidar el ganado.[7] A veces iba al abrevadero a darles de beber a los animales, otras veces cazaba, otras veces iba a algún velorio, otras veces iba por ahí a beber con los wayúu, otras veces, en fin, iba para cualquier parte.

Ahora bien, el ali'juna estuvo llegando durante mucho tiempo a la casa de la mujer. "Mira, primita Pilar, ¿quién es el ali'juna de quién eres hija para que seas tan linda? Por donde he andado he visto muchas muchachas y no son como tú, ni son tan elegantes ni tienen tan buen trato" –le dijo un día.

"Compadre, yo no soy hija de ali'juna, soy hija de waiú. Mi padre se llama Rruséwa,[8] además es Tüntasirrü,[9] waiú de la casta o clan Püsháina. Mi tío materno se llama Alákacheerrü, waiú Jayaliu"[10] –le dijo a él. "Primita, has de saber que yo estoy enamoradísimo de ti, sábete que te quiero como mujer mía. Acéptame, estarás bien conmigo, no sufrirás conmigo" –le dijo a ella. "Caramba, compadre, tú sabes muy bien que yo tengo marido; no está bien que yo sea tu mujer. Si de repente me cambiase de marido, la consecuencia inmediata será que en seguida habría un problema serio. Y además a mí no me han tomado como mujer así sin más nada, sino que se han pagado por mí animales y prendas. Yo te hubiera aceptado si no hubiese tenido marido" –le dijo ella a él. "Primita, te lo ruego, acéptame, no importa que tengas marido; es que realmente estoy enamoradísimo de ti. Por cierto que aquí tengo muchas morocotas, que se las daré a tu marido y a tus familiares" –dijo el ali'juna.

Habló muchas veces con la mujer, ella al principio no le hacía caso. Tenía muchos pensamientos contrarios, sentía miedo, estaba triste, y además aquello no se lo decía al marido. "Decídete de una vez a aceptarme,

---

[7] Llevarlo, arrearlo, recogerlo, etcétera.
[8] Guajirización de Eliseo.
[9] Con frecuencia el guajiro, además del nombre tomado del castellano en el bautizo, tiene otro nombre familiar típicamente guajiro.
[10] El guajiro pertenece al clan (carne) que se transmite por vía uterina.

prima; lo que te estoy diciendo repetidas veces, es la pura verdad, no te estoy engañando. Vamos pues conmigo para mi tierra; no te irá mal como resultado de todo eso. Yo te amaré, estarás bien conmigo, te daré las cosas que deseas tener. Conmigo tendrás una buena casa, tus vestidos no serán de mala calidad, cuando estés en mi tierra comerás buena comida. Despedirás un olorcito sabroso.[11] No estarás como aquí despidiendo olor a humo y a sol.[12] Serás estimada por mis amigos. Mis parientes te consentirán y te tendrán mucho cariño. Y cuando tengamos hijos, yo los acomodaré[13] para que ellos sean más tarde ricos" –decía el ali'juna.

Ahora bien, ya al final, se fue convenciendo el espíritu de Pilar. Caló la palabra del ali'juna en su corazón y en su cabeza. "Creo que es bueno que yo obre así" –pensaba; por eso ella se fue después con él en el camión a la tierra de él. En seguida fue avisado su marido: "mira, para que lo sepas, a Pilar se la han llevado a donde los ali'junas" –le dijeron. Inmediatamente, en cuanto se enteró de que ella se había ido, sintió mucha rabia. "¡Caramba! ¿Qué le ha pasado de repente? ¿Y esta forma de proceder se debe a algo bueno o normal? ¿Qué irá a buscar en la tierra de los ali'junas? ¿Por qué ella antes de partir no dijo ni siquiera 'mira que yo voy para allá'?" –dijo él. Se alistó inmediatamente para salir detrás de la mujer. Ensilló un caballo muy veloz como cabalgadura suya. Acomodó en un costado de la silla un wínchester; y colgó de una vez una tapara con agua en el arzón delantero.

Pues bien, entonces el hombre partió, hizo galopar (a su cabalgadura)[14] por una trilla de camión. Preguntaba con frecuencia durante el trayecto allí donde veía un rancho[15] "¿Por casualidad, no han visto ustedes pasar por aquí a un ali'juna en un camión, que iba con una waiú?" –decía. Le dieron referencias con una descripción muy exacta sobre el ali'juna. "Sí, ciertamente ha pasado por ahí. Por aquí ha estado y ha pernoctado. Y, ciertamente, por allá hay una mujer enferma en el camión;[16] está grave y va acostada" –le fue dicho. Al principio Pilar se había mareado mucho. Vomitaba mucho, estaba débil e iba tendida a bordo. Y precisamente por esa causa tuvieron que viajar muy despacio, se veían obligados a pernoctar después de un

---

[11] Los waiú no se perfuman. Él la tienta con los perfumes que usan los ali'junas.
[12] Los rayos solares y el humo hacen que la gente huela mal.
[13] Va a trabajar, para prepararles un buen futuro a sus hijos.
[14] En la Guajira no existían carreteras y todavía hoy el camión, principal vehículo de transporte, va haciendo camino.
[15] El camino recorrido en este caso es la vía clásica, que rodea el golfo de Venezuela (Castilletes, Cojoro, Sichipés) para ir a dar en el río Limón.
[16] La confusión de demostrativos, se debe a que el narrador señala con la mano y a veces trae el mundo de la narración al mundo presente a los oyentes.

trecho breve. Y era que ella nunca había viajado en camión, pues había sido siempre una mujer muy casera. Y en todo caso cuando ella viajaba para alguna parte, lo hacía en burro.

Pues bien, el hombre alcanzó al camión como hacia allá,[17] veía la polvareda del camión delante de él. Echó a galopar el caballo tras el camión y a la vez iba gritando, "Pilar kohu,[18] ¿para dónde vas tú?" –decía en su grito. Y (los del camión) vieron que se les venía. "¡Caramba! mira, compadre, que ahí viene el pedazo de wayúu detrás de nosotros, tengamos cuidado con que no nos vaya a disparar. Acelere hacia adelante, que su pedazo de caballo se quedará extenuado por ahí no más" –le dijo Pilar al ali'juna.

Pues bien, y ¡cómo se esforzaba inútilmente el wayúu!, no alcanzaba al camión. Disparaba detrás de él con la intención de que se detuviera. Había momentos en que el camión se le acercaba al waiú,[19] donde el camino era muy accidentado o donde el camino era arenoso. Otras veces se le alejaba, donde la tierra era transitable o era llana.

Después de eso (de la frustrada persecución), llegaron a donde una agua grande,[20] honda y ancha.[21] Dentro (del agua) había precisamente un barco para el trasbordo de los camiones. El ali'juna que traía a la waiú habló de paso con los encargados del barco[22] y les dio dinero. "Detrás de nosotros viene aun un waiú a caballo; ¡cuidado con pasarlo!" –les dijo. Después llegaron a la casa. El ali'juna estaba contento. Pilar fue presentada por él a sus familiares, "aquí está mi mujer, conózcanla" –les decía. Y por su parte Pilar, aunque estaba contenta, a veces sentía que le asomaba la tristeza. Se acordaba del que antes era su marido. Se acordaba de su tierra y también de sus familiares. "Caramba y que yo me encuentre así. ¿Me irá bien? ¿Volveré algún día a mi tierra?" –pensaba.

Pues bien, llegó entonces el waiú a la orilla del agua.[23] Los ali'junas encargados del barco corrieron al encuentro de él, y vociferaban hacia él. Le mostraban el camino por donde había venido; espantaban la cabalgadura

---

[17] El narrador les señala con un gesto a los oyentes, como si el sitio estuviese a la vista.
[18] Kohu es la onomatopeya del grito.
[19] En la perspectiva guajira. En castellano se dice al revés.
[20] Wûin es toda agua dulce, de cualquier extensión, corriente o no. En este caso se trata del río Limón. Wûin se contrapone a palá mar.
[21] Literalmente de boca ancha. En guajiro se compara la extensión del río Limón, en realidad una ría, con la boca.
[22] La antigua barquilla, anterior a los trasbordadores metálicos (*ferry boat*), que hubo antes del puente.
[23] Río Limón.

(que lo llevaba), y le pegaban al caballo. "¡Epa, cuidado conmigo, compadres! ¿por qué ustedes están así?" –les dijo a ellos. "Caramba, conque ellos no me quieren dejar pasar. Es una lástima que yo no sepa el castellano; yo hablaría con ellos, les contaría mi problema" –pensaba. Pues bien, se bajó el hombre de su cabalgadura; pero no se volvía atrás, se encontraba muy perplejo. Caminaba y daba vueltas por la orilla del agua y miraba por un lado y por otro. "Caramba, ¿qué le pasará mi cabalgadura si la dejo de paso aquí?[24] ¿Lograría yo pasar al otro lado del agua, si lo intentase a nado? ¡Ni aunque lo lograse! a lo mejor queda lejos la población de los ali'junas. Seguramente, si me voy a pie, me agotaré y quedaré extenuado por ahí cerca" –dijo. Pues bien, se montó entonces en el caballo, lo lanzó al agua a la vista de los ali'junas que manejaban el barco. Y ellos desde allí se pusieron a gritar y a reírse. "Ahora se muere aquí el pedazo de waiú" –decían desde el barco. Pues bien (hombre y caballo) lograron llegar aunque con gran dificultad a la otra orilla. El caballo estaba completamente mojado, se sacudía. Y la ropa del que venía encima también estaba completamente mojada, la exprimió. "¡Caramba! ¡Qué valiente es su pedazo de cabalgadura! ¿Cómo es que no se ha muerto con él dentro del agua?" –decían los ali'junas desde por allá.

Pues bien, después de aquello el waiú partió y caminó derecho por una trilla o camino de camiones. Según dicen llegó después a donde una población de ali'junas, situada a la orilla de una agua grandísima que se parecía a un mar. Deambuló por entre la población de los ali'junas. Después lo condujeron (unos waiú) a su casa, se había encontrado casualmente con ellos (en sus recorridos). Él les habló y les contó todo lo que le había pasado. "¡Qué lástima contigo, que hayas sido víctima de los ali'junas, para que andes ahora así detrás de tu mujer!" –le fue dicho. Después le ayudaron y le dieron informes y datos muy exactos sobre el ali'juna que andaba buscando e incluso lo llevaron hasta la casa de él.

Pues bien, el waiú llegó a la casa. Se bajó de su cabalgadura, la amarró de paso en un cují como por ahí. Se levantaron hacia él unos ali'junas muy cariñosos. "¿Qué hay compadre? ¿De dónde vienes ahora? ¿Qué se le ofrece? ¿Qué busca por aquí?" –le dijeron a él. "Ah, sí, yo vengo de lejos, y vengo tras de una mujer mía, que se llama Pilar; se la llevó de donde mí el ali'juna dueño de esta casa" –dijo él. "Ah, sí, sí, ésa se la llevaron de aquí a otro lugar en medio del agua grande.[25] Si quieres ir en busca de ella

---

[24] Se entiende mareada.
[25] Alguna de las islas que quedan enfrente de Maracaibo. No se trata de la isla de Toas o Zapara,

nosotros te llevaríamos hasta allá" –le fue dicho a él. Pues bien, pusieron para él sobre una mesa con comida envenenada.[26] "Ven para acá compadre, aquí está tu comida. Ahora desensillaremos esa tu cabalgadura; por ahí se le buscará hierba ala'ma para que coma" –le fue dicho. "Pues bien, yo no quiero comer, compadre; ella, mi mujer, es a quien yo tengo muchas ganas de ver. Y, en cuanto a mi cabalgadura, no va ser desensillada; ahí va a permanecer con la silla puesta" –dijo él. Ahora bien, por su parte, el ali'juna, que él andaba buscando tan desesperadamente, estaba ahí mismo escondido con Pilar dentro de la casa; ya que la casa de los ali'junas tiene muchos compartimientos.

Pues bien, los ali'junas se llevaron al waiú en una pequeña embarcación. Conversaban entre sí y se reían delante de él. "Caramba, ¿cuál será el contenido de sus palabras?" –pensaba el waiú. Después bajaron ellos con él donde una tierra en medio del agua.[27] "Quédate aquí, espéranos aquí, nosotros vamos a ir por allá a buscar a Pilar" –le dijeron. Y de hecho ellos regresaron (a donde habían venido). Pues bien, él se quedó allí esperando impaciente a los ali'junas. Miraba inútilmente hacia allá,[28] nada veía sobre la superficie del agua, después, por fin, le anocheció.

No parecía sentirse bien, estaba ya débil por el hambre y por la sed. Comió alguna de las escasas hierbas que se veían por el suelo y también bebió (de mala gana) algunos sorbos de agua.[29] Estaba muy triste, se hallaba sentado en el suelo, sentía ganas de llorar. "Caramba, ¡qué lástima que yo me encuentre así!, ésta ha sido mi perdición; esto significa que yo no voy a volver a mi tierra, ahora me moriré aquí. Porque estoy casi seguro que me han traído engañado aquí a morir, porque Pilar no está aquí, y yo no soy misterioso[30] como para poder volar desde aquí. Y si yo me metiese al agua, sería simplemente víctima del agua, o si no, a lo mejor algún animal me comerá.[31] El culpable de todo lo que me pasa ha sido el desgraciado del ali'juna al que de pronto se le ocurrió traerse a mi mujer de Wûinpumüin. Y también lo es ella, que le hizo caso al ali'juna, de que yo me encuentre en esta situación" –decía en medio de su tristeza.

---

que son más conocidas y quedan más lejos.
[26] En la canción la misma mujer y el ali'juna dan la orden de envenenar la comida.
[27] El guajiro tiene poco conocimiento de las islas. Con frecuencia se le llama a la isla "colina" en medio del agua o del mar.
[28] Gesto del narrador que señala hacia un lugar presente a los oyentes.
[29] Lo hizo con asco porque sería salobre o sucia.
[30] No tiene poderes mágicos especiales.
[31] Algún caimán, algún tiburón o tintorera.

Pues bien, al otro día, andaba él caminando por la orilla del agua; vio de repente un tronco tirado en el suelo. Lo contempló un buen rato. "¡Pero bueno, si aquí hay un tronco!" –dijo. Lo arrastró hasta el agua. Se acostó abrazado al palo, se aferró a él y fue dirigiéndose hacia el pueblo de los ali'junas; y fue remando con uno de los brazos. Se fue alejando poco a poco. Y no le pasó nada, fue todo el rato derecho,[32] pero le anocheció.

Ahora bien, cuando ya casi era la madrugada (como a las dos), la oscuridad era muy densa, empezó a oír de pronto por un lado rumor de voces de waiú, lloro de niños, rebuznar de burros, latidos de perros y el canto del gallo. "Caramba, conque la tierra ya está cerca, conque está por allá" –dijo entonces desviándose hacia las voces. Ahora bien, por ahí cerca hubo algo que de repente le llegó a él, lo hundió hasta el fondo de las aguas y por eso murió.

Ahora bien, por otra parte, el caballo había permanecido amarrado donde lo habían dejado mientras tanto. Le echaron hierba en el suelo delante de él. Pensaron desensillarlo para llevarlo a otro lugar; pero era demasiado brioso, y estaba bravísimo, lanzaba coces. El caballo solía ser así, que cualquiera no se le podía acercar; era manso sólo con el dueño. No pudieron hacer nada con él, reventó la cuerda y al final se escapó con silla y todo. No se desvió nada, volvió derecho exactamente por el mismo camino que había recorrido antes. Por donde iba, era visto, "allá va un caballo" – se decía. "¿Qué le habrá pasado a su jinete?" –decían unas veces. Otras veces querían capturarlo.

Pues bien, ya más tarde, llegó el caballo a Wûinpumüin, y en seguida se pusieron tristes los familiares del waiú, al verlo llegar solo con la silla. "¿Qué le habrá pasado al dueño de la cabalgadura? ¿Habrá sido asesinado por allá?" –dijeron.

Después mandaron (los familiares) a que se adivinase acerca de él. Hablaron con un waiú adivinador, que tenía muy buena vista.[33] "Sí, ay de ustedes, sepan que el hombre se ha perdido. Sepan que ha sido víctima del ali'juna que antes se había llevado desde aquí a su mujer; además ha sido víctima de *pülóui*,[34] murió dentro del agua; sin embargo todavía está allá y no se lo han comido los animales; es necesario que vayan ahora mismo

---

[32] No se desvió y no tropezó con algún animal.
[33] Óulaká, adivinar, es lo que hace el óulakúi o adivinador, que utiliza el tizón para adivinar y es oficio distinto del piache. Algunos son muy certeros y exactos, como el del cuento.
[34] Literalmente lugar misterioso; en este caso personaje mítico causante de la muerte.

a buscarlo" –dijo el que había adivinado. Después fueron muchos waiú a donde los ali'junas con el fin de buscar al waiú. Iban a caballo, algunos otros en burro. Llevaban avíos y algunos iban armados.

Pues bien, apenas llegaron al pueblo de los ali'junas, hacían muchas preguntas en todos los sitios a donde llegaban. Les dieron informes y referencias exactas sobre el hombre, les dieron esos informes personas que habían presenciado antes cuando lo llevaron en el barquito. Anduvieron recorriendo la orilla del agua; no perdían de vista a los zamuros que volaban por ahí. Pues bien, después por fin, fue encontrado el muerto. Lo encontraron cuando las olas lo mecían ya casi en la orilla del agua. Habían acabado siendo comidas partes de su cuerpo: los ojos, los labios, la lengua y los testículos. Estaban con roturas y desgarrados los alrededores del cuello, la superficie del vientre, las nalgas y las axilas. Los familiares estaban sumamente disgustados. "¡Qué lástima de él! él no se lo merecía, para que viniese a encontrarse así como está en un lugar lejano" –dijeron. Pues bien, lo levantaron entre varios, fue lavado, lo envolvieron en una tela, lo acomodaron en un cuero de res. Inmediatamente lo llevaron sobre el caballo que había sido su cabalgadura habitual, era conducido al cabestro por otro jinete. Finalmente fue enterrado en Wûinpumüin.

Después de eso, exigieron por él una indemnización a los familiares de Pilar.[35] "Páguennoslo por las buenas. Realmente la mujer es la culpable, por haberse ido por delante de él a donde los ali'junas"[36] –les dijeron. Y así se hizo con él, fue indemnizado, fueron entregados muchos animales y prendas como pago por él. Y de resultas del pago la tierra quedó tranquila y en paz; los waiús no se enemistaron, sino que quedaron con buenas relaciones. El ali'juna no volvió más a Wûinpumüin. A la mujer le fue bien con él, que cumplió con todo lo que había prometido al cortejarla. Según dicen, tuvieron hijos e hijas. Había algunos que les pedían ir a Wûinpumüin, "queremos conocer la tierra de nuestra madre" –decían. Y ellos fueron llevados de visita, nadie les hizo nada, fueron tratados con aprecio. Y en cambio había otros que no querían ir, despreciaban a los waiú. "Nosotros somos ali'junas, no tenemos por qué andar entre los waiú. ¿Y si nos matan? ¿Y si nos comen?" –se limitaban a decir.

---

[35] A los parientes de Pilar en la misma Guajira, ellos cobraron en el matrimonio y en la mentalidad guajira son solidarios y responsables juntamente con ella.

[36] Si Pilar no se hubiese ido, el wayúu, su marido, no se hubiese ido detrás y no hubiese encontrado la muerte. Para el guajiro no existe el Estado presidiendo el orden jurídico y monopolizador de la violencia. El orden jurídico y las responsabilidades y la relación de causa y efecto y la restitución del equilibrio del orden social y jurídico es distinto que entre los occidentales.

Fue así, según dicen, la historia de una waiú jovencita y bonita oriunda de Wûinpumüin.

Y eso es todo.

Vicenta Siosi Pino

El dulce corazón de los piel cobriza (2002)

El honroso vericueto de mi linaje

Estaba cansado, pero no descuidaba su arma. Le advirtieron insistentemente sobre la belicosidad de los guajiros. Hacía diez horas había salido de Riohacha y el paisaje estepario no cambiaba. La recua de caballos iba delante llevando las armas. Las municiones las sentía David Cotes duras bajo sus muslos.

Al atardecer divisaron los primeros ranchos circulares con techo de yotojoro. Una manada de perros esqueléticos le salió al encuentro mientras las personas corrían al interior de las chozas para mirar luego curiosas por las diminutas ventanas. El guía saludó en el idioma nativo y pidió hablar con el cacique. Cuando salió se distinguía por sus inmensas borlas alrededor de la cintura y los collares en el pecho lampiño. Detrás de él caminaban nueve mujeres.

En una esmirriada enramada les colgaron vistosos chichorros. Sin dificultad negociaron fusiles, revólveres, tiros y telas por perlas y coral. David Cotes quiso regresarse inmediatamente, pero le ofrecieron hospedaje y el guía le recordó con la certeza del que conoce.

–Se ofende un a wayuu despreciándolo.

Durmieron a la intemperie. Cuando despertaron encontraron chicha de maíz, leche cuajada, plátano y pescado seco ahumado.

Vio David Cotes salir de uno de los ranchos una indígena bellísima. A su paso erguido la manta larga dejaba un camino limpio. Varias jóvenes con el torso descubierto la ayudaron a montarse en un caballo.

–Es la princesa y ningún indio tiene el suficiente dinero para comprarla –aseguró el guía.

David Cotes, un español curtido en el arte del trueque en varios países americanos lo hizo. Volvió a los veinte días con setenta vacas, diez caballos, cien chivos y diecinueve collares de oro.

Como dote recibió una múcura de perlas y una pareja de sirvientes. Agustina Apshana no opinaba. Aquel marido blanco le era indiferente, solamente le agradaba el olor exquisito de su ropa.

Hicieron el camino desde el Cabo de la Vela en mula. Seis kilómetros antes de llegar a Riohacha la princesa detuvo las bestias y descargó sus pertenencias. El guía tradujo que ella no deseaba vivir en la cuidad. Comprensivo David accedió. Esa noche durmieron allí. Inconmovible Agustina quiso tres chozas grandes como hogar. Al año aprendió a hablar castellano, a leer, a escribir y con maestría a sacar cuentas.

Resultó de un carácter temerario. Tuvieron tres hijas: Marquesita, Josefa Antonia y Carmita. Agustina las atendía poco. Constantemente se le veía negociando con los indígenas de Portete, Puerto López y Puerto Estrella. Era David quien cuidaba a las niñas.

—Ya no cabe otro chivo en el corral y no hay chozas para tanto sirviente ¿qué más quieres? —se quejaba el extranjero.

Muchas veces David se había preguntado por qué amaba a Agustina siendo la antítesis de su genio. La observaba cabalgar rauda; gritar a los criados, negociar con los hombres sin perder su altivez. Despreciaba la civilización ajena, pero sucumbía a los perfumes. Tres veces al día se emparamaba la cabeza con colonia y jamás aceptó que su marido la tocara si no estaba limpio y oloroso.

Cuando Marquesita, Josefa Antonia y Carmita menstruaron por primera vez, contrariando a David las hizo encerrar por un año en un rancho, siguiendo la tradición wayuu. Las obligó a aprender a tejer mochilas y chinchorros y a bailar yonna.

Atraídos por la belleza de las jóvenes muchos las solicitaron para esposas, pero ninguno poseía el patrimonio exigido.

—El tributo deberá ser mayor del ofrecido por mí, es la ley —sentenciaba la madre.

—Mis hijas no serán vendidas —se oponía el europeo.

—Son princesas como yo y nunca se casarán con perros.

Un día Agustina se puso furiosa porque David echó de la casa a unos pretendientes venezolanos, lo acosó con el fuste del caballo y le ordenó a los sirvientes que no le permitieran entrar a la ranchería.

David creyó que era broma y hasta le envió para contentarla doce frascos con perfume de azahar, pero la orden no se levantó. Varias veces intentó ver a sus hijas, pero cinco indígenas que vigilaban no se lo permitieron, tres veces tuvo que arrastrarse como culebra para evitar los tiros de fusil y meterse sudando en el río huyendo de los perros.

—Ése no será más el hombre de Panchomana —gritaba la princesa.

Encolerizada envió por sus parientes del Cabo de la Vela.

—Mis nietas valen mucho —sentenció el viejo cacique—. Me las llevaré hasta que consigan esposo.

David las vio a lo lejos. Marchaban altivas. Sus caras pintadas de mashukaa impedían ver su expresión.

Agustina se fue al sur de La Guajira. Durante tres meses ofreció sus hijas en las rancherías que encontró a su paso y aunque muchos se interesaron nadie podía tributar tan alto precio. Cansada ya y por señas llegó a Calabacito.

—Los chivos del indio Briasco son incontables —le había dicho una carbonera que encontró en el camino.

Regresó a Panchomana con Briasco. Su cara marcada por el azote de espinillas y las uñas de los pies carcomidas por la mugre delataban su rusticidad. Usaba guayuco y una tiara de piel de tigre. Escogió a Josefa Antonia.

—La del medio —dijo en wayuunaiki e indicó con el dedo.

Entregó ciento cincuenta chivos, dos yeguas y quince collares de *tuuma* y oro.

Como Josefa Antonia no quiso montarse en el caballo, delante de sus hermanas, Briasco le amarró las manos con una cuerda y del otro extremo la ató a la silla del animal. Antes de cruzar el río se despidió agitando en el aire su tiara de piel de tigre.

Cuentan quienes se los encontraron en el camino que a Josefa Antonia los ojos no se le veían de la hinchazón por llorar, que en la punta de la manta llevaba tunas prendidas y los pies iban sangrando.

David lloró como un niño cuando recibió la noticia. Agustina dobló la vigilancia y el número de perros. A los negocios la acompañaban sirvientes bien armados y ella misma usaba un revolver cañón largo en su mochila.

A los nueve meses Briasco regresó.

–Viene a parir, volveré dentro de un mes –dijo en la puerta sin apearse del caballo.

Josefa Antonia tenía la piel pegada a los huesos y los ojos inmensamente tristes. A los dos días alumbró un niño. Esa misma noche con la sangre de la placenta aún fresca entre sus muslos, cuando los mechones del patio se apagaron se arrastró bajo los chinchorros de sus hermanas y con las últimas fuerzas de su existencia huyó para nunca más volver. Briasco no quiso recibir como manda la costumbre los bienes entregados sino que se llevó a Carmita y dejó al recién nacido con Agustina. A los nueve meses volvió con la joven a punto de dar a luz. Carmita había perdido el habla. Para caminar debían moverla entre dos.

Sus ojos tenían grandes surcos y el brillo extraño de los condenados. El único quejido se le escuchó al momento de parir una niña delgadísima.

–Fue el ardor de la muerte –dijo la vieja partera.

–Marquesita, la mayor, huyó esa madrugada aprovechando la confusión y el tropel de los cien chivos que sacrificaban para el funeral.

En los cinco días del velorio Agustina cubrió su cabeza con una manta de mil colores. Su llanto lastimero se escuchó más allá del desierto y sólo cuando se ocultó para siempre la mortaja en el suelo resquebrado se desarropó.

Al llegar al rancho insultó sin detenerse a los sirvientes por haberse dejado robar de los parientes los pocillos de peltre y las cucharas con mango labrado.

Agustina se quedó con sus nietos. León, como llamaron al varón, era tremendamente curioso. Vicentica la niña, bella y enfermiza crecía entre los untos wayuu traídos del Cabo de la Vela y los baños esotéricos de los piaches inmortales.

David había intentado quemar la ranchería y atacarla por sorpresa con mulatos de La Punta de los Remedios, pero antes de cruzar el río se arrepentía.

Panchomana había crecido. Los sirvientes construyeron chozas en los alrededores para sus familias.

Algunos mestizos atraídos por el contrabando de tabaco y seda se establecieron allí bajo la protección de los indígenas.

Fue León quien le comunicó a Vicentica que tenía un pretendiente.

–Se llama Cristóbal Siosi, es hijo de un italiano que tiene un aprisco cerca de Riohacha.

Apenas se enteró Agustina encerró a Vicentica en un rancho y amenazó azotarla con pringamoza.

Impulsada por el goce de lo prohibido la joven le enviaba mensajes con León y Cristóbal rendido de amor le componía canciones que gritaba en la orilla del río.

Aburrido con su papel de mensajero León mismo sacó a Vicentica de la casa y se la entregó a Cristóbal.

Agustina los alcanzó en el muelle de Riohacha cuando intentaban partir en un barco alemán, pero fue Vicentica quien la enfrentó con la resolución de los enamorados inexpertos.

–Me quedaré, pero viviendo con el arijuna.

Él, con el orgullo improrrogable de los ricos, sacó de su hato trescientos chivos y los entregó por su enamorada.

La nueva pareja levantó sus ranchos muy cerca del río. Construyeron un alambique y un corral. Vicentica con la terquedad de un niño plantó olivos y dividivi para protegerse de los ventarrones y en un acto de ociosidad sembró en la culata de la casa trinitarias que nunca crecieron.

En la hora del almuerzo cerraban las puertas para evitar que la tierra ensuciara sus comidas, en las tardes cuando cesaban los remolinos de arena y los rebaños volvían a sus corrales, Vicentica en la sombra que proyectaban sus ranchos se rendía al exótico placer de matarle con los dientes los piojos a sus sirvientas.

En fila, como un ciempiés, las piojosas se espulgaban hasta que los zancudos las acosaban y debían levantarse a quemar boñigas de burro para espantarlas.

Cuando León Cotes completó su quinta mujer, Agustina se vistió con su mejor manta, derramó en su cuerpo medio litro de esencia de sándalo y acompañada sólo por su revolver cañón largo partió a las doce del día, con un sol despiadado, para el Cabo de la Vela. Iba caminando erguida y jamás volvió la mirada atrás.

Los misioneros capuchinos atraídos por el lugar fundaron al norte de los ranchos de Vicentica un orfelinato para los nativos. Había cobrado tanta importancia el caserío que los comerciantes de Manaure y Portete descansaban obligatoriamente en Panchomana antes de entrar con sus productos en la madrugada a Riohacha.

El río Calancala agonizaba en el verano, entonces los pancheros hacían casimbas y bailaban la *yonna* para que lloviera y el riachuelo creciera.

En navidad los capuchinos colgaban de un gran árbol de coa decenas de regalos, los wayuu lo trepaban y escogían uno al azar. Cuando enviaban de Roma las provisiones compartían con los indígenas la avena, aceite y una leche que bautizaron piona por las flatulencias que producía. Entonces los wayuu hacían verdaderas fiestas midiendo quien ventoseaba más largo y alto.

Un día de San Antonio, celebración infundida por los misioneros, en El Pasito, una ranchería de wayuu pobres, se armó una trifulca de borrachos. En la confusión un indígena de la casta Uriana con un viejo máuser mató a un hermano de Cristóbal.

Al poco tiempo mientras buscaba su caballo, en el desierto de Buenavista, Cristóbal encontró al matador Uriana. El wayuu desenfundó su arma, la accionó y erró.

Temblando por la sorpresa y con el único tiro que tenía en su revólver el italiano disparó sin fallar.

Previniendo los acontecimientos, Vicentica ocultó a su marido en el orfelinato. Los Uriana acamparon por días sin término frente a los ranchos de los Siosi para cobrar venganza. Sin otra alternativa, protegidos por los curas, huyeron a San Francisco, un pueblo de bandoleros. Cristóbal enfermó de los nervios. El remordimiento disminuyó su apetito. En la noche pesadillas interminables lo acosaban y en el sopor de sus angustias decía escuchar voces extrañas.

—Son las *jawaapi* y las contras de los Uriana reclamando venganza —le dijo una indígena que llegó vendiendo leña.

—Es un hombre bueno que no soportó matar a otro, bruta —respondió Vicentica.

Luchando contra los ladrones que saqueaban sus corrales, toleraron diez años. Cuando ya no poseían un solo animal, incontrolable, Vicentica decidió volver y con la furia de la mortificación inútil represada, exhibió a su escuálido marido en cuanta ranchería encontró, sentenciando en las enramadas:

—El que se mete con él, se mete conmigo y mis hijos y mi familia del Cabo de la Vela. Vuelvo a Pachomana y voy a vivir tranquila.

Entonces se dedicó al contrabando. Cubría su cuerpo con hojas de tabaco, oculto por la manta lo pasaba frente a los puestos de policía. En Riohacha se lo compraba un turco. A su regreso los sirvientes la bañaban con agua caliente y la refregaban con hojas bobas. Cristóbal nunca le sintió en sus noches de amor olor a nicotina.

Para que su marido no se ausentara aprendió a jugar dominó y tute a la perfección y enseñó a los criados para que le hicieran compañía. Durante largas horas de vigilia bajo la luz de los mechones se enfrascaban en inacabables partidas.

Como muestra de cariño a Cristóbal le lavaba los pies y se sentaba al lado del chinchorro acariciándole la cabeza hasta verlo dormir.

Sus cuatro hijos, Aurelio, Carmen, Rebeca y Chongo, eran atendidos por los indígenas, pero castigados por ella. Para golpearlos los mandaba a acostar en sus chinchorros.

—Arrópense, cierren los ojos y aguanten —les decía.

Después con suma ternura los consolaba. Ellos la adoraban. Los matriculó en el orfelinato y luego en un colegio de Riohacha.

—Van a encontrar gente distinta, pero ustedes son mejores porque son wayuu.

Era generosa, incansable y aceptaba la evolución de la civilización. Cuando en uno de sus viajes a Riohacha descubrió viviendas de ladrillos del Caribe, contrató albañiles y mandó construir la primera casa de concreto en Panchomana.

Bañándose en el río, a Cristóbal le entró agua en el oído y se le infectó, vanas resultaron las gotas de orégano y llantén, su fortaleza europea sucumbió y una tarde, acosado por el dolor, murió. Vicentica se acostó a su lado dos días, a la fuerza sus hijos pudieron desprenderla para poder enterrarlo. Nunca se sobrepuso, jamás volvió a salir, a los tres meses murió de aflicción.

Panchomana había crecido. Sus hijos tomaron las riendas de los negocios, ampliaron el alambique y contrataron mulas para cargar el tabaco y la seda. Carmen se casó con un arijuna del sur de la Guajira, le correspondieron las joyas de su mamá. Rebeca con un policía boyacense que aprendió a hablar wayuunaiki y de tanto estudiar botánica se convirtió en el médico del pueblo. A Chongo lo contrataron los curas como chofer. Aurelio heredó el alambique y a los veinte años se convirtió en el hombre que más mujeres ha tenido en la historia de Panchomana. De una familia wayuu fue marido de tres hermanas. Con cada una tuvo un hijo, se estableció cuando se comprometió con Josefa Pino, su prima, hija de un venezolano que se había casado en la iglesia con ella.

Los hijos de Josefa y Aurelio fueron: Marquesa, Rebeca, Jorge, Luis, Alma Rosa, María de Jesús, Marco y a la última no le hallaban nombre. Por su extrema delgadez y fragilidad la bautizaron Vicenta María.

Y ésa. Ésa, soy yo.

Esa horrible costumbre de alejarme de ti

Mamá me colocó la manta y las *wairriña* nuevas, adornó mi cuello con los collares de la abuela y amarró sobre mi cabeza su pañolón de mil colores. "Me llevan a conocer Riohacha –pensé– sólo una ocasión tan especial puede motivar vestirme así". Me agarró fuerte de la mano y mis dedos empalidecieron por falta de sangre. Salimos del rancho, el sol me cegó con su luz, mamá casi me arrastraba. Volví la cara y vi a mis familiares bajo la enramada mirando atentos como nos alejábamos. Motsas se protegía del sol con su mano izquierda. Yo no comprendía nada, sólo tenía siete años.

La casa donde llegué era grande, con sillas altas; sentada en el sofá, mis pies no alcanzaban a tocar el suelo. Sentí un mareo cuando miré el mar por la ventana. Desde ese día, lo tuve siempre frente a mí. Los días aquí no me gustan. Ya no llevo la manta, la señora me dio otra ropa y guardó los collares en el jarrón blanco que está sobre la vitrina de la cocina. Aún espero a mamá; cuando me dejó, dijo que volvería pronto y que no llorara. Me engañó, volvieron las lluvias y no viene a buscarme. "Indiecita", me llaman, sin saber que soy princesa y mi papá el cacique de la ranchería.

Ya conozco todas las habitaciones de la casa. Tengo que asearlas tempranito. Odio levantarme de madrugada a lavar los platos; el agua fría me estremece y se lo he dicho a Olar, la empleada, y me ha sonreído.

Le traeré a Olar iguarayaa, a ella le cuento lo que hago en la ranchería. A veces, cuando tengo sueño, me arropa sobre la silla de la cocina y me dice:

–Duerme un ratito.

Creo que me quiere. No tengo tiempo para descansar. Cógeme esto, alza aquello, diga señora, a la orden, gracias, despídase, lava la ropa, plánchala, se pasan el día mandándome.

Olar me regaló dos calzones de bolitas y me llevó por la tarde al mar, recogí varias conchitas y las guardé, para que no me las quiten, en la caja de mi ropa. "Cómo podré pagarle a Olar esta alegría, puede ser con los collares, pero están tan altos, en el jarrón blanco sobre la vitrina de la cocina".

"Sólo arrimando un taburete y subiéndome al lavaplatos los alcanzo" –pensé–. En la noche lo hice.

Caminé despacio cuando todos dormían, arrimé la silla y me así al mesón de mármol, como a un matorral de bejucos, pero la vitrina estaba muy alta, apenas rozaba con la punta de los dedos el jarrón. Intenté moverlo brincando, le di un manotón y no meció. Probé nuevamente, la vasija se ladeó y pasó cerca de mi cabeza. Se destrozó en el suelo vomitando mis divinos collares. La señora Flor, sus hermanas Guillermina y Natividad y Olar se levantaron azoradas. Esa noche por primera vez en mi vida recibí una paliza. No lloré, ¿por qué hacerlo? Había recuperado mis collares, nada importaba aunque durmiera boca abajo por el dolor en las nalgas.

Mamá llegó a los dos días del accidente. Fui feliz. Corrí y me abracé a sus piernas.

–Me quiero ir contigo –dije.

Ella no me contestó nada y también me abrazó. La señora ordenó me retirara y nunca mandato de la mujer me dolió tanto como ése. Me quedé cerca, detrás de una matera. Vi como mamá le entregaba un chinchorro, tres mochilas y un collar de coral.

–Comadre, es el pago del jarrón –dijo mamá.

Hablaron más, pero no entendía las palabras. Luego mamá salió, sin intención de llevarme. Corrí por la cocina y atravesé el patio, me arrastré por el boquete por donde sale el perro y di justo con el burro en que había llegado mamá. Rápidamente subí al animal y como un ovillo me metí en el mochilón de mercar. A los pocos minutos, sentí que el bruto se movía y ya no quise ni respirar.

Escuché la orina del asno sobre el río. Ya estábamos llegando. Sudaba por el calor y empecé a moverme en la mochila, mamá descendió de la bestia extrañada, bajó las compras y el mochilón.

Ya en el suelo salté entusiasmada y corrí en dirección de la ranchería.

Motsas fue el primero en verme. Mientras tomaba chicha mi papá hablaba con mis abuelos en la enramada de yotojoro. Miré a Motsas y sin hablar nos entendimos. Corrimos al río y nos bañamos hasta que los ojos enrojecieron por el agua. Motsas llevaba guayuco y unas wairrina raídas por el uso. Su piel curtida brillaba entre las tunas. Le confesé que dormía en una cama de la cual me caía sin faltar cada noche.

Por la tarde recogimos los chivos, les quitamos las tunas que traían prendidas. Trepé en el corral y ordeñé la chiva parida. Después volvimos a bañarnos; Motsas hizo piruetas en el agua y salimos cuando los mosquitos nos acosaron. El cansancio ganó en la noche. ¡Soñé estar en la ranchería!

¡Qué sueño maravilloso!

Al día siguiente, otra vez sentí el apretón de mano y los familiares en la puerta del rancho.

Motsas nos seguía, brincando y escondiéndose entre los trupillos, hasta llegar al río.

—Es por tu bien —dijo mamá sin mirarme.

Nuevamente llegué a la casa de las hermanas mandonas, así las llamaba a escondidas. No entendiendo por qué vine aquí si nada me faltaba en la ranchería. Allá libremente brincoleaba por la salina inmensa, robaba los nidos de las tórtolas en las noches y mi abuela no me decía nada cuando me bañaba incontables veces en el arroyo. La veía llenar sus múcuras con parsimonia y podía hacerlo más aprisa, pero me daba tiempo para zambullirme más en la corriente.

El tiempo pasaba. La rutina volvió. Haz esto, mueve aquello, diga a la orden, desee buenas noches, indiecita nuevamente.

Trabajaba y era el hazmerreír de las mandonas, pues como poco sabía castellano, cada palabra mal pronunciada (y eran todas), las desternillaba de la risa.

Llegó una época llamada navidad. Ayudé a armar un hermoso árbol de pasta y un pesebre. El siete de diciembre no dormimos, esperamos el amanecer en la puerta cuidando unas velitas. Los vecinos hacían lo mismo. Esa noche habían sacado una vajilla especial para la cena.

—La compró mi finada madre a los contrabandistas de Aruba —dijo Flor orgullosa—. Es auténtica porcelana china.

A las seis, antes de acostarnos, Guillermina, empecinada, me mandó a lavar la vajilla. Nunca había trasnochado y los ojos me ardían. Más por culpa del agotamiento y no del descuido, la porcelana china completa cayó al suelo y se deshizo íntegra. En varios días no pude sentarme, mis nalgas encarnadas lo impedían. Mamá vino y esta vez pagó con dinero la porcelana. También trajo como regalo para Flor, mi madrina, seis gallinas y un cabrito. A mí me obsequió una cántara de chicha, pero no la probé por estar castigada. Cuando mamá se iba, salí por el patio, como la primera vez, pero no me escondí en el mochilón. Esperé e hizo lo que pensé, revisó la carga cerciorándose que no estuviera en ningún bojote.

Miré bien por donde caminaba y la seguí. Era difícil alcanzarla porque montada en el asno ganaba distancias, pero pronto apareció el camino conocido. Antes de cruzar el río la llamé a gritos, enojada se apeó del animal y me zarandeó.

—Si te llevo a casa de mi comadre es por tu bienestar, te educarán y podrás ser otra persona con buenas costumbres. Agradecida le estaré toda la vida. Te voy a llevar y si te devuelves, será la primera vez que te pegue. No quiero una queja tuya.

Mamá no sabe —pensé— de las azotainas de mi madrina. Sin cruzar el río nos devolvimos. Hice el viaje en el anca del burro. Los cardones tristes decían adiós con sus brazos de espinas y aquella indiecita Epieyu lloró. Su madre la india Machonsa no pudo detener su dolor y justo cuando un karikari atravesó el cielo, abrazó a su hija, pero apretó la jáquima y el animal apuró el paso.

Han pasado ocho navidades y no he visto a mamá. Voy al colegio. Sé por mis amigas de dibujo que está bien. Olar siempre alaba mi aseo y orden. No volví a quebrar nada. Me tienen confianza y puedo disponer de todo en la casa. Natividad, Guillermina y Flor son solteronas. Ahora que las quiero deseo que consigan novio, pero el último tren les pitó antes de llegar yo a su hogar.

En esta navidad pedí permiso para realizar una fiesta y me lo concedieron. Las mandonas ese día se encerraron temprano para no escuchar la música. Por la tarde, alguien dijo que me buscaban y salí a la puerta. Una mujer mayor con una manta floreada, seis gallinas y un cabrito me esperaba junto a un burro. Era mamá. Estaba curtida y arrugaba por el sol. Me abrazó y sentí su olor a humo. Me separé rápidamente pensando que podría ensuciarme el vestido de la fiesta. La metí a la casa por el portón del patio, para que no la vieran, pues había invitados en la sala.

—Vengo por ti, es tiempo de volver a los tuyos —dijo mamá.

—No puedo, mi madrina me necesita —contesté.

—Ella tiene a sus hermanas —añadió mamá.

—Yo les atiendo la casa —repuse.

—Le dije a tu madrina que volvería cuando crecieras.

—No me quiero ir —dije secamente.

Mamá se fue y no salí hasta cuando supuse iba lejos. En las vacaciones de mediados de año, Flor me obligó a ir a la ranchería, distante diez kilómetros de la cuidad. Motsas es un hombre ya, sacrifica chivos y vende la carne en el mercado de Riohacha. Mi abuela está ciega y no da para pararse sola. Cuando llegué, todos me miraban como algo extraño. Todos han cambiado, excepto el paisaje inquebrantable del desierto.

La primera noche no pude dormir por los zancudos y me caí del chinchorro. Añoro la luz eléctrica y los programas de televisión. Me aburro demasiado y no me gusta bañarme en el río, veo el agua demasiada sucia. Sólo duré una semana.

En cada asueto voy unas días y cada vez demoro menos. Cuando me encuentro con algún familiar en el mercado me escondo para no saludarlo. Ni yo misma me explico este desafecto a mi raza. En la mañana vi a mamá con unos sacos de carbón de madera y no me atreví a llegar donde estaba. No soy feliz en la ranchería, mucho me he acostumbrado a la cuidad, pero tampoco ella me acepta. Los rasgos de la tribu me delatan. En cualquier fiesta soy la indiecita. Tengo confusión de sentimientos. Creo mía esta casa ajena y de mi Guajira indomable ni recuerdos tengo ya.

Tardo mucho en conciliar el sueño. Intento darle sentido a esta pensadera y no encuentro respuesta. Hoy, una vecina porque el perro ensució su terraza, me ha gritado las palabras que por años buscaba y no hallaba.

—¡India desnaturalizá y desgraciá!

No he vuelto a escuchar los pájaros

Bonita, bonitica, me decía mi abuela.

Bonita me llamaba la vendedora de leche y la que pasaba todos los días montada en su burro pollino. Bonita, expresaba el que me veía y yo sonreía y me preguntaba allá adentro si sería tan hermosa como los cardonales paridos de iguarayaas o tan bella como el amanecer cuando cantaban todos los pájaros del mundo.

Temblando me tocaba el cabello y era como la hoja de salvia, recorría mi piel y era como flor de tuna, a escondidas palpaba mis senos y eran dos cúcuras erguidas en sus horquetas.

Una noche sentí la tibieza de la primera menstruación empapando mis muslos y tuve ganas de llorar.

Desde ese momento y durante un año dormí sola en el rancho de mi abuela bebiendo las aguas depurativas de la piache y comiendo mazamorra.[1]

Esta etapa de mi vida me colmó de gracia, todos lo decían. Intuía que pronto me casaría, pero allá adentro deseaba seguir acompañando a mamá a sacar agua de las casimbas, caminar con mis primas recogiendo cerezas, ir a los bailes vestida de rojo y mirar sin cansarme el cielo sin nubes de un desierto encandelillado.

Veloz llegó papá con la noticia de mi matrimonio. Peepés entregaría la dote. El día que lo conocí, allá adentro todo se volvió hielo. Me fui con él a una ranchería nueva y esa noche un hombre de medio siglo se posó sobre mis catorce lluvias. El hombre resopló, resopló, resopló y allá adentro sentí caer en un abismo sin fin.

---

[1] El encierro ritual de la joven cuando experimenta su primer menstruo es practicado por varias sociedades amerindias, entre ellos los wayuu. Ver entrevista a Olga Redondo en esta antología (Nota del editor).

Como esa noche fueron todas las noches y hasta los días se convirtieron en noche. Allá adentro quería huir, ir donde mamá, pero mil espíritus mugiendo leyes antiguas se sentaban frente a mí.

Allá adentro hubo una guerra.

Arrumbé en un rincón las sombras de los muertos exigentes del cumplimiento de la ley nupcial y me fui corriendo y mientras corría no vi los ciempiés en los dividivis, ni las culebras corales. Corrí hasta que divisé la manta floreada de mamá y me abracé a sus piernas. Ella me dio chicha y descansé en un chinchorro, pero esa misma tarde papá me sometió a la ley de los mayores y él mismo agarrándome de la mano me llevó donde mi esposo. Y la noche fue oscura.

Peepés era feliz cuando le sacaba canas y yo me sentaba junto a su chinchorro y le arrancaba su vejez con delicadeza. A veces Peepés se emborrachaba y se caía al suelo y se caía también sobre mí y las noches eran inacabables. Peepés no trabajaba tanto y llegaba el hambre con sus tres manos y me apretaba el estómago y la cabeza y se robaba la luz de mis ojos. Me va a llevar el hambre, le conté a una wayuu que pasaba por allí con una olla llena de verduras podridas y ella dijo también he sentido las tres manos del hambre, pero en el mercado de Riohacha hay bastante comida.

Peepés no se opuso y me fui con la verdulera y conocí el mercado todo llenito de cosas y vi las gaseosas, los bocadillos y la carne guindando en las colmenas, pero nada era mío y sólo pude limpiar un bulto de cebollín y me dieron de pago otros cebollines y llegué al atardecer apretada por el hambre, pero volví al otro día y limpié sacos y sacos de papas y me pagaron con papas y vi debajo de las mesas de los vendedores unos tomates y los tomé y cuando llegué al rancho hice un caldo de cebollín y papa y el hambre se fue a visitar a otro. Y al siguiente día me fui por debajo de las mesas del mercado recogiendo lo que botaban y limpiando cebollín y así me acostumbré y conocí otras indias que hacían lo mismo y nos acompañábamos en el camino de regreso.

En un invierno tuve un bebé y no me dio alegría sino tristeza y no pude ir al mercado y el hambre volvió a apretarme el estómago y me fui con el nacido a la casa que estaba en la salida de la ciudad donde una mujer arijuna siempre nos saludaba batiendo su mano en el aire. Sin conocer me senté en la terraza y esperé en silencio y al final de la tarde me dieron arroz y carne. A veces comía hojas o semillas y cuando no había nada iba a la casa en la salida de la ciudad y al final de la espera, siempre muda, me daban comidita.

Cuando el bebé tuvo una lluvia yo había perdido un diente del frente y cuando el bebé tuvo dos lluvias llegó otro nacido y yo ya no soy yo. Y otra vez el hambre y otra vez sentada en la casa de la salida de la ciudad. Un día la arijuna me dijo por Dios mujer no paras más y yo no sabía cómo no parir más, pero no contesté nada, nunca le decía nada.

Cuando nació el tercer bebé perdí el segundo diente y la arijuna dijo tienes mucho dinero que pares tanto y no dije nada porque si tuviera dinero hubiera comprado una gaseosa roja para saber a qué sabía o probaría una bola de chocolate.

Murió mi abuela y en su velorio vi a las primas aún sin casarse, con sus dientes completos, con sus mantas nuevas. Ellas que nadie llamó bonitas, boniticas estaban con otros jóvenes sonriendo a pesar del duelo.

Me acosté en un chinchorrito y pude ver la luna llena alumbrando los caminos arenosos de La Guajira y vi que las noches, aun de luto, traen su resplandor y pensé cosas buenas, pero la luna también iluminó mi manta raída y mis uñas carcomidas por la mugre. Y escuché la voz sin rostro del murmullo: qué fea está y del abismo de allá adentro subió un calor.

Antes de prender el fogón fui a la casa de la salida de la ciudad y pedí a la arijuna un espejo. El cabello un rastrojo tostado por el sol, la piel tiznada, la boca mueca y los ojos infinitamente tristes en diecinueve lluvias vividas. Corrí con todas mis fuerzas ¿huyendo de quién? De la ley me dije, ella ya hizo uso de ti contestó una bandada de gallinazos y corrí más y mientras corrí recordé que ya no me alegraba recoger cerezas, ni había vuelto a escuchar los pájaros del mundo cantando en la aurora de los wayuu y con un dolor oprimiéndome el pecho tuve la certeza de haber muerto la noche en que un hombre de medio siglo se posó sobre mí.

Estercilia Simanca Pushaina

*Manifiesta no saber firmar, nacido: **31 de diciembre*** (2005)

Desde pequeña siempre me llamó la atención el que la mayoría de los miembros de mi familia materna manifestaran en sus documentos de identidad "no saber firmar" y que además, todos hayan nacido un 31 de diciembre, por lo que un tiempo creí que todos los Pushainas nacían en esa fecha; les prometí a todos que cuando yo creciera haría una fiesta de cumpleaños a todos los Pushainas que había en la península de La Guajira, porque todos habían nacido un 31 de diciembre. Pero celebrar el cumpleaños a un grupo considerable de Pushainas, (teniendo en cuenta que es uno de los clanes más numerosos de la península) sería relativamente realizable, mas enseñarles a firmar, eso sí que sería difícil, por lo que empecé con mi abuelo Valencia Pushaina (Colenshi) de la región de Paradero (Medio Guajira). Tenía mi abuelo setenta años de edad aproximadamente, y yo siete años, cuando armados de papel y lápiz le di sus primeras lecciones. Mis pequeñas manos trataban de llevar las manos grandes, callosas y arrugadas de mi abuelo por el sendero de las letras cursivas, pero al ver lo tenaz que sería mi empresa, decidí mejor enseñarlo a firmar en letra de "palito". Mi abuelo se dejaba llevar, pero al poco tiempo se dormía. Fue por aquella época cuando llegaron unos cachacos a llevarle un diploma que lo acreditaba como un campesino colombiano en el día nacional del campesino. Escuché que mi abuelo debía firmar un recibo que constatara que él había recibido dicho diploma. Me puse en primera fila, estábamos todos en la enramada de la casa de mi tío Ramón (Paraíso, Resguardo Caicemapa, Baja Guajira). De todos yo era la única que esperaba que mi abuelo firmara. Por fin todos se darían cuenta que mi abuelo ya sabía escribir su nombre, pero no le entregaron un lapicero, le tomaron la mano derecha y humedecieron su dedo índice en un hullero y estamparon su huella digital en el recibo. Todos aplaudieron, menos yo, que el viejo Vale hubiese recibido un diploma. Mi abuelo miraba el diploma y hacía como si lo estuviera leyendo, pero no sabía que lo tenía al revés. Como era muy niña el suceso se me olvidó al poco tiempo. Dejé de darle clases a mi abuelo y me fui a jugar con mis primas. Transcurrió mucho tiempo cuando le pregunté a mi abuelo por qué no había firmado el papel que le dieron los cachacos y me dijo que él ya estaba muy viejo para hablar con el papel (escribir) y tampoco el papel quería hablar con él (leer). Hoy que él ya no está y siento que tengo muchas cosas por hacer, quiero celebrarles el cumpleaños a todos los Pushainas y a todos los wayuu nacidos el 31 de diciembre.

I

Aquel mes de octubre fue como los octubres anteriores que llegaron ellos a nuestra ranchería, llegaron con la mañanita y con las últimas lluvias. Mis primas y yo buscábamos y recogíamos leña para quemarla y hacer con ella el carbón que después iríamos a vender. Los sentimos llegar en caravanas de carros. Así como cuando nosotros vamos a comprar maíz al mercado de Uribia o cuando vamos a cobrar una ofensa. La diferencia es que ellos llegaron en unos carros que parecían de cristal, todos nuevos y lujosos, a los que les llaman burbujas; y nosotros vamos en el camión viejo de mi tío, en la parte de atrás, de pie y apiñados como las vacas, moviéndonos de un lado para el otro, porque el camino está dañado y el puente que hicieron el año pasado sólo sirvió por dos meses. Ahora nos toca bajarnos para que el camión pueda pasar sin peso el arroyo y así evitar que se quede atollado; pero cuando llega el invierno el camión se queda en el Paraíso, nuestra ranchería, porque el arroyo crece y se lo puede llevar.

Dejamos nuestros oficios de buscar y recoger la leña y, presurosas, nos acercamos a la enramada a donde ellos llegaron. Preguntaron por mi tío Tanko, pero él en un principio no los quiso atender, dijo que no han cumplido lo que prometieron. El puente que hicieron hace ya un verano y un invierno ¡se cayó y no lo han levantado! Sólo bastó que lloviera para que el arroyo creciera y se lo llevara; tampoco han traído el molino para sacar agua y preparar nuestros alimentos. Aún seguimos tomando agua de las cacimbas y, cuando éstas se secan nos toca tomar de la misma agua donde toman los animales; gracias a Juyá, la lluvia llena nuestro *jagüey*. "Y la escuela, la escuelita que prometieron para la comunidad y para que nuestros niños estudiaran, tampoco la han hecho", decía molesto mi tío. Ahora entiendo por qué nunca aprendió a leer y a escribir; ahora entiendo el sentido de las promesas no cumplidas.

Han traído, para mi abuela y mi abuelo, café –el que trae una muñequita pintada sobre una hoja–, sacos de maíz, juguetes para nosotros y ¡cuatro llantas para el camión de mi tío! Ellos parecían no escuchar las quejas de mi tío. Se le acercaban y decían que esta vez las cosas eran diferentes porque el que estaba de candidato no era el papá sino el hijo.

"Y ése sí es buena gente, hasta le mandó estas llantas nuevas para su camión", le dijeron. Mi tío las miró y le pidió a mi hermano Saúl que las tomara. Aceptó la visita de los recién llegados y mandó a colgar unos chinchorros para ellos, les sirvieron chicha agria y comieron chivo asado. ¡Se comieron nuestro desayuno! ¿No se dará cuenta mi tío de que siempre lo engañan con las mismas palabras y los mismo regalos?

Todos estaban reunidos en la enramada más grande, la de las visitas. Sentados unos y otros acostados en nuestros chinchorros, tomaban la chicha agria y hacían como si les gustara, pero al menor descuido de mi tío había gestos de desagrado en sus caras; otros la derramaban a propósito y fingían un accidente. ¿Acaso no saben ellos que la chicha agria es la que brindamos a quienes vienen a nuestra tierra, como muestra de nuestro respeto? Se reían de los cuentos largos y aburridos de mi tío y a él parecía agradarle las carcajadas de esa gente. Veía en la cara mi tío satisfacción cuando los recién llegados le decían "mi tío". ¿Con qué derecho, si no lo tienen? Otros sólo vienen con esos ojos que parecieran mirar debajo de las mantas que cubren nuestros cuerpos. Y sus mujeres, vienen buscando niños para convertirlos en sus ahijados y así, según ellas, tener el deber cristiano de cuidarlos y educarlos. ¿Educarlos? A qué le llaman ellas educación si lo que hacen con nuestros niños es tenerles de sirvientes en sus casas de cemento; que uno no debe andar por ahí con los pies descalzos como los indios, como si no lo fuéramos; que no es *ay*, que es "yuca", que no es *wat-tachón* que es "mañana", que no es *arika* que es "tarde", que no es *aipá* que es "noche"...que tú no te llamas *Tarra Pushaina* sino "Sara Ramírez"...

–¿Ramírez? ¿Por qué?

–Porque eres mi ahijada.

–¿Y mi clan?

–¡Ay, no niña eso sólo se usa en el monte!

Y se refieren a nosotros como la *chinita* o el *chinito*. Fue por eso que no quise seguir viviendo con mi madrina en su casa de Puerto López.

No sé por qué se alegran cuando ellos llegan a nuestra ranchería. Mis primas salieron como unas locas a cambiarse las mantas viejas por unas nuevas y a pintarse las caras como las alijuna. Mi primo, Alfonso López, se llama así porque un señor que estuvo de paso por La Guajira hizo el favor de bautizarlo, pero mi primo insiste en que es su tío y que, además, fue

Presidente de la República. Mi primo, Alfonso López, les dijo que parecen "perritas en tiempo". No sé lo que quiso decir en ese momento mi primo Alfonso López, pero ahora entiendo por qué mis primas tienen hijos con caras de alijuna.

II

Aquel mes de octubre fue como los octubres anteriores que llegaron ellos a nuestra ranchería. Nosotros seguíamos en nuestros oficios de buscar y recoger la leña, mamá y mis tías tejiendo chinchorros para vender, papá estaba de visita en su ranchería, mis tíos arreglando el matrimonio de mi hermana mayor Yotchón con un sobrino del viejo Mapua, y mis primos pastoreando los chivos y las ovejas. Esa vez llevaron unos papeles grandotes que tenían la imagen de ese hombre que se llamaba "Candidato". Ellos tienen nombres extraños, por lo que nada de raro tendrá que ese señor se llamara así. También llegó el Candidato, abrazando a todo el mundo y dando besitos a las mujeres, hasta aquellas que ya tenían marido. ¿No saben ellos que está prohibido tocar a las mujeres comprometidas y aun a las doncellas que no lo están? Se sabía el nombre de mi tío Tanko, el de mis primos, el de Toushi y Tatuushi, era como si nos conociera desde hace tiempo. Pero cuando Toushi fue llevada hasta el hospital de Uribia y de ahí a Riohacha, mi primo Alfonso López, aprovechando que estábamos en Riohacha, fue hasta su casa a pedir ayuda porque la enfermedad de Toushi era costosa, el señor Candidato ya no se acordaba de él y estaba rodeado de hombres que no dejaban que nadie se le acercara. Creo que el señor Candidato tenía problemas, porque los hombres que lo acompañaban estaban armados hasta los dientes.

La casa del señor Candidato también tiene nombre, se llama "Gobernación". Pero creo que no es de él, porque cuando pasaron tres veranos ya no vivía ahí. Después vivía otro que se llamaba igual, pero cambian de nombre cuando llegan a vivir a esa casa, porque la mayoría termina llamándose "Señor Gobernador". Hay otra casa que se llama "Alcaldía" y el que vive ahí se llama "Alcalde", pero al principio también se llamó igual que el otro…Candidato. ¿No saben ellos que tantos nombres pueden causar confusión? Pero prefiero a Candidato porque es bueno. Él regala comida y cuando nos lleva al hospital nos atienden; caso contrario cuando se cambian el nombre por el de Gobernador, Alcalde o Senador, ya no nos conocen. Siento que no sólo cambian el nombre, sino también el alma.

Mi primo Matto, que sí sabe leer porque estuvo en el internado de los capuchinos, en Nazaret, y al igual que muchos terminó escapándose de ahí, me dijo que en esos papeles grandes decía "primero la comunidad", "el amigo del pueblo", "concertación y trabajo", "la mejor opción", "por un mejor departamento"...en fin, muchas cosas que aun no entiendo lo que quieren decir. Y en esos mismos papeles la cara del señor Candidato sonreía; los brazos extendidos como si fuera un gallito de pelea; pero sus ojos tenían el brillo de la traición, sus ojos decían qué clase de persona era; pero al traer tantos regalos nos hacía creer que era buena persona. En realidad ellos son gente buena mientras se llaman Candidato, la maldad la aprenden apenas entran en esa casa grande. Lo digo porque ese señor Candidato, el mismo que me dijo "princesita" mientras me daba un beso cerca de la boca y que prometió casarse conmigo cuando yo creciera, fue el mismo que se negó a ayudarnos cuando Toushi enfermó y el mismo que dijo cuando nos alejábamos de él: "¡Esos indios sí joden!".

Recuerdo que ese beso me robó el sueño por muchas lunas. Ese momento se repetía en mi mente una y otra vez mientras trataba de dormir en mi chinchorro. Quería que el señor Candidato regresara y me besara nuevamente, pero no lo hizo. Ni siquiera me miró cuando fuimos a su casa grande.

III

Aquel mes de octubre fue como los octubres anteriores que llegaron ellos a nuestra ranchería. Regresaban en sus carros de cristal. Esa vez llegaron más temprano, el sol aún no salía. Toda mi familia estaba preparada para ir a Uribia. Ese día ellos lo llamaban el "día de las elecciones". Yo también quería ir, por eso me monté en el camión de mi tío; mientras que Toushi y Tatuushi lo hicieron en el del señor Candidato, se fueron en el carro de cristal. Al llegar a Uribia escuché que uno de ellos le decía a otro:

–Esta catajarria de indios tienen hambre, ¿qué les damos?

Y aquel le contestó:

–Dales gaseosa roja con un pan de caña. Al indio le gusta todo lo que sea de color rojo –y así lo hizo. Desde ese momento ellos me empezaron a caer mal.

Toda mi familia hizo una larga fila junto con otras gentes que venían de otras rancherías, para recibir una tarjetita plástica que ellos llamaban "cédula". Eran las mismas que ellos se habían llevado una semana antes de las "elecciones". Ese día me enteré que mi tío Tanko Pushaina se llamaba

Tarzán Cotes, que Shankarit se llama Máximo, que Jutpunachón se llamaba Pricila, que Yaya se llamaba Clara, que Castorila se llamaba Cosita Rica, que Kawalashiyú se llamaba Marquesa, que Anuwachón se llamaba John F. Kennedy, que Ashaneish se llamaba Cabeza, que Arepuí se llamaba Cazón, que Waríchon se llamaba Lebranche, que Cauya se llamaba Monrrinson Knudsen, que Cotiz se llamaba Alka-Selkser, Jierranta se llamaba Hilda, el primo Rafael Pushaina se llamaba Raspahierro, mi primo Matto se llamaba Bolsillo, y por un momento temí que conmigo pasara lo mismo.

Le pregunté a uno de ellos qué debía hacer para tener una cédula y me dijo que eso era fácil, que buscara mi partida de bautismo y que él después me llevaría a un lugar que se llama Registraduría Nacional del Estado Civil, la cual aún existe. Y así lo hice. Cuando terminaron las lluvias me dirigí a Uribia y fui a la iglesia donde me habían bautizado. Por el nombre de mis padrinos y la fecha que me decía mi madrina dieron con mi partida de bautismo. Recuerdo que el padre dijo que mi padrino había bautizado cerca de cien chinitos ese mismo día. Y allí estaba, me bautizaron el 5 de septiembre de 1970 y mi fecha de nacimiento 31 de diciembre de 1965, que yo no era hija de Karouna Pushaina ni de Colenshi Jusayú, sino de Maria Santa Pushaina con Domingo Santo Jusayú, y que yo no me llamaba Coleima Pushaina, sino Faride Abuchaibe; que todos los chinitos bautizados ese día se llamaban Faride y Eduardo Abuchaibe. Ahora entiendo por qué todos me dicen la Turca. ¿Sabe padrino que tiene usted un colegio en Uribia a donde ni siquiera van ahijados a estudiar?

IV

En varias oportunidades me encontré con mis primitos, los mismos que aquellas mujeres se llevaron a sus casas de cemento. Los encontrábamos en Uribia y por las calles de Puerto López, ellos sabían que iríamos a comprar maíz en el mercado y se escapaban para verse con uno. Las niñas llevaban puestos vestiditos de florecitas y en sus pies sandalitas. Me recordaban a sus hijas, que cuando iban a nuestra ranchería le preguntaban a sus padres si nosotros éramos los indios de los cuentos que ellos les contaban en las noches antes de ir a dormir, y ellos le contestaban:

–Sí... esa es Pocahontas.

Y sus niños nos rodeaban y nos empezaban a decir: ¡Pocahontas!, ¡Pocahontas!

Sabrá Maleiwa, Kios, quién es Pocahontas. ¿No saben acaso que no nos gusta que nos compartan? Y los niños, los niños llevaban puestos unos pantalones cortos con camisitas de cuadritos abotonadas hasta el cuello; sus cabellos llenos de aceite y en sus pies zapatos negros con mediecitas blancas. ¿Dónde estaban las guaireñitas que les hacía mi tío Julio? Yo les hablaba en *wayuunaiki*, lo que hablamos nosotros. Y ellos me contestaban en *alijunaiki*, o sea castellano. Y cuando los llevaban a nuestra ranchería, para el tiempo en que comenzaban las lluvias, cargaban carritos de madera y balones de fútbol. Nuestros niños olvidaron sus arcos y sus flechas. Y las niñas cargaban muñequitas catiras que hablaban en *alijunaiki*... "Cámbiame el vestido, llévame al parque, cómprame un helado"; nuestras niñas olvidaron sus *wayunkeras*. Los mosquitos los picaban, el agua del *jagüey* les brota la piel y el agua del molino les parece salada. ¿Qué les hicieron a nuestros niños que cuando llegan a nuestra ranchería se enferman?

V

Yo nunca me había tomado una fotografía y sentarme en frente de un aparatejo de esos mientras el fotógrafo me observaba me daba risa. Cada vez que salía una luz fuerte como el *Kaí*, el sol, cerraba mis ojos y me levantaba atemorizada, luego soltaba una carcajada que molestaba al fotógrafo. Mi hermana Ketchón también se reía. Ella era muchísimo menor que yo, pero el que me llevó a sacar la cédula la metió en la fila de la Registraduría y dijo que tenía dieciocho años. A todos los que estábamos en la fila nos puso dieciocho años. Ese día también nos acompañó nuestro primo Alüwanuí Pushaina. Él mostró su partida de bautismo y los que trabajan en ese lugar se reían, no sé por qué, Lo que sí sé es que Alüwanuí no es Alüwanuí en la cédula, sino "Eme Diecinueve". A él no le molesta que lo llamen así; sólo se ríe.

Recuerdo que la mujer que estaba sentada detrás del escritorio era la que nos preguntaba cómo nos llamábamos. Me dijo que yo estaba muy bichecita para sacar cédula, pero igual todos los que fuimos ese día salimos con comprobante en mano. Todos teníamos dieciocho años, y habíamos nacido el 31 de diciembre.

No quise mostrar mi partida de bautismo porque me dio pena. No quería ser Faride ni llevar el apellido Abuchaibe, quería seguir siendo Coleima del clan Pushaina, y así respondí cuando me preguntaron:

–¿Nombre?

–Coleima Pushaina.

–¿Trajo partida de bautismo?

–No, se me perdió.

–No importa, ponle ese nombre –gritó alguien de alguna parte de es lugar–, y que también nació el 31 de diciembre –agregó.

–¿De qué año? –preguntó la mujer.

–Ponle dieciocho años, saca la cuenta –le contestó la misma persona, y así fue.

Nombre: Coleima. Apellidos: Pushaina. Nacido: 13 de diciembre de 1965. Estatura: 1, 60 metros. Señales: ninguna. Lugar y fecha de expedición: Uribia, 14 de enero de 1984.

–¿Sabe firmar? –me preguntó la mujer levantándose la silla.

–No sé –le contesté.

Y de nuevo la voz que salía de alguna parte dijo:

–No pierdas tanto el tiempo, tómale la huella.

Tomó mi mano derecha y estampó mi dedo índice en el papel.

–Ya eres ciudadana –me dijo–, pero manifiesta no saber firmar.

Hoy, cuando mis hijos, que sí van a la escuela, me preguntan por qué no sé firmar, yo sólo les puedo decir que la escuela quedaba muy lejos y que tenía que buscar y recoger la leña. A ti te puedo decir que hace días intenté arrancar tu imagen que está detrás de la puerta, la que cuando nadie me ve, yo la miro y la miro y siento que su imagen, que tú, lo haces también, le sonrió y hasta me da pena encontrar tus ojos con los míos; pero no, para qué hacerlo, lo haría así como mamá ha arrancado tu imagen y la imagen de otros candidatos, si quitando tu imagen de la puerta, también la estuviera arrancando de mi corazón.

El encierro de una pequeña doncella (2006)[1]

"Llevo treinta lunas tratando de aprender lo que mamá y las Viejas Yotchón y Jierrantá me enseñan. Mi piel cobriza se ha tornado pálida y mi cabeza envuelta en un pañolón que esconde lo que le han hecho a mis cabellos se pregunta: '¿Cuánto durará este encierro que me hace sangrar?'", pensaba Iiwa-Kashí, mientras la bañaba su madre.

Era de madrugada, las estrellas decían que podían ser las cinco. Estaba sentada en una gran piedra y el agua tibia del cocimiento de hojas y bruscos del monte apacigua el frío de la madrugada que le penetraba hasta los huesos. Su madre la bañaba de la cabeza a los pies. La restregaba con hojas y le sacaba los residuos que le quedaban después del frote con el agua verde del cocimiento. Su madre no dejaba de echarle agua con la totuma hasta no acabar la última gota:

—Ya está —decía Ketchón al terminar de bañar a su hija.

Iiwa era conducida por su madre al interior del rancho envuelta en una sábana. Sentada en una butaca ella misma se secaba, pasaba sus manos sobre su cabeza para sentir esa sensación de estar tocando un retoño de tuna con espinas tiernas. "Parezco un erizo", pensaba. Antes de mi encierro tenía mis cabellos por la cintura. Siempre desee cortarlos, como las profesoras alijunas que llegan a Uribia a dar clases en el internado donde yo estudiaba, con sus caritas rosaditas y sus cintitas de colores en la cabeza; pero nunca dejármelo tan corto, como me lo dejó mamá.

"La culpa de todo la tuvo la vieja Yotchón, quien decía que me lo cortaran hasta el pegue del cuero '*Moocholokalü ekii* (bien cortico)'", decía cada vez que mamá cortaba un mechón de mis cabellos.

Yo sentía el sonido de la tijera haciendo desastres en mi cabeza y hasta tuve miedo de que mamá me volara una oreja. Era como si estuviera cortán-

---

[1] El encierro ritual de la joven cuando experimenta su primer menstruo es practicado por varias sociedades amerindias, entre ellos los wayuu. Ver entrevista a Olga Redondo en esta antología (Nota del editor).

dole la lana a un ovejo, para que mamá Pitoria, mi abuela, hiciera con ella una mochila. Luego era un frío en mi cuello y mi cabeza la sentía liviana. Sólo hasta ese día pude ver, o más bien recordar, lo grandes que tengo las orejas. En el internado nunca me quise recoger el cabello porque no me gustaba que me las vieran y por mucho que las usé porque así también se notarían mis grandes orejas. Ahora están a la vista de mamá y de las Viejas Yotchón y Jierrantá. Es por eso que uso este pañolón: no tanto para ocultar lo que le han hecho a mis cabellos, sino para ocultar mis enormes orejas. La vieja Yotchón no hace otra cosa que decirme *juche'e puliikü*, "oreja de burro".

La vieja Jierrantá llegaba siempre con la mañana. Traía chicha tibia y cerrera para Iiwa. Era lo único que consumía durante cierta etapa de su encierro. Iiwa ya se había acostumbrado a tomar la chicha simple, sin azúcar ni panela. Al principio protestaba, pero Ketchón su madre, y las viejas Yotchón y Jierrantá parecían no escucharle.

–¡*Irasü taya*! Estoy simple, estoy simple. ¡No he comido nada con azúcar ni sal en este encierro, es por eso que estoy tan pálida y flaca! –terminaba llorando la pequeña doncella que aún no comprendía por qué la habían encerrado.

Durante todo este tiempo he visto por las rendijas de la puerta cómo mis tíos han construido un telar en la enramada del rancho donde me encuentro, y cómo han colocado sábanas alrededor de la enramada para ocultarme de las miradas de la gente. Antes de que hicieran el telar, las viejas Yotchón y Jierrantá me enseñaban a tejer mochilas, pero debo confesar que mis manos no son como las de la doncella desconocida de la leyenda de *Waleket*, la leyenda de la araña, de donde dicen los viejos que los wayuu aprendimos a tejer. Aun no aprendo lo más sencillo y las puntadas se me enredan. Si de mi progreso en el tejido dependiera mi salida de este encierro, creo que me quedaría encerrada de por vida.

Hace días escuché la voz de mi *tata*. Quise salir a su encuentro, pero me lo impidió la vieja Yotchón agarrándome bruscamente por la cintura y arrojándome al piso de tierra del rancho. En esos momentos lo que sentí fueron unas ganas intensas de agarrar la vara de *wararat* que había en uno de los rincones y pegarle una limpia para desquitarme de sus burlas por mis grandes orejas y por ser tan bruta para aprender a tejer –como ella siempre me decía cuando me equivocaba en una puntada–; pero no pude. Yotchón era hermana de mi mamá Pitoria, mi abuela. Y así toda esa rabia se tradujo en un incontenible llanto que comenzó esa mañana y terminó al medio día con sollozos.

Después supe que mi *tata* había traído más hilo para tejer y un saco de maíz para que prepararan la chicha. Pero esta vez me tocaba moler el maíz, picar la leña y prender el fogón. ¿Por qué me tocaba hacer esto, si siempre hemos tenido sirvientes que lo hagan? Recordé a Karrawa, nuestra sirvienta, y pedí a mamá que mandaran por ella, pero se negó. "Tú tienes que aprender", fue lo único que me dijo. A tanto darle vueltas a la manivela de Molino. Yo nunca había preparado la chicha, sólo la endulzaba a mi gusto y me la tomaba. Nunca había picado leña; a veces iba al monte a acompañar a Karrawa cuando ella la buscaba y nunca había prendido el fogón porque siempre me fastidió el fogaje en la preparación de los alimentos cuando Karrawa o mamá lo hacían. Nunca quise tomar *chicha mascá* porque me daba asco. Es que eso de mascar uno la chicha y escupirla en una totuma para que otro se la tome nunca pareció agradarme, y ahora resulta que tengo que mascar chicha para unos invitados de mi tío Shankarit.

Para ese tiempo aún no conozco los motivos que me llevaron a este encierro, lo único que me da vueltas en la cabeza, como el sonido de la campana en el internado, es si volveré a estudiar. Ya casi se acaban las vacaciones y no he escuchado a mamá hablar de los preparativos para partir a Uribia. En esta época del año siempre viajamos a Maiko'u a comprar todo lo necesario para nuestra estancia en el internado. Recuerdo que mamá nos compraba a Jayarra (mi Hermana menor) y a mí jabón chino, porque ese duraba más que los otros, champú de romero para nuestros cabellos negros y telas de algodón para nuestras mantas. Nuestro baúl de madera se llenaba con las nuevas cosas y se hacía necesario arrastrarlo por su peso. Al abrirlo desprendía una fragancia de sándalo y romero que nos caracterizaba a la mayoría de las internas. Jayarra, mi hermana, era la encargada de llevar las llaves del baúl en la cadenita que siempre portaba en el cuello, porque yo era muy olvidadiza. Hasta que en una madrugada, cuando venía de regreso del baño fue asaltada por otras internas que le arrancaron de un zarpazo la cadenita con la llave de nuestro baúl y fue retenida en el baño mientras las otras lo saqueaban. Jayarra, por la oscuridad, no pudo saber quiénes eran; en realidad nunca lo supimos, todas las internas usaban jabón chino y champú de romero, todas olían a sándalo y a romero. De aquí en adelante yo llevaría las llaves amarradas a la cadera, junto con la aseguranza de piedra coralina. A nosotras nunca nos volvieron a saquear el baúl, pero a otras internas sí. Ahí no se sabía quiénes eran las que tomaban las cosas, lo que se sabía era que había muchos niños que eran enviados a los internados porque en sus rancherías no había nada que comer, y sólo llegaban al internado con lo que tenían puesto. Sé que en Nazaret también hay otro internado indígena al cual llegan las madres y les ruegan a los misioneros capuchinos que se queden con sus niños "porque en la ranchería no hay comida, no hay agua en el *jagüey*, y las cabras no dan leche y allá sólo se morirían de hambre", les dicen.

La vieja Jierrantá, la menos rígida con Iiwa durante la etapa de su encierro, le daba brebajes a la doncella wayuu para purificar su espíritu y preservar su belleza india. Iiwa los tomaba a empellones, cada día era más rebelde, la monotonía la llevaba a comportarse como una chiquilla altanera, pero el caminar poco y mantenerse acostada la estaban volviendo en una ermitaña. Se negaba a seguir con las clases de tejido y a conversar con las viejas Yotchón y Jierrantá de cosas de mujeres. Pasaba horas en el chinchorro que habían dispuesto para ella desde el encierro y se mecía con fuerza hasta hacer crujir la madera del rancho. Ketchón, su madre, la obligaba a bajarse tomando la vara de *wararat* pegándole por debajo del chinchorro.

Una noche, mientras miraba la luna por un hueco que había en el techo del rancho, pensó en Jimaai y recordó su aventura por Maiko'u y el collar que él le había regalado y que su madre le quitó al momento del encierro. "Me pregunto si me recordará. Si habrá pasado por nuestra ranchería ¿Por qué no lo escucho cantar, ni lo siento cuando viene de regreso de pastorear? ¿Habrá preguntado por mí? ¿Sabrá de mi encierro? Y...si lo sabe, ¿quién se lo dijo? ¿Por qué no ha intentado acercarse? ¿O es que ya no extrañaría mi presencia en vacaciones? ¿Ni se extrañaría al ver a Jayarra irse sola al internado?"

"Otra luna –siguió pensando–. Ya con ésta son ciento cincuenta lunas, y aún no termina este encierro. Cómo quisiera verme en el espejo, saber cómo he quedado después de que mi mamá me cortara el cabello. Apenas puedo ver mi sombra durante el día, y sí: me ha crecido un poco, pero no lo suficiente para cubrir mis orejas".

En la madrugada Iiwa soñó con una araña que al descender de un hermoso árbol se convertía en una doncella. La doncella desconocida halaba hilos de colores de su boca, y hacía hermosos tejidos. Iiwa, en el sueño, se le acercó y vio cómo la doncella hacía con sus delicadas manos tejidos que las viejas Yotchón y Jierrantá jamás habían hecho. Figuras desconocidas para Iiwa, pero se asemejan a las figuras que tejía una artesana de Nazaret, que Iiwa había visto algunas veces en Uribia. Iiwa pidió a la doncella desconocida que le enseñara; ésta sacó más hilo de su boca y le enseñó a Iiwa las puntadas que no aprendía con las viejas Yotchón y Jierrantá. Al llamarla su madre para el baño, Iiwa despertó pensando en el sueño y se preguntó si todavía recordaría lo que había aprendido en él.

Cuando terminaron de bañarla se vistió rápidamente, buscó los hilos que su tata Valencia le había traído. Se sentó debajo de la enramada y empezó el tejido que la doncella desconocida le había enseñado. Iiwa sonreía al ver cómo al combinar los hilos iban surgiendo figuras perfectas, que sorprendían a las viejas Yotchón y Jierrantá. A partir de ese momento Iiwa sorprendió con una variedad de tejidos y combinación de colores que entusiasmaba a toda su familia. Iiwa, duró un año soñando con la doncella desconocida que le revelaba con sus manos y sin pronunciar una sola palabra, más y más secretos del tejido wayuu. Iiwa nunca le revelaría a sus institutrices y a su madre sobre sus sueños, porque nunca los volvió a tener, Iiwa recordó en ellos la leyenda de *waleket* y descubrió que aquella doncella era la misma que se había convertido en araña al ser descubierta por su protector, el cazador que la salvó al encontrarla sola y desamparada en el monte. Éste la adoptó y la llevó a su ranchería y en agradecimiento, todas las noches, cuando nadie la veía la doncella desconocida halaba hilos de su boca y realizaba hermosos tejidos para el cazador. Una noche fue vista por él y al ser sorprendida se convirtió en *waleket*, en araña.

Así fue transcurriendo el tiempo y el encierro de Iiwa era cada vez más satisfactorio para su madre y sus institutrices, las viejas Yotchón y Jierrantá, quienes se disputaban las virtudes artesanales de Iiwa diciendo cada una que la pequeña doncella había aprendido gracias a la rigurosidad que cada una imprimía a sus clases.

Su piel era cada vez más tersa y menos cobriza, sus cabellos negros y vírgenes habían crecido logrando ocultar sus orejas. Su nueva figura delgada había dejado atrás a la niña gordita de cara de luna, para darle paso a la *majayut*, la señorita que había despertado en el encierro.

Iiwa escuchaba atenta a las indicaciones dadas por su madre y por sus viejas institutrices. Tomaba los brebajes preparados por la vieja Jierrantá sin chistar. La vieja Yotchón, al ver el nuevo comportamiento de Iiwa dejó de llamarla *juche'e puliikü* –oreja de burro– y empezó a tratarla con respeto y más cariño. Su madre, en tiempos de luna nueva cortaba las puntas del cabello de Iiwa para que le creciera más rápido.

A inicios del segundo año de su encierro, la doncella se enteró que Jimaai se a había ido de su ranchería, pero esta vez no fue a Maiko'u. Su destino era más allá de la frontera. Se había ido con sus hermanos mayores. Desde que se enteró que Iiwa se había ido con sus hermanos entonces ya no se habían visto en las vacaciones, que tanto esperaba Jimaai para ver a Iiwa que venía del internado de Uribia. Se entristecía al imaginarla en el encierro y teniendo como compañía a la vieja Yotchón, que a todos les tenía sobrenombre, a él, por ejemplo, le decía Mo'usaichon –que quiere decir "el que no tiene ojos"– por los ojos pequeños y rasgados de Jimaai.

Intentó en tres ocasiones acercarse al encierro de Iiwa, pero fue sorprendido por la vieja Yotchón, quien en las tres oportunidades lo persiguió con una vara de *wararat* y en la última fue hasta Ichichon, su ranchería y habló con Karouna, la madre de Jimaai, por éste intentar ver a una princesa en su encierro. Desde ese momento, y para evitar problemas, Jimmai fue enviado con sus hermanos mayores a las serranías de Perijá.

Al enterarse Iiwa de los hechos ocurridos con Jimaai, las preguntas que se hacía en sus noches de encierro ya tenían respuesta. El joven Jimaai sí la extrañaba. Al principio se preguntaba: "¿Por qué Iiwa ya no recoge pichiguelos? ¿por qué la han encerrado y la han apartado de nosotros? ¿por qué tiene puesto la tía Ketchón el collar que le regalé a Iiwa, si prometió nunca quitárselo? ¿por qué no dejan que yo la vea?". Su abuela, Marakariita, quien parecía escuchar sus pensamientos y preguntas sin respuesta, le dijo:

—Cuando Iiwa salga de su encierro ya no será la misma. La niña con la que jugabas a tumbar cotorritas de sus nidos y a la que le regalabas tortolitas se ha ido. Ahora será una doncella cuya belleza sólo se podrá comparar con la luna de primavera. Su encierro terminará como el de todas las princesas, con una fiesta en una noche de primavera y será ella quién en esa noche bailará la *yonna*. ¡Me imagino las mantas de seda que lucirá Iiwa! —seguía diciéndole Marakariita a su nieto Jimaai—. Los collares de oro y *tu'uma* que heredará de su madre y los nuevos que sus tíos le regalarán.[2]

Después de escuchar a su abuela, Jimaai fue a su chinchorro, se acostó, cerró sus ojos y trató de imaginar a la nueva Iiwa, pero su mente sólo lograba traer la imagen de la niña gordita de cara de luna. Por ultimo, agotado de tratar de imaginar la nueva imagen de Iiwa, pidió al creador de sus sueños soñar con ella, pero en sus sueños sólo vio a un anciano aproximarse a él y decirle:

—Traigo la palabra del creador de los sueños de Iiwa, quien te manda a decir que la princesa tiene un espíritu protector que impide que hasta en sus sueños puedan violar su encierro.

Al día siguiente Jimaai se marchó con sus hermanos mayores a las serranías de Perijá. Al tercer año de su encierro la familia de Iiwa, los Juusayuu

---

[2] Yonna: baile de la cultura wayuu. *Tu'uma:* piedra semipreciosa, de gran valor para los wayuu. *Wararat:* árbol que crece en la península de La Guajira, de característica recta y flexible. "Mandar la palabra": cobrar una ofensa. *Iiwa-Kashí:* nombre compuesto, significa "Luna de primavera". *Fimaai:* se utiliza como nombre propio, significa "joven (doce-catorce años)". *Marakariita:* Margarita. *Pitoria:* Victoria. *Jagüey:* lugar donde toman agua los animales (cabras, chivos). *Ipapüle:* ranchería ubicada en la frontera con Venezuela, en el Municipio de Maicao; su nombre traduce "Lugar de piedras". *Ichichon:* ranchería indígena wayuu, traduce salecita.

de la ranchería de Ipapüle, se preparaba para su salida. Jayarra no pudo estar presente porque se encontraba en el internado de Uribia.

Mis tíos paternos fueron invitados a la *yonna* de Iiwa y sé por ellos que fue maravilloso. Todos me decían que Iiwa había crecido. Estaba delgada y su piel era blanca. Cuando bailaba la *yonna* parecía tener los pies en el aire. Sus mantas eran nuevas y de seda. Regaló a los invitados especiales mochilas y chinchorros que ella misma había tejido en sus tres años de encierro y entre los invitados especiales estaba Memeeya, la artesana de Nazaret que Iiwa había visto alguna vez en Uribia y cuyos tejidos se asemejaban a los que ella había visto y aprendido en sus sueños con *Waleket*. Ella, al recibir el obsequio de *Iiwa-Kashí* o Luna de primavera, regresó al internado de Uribia tres años después, al terminar su encierro. Regresó cuando nosotras nos preparábamos para el grado de bachilleres normalistas, pero en ese año Jayarra, su hermana menor, no regresó. Sé que les pudo parecer riguroso el encierro de Iiwa-Kashí, pero a mí me hubiera gustado pasar por el encierro. Pese a que mi padre es wayuu, el ser hija de una alijuna –no wayuu– no me hizo merecedora de tal privilegio. El ser indígena wayuu a Iiwa-kashí la enorgullece, pero haber pasado por el encierro la hace especial.

Aún conservamos una gran amistad, que se inició en Uribia en 1994. Actualmente me dedico a la docencia en un colegio de monjes capuchinos en la ciudad de los Santos Remedios del Río de la Hacha. Iiwa-Kashí ha sido en dos oportunidades alcaldesa de un importante municipio del departamento de La Guajira. Vive en Maracaibo (Venezuela) y es madre de cinco hijas; una de ellas, Aratminat, heredó las virtudes artesanales de Iiwa y es diseñadora textil.

Pulowi de Uuchimüin (2013)

No estoy en un proceso de oposición a la refundación de Abya Yala; tampoco es mi intención que de alguna forma interpreten este ensayo como una defensa del colonialismo. Quiero comenzar diciéndoles que nunca le creí a mi abuelo sus conversaciones secretas con el diablo, hasta que lo escuché hablando con él; era de noche y yo no conciliaba el sueño, que me era esquivo, sobre todo porque faltaban muchas horas para que amaneciera y la aventura de ir al corral de las vacas era lo que hacía irreconciliable el sueño con mi ansiedad.

Daba vueltas en mi chinchorro, todos dormían y el ruido de las cuerdas era un chirrido al menor de mis movimientos, espantando el sueño de mi abuelo. En una de esas, fue cuando le escuché "Ésta es la nieta de la que te hablo, la que no duerme". Yo le había escuchado antes que sólo él podía dar oídos al diablo y supe que hablaban de mí cuando le dijo mi nombre: "Tella". Al día siguiente supe lo que era tener tortícolis. Indiscutiblemente esa relación con mi abuelo la guardó mi ser, para luego tener esa *fuerza creadora*, realzada por textos narrativos de autores como Juan Rulfo y Gabriel García Márquez, que me mostraron la ruta.

¿Cuál ruta? Yo nunca supe a dónde iría; lo que ahora sé con certeza es que por mucho que limpiaran mis caminos, me iba con los pies descalzos, no importaba que las espinas me hincaran. Pero nunca seguí el camino, sólo las señales, lo prohibido, aquello que decía "No apto para menores de edad", o aquello que estaba prohibido tocar por mamá, como el libro de hojas viejas con olor a baúl de abuela, sólo porque en su título estaba la palabra "desalmada". Pero, a los siete años qué vas a entender del viento de la desgracia, de Ulises y de la candidez.

Total, a esa edad no llegué al estado de la Eréndira cuando fue desnudada de un zarpazo por un carnicero que pagaba por niñas vírgenes. Esculcaba a escondidas el pequeño baúl donde papá guardaba con mucho sigilo un carnet de la ANAPO y un libro cuyo título era "Qué hacer" y un sobre viejo con estampitas de la Unión Soviética. Lo más curioso para mí eran los libros, pues a mi papá no le gustaba leer. Pero, él sabía de todo; veía "El mundo al instante" y eso fue suficiente para darme todas las respuestas que de niña quise saber.

Yo no sigo el camino, sigo las señales, que a la larga también son "otros caminos", como la vez que me dijeron que yo nací 145 años después de escrita la última proclama del Libertador Simón Bolívar. Mi bautizo fue en la Catedral de Santa Marta, ciudad donde murió El Libertador y me gradué de abogada un 24 de julio –día de su natalicio– en la Universidad Simón Bolívar de Barranquilla. Esas efemérides me hacen tener más coincidencias con El Libertador que el mismo Hugo Chávez Frías e, incluso, con todo aquél que se llame socialista.

Otra señal fue el 31 de diciembre. Este día no significa el fin del año, sino el cumpleaños de todos los wayuu y fue una mentira que de tanto decirla, se convirtió en realidad. Por mi manifiesto, me vi un día de mayo en un Simposio de Literatura Indígena con todos los Migueles de mi buenaventura (Rocha, López y Cocom Pech) y mi camino, el que mis padres y abuelos limpiaban para que las espinas no hincaran mis pies, lo fui desviando por seguir otra señal, pues todos eran poetas menos yo. Mis personajes, a los que les doy mi voz, mantienen una lucha contra el Estado, mientras que los de ellos se reencuentran con la luna, la madre tierra, la lluvia y con el sol.

Mi literatura no regresa a la madre tierra convertida en lluvia y tampoco emprende ese viaje en espiral hacia el cosmos. Mi literatura sale de ella, de la rabia de la madre tierra, de los cambios de la Luna, del calor del Sol, del golpe de la brisa en el rostro de la marchanta que trae en su espalda 80 kilos de sal marina en la explotación del wayuu por el wayuu y de éste por el hombre blanco.

A los doce años descubrí que todos tenemos una Úrsula Iguarán en casa y desde entonces y para siempre, veré en mi madre y en mi gran madre, Mamá Victoria, la mujer que lucha para que su estirpe no se extinga, así estén condenados a cien años de soledad y no vuelvan a tener una segunda oportunidad sobre la faz de la tierra. A ver en mi padre a un José Arcadio Buendía y en mis hermanos varones, a Aurelianos Segundos y José Arcadios Segundos, queriendo ser yo la bella Remedios, deseando vivir en un mundo para mí sola, porque éste que habito no me comprende.

Pero, estoy inmersa en una realidad que no me asombra mientras viva y camine en ella y de la que salgo sólo para darme cuenta que fustiga, duele, lastima y sus reales elementos, para nada mágicos ni macondianos, han sido los que me han dado la fuerza creadora de *Manifiesta no saber firmar, Nacido: 31 de diciembre, De dónde son las princesas, Daño emergente y lucro cesante* y el *Encierro de una pequeña doncella*.

Este último trabajo me representa como el venado que camina hoy por el territorio de los antepasados Dakotas y mañana por cualquier sendero de Abya Yala. Si hubiera pasado por el hermoso ritual del encierro, seguramente mi voz y mis letras fueran otras. Hubiera aprendido a quedarme callada cuando correspondiera, porque nosotros no sabemos pedir perdón como los blancos cuando ofendemos. Nosotros compensamos (pagamos) por cada ofensa causada y cobramos por las recibidas.

En mí influyeron los cantos y las historias de mi abuelo, el consentimiento de mi gran madre, Mamá Victoria, las prohibiciones de mi madre, las complacencias de mi padre, el camino a Comala y ver que todo aquello era la Media Luna donde vive un tal Pedro Páramo y Susana San Juan, tan parecida a Remedios, la bella. Los muertos de Sayula y Comala esperando que alguien se acuerde de ellos como los nuestros en Jepirra (Cabo de la Vela).

Yo soy la india, la aborigen, la mestiza con origen, soy wayuu. Mi literatura es otra cosa, mi literatura es latinoamericana. No me seducen los cantos de la sirena: una vez que te cantan y seducen, sabes que si entras no puedes volver a salir. Yo soy una Pulowi de Uuchimüin, no me seducen los cantos de seres mitológicos, sino los míos propios.

Siento que me desvié a tiempo de ese camino llamado Abya Yala, porque cuando los escucho hablar de pureza, de lengua madre, de escribientes y hablantes, no sólo siento que se aíslan, sino que también me llevan con ellos, cuando yo he concebido que mi literatura es para el mundo, no sólo para los wayuu. Es el único camino que debo seguir para conquistarlo, para colonizarlo con mi literatura, con mis creaciones, para que el mito del conquistador conquistado sea una realidad cuando todos hablen y cuenten *Manifiesta no saber firmar*. Se trata de revertir el proceso, ir de lo escrito a lo oral. Entonces el mundo será Latinoamérica celebrando el cumpleaños a todos los Wayuu nacidos el 31 de diciembre.

Soy venado
(Fragmento de novela inédita)

DONCELLAS

Entonces las doncellas escuchaban en sus habitaciones de barro el ruido de los camiones que bajaban de Puerto López, las estrellas les decían que eran las 9 de la noche y sus hermanos ya estaban por regresar, presurosas se levantaban a encender el fogón y hacer el café colado, algo de cena porque Maicao estaba a cuatro horas más por los caminos de la sabana y el trabajo de bajar la mercancía era más agotador que llevarlas hasta su primer destino, pues esas mercancías muy seguramente seguirían la ruta final. Cuando los hombres continuaron su viaje a Maicao la brisa fría y nocturna de la sabana se llevó del camión una tapa de triple de madera; en la mañana la más pequeña de las doncellas, Maritza Cohen, la encontró y le llamó la atención los signos que estaban impresos en la tapa de triple, como si estuvieran hechos con hierro caliente; su color negro podría verse a los lejos, con unos clavos oxidados y un improvisado martillo de piedra clavó la tapa de triple en un árbol seco de trupillo; ella no sabía qué decía ahí pero mucho tiempo después y aún hoy a ese sitio le siguen llamando New York. Los primeros días Maritza aspiraba el olor de la tapa, era un olor que le recordaba a sus hermanos, y la emoción de los regalos que ellos le dejaban. Era un olor familiar, era el olor del contrabando. El contrabando huele a café colado, huele a leña, huele a monte, el contrabando tiene su olor, es un olor poético, suave, libre dentro de las fronteras, también tiene sabores; algunas veces sabe a un sudor más salado, otras al agua dulce, fresca, con mucha sed, el contrabando también duele, la primera vez que lo tocas, que lo cargas tus manos se llenan de vejigas, con el tiempo esas vejigas se vuelven callos y tus brazos se ponen fuertes; la oscuridad es la aliada del contrabando, la luna su brújula, y las doncellas son sus centinelas. El contrabando en la península no es clandestino, lo que para los blancos son trochas para nosotros son y serán caminos sin paredes, teniendo como señales las huellas de nuestras guaireñas. En otro lugar de la península otra doncella hacía lo mismo con un triple de madera que decía París. Otras doncellas en Maicao escuchan los camiones que llegan de La Guajira arriba, ellas viven en barrios con nombres de santos y de presidentes:

El Carmen, San Martín y Pastrana. Ellas no se levantan, sólo saben que mientras duermen sus hombres (padres y hermanos) contrabandean para que a ellas nadie les robe los sueños. Hoy en mi chinchorro nos mecemos y la brisa del nordeste me trae la nostalgia del contrabando, hoy aspiré tu pecho y tenías su olor, olías a contrabando.

FÁTIMA

No ha sido costumbre nuestra besarnos en la boca, mis abuelos nunca lo hicieron con nuestras abuelas, y no me atrevo a preguntarle a mi madre si se ha dejado besar de papá; me da pena dos veces, por ella y por mí, por ella porque es muy candorosa y por mí porque se dará cuenta de mis ganas de besar o que ya me han besado. Tantas prohibiciones me apegan a él, abandonarme en sus brazos sudados y salados, rozar mi lengua por su cuerpo, me produce mucha sed, después de él el agua es lo único que me puede calmar las ansias que me quedan con cada encuentro. Cuando llegan del puerto todos los hombres que trabajan para papá lo busco con mi mirada, es el más fuerte, sobresale más que los demás por su estatura, su color oscuro y sus dientes perfectos me llevan a pensar en que puede ser bisnieto de un príncipe ashanti, un abisinio, o quien sabe de qué pueblo africano, nadie sabe de dónde vino ni cómo llegó. Un mediodía cuando iba para el colegio lo vi bajarse de la parte trasera de uno de los camiones que traen mercancías del puerto. Desde entonces lo persigo. Hace dos noches cuando llegaron los hombres al servicio de papá escuché su nombre cuando lo llamaban, pero no me levanté, nunca me levanto, no obstante desde que él está aquí deseo hacerlo, levantarme como lo hacen mis primas en la Guajira arriba, prepararle el café cuando llega de madrugada o recibirlo con cena cuando llega de noche, pero no lo hago, ni lo haré; sólo espero la hora de ir al colegio y doblar la esquina para verlo esperándome debajo de uno de los pocos árboles que nacen en este valle de arena, de camino al colegio mis pasos se hunden en ella, la brisa fuerte hace que mis cabellos golpeen mi rostro, es una brisa constante en contra y a favor de mi camino, así es la brisa aquí, y me gusta, el sol va en el centro de mi cabeza. De regreso a casa no hay brisa, sólo un sol naranja que se oculta, llega la hora de partir, pasará por París, New York o Ishamana, no importan los caminos que tome el destino siempre será el mismo. "Algún día regresaré a mi tierra"– Me ha dicho en un acento tan lejano, no sabría decir de dónde, nunca he salido de aquí y el único acento extranjero que han escuchado mis oídos es el árabe, ya no tan extranjero desde que me pusieron por nombre Fátima y a uno de los camiones de papá Habibi. Debí llamarme Remedios como mi abuela y no llevar el nombre de la hija de un profeta de una religión que nunca conocí.

DONCELLAS

Entonces las doncellas entonaban los acordes del himno nacional "Gloria al bravo pueblo que el yugo lanzó, la ley respetando, la virtud y honor"... No, no, y no. Ustedes son colombianas qué pasa, no han logrado aprender el himno de aquí "*¡Oh, gloria inmarcesible! ¡Oh, júbilo inmortal! ¡En surcos de dolores el bien germina ya!*"... Entonaba enfurecida una de las misioneras capuchinas, su acento italiano le daba un matiz diferente a los acordes del himno que sonaba en la vitrola traída desde Italia. –*Mejor enséñanos el himno de Italia seño, ¿Cómo es Italia?*–, preguntaban las doncellas. *Fratelli d'Italia, L'Italia s'è desta, Dell'elmo di Scipio, S'è cinta la testa. Dov'è la Vittoria?*... La única señal que llegaba a la Alta Guajira era la de Venezuela, y sigue siendo así. La palabra *inmarcesible* era tan difícil de pronunciar, se les enredaba la lengua, para que no se les olvidara se imaginaban a una mujer llamada Gloria en el mar. Gloria está en los dos himnos, en el de Colombia y Venezuela, Gloria era entonces la mujer de Simón Bolívar, en un himno Gloria está brava y en el otro está en el mar, concluían las doncellas. Las doncellas fueron traídas al internado de Nazareth a estudiar. Maritza Cohen, la más pequeña de las doncellas, aprendió a hablar italiano y castellano, porque según ella eran dos idiomas que se hablaban igual, pero con diferentes personas. El italiano sólo se hablaba con la gente blanca de ojos azules. De madrugada escuchaba los camiones bajar del puerto, pensaba en *Jimay*, a escondidas salía de la habitación de paredes de cemento y a tientas sin tropezar con ningún chinchorro, pegada a la reja, Maritza apretaba los barrotes, cerraba sus ojos y lloraba. El ruido de los camiones subiendo y bajando de Puerto López, hacía más larga la estancia en el internado, aquí todo comenzaba desde las cinco de la mañana. En un mismo baño todas se bañaban, las grandes ayudaban a las más pequeñas, el olor del jabón chino invadía la habitación, un jabón color rosa pálido, con perfume de sándalo daba un toque místico a ese ritual diario del baño, un ritual corto pero exquisito, donde las doncellas jabonadas contaban sus sueños, de la misma manera como lo hacían en sus casas, alrededor del fogón mientras sus mayores las escuchaban, ahora eran ellas mismas quienes se escuchan e interpretan sus sueños. Había un sueño que se había vuelto recurrente en la más pequeña, Maritza soñaba con un perro negro, más grande que los perros que ella había conocido, su hocico en el sueño era muy frío y su color negro brillaba en la oscuridad, era un perro que de noche se podía ver azul, lo veía caminar cerca de New York, dejaba sus huellas de perro grande, ella lo veía pasar mientras estaba montada en la copa de un árbol de trupillo, así como le enseñó *Jimay*, para poder ver las luces de los camiones bajando de Puerto López. Nuevamente sin tropezar con los chinchorros de la habitación a tientas lograba llegar hasta el baño y a esa hora de la madrugada Maritza se bañaba con agua fría para espantar el mal sueño. Era un sueño tan recurrente que varias veces fue sorprendida por las hermanas capuchinas y le diagnosticaron sonambulismo. –La pobre tiene un trastorno del sueño, es una sonámbula perfecta, es como si de veras estuviera despierta– comentaban. Pero Maritza no era sonámbula, ella se bañaba con agua fría apenas se despertaba para espantar al perro negro que a esa hora deambulaba en el territorio de sus sueños.

JIMAY

Eran las tres de la tarde cuando el joven Jimay trataba de quitarse una espina que tenía en la palma de la mano, precisamente en la línea de la vida, como dirían los gitanos. Se hincó mientras trepaba al árbol de trupillo, su contextura delgada y su bajo peso le permitía subirse hasta la copa, ahí se quedaba horas enteras por orden de sus mayores, desde allí vigilaba el tráfico terrestre, el que bajaba y subía, su atención debía estar enfocada a los extranjeros, y alertar la presencia de ellos en los caminos. Antes del nacimiento de *Jimay*, los extranjeros no se atrevieron a pasar por el desierto ni aventurarse por los intrincados laberintos de La Guajira, guiados por mestizos producto de amores clandestinos de los extranjeros con las hijas de los nuestros, heredando el sigilo y la memoria fotográfica de sus ancestros, eran los guías de aquellos. Desde arriba *Jimay* también vigilaba a las doncellas, así conoció a Maritza Cohen, la doncella de siete lluvias tratando de clavetear un triple de madera en un árbol seco de trupillo. Desde que Jimay vio a Maritza le dijo a sus padres que ella era a quien quería por esposa –Apenas tienes diez lluvias y ya quieres una doncella– se reían sus padres. La enseñaría a treparse en los trupillos, a sacarse las espinas, a correr entre la escasa vegetación de Isashi para que los extranjeros no pudieran verla, esperaría su *encierro* y su salida, la esperaría siempre.

FÁTIMA

El sonido de las cornalinas en la piel, el color del oro rojo, los diseños momposinos en nuestras orejas, un saludo palestino tan cercano cuando dicen "Somos baisanos de la misma buebla", una moneda de otro pueblo sin embargo tan nuestra, un árbol de cacaito sin hojas esperando reverdecer en una nueva bonanza. Loly, la wayuu más bella del mundo, escucha desde su balcón cómo la brisa de la tarde arrastra la basura, piensa en Taiwan. Hace días no veo a Loly, la última vez la vi fue en su casa, estaba tratando de tejer, había mandado por una artesana de Ipapure para aprender ese oficio, la trama de la araña era tan esquiva que a Loly se le enredaban los hilos, "Vuelve a empezar" decía la artesana, yo me senté a su lado tomé unos hilos y una aguja, ahí las dos comenzábamos desde el ombligo del mundo, o quizás desde el centro del universo el tambor de una mochila. Nunca las terminamos y todos esos hilos junto con las mochilas nunca terminadas fueron a parar en el último cuarto. La artesana de nombre desconocido nos miraba y se reía, sus únicas palabras para nosotras eran: "Vuelve a empezar" y otra vez jalamos los hilos y estos se descosieron tan fácilmente así como se desmoronan las casitas de arena que hacíamos con nuestros pies. Recuerdo esa tarde como una fotografía donde dos adolescentes tratan cada una de tejer una mochila, sentadas en el piso, nos reíamos de la forma como agarramos las agujas, en un balcón al lado de una artesana desconocida, Loly hizo un silencio como tratando de escuchar los murmullos de la brisa que a esa hora llegaban hasta al balcón, –Toda la basura de Asia está rodando por la "catorce", quiero conocer Taiwan– Hoy vine a verla para regresar de nuevo al mundo, últimamente me he sentido en medio del océano, lejana, perdida, en el colegio se han dado cuenta de mi cambio de ánimo, todo me asalta, Quizás sea ese amor pandémico, ese amor del cuerpo que me atrae, puede intoxicar pero no me importa, lo busco y cuando estoy a escasos pasos me devuelvo por la misma ruta que caminé con tanta seguridad, me vuelvo torpe, siento que todos saben que voy a buscar besos no pedidos. Quienes me conocen saben lo fácil que pierdo el control, el orden de las cosas, me vuelvo tan obvia perdiéndome en un mundo de fantasías del que me sustrae la realidad abruptamente. Duele, fustiga, lastima, desilusiona, sobre todo cuando todos creen que puedo tener al hombre que yo quiera, cuando no es así, y quien me gusta sólo puede conocer mis besos cuando se los robo o cuando permito que él lo haga, en el chinchorro que me regaló mi mamá, cuando en ese techo de zinc caen esas gruesas gotas de lluvia haciendo un ruido de diluvio que me irrita pero que a él le gusta, entonces olvido el ruido de las gotas de lluvia sobre el techo de zinc y deseo que llueva fuerte y el camino hacia al Puerto se convierta en fango, los camiones se atollan bajo esa lluvia torrencial para que no se vaya. Sé que me merezco sus besos, sus caricias, su sexo, todo de él, pero esto no es de merecer sino de derechos. Aquí en este balcón me doy cuenta de lo sola que estoy y que quizás en alguna parte del mundo, o de esta casi isla llamada La Guajira está quien me ama antes de conocerme. Hoy Loly no está, se fue para Taiwan.

DONCELLAS

Hoy bautizarán a todas las doncellas, desde hoy serán católicas, apostólicas y romanas, dejarán de ser criaturas para ser hijas de Dios, quizás el agua bendita le quite lo sonámbula a la más pequeña de todas. Hace una semana están en preparativos, les cortaron el cabello y se probaron los vestidos de encajes usados que mandaron las señoritas italianas como donación. Parecían muñecas de porcelana, su tono de piel cobriza ya no era el mismo, sus pasos de venados eran ahora marchas lentas enmarcados en un orden de filas, encabezados por una religiosa que las llamaba bambinas o señorinas. Muchas de las doncellas ya habían pasado por el *encierro*, y estar en el internado era una continuación del mismo, pero esta vez era un encierro colectivo donde todas soñaban con la luna cada mes, y ésta les haría sangrar de nuevo, pero ya no estaba la madre, ni la tía, ni la abuela, sólo ellas. Las grandes pendientes de la primera menstruación de las más pequeñas, para cortarles el cabello y darle los brebajes que ellas traigan consigo en el baúl, a prohibirles tomar leche de vaca, comida salada y pisar el suelo con los pies descalzos. *Karrawua,* la sirvienta del internado era la encargada de traerles las *Jawapias* de la *Makuira*, a escondidas de los misioneros y así mientras preparaba los alimentos cocinaba las plantas recogidas. Ella usaba un pañuelo rojo el cual extendía en el suelo mientras recolectaba las plantas y así nunca le faltaban los ingredientes para prepararles a las doncellas los brebajes que necesitarían en su primera menstruación. La partida de bautismo contenía sus nuevos nombres, ahora Siruma se llamaba Isabel, Mawui se llamaba Catalina, Iiwa Kashí se llamaba Adelaida, y la fecha de nacimiento de todas: 31 de diciembre. Karawua quien tampoco estaba bautizada y ya pasaba de las sesenta lluvias también ingresó en las filas de las bambinas, le pusieron Antonia y también nacida el 31 de diciembre. Las doncellas no tenían edad pero sí fecha de nacimiento. Maritza, quien siguió conservando su nombre, miraba hacia el techo de la capilla, buscaba al espíritu santo.

FÁTIMA

El único lugar del mundo donde no siento miedo es en La Guajira, porque estoy inmersa en una realidad que no me asombra mientras viva y camine en ella y de la que salgo sólo para darme cuenta que fustiga, duele, lastima y esta realidad, asombra a los extranjeros. Lo que nunca perderé es el asombro de ver el mar Caribe con ganas de tragarse a Puerto López.

Juan Pushaina[1]

EL ZAMURO

Ecólogo
aapushana
ataviado
de oscuro
she'i.
Puntual
presencia
solidaria
en los velorios
      wayuu.

EL CASCABEL
    ...*a la memoria de Eloisa Uraliyu*

Prevenido piache
wayuu uraliyuu
exento de frivolidades
e inmune
a los estragos del insomnio.
Provisto de cadenciosa maraca
en sombreado consultorio
se encuentra siempre presto
a medicar
una piadosa eutanasia.

---

[1] Juan Pushaina es el nombre literario de Leoncio Pocaterra (Nota del editor).

JEPIRACHII
    ...a Vito Apüshana

Madrugador
con arreos de nubes
y rebaños de dóciles luceros
en camino a los colgaderos
del Calancala.
Ojalá
que a la vuelta
dejes amadrinada
una de tus reses
derrotada en Aleema'saain
para hacerle desangre
en pago de mandas
que ablande la arcilla
para modelar renuevos
que van a sembrar
con los primeros gallos
un perpetuo amanecer.

EL TIGRE
    ...al clan Uliana

Prófugo Uliana
de la ley wayuu,
guapo y con
diagnóstico
de alcoholismo agudo,
trajeado con un camuflado
de "marines,"
es adicto a dietas
aliadas de la artritis
y el colesterol,
sestea apertrechado
en la Serranía de Guama
con filosa veintena de navajas

y armas automáticas
negociadas en Portete.

EL ALCARAVÁN
    ...a la memoria del profesor Ricardo Samper

Tenor
Sapuana
trepado
sobre
elegantes rodillas
exhibidas
bajo su gris
atavío
de etiqueta
para conciertos
nocturnos
en tachonadas
sabanas wayuu.

EL MAPURITE
    ...a la memoria del profesor Ramón Paz

Fino
y perfumado
coterráneo
wayuu.
Libertino
y elegante
protagonista
de los cuentos
de Ramón Paz.[2]

---

[2] Ver cuentos de Ramón Paz Ipuana en esta antología.

Los galápagos
>...al poeta Jorge Gutiérrez Montero

Palafitos
paraujanos
que flotan
buscando
asentamientos
en los manglares
       de Venezuela.

Las cotizas
>...a Carola Montiel

Mascoticas
silenciosas
que apacentan
bajo
la sombra
de nuestras
       fatigas.

El chivo
>...al profesor Artemio C.

Necio
y apasionado Casanova
castellano
juglar
de exquisitas
noticias guisadas
o en brasas
y cófrade
de los conquistadores
de América.

La luciérnaga
>   ...*a la profesora Dilia Flores*

Sobre el tapiz
de la noche wayuu
sutiles danzarinas
con vivos braseritos
entraman
cintas de luz
coreografía de sabanas
que en la sequía
de mis sueños
anuncian
la bendición de las lluvias.

La península
>   ...*a la mamá del profesor Miguel Ángel Jusayú*

Azul Caribe,
fondeadero
del cosmorama wayuu
en el tapiz continental,
apliqué amerindio
bordado de orillas
y serranías,
poblado de ombligos
nordestes,
nubes transhumantes
y sedientos cardones.

José Ángel Fernández Silva Wuliana

Nünüiki ka'ikai. Lenguaje del sol (2005)[1]
(Selección)

Takaa'ulainchon

Asüshi lapü jashieemaajatü
takaa'ulainchon simaluuna simluuna'ipa
Katterü waneepia nu'uwa takaa'ulainchon.
Ale'ejeechi takaa'ulainchon chüküriiajüin
nüto'uta wanaa sümaa kasachikikaa.

Mi Cabrito

Mi cabrito bebe sueño de rebeldía
cimarrón cimarronero.
Mi cabrito regresará pintado.
Mi cabrito siempre tendrá los cuernos erguidos.
Mi cabrito regresará pintado
durante la tormenta.

---

[1] José Ángel Fernández suele componer cada poema a manera de un díptico en wayuunaiki y español, con el resultado de que estas versiones no necesariamente deben considerarse como traducciones, sea del wayuunaiki al español o viceversa, sino como piezas inseparables de un solo poema en el que no hay lengua "original" ni lengua "terminal," sino un devenir entre dos lenguas (Nota del editor).

Nünüiki Ka'ikai

Süchikijee aliikajatükaa meemetsükaa juya tü
soo'u tü püta kasuutotkolu
aashajaajeena waya süchiki nünüiki ka'ikai.

Lenguaje del sol

Depués de esta tarde de llovizna
sobre tu piel blanquecina
hablaremos sobre el lenguaje del sol.

Chünü'ü

Sü'itane'e juya
yala'ane'e na'ato'u chünü'ükai;
sujutu'une'e ipa ajülüjüshiirua
shiinalu'u manaliirua chünü'ütüsükalüirua.

Colibrí

Que llueva
allí junto al colibrí,
que caigan piedras cornelinas
en el fondo
de los colores brillantes.

Na Wüchiikana

Naya'a nayakana achiiruwaaka
sünain ee'irajaa suchukuwa suwasajaain aikaa,
naya'a nayakana ee'irajaaliikana soo'u putchikaa.

Naya'a nayakana jayeechimaajanakana,
naya'a nayakana: na wüchiikana.

Los Pájaros

Son ellos los últimos
en despedir a la aurora,
son ellos los conjuradores de la palabra.
Son ellos los portadores de himnos,
son ellos, los pájaros.

Ku'lamia

Asho'ulaashi apüleeruwaa chi joutaikai
sa'akajee jasai jee aipio'uliarua
nnojotsü nücheküin
tapüleeruwa joutaikai te'rüin
suwu'ichikanain ku'lamiakaa;
aapajiraashi pi'chikuwakai nümaa joutaikai
napütüin taya maa'awain
sotpa'a palaakaa.

Doncella

Abrió paso el viento
entre dunas y cujíes,
no desea el viento que yo vea
las huellas de la doncella;
se abrazó el remolino con el viento,
me dejaron sin rumbo conocido
en la orilla de la mar.

Su'upunaa Ka'i

Soo'ujee sütchin woumain sükalujutü ka'i
shi'inüin tü majayünnüükaa su'upunaa ka'i
sümaa meemeraainwaa naküjain suchukuwa
tü anamian na apüshii namaiwajanakana
süikalüirua amaimajaasü
sulu'u sa'amuuyuushi apüshiikaa.

Rostro Solar

Por la fuerza perenne de nuestra tierra
las senoritas tejen sin descanso el rostro solar
relatando la historia mansa de los ancestros;
los chinchorros se multiplican
en el cementerio familiar.

Pülowui

¡Majayütchonwaa! Jalia pia saa'in pülowuikaa
piirakaa sümüin
sirumakalüirua lijotusüirua ma'in.

Encanto

¡Señorita! Cuídate del encanto,
mira que las nubes están muy oscuras.

Jayeechiirua jee Ojutuuirua Sümüinjatü tü eiikaa mma
Cantos y pagamentos a la Madre Tierra (2007)
(Selección)

Eii Mmaa

¡Eii Mmaa! Anii joolu'u tü kasairua pujutumaajatükalüirua watuma sünainjeejetüirua tü yanamajirawaakaa.
Anii joolu'u süpülain tü lapulujutkoo putchi
sütchin anamiaachikimaajatü tü putchi aapünakaa.
Anii joolu'u tü anüikii pansaashaanakaa akuwa'ipa natuma na kooguikana
wawalayuu ataralüinnakana aa'in nepiajana soo'u tü Uuchi Saamatuuikaa apa'a:
Kasuutolu shipishuwa'a saa'in tü mmapa'akaa atamüinree
nnojoishi eein wanee aapünakai shia ekii nümüin süpüla nümojujainjatüin sukuwa'pa.
¡Eii Mmaa! Watijaa oo'ulu shorolumuin süchirua püjülü'üpünaa jemetakalüirua ainya
laülaayuu akanajülii tü outaakaa kama'ashaanaina sünain nnololuin jiwa'atayanaain naa'in.
neirujuin wopuirua süka süsheyuu tü yajeekaa.
¡Eii Mmaa! Waapüin pümüin ashe'inwaakaa tü
akumajuushi jee ajüjüüshi sümaa suwarala Sükapüla tü Katatuunwakaa
wanaa sümaa tü sükalu'u ka'i münakaa saashü'üjain kainyaruushi cho'ujaakaa soo'u pawonkoo maaliawai
wana'awai sümaa asakiraa jamalu'ului tü lapükaa sünain pütünalu'uin waya
¡Eii Mmaa! Chi wuyaaliwa ouutshikai akanajuuichipa wanülüü nutuma.
¡Eii Mmaa! Sa'aka tü temiairua sünainjatükaa o'onowaa
chi wuyaaliwa ouutshikai nuluwataala pümüin süpükaa tu'uma tü kanain shia wanee sütsaaya waliraa'inyaa.
¡Eii Mmaa! Aneerü pünain she'ikaa tü
su'utpunaa shikettaajüin suuyashe kasaalüin pia tiyamante münakaa nümaa Juya.
Je chi putchipu'ukai jettaajüitpa nünüiki makaa yaa:
Chi eekai ka'alainpalain sukuwa'ipa süta tü majayütchonkoo

kalu'nwo'uinjatü nutuma sümüin Mma piama anneerü
o'utunajatükalüirua aa'in sulu'u tü asholojooleekaa
jee Mma sünain ko'utuin shia süpülapünaa suwasajaain aikaa
aseerü süsha anneerü.

Madre Tierra

¡Madre Tierra! He aquí nuestros pagamentos[1]
provenientes de jornadas colectivas.
He aquí nuestros corazones vertidos en ellos.
He aquí el misterio de la palabra soñada,
el poder pacífico de la palabra acordada.
He aquí la sabia observancia de los kogui,[2]
hermanos mayores de la Sierra Nevada:
Toda el alma de la naturaleza es blanca,
nadie está autorizado a depredarla.
¡Madre Tierra! Sabemos que por tus venas corren dulces ríos,
viejos caminantes vencedores de la muerte con paciencia milenaria
abriendo caminos con el espíritu del yajé.[3]
¡Madre Tierra! Te entregamos esta túnica
diseñada con los destellos del Relámpago del Catatumbo[4]
mientras el tiempo añeja caña de azúcar
necesaria en el fogón cada madrugada,
cada descifrar de sueños en tu seno.
¡Madre Tierra! El mapurite chamán ha vencido a *Wanülüü*.[5]
¡Madre Tierra! Junto a mis avíos de nómade pastor
el mapurite chamán te envía esta ensarta de tu'uma[6]
con dije semejante al corazón de zorro.
¡Madre Tierra! Este traje lucirás en tu cuerpo

---

[1] Tributo u ofrenda realizada por la mayoría de los pueblos indígenas a la tierra como retribución por cobijarlos en su seno y darles alimentos. Todas las notas son del autor.
[2] *Kogui*: pueblo indígena que habita en la Sierra Nevada de Santa Marta, Colombia. Ellos consideran a todos los que depredan la naturaleza como "hermanitos menores".
[3] Yajé: alucinógeno utilizado por algunos pueblos indígenas de América.
[4] Fenómeno meteorológico provocado por la presencia de gas metano en los pantanos de la Ciénaga de Aguas Blancas y Aguas Negras en el municipio Catatumbo del Estado Zulia, Venezuela.
[5] Espíritus que según la creencia wayuu pueden causar enfermedades y hasta la muerte.
[6] Piedras antiguas utilizadas por los wayuu como ornamento personal en el cuello, las cuales igualmente sirven como pago de indemnización y como primera entrega de la dote matrimonial.

el día de tu boda de diamante con *Juya*.[7]
Y el palabrero ha sentenciado la última palabra:
El que ha profanado el cuerpo de la señorita
ha de entregar a *Mma*[8] dos carneros
que serán sacrificados en el tabernáculo
y *Mma*, en silencio, antes de la llegada del alba,
beberá sangre de carnero.

Shi'irairua Taliraaikaa

Püsa yootshi jiikaralujutkaa tü
tü yonna saajutkaa tü ku'lamiakaa
jaküteerü wanaa sümaa suju'itüin ka'ikaa.
Wuchiikai chi wattawolu ma'in tü kasa nüküjakalü achiki
sukajee shi'irairua taliraaikaa.
Shi'irairua jieyuu su'utpünaajatü sükasachikin e'irukuuirua
müitpa sumotolokoi sükajee shii'rainkaa koti'olu.
Anteerü aiirua juyapuujain shiarua
anteerü nnojolüin sümaain tü a'laulaakaa Kaa'ulayawaa
jee ishiruuna iitalujutkaa
a'itünüitpa sünain süsa'a wanee aipia kapanoulesü
jee tü ajülüwaakalüirua ale'ejüsü
shiyaalu'u mainmawalinjatüin sutuma tü e'irukuukoo.

Notas Del Violín

Toma esta jícara de chirrinche.[9]
La danza en honor a la doncella
culminará a la luz del nuevo día.
Ese pájaro está tocando fondo
con las notas del violín.
El llanto de las mujeres

---

[7] Personaje hipermasculino de de la mitología wayuu, esposo de *Mma* y de *Pulowui*, proveedor de las buenas lluvias.
[8] Es la tierra, considerada por los wayuu como su madre.
[9] Aguardiente blanco fabricado artesanalmente por los wayuu.

durante la guerra entre clanes
ha sido ocultado por el canto del gallo.
Vienen noches invernales,
viene sin pareja la vieja *Kaa'ulayawaa*[10]
y la totuma de chicha fermentada
ha sido estrellada contra el tronco de un frondoso cují
y las parejas regresan
por la multiplicatión de cada linaje.

Nuwu'ichikanain Chi Waneetuunaikai

Sü'ütpa'apünaa sümojuuishichon A'yajuui
yalajeesü kekiin tü süshichennuu
antakalüirua sa'akamüin süsüle wayuu te'iruku
eere kalonointaain ka'laira jee wasashi jiwa'atakalüirua aa'in
süchiirua nuwu'ichikanian chi Waneetuunaikai.
Wanee siruma waraitülü shiaja'a pansaaka ma'in atuma aipü'üyaakaa
süpüla chi Epeyüikai shia'alüinjatüin niküin saa'in tü nüsalakaa.

Las Huellas Del Waneetuunai

Por el contorno del montículo de *A'yajuui*[11]
nacen los riachuelos
que desembocan en el abrevadero de mi linaje,
donde rugen felinos desesperados
tras las huellas del *Waneetuunai*.[12]
Una nube viajera ha sido la perfecta cómplice
para que el *Epeyüi*[13] consuma sólo el corazón de su presa.

---

[10] Espíritu que encarna una danza ancestral wayuu que se realizaba en honor a *Juya*, *Mma* y *Ma'leiwa*. Un juego-teatro-danza donde se expresa la totalidad del imaginario social wayuu.
[11] Médano ubicado en la península de La Guajira venezolana, al norte del Estado Zulia. Según la mitología wayuu, allí fueron devoradas por una enorme serpiente dos señoritas, hijas de *Juya*. Éste vengó a sus hijas fragmentando al médano y dando muerte a la serpiente.
[12] Personaje mitológico cuyo cuerpo longitudinal camina al revés.
[13] Personaje mitológico felino que solo consume el corazón de su presa.

Suumain Tü Lapükalüirua

Na wuchii ee'iraliilkanairua
ountuusü nachiki suumain tü lapükalüirua
süka jayeechichennuu su'utpünaajatü alapajaa.
Na wuchii ee'iraliikanairua kepiashii
kachetüin sünain sütüna wunu'ulia
eere yüü'üyütüülin noo'u
eere tü wunu'upananakalüirua sünaajüin sümüralu'u
müin aka niwiirakaa joutai tü: Juu, juu...
Shiirunnakaa ajapüü nnojotsü süpülajatüin akotchiraa wane'ewai
    shimemera juya
nnojotsü shia akotchijiajatüin nu'wuira ka'ikaiya'asa
eirunnusu ajapüükaa ko'uutajanaitpa tepchi jo'uuyuu süka.
ainkashaanain ma'in saa'in tü kepiakalüirua eere tü kamüshe'ewaakaa.

La Tierra De Los Sueños

Los pájaros cantores
conquistaron la tierra de los sueños
con cánticos fúnebres.
Los pájaros cantores anidan entre ramajes
donde impera la calma,
donde las hojas afinan un ritmo agudo
como este silbido del viento: *Juu, juu...*
El cuenco de las manos no es para recoger gotas de la lluvia
ni lágrimas del sol,
con el cuenco de las manos queda cubierto el rostro infantil
asustando más a los habitantes del miedo.

Chi Wunu'u Kapanoulekai

Shia tachuntaka anülia tü kashi a'laülaakaa ma'in aa'in
shia tojuupajiraaka amaa tü wunu'u kapanoulekaa
shiuupünaa tü wunu'u kapanoulekaa taapüin süka tache'e
tü pii'irainkaa sünain sireenain pia

te'rüin tü püsi'irain kasipoloinkoo
tü püshein maturulakaa.
Wuchiikai chira o'ttakai soo'u pu'walakii
shia nüchekaka piamainjatüin shi'ipa nutuma tü mmakaa.
Kashikalü türa makalü su'upunaachon wanee jintulu
süta'ulüin nukuwa ka'ikai.
Süjüjio'u tü joutaikaa
shijeettüin tapüneru'u
shioluju wanee jierü pulowui.
Tü taliraali'irakaa kalu'ujeesü wanee yüü'üyütüüiwaa sükalujutu ka'i
ee tia soo'ujeejetü aka sulu'u sutuunetshe tü achekaakaa
ji'iyeruukaa oo'ulu suwarala kashikaa.
Tü ipairua eekalü sa'atalu'upunaa tü mmakaa
sunuujain ko'ojuin tü kataakaa o'u sukalu'u ka'i weinshi.

EL ÁRBOL FRONDOSO

A la señora luna invoqué.
El árbol frondoso abracé.
Debajo del árbol frondoso escuché
tu canto de sirena.
Aprecié tu cintura de arco iris,
tu manto fresco.
Ese pájaro que posa sobre tu cabellera
quiere partir el mundo en dos pedazos.
Esa nube con carita de niña
atenúa los pasos del sol.
Las pinceladas del viento
trazan en mi camino
la silueta de una mujer encanto.
Las notas del violín contienen una eterna calma
y es porque en el túnel del amor
está negada la claridad de la luna.
Las rocas que están en el costado de la tierra
ocultan la concavidad de la vida eterna.

Süpüshi Wuchiirua

Ee'iratkalüirua süpüshi wuchiirua tü
süti'irüitpa ta'lapüinrua.
Ayonnajüikai wayuu chira
nia wanee paawariaalü
kanainshi karatsa anain ayoluju nünain kanain shia sütünairua koti'olu
　　pasanuwa.
Pateeya yootshimaajatükaa türa
nu'uyaajana tatuushi
yootüitpa sümaa su'upunaa asheyuuirua
waraitülü wachimainrua
waraitülü matunkajaalasalüirua.
Tü jepichikuwakaa shia tü yonna kamalainsükalü ma'in nümüin joutai
nuntunawa'ikalu alu'u ama'anamüin nutuma Akalakui
chi akalakui anasheyuukai ma'in ayoluju sa'akapünaa tü asikajülüirua
　　matsayuukoo apü.
Sukuwa'ipa süshajia jayeechi me'raajuuyütkalia tü
eesü ashajuushin naa'inru'u wanee chünü'ü taashi.

Linaje De Pájaros

Ese linaje de pájaros cantores
ha despertado mis sueños.
Ese hombre danzarín
es un pavo real,
luce diadema con plumas de gallo fino.
Esa botella de ron
compañera de mi abuelo
ha dialogado con rostros espirituales,
centinelas caminantes,
centinelas noctámbulos.
El remolino es el baile preferido del viento
cada vez que recibe a *Akalakui,*
el duende más elegante entre los enanos copuladores.
La letra de este canto inédito
está escrita en el corazón de un colibrí libre.

Sümocho Mmakaa

Waya'aya na palajanaajanakana kepiain
sümocholu'u tü mmakaa.
Waya'aya sükalujunaka ka'i jee talatüshii waraitüliin
sünainjee suwarala ka'ikaa jee kashikaa.
Süchikijee ni'yotirüin Juya mannairua soo'u tü mmakaa
kapa'ajanasü nutuma Ma'leiwa tü suumainkaa eii süka wunu'usii
    maloukatüsüirua
sükajee tia eesü ayulaain tü wayuukoluirua
mainmawalin shia:
¡Wuliannaa! Ayulaasü tü ka'lairayuukoo.
¡Ja'yaliyuu! Ayulaasü tü erüyuukoo...
Walatirüitpa tü süpünekaa wayuu outusu.

Ombligo de la Tierra

Somos los primeros habitantes
del ombligo de la tierra.
Somos perpetuos y felices viajeros
a la luz del sol y de la luna.
Después que *Juya* fecundó abrojos sobre la tierra
Ma'leiwa tapizó el suelo materno con flores amarillas;
entonces sugieron las personas de modo colectivo:
¡*Wulianaa*![14] Aparecen los felinos.
¡*Ja'yaliyuu*! Aparecen los caninos...
Ya pasamos el camino de los wayuu muertos.

Süpüne Wayuu Kato'ulu

Outushi taya paala
miaasüsitshi taya
outushi taya sümaa tasira
outushi taya sümaa ta'lapüin

---

[14] Clan wayuu perteneciente al tótem de los felinos (gato, tigre, león).

outushi taya soo'ujee anakūjalin taya
no'uta aa'inchi taya na outushiikana.
Epentaashi taya soo'ujee tü putchikaa
nipente'erüin taya Ma'leiwa.
Nütijaa oo'ulu Ma'leiwa outushin taya paala..
Joolu'u kato'uchi taya nükajee Ma'leiwa sütünalu'u tü eiikaa mma
eeichipa taya süpüla waraitaa sulu'upunaa tü süpünekaa wayuu
    kato'ulu wattawotshaanakaa.

Camino de los wayuu vivos

Yo estuve muerto,
muerto de sed,
muerto de risa,
muerto de sueños,
muerto por fantoche,
muerto por los muertos.
Yo resucité por la palabra.
Yo resucité por *Ma'leiwa*.
Por *Ma'leiwa*, yo estuve muerto.
Ahora estoy vivo por *Ma'leiwa*
en el seno de la madre tierra
presto para recorrer el camino infinito de los *wayuu* vivos.

Chi Sükapükai Katatuunwa

Chi tawalakai Kantaliisia
müsü nünüiki tamüin yaa:
"Chi tashikai nnojoishi outuin
nirokumuinshi chi Süchi Ashiikai".
Jee tü jierü ku'lamia bariikaa, müsü sünüiki yaa:
"Chi Nükapülakai Katatuunwa
achimitshi no'u süpüla nünaküin tü wopu sükalujutkoo ka'i".

El Relámpago del Catatumbo

Mi hermano Cantalicio
me contó:
"Mi papá no ha muerto,
se incorporó al Río Padre".
Y la doncella bari dijo:
"El Relámpago del Catatumbo
parpadea para alumbrar el sendero perenne".

Apaalaairua jee jayeechiirua nümüinjatü chi Uuchi Laülaakai
Dones y cantos al Cerro Mayor (2013)[1]

1. Invierno

Llora el alcaraván,
la sabana se alegra,
comienza a llover el invierno.

1. Juyapü

A'yalajüshi kaarai,
atalatalaasü jutaishiikaa,
o'ttusu sünain e'itaa juyakaa.

2. Despedida de la primavera

Se despide la primavera danzando,
comemos carne de venado.

2. Süpütaaya iiwakaa

Ayonnajüsu iiwakaa süma'iki,
eküshii waya irama'iruku.

---

[1] Incluimos selecciones del poemario inédito ganador del *Premio Continental Canto de América 2013* otorgado en México por la Asociación de Escritores en Lenguas Indígenas. El lingüista José Álvarez colaboró en la revisión de las traducciones (Nota del editor).

3. La verdad

Solo él, el que está arriba,
sabe cuál es la verdad.

3. Tü shiimüinkaa

Waneeshiane'e chira iipünaakai,
niale atüjaain soo'u tü shiimüinkaa.

4. Honguitos tiernos

La tierra quiere danzar con el viento,
sienten frío los honguitos tiernos.

4. Paipaichennii

Yonnateesü mmakaa nümaa joutai,
akurutshii paipaichenniikana.

5. Sueño de anciano

Llegó el anciano con el sueño,
encienden las leñas del fogón,
sacrifican el carnero.

5. Nü'lapüin laülaakai

Antüshi laülaakai sümaa lapükaa,
ojo'ttaanüsü siki soo'u kü'likikaa,
o'utuna aa'inrü anneetkaa.

6. Pagamento vital

Desde las grietas heridas de la tierra
lloran por tu ausencia, Cerro antiguo,
los pájaros desde la loma de una *tenamitl*[2]
y a la orilla del jagüey.
Al son del cántico de las flautas
te despiden en tu feliz viaje, padre Cerro,
las sonajas cantoras
desde un predio primaveral,
cerquita de la *teocalli*[3]
trazan una aureola
antes de entregar el pagamento vital:
El sacrificio de doce corderos
y un carnero de cuernos espirales.

6. Ojutuu kataamaajatü o'uu

Eejee süporolo süliyou mmakaa
a'yalajüshii soo'ujee nnojolin eein pia na'aka, Uuchi kama'aichi,
na wuchiikana süsapo'ujee wanee *tenamitl*
jee sotpa'ajee tü laakaa.
Süka shi'irachennuu tü maasikalüirua
ko'uniashi pia anain atumaa, tashi Uuchi,
sutuma tu ee'iratkalüirua kaasha
eejee wanee mma iiwamaajatü,
pejechon sünain *teocalli*
nejeettüin wanee piyowui
süpülapünaa naapüin tü ojutuu kataamaajatükaa o'uu:
Kasiraa po'loopiamamüin anneerü jo'u
jee wanee anneerü chotteero'uwachi.

---
[2] En lengua náhuatl "muralla". Esta y las notas que siguen son del autor.
[3] En lengua náhuatl "casa de Dios".

7. Canto arcano

Soy la rebelión de un canto arcano,
soy el canto, en voz de una mujer *Kaa'ulayawaa;* [4]
soy el canto, hoy.

7. Jayeechi anujuluushi

Saashiala taya wanee jayeechi anujuluushi,
jayeechi taya sümüralu'ukajatü Kaa'ulayawaa jierü;
jayeechi taya, so'ukai.

8. Amigo mío

Inicio este canto,
amigo mío, Cerro anciano,
ahora que llegas con tus aromas de flores.
¡Sí, amigo mío!
Inicio este canto así:
Regresarás a la tierra en un caballo blanco,
vestido de poncho blanco,
luciendo sombrero blanco,
jinetearás el tiempo perenne
y regresarás, amigo mío,
en forma de lluvia.
Regresarás a la tierra montado en un caballo blanco...

8. Tatünajutu

To'tta anainrü jayeechikaa tüü,
tatünajutu, Uuchi laülaa,
aka püntüichipain joolu'u sümaa wunu'usiijeemain pia.

---

[4] Mujer danzante y cantora que encarna el alma de un rito dancístico invernal y nocturno que se ejecuta en una extensa pista rectangular con parejas fijas. Cada miembro de estas parejas es llamado en wayuunaiki *ajülüwaa*.

¡Aa, tatünajutaa!
To'tta anainrü jayeechikaa tü ma'yaa:
Ale'ejeechi pia mmapa'amüin noo'u wanee ama kasuutai,
püshe'inru'uin pia wanee pooincho kasuutolu,
anain shiyoluju pünain pukuwoma kasuutolu,
pulumajeerü tü akaliaa sükalu'ujatükaa ka'i
jee ale'ejeechi pia,
tatünajutaa,
juyain e'itüsü pia.
Ale'ejeechi pia mmapa'amüin noo'u wanee ama kasuutai...

9. Casa de alcaraván

La alborada sobre *Kaaraipia*[5]
es un cuento primigenio
sobre la aureola de la doncella.
Llegan vacas lecheras al abrevadero
al inicio del concierto de las flautas pastoriles
por las praderas de la casa del alcaraván.
La doncella cazadora de estrellas
teje a la luz del nuevo día
la alborada sobre *Kaaraipia*
y pinta con fondo azul
relámpagos de luz perpetua.

9. Kaaraipia

Ja'yuupa aikaa soo'u Kaaraipia
aküjalaa pansaasü
süchikimaajatü shipiyoushi tü ju'lamiakaa.
Antapaasü tü paa'a kachirasükalüirua süsüleru'umüin
wanaa sümaa su'ttunüin anain shi'yalaajinnüin
tü maasi mi'irakaa sünain ekaje'eraa mürülü,

---

[5] Topónimo de población wayuu ubicada en la Guajira colombiana. Palabra compuesta por *kaarai* "alcaraván" y *epiaa* "casa de alguien".

eepünaale wuituulin süpa'apünaa Kaaraipia.
Tü ju'lamia alojutkoo shüliwalairua
shi'inüin niweetaiwa'aya ka'ikai
ja'yuupa aikaa soo'u Kaaraipia,
süjüjain süpa'a wulitsükaa
eekalü weinshi shiyaa luusa.

10. Doncella lacustre

¡Doncella del alma mía! ¡Doncella lacustre!
extiéndeme tus manos desde la otra orilla del río padre.
Doncella danzarina bajo el cielo matinal
extiéndeme tu dulce mirada y apura tus pasos al son de los senos,
así se espantarán los fantasmas del día
como crustáceos entre raíces de mangle.
Dios a través de un sueño te envía este coro celestial:
"Hoy despertarás justo a la medianoche
sentada sobre esta roca ancestral,
mirarás fijamente al Cerro Mayor
y el sendero de tu vida se llenará de cantos".

10. Ju'lamia wüinrukujutu

¡Takorolo Ju'lamiaa! ¡Wüinrukujutu Ju'lamiaa!
Pülatira tamüin püjapü sejeeru'u notpa'ajee chi süchi tashikai.
Ayonnajütkaa ju'lamia wanaa sümaa aitu'u wattachonyajatükaa
anachon piirakaaya tamüin jee puuntaje'era pukuwa ta'itaichiratkaa,
napantajaaiwa sükajee tia na kale'ujanakana yolujaa
müin aka saa'in jorolo sa'akapünaa suurala junna.
Nuluwataain Ma'leiwa pümüin lapulu'u
iipünajeejetkaa su'ttia jayeechi tüü:
"Joolu'u ati'iraajeerü pia wanaashaana sümaa shieralu'u aikaa
joyotüin pia soo'u kama'aitkaa ipa tüü
piirakaashaaneechi amüin chi Laülaakai Uuchi
jee pirateerü püpüne sünain kataa o'u süka jayeechiirua".

11. Corazón de Makuira

¡Corazón de Makuira![6] En el canto de los pájaros
se aprecia tu pertenencia al linaje de *Wolunkaa*.[7]
¡Corazón de Makuira! Relampaguea y relampaguea *Juya*[8]
sobre tu duna, donde abuela solía tostar maíz tempranero.
¡Corazón de Makuira! Entona conmigo este canto libertario
despidiendo al invierno
imitando los pasos del alcaraván,
imitando la lluvia de estrellas sobre la tierra.
Despertamos en el chinchorro
danzando al son de los senos
y danzando al son de la vida.
¡Corazón de Makuira! ¡Corazón de Makuira!

11. Saa'in Makuira

¡Saa'in Makuiraa! Jii'irainru'u wuchii
ja'yasü süpüshin pia Wolunkaa.
¡Saa'in Makuiraa! Kapükapütüsü kapükapütüsü Juya
soo'u püjasaishi shi'itüjapu'ukoo aka maiki pejetshi toushi.
¡Saa'in Makuiraa! Pii'irajiraa tamaa jayeechi taashiimaajatükaa tüü
süpünaajiayain juyakaa
kaaraikuwayaain shia watuma
e'itüsüyaain shüliwala soo'u mmakaa.
Ati'iraashii waya süiru'u
wayonnajüin ta'itaichiralü
jee wayonnajüin sukuwa tü kataakaa o'uu.
¡Saa'in Makuiraa! ¡Saa'in Makuiraa!

---

[6] Serranía ubicada en el corregimiento de Nazareth, Alta Guajira colombiana. Es Parque Nacional. En su seno se aprecian una serie de paisajes encantadores como la piedra de Wolunkaa, que explica el origen del wayuu. Según el mito, cuando un cazador flechó la vagina dentada de una mujer, empezaron a multiplicarse los wayuu.

[7] Mujer wayuu que, según el mito primigenio, tenía la vagina dentada.

[8] Personaje portentoso e hipermasculino de la cosmovisión wayuu. Esposo de Pulowui. Es asociado con las lluvias invernales y primaverales.

12. Palabrero mayor

Todos tenemos la ocasión de prestar el sombrero del sol,
lo pondremos uno a uno por orden de edad.
Todos tenemos la ocasión de prestar la luz lunar,
es cuestión de propiciar una danza prolongada.
Todos tenemos la ocasión de emular
este canto perfecto del Palabrero mayor.
Todos tenemos la ocasión de ahuyentar a la muerte
colocando cráneos de burros muertos en todas las direcciones.
La muerte que tú ahuyentas solo, está más viva y cerca de nosotros.
¡Vamos todos a estrenar los collares de flores!
¡Vamos todos a formar un coro terrenal
con las letras escritas durante las danzas del viento!
El viento se despide de la calma con un te quiero.
La lluvia se despide en cada invierno
imitando los pasos del viento.

12. Pütchipu'u laülaa

Eeshii waya wepishuwa'aya süpüla wa'anapajüin nukuwoma chi ka'ikai,
wa'anawaijeerü wanain sükajee wouyashe.
Eeshii waya wepishuwa'aya süpüla wa'anapajüin suluusain kashikaa
cho'ujaakane'e eeinjatüin watuma wanee yonna kama'alu'uin.
Eeshii waya wepishuwa'aya süpüla anain süshatia watuma
pansaashaanakaa nii'irain chi Putchipu'u laülaakai.
Eeshii waya wepishuwa'a süpüla wa'atajaain tü outaakaa,
we'inaajüin shiipüshe shikii püliikü outusu eepünaajeeine'e shia watuma.
Tü pa'atajakaa pimiiwa'a outaa, katashaana o'ulu jee pejesü wanain.
¡Jo'uya wepishuwa'aya wa'anaiwa jekennuu eiriijanaa wunu'usiikajatüirua.
¡Jo'uya wepishuwa'aya we'itaaiwa wanee jayeechinainjana
    mmapaa'aje'ewolii
ashajuushikaa su'utpünaa niyonnashiirua joutaikai!
Apütaashi joutaikai süpüla tü yüü'üyütüüikaa süka nücheküin shia.
Apütaasü juya e'itüsükaa juyapüwai
suu'ulakajüin nukuwa chi joutaikai.

13. Donde está la guitarra

Donde está la guitarra
hay un acompañamiento
ocultando un llanto cerca de Yolanda.
Yolanda va clamando hacia las estrellas
un canto vital,
un canto celestial.
Donde está la guitarra habita un cuerpo,
cuerpo, canto de mujer
que todo lo ve,
que todo lo toca,
que todo lo disfruta,
que todo lo orquesta,
que todo lo festeja.
Es Yolanda, cantando,
donde está la guitarra.

13. Eere eein tü kitaarakaa

Eere eein tü kitaarakaa
eesü wanee kasa amaajanaa
anujuujuin wanee e'iraa sa'atou Yolaanta.
Kanüijasü Yolaanta wanaa sümaa eere tü shüliwalakalüirua
wanee jayeechi kataamaajatü o'uu,
wanee jayeechi aitu'uje'ewolu.
Eere eein tü kitaarakaa kepiasü wanee kasa,
kasa shii'irain jierü,
e'rakaa kasa shipishuwa'aya,
epettakaa kasa shipishuwa'aya,
talatakaa sutuma kasa shipishuwa'aya,
apansaajakaa sukuwa'ipa kasa shipishuwa'aya,
kekiirakaa atuma kasa shipishuwa'aya.
Shiaja'a Yolaanta kee'irantüin
eere eein tü kitaarakaa.

14. Mi árbol

Ahora que mi árbol ha crecido
por encima de mi estatura,
empiezo a oír la voz de la naturaleza.
Ahora que mi árbol ha florecido
a veces habla conmigo
entonces busco al viento traductor,
el viento comienza silbando
el lenguaje del árbol.
Ahora que mi árbol ha fructificado,
si mi alma se atormenta,
se tranquiliza mi árbol.
Durante una tarde de primavera
entendí que mi árbol
era hijo de un río.

14. Chi tawunu'uliashekai

Aka joolu'u nümülo'ulaaichipain chi tawunu'uliashikai
sülanaain nüja'apüin toulia,
to'tta anainrü taapajüin sümüralu'u tü kasa eekaa süpüshuwa'aya.
Aka joolu'u kasiichipain chi tawunu'uliashikai
eeshi yootüle nia tamaa,
tachajaa tamüshia chi tache'epü'ükai joutai,
nu'tta anainrü joutaikai niwiijüin
nünüiki chi wunu'uliakai.
Aka joolu'u kachoinchipain chi tawunu'uliashikai,
shiiwa'ajaale taa'in,
eimalaashi chi tawunu'uliashikai.
Wanee ka'i aliuukapünaajatü soo'u wanee iiwa,
tayaawata oo'ulu chi tawunu'uliashikai
nüchoin wanee süchi nia.

50. Cují

Bajo la sombra del cují,
los fantasmas esperan por nosotros.

50. Aipia

Shiyuupünaa neemiyouishi aipiakai,
na'atapajüin waya na yolujaakana.

51. Serpiente

Entramos al monte,
abuelo le pide permiso para entrar
con el tabaco,
saluda a la serpiente;
le dejó un canto.

51. Wüi

Attaashii waya sa'akamüin mojuuikaa,
achuntushi tatuushi a'ttawaa sümüin
sümaa yüikaa,
nüsaküin wüikaa;
nüpütüin süpüla wanee jayeechi.

52. Dancemos

Cuando se va el sol
y se asoma la luna,
dancemos.

52. Wayonnaja

Nu'unapa ka'ikai
jee shii'iyalaapa kashikaa,
wayonnaja.

53. Sendero

Cruzamos el sendero
celado por *Pulowui*,
allí se oculta el sol.

53. Wopu

Wojuntaa oulialü tü wopu
saa'inmajalakaa Pulowui,
amoutaashi yala ka'ikai.

54. Niño

Ven acá, niño,
este canto
guarda la historia de tu linaje.

54. Jintüi

Jalaichi tamüin, jintülee,
jayeechikaa tüü
anaajaasü suchukuwamaajatü pi'iruku.

55. Leche materna

Porque bebemos leche materna,
compartimos gloria
con el Sol.

55. Eiichira

Aka wasüin eiichira,
yaletajiraashii waya
nümaa Ka'ikai.

56. Gallo fino

Mi abuelo *Aralialu'u*, el luminoso,
está contento con el Relámpago.
La araña teje a *Juya* un penacho
adornado con plumas de gallo fino.

56. Koti'olu piina

Talatüshi Araliatu'u, chi kawaralashikai,
talatüshi nümaa Sükapülakai juya.
Shi'inüin wanee karatsa Alekerü nümüin Juya
ka'anasiyain koti'ottüna piina.

57. Algodón

La luna enamorada del sol
hila algodón.
El huso danza carita al cielo.

57. Maawüi

Kamalainshi ka'ikai sümüin kashikaa
asuttajüsü maawüi.
Ayonnajüsü suttakaa shiirakaachoin aitu'umüin.

58. Penacho

Anoche llegó *Juya*;
el rocío está coronando
con el penacho del sol
al sabio Monte.

58. Karatsa

Sa'waipa antüshi Juya;
kojutushi sutuma saamatuui
süka nükaratsain ka'ikai
chi atüjashikai Mojuui.

59. Diseño primigenio

Mma teje *jalianayaa* a *Juya*,
el diseño primigenio
con las primeras
huellas de *Ma'leiwa*.

59. Jalianayaa

Shi'inüin Mma jalianayaa nümüin Juya,
tü palajanaajatükaa kanasü
sümaa tü palajanaajatükalüirua
nuwu'ichikanain Ma'leiwa.

60. Nube

La *ouutsü* está dialogando con los espíritus;
ya este niño anda con las nubes.

60. Siruma

Yootüsü ouutsükaa sümaa süsheyuu;
sirumamaaichipa jintüikai chii.

Miguel Ángel López Hernández

Contrabandeo sueños con Arijunas cercanos (1992)[1]

Wayuu
(Gente)

Yo nací en una tierra luminosa.
Vivo entre luces, aún en las noches.
Soy la luz de un sueño antepasado.
Busco en el brillo de las aguas, mi sed.
Yo soy la vida, hoy.
Soy la calma de mi abuelo *Anapule*,[2]
que murió sonriente...

Wayuu

Jemeishi taya julü'ü wanee mma warattüsü
Kepiashi taya ja'aka jorottuui, ja'itairü aipaain.
Taya juwaralain wanee lapü jumaiwajatü.
Achajaashi asa'ire jünain juwaralain wuin
Taya kataakat o'u, joukai tüü.
Taya maituulin tatuushi Anapule,
outakai juma kuleemataa...

---

[1] Publicado bajo el heterónimo de Vito Apüshana. Incluimos la totalidad de los poemas de esta colección publicados originalmente. Traducciones al wayuunaiki de José Ángel Fernández Silva Wuliana.

[2] Preservamos el particular énfasis en negritas otorgado en el mecanoscrito a algunas palabras en wayuunaiki.

Jierü
(Mujer)

La vida está aquí, plena, entre mujeres...
Mi hermana, la mañana.

Mi mujer, la tarde.
Mi madre, la noche.
Mi abuela, el sueño.

Su festejo, como las casimbas,
es breve y profundo

Jierü

Tü kataakat o'u anuu ya'aya, jupüshua, ja'aka jieyuu...
Tawala, jia watta'a maalü.

Tawayuuse, jia aliika.
Teii, jia aipa'a.
Toushi, jia lapükat.

Jütalatain, müsü aka wanee isho'u,
motsosü oulaka o'utusü jia.

A Mma, la Tierra

Mma, la tierra, guarda su bien
para los pasos suaves...

Arrojarás en ella, las semillas propias
y nacerán compañías generosas.

Mma, la tierra, sueña
con la humedad de tus pasos...
Arrojarás, en ella, las gotas rojas de la resistencia y
aumentarás la calma del conocer.

Culturas

Tarashi, el Jayeechimaajachi, de Wanülümana, ha llegado
para cantar a los que lo conocen.

Su lengua festeja nuestra propia historia,
su lengua sostiene nuestra manera de ser la vida.

Yo, en cambio, escribo nuestras voces
para aquellos que no nos conocen,
para visitantes que buscan nuestro respeto.

Contrabandeo sueños con Alijuna cercanos.

E'raa
(Visión)

De nuevo la fiebre en la ranchería.
Namatiria –la Outtsü–
masca yüi oscuro y susurra...
es ciega y ve.

Joutai –el viento del Este–
observa tranquilo.

Namatiria masca yüi oscuro y susurra...
está viva y es, también, el sueño:
nosotros, la gente, somos ligeros y
para no abusar del mundo, está pülowi –el misterio,
la devoración–, pülowi no es mala... pülowi es tu miedo...
es tu vergüenza... es la flor que se hace visible en la noche.

Joutai sonríe en los trupillos.

Ipa
(Piedra)

Allí, la piedra de siempre,
la de los ancestros:
que guarda miradas...
que guarda lagartos.

Es la piedra de tantos muertos,
de tantas lluvias:
que guarda gritos...
que guarda plantas.

Es la piedra de tantos vivos,
de tantos silencios:
que guarda corazones...
que guarda serpientes.

Allí, volverán a cantar los pajaritos...
para sacar los sueños.

Ipa

Yala tü ipa yalajatüjütka'aya
wanaajatkat namaa na wayuu jumaiwajanakana:
anaajaaka o'upalu'uirua
anaajaaka kulüirua.
Jia tü ipa erakat wayuuira outüsü
alati'raka watta jaalin juya
anajakat jo ekiisena
anaajaaka unu'ulia.
jia tü ipa erakat wayuuira kato'ulü
erakat mainyatuuli:
anaajakat aa'inrua
anaajaakat wuikalüirua
e'irajena nachikuwa yala
na uchichonniikana
jupula ayula tü lapükalüirua.

Alaüla
(Tío Materno)

Cuando murió mi tío *Katu'ule*
comencé la locura de alcanzar a nado
el sol rojo del horizonte.

Desde entonces mi hermanita *O'umala*
me espera en la playa
para irnos juntos a la ranchería.

Chimale

Preparo viaje hacia Chimale,
por un sendero
en donde *Mouwa* –la paloma silvestre–
no se espanta de nuestra cercanía.

Alijuna
(Persona no wayuu)

La antropóloga, de cabellos de maíz,
me ha pedido que le muestre
una forma de *pülowi*.

Por fuerza interna la llevé
hacia *palaa (mar)*... nocturna.

No sé si comprendió
que *pülowi* estaba
en nuestro oculto temor de verla.

Waruta
(Caracol)

El sonido de alientos de las caracolas
traen a *jamuyaa* –el frescor– y
a varios pajarillos de mar... y
el aire se limpia de toda enfermedad.

Cada nuevo día requiere de un canto de caracola.

Lapü-Irama
(sueño-venado)

Busco, en el espejo del agua,
el rostro del *irama*
que fui en el sueño de anoche.

Hay un chinchorro,
entre el sueño del wayuu y
el sueño propio de *Mma* –la tierra–

Las mujeres continúan
entretejiendo la vida.

Locura diaria

Un aire silba, en esta noche,
sobre el tronco oscuro
cerca a la enramada.

La abuela *Ma'achonna* asegura
que es el espíritu de *Ma'atüchon*,
mi joven amigo, que murió para ser

ojo de estrellas *iiwa* y ojo de estrella *pamü*...
que me vigila para que yo no salga
del camino abandonado de la infancia.

Juyaa-Kasipüloin
(Lluvia - arco iris)

I

Al salir *kasipüloin*...
ya he recibido de *Juya (Aquel que llueve)*:
un animal y una planta...
entonces he de descubrir
una trocha oculta... y
una mujer señorita, entre chichorros,
se mete en mis ojos.

II

Kasipüloi, el ladrón de colores,
se retira hasta que todas las mujeres
lo hayan visto...
las ciegas son las primeras en sonreír.

III

Seguimos en silencio
el adiós de *Juya*:
el anciano *Kaaraisa*
escucha los colores de *kasipüloin*... y
así llega al color invisible del sueño.

Marara

El anciano *Marara*,
de los *Uliana* de *Taloa*,
nos visitó de paso y habló
de las traviesas escondidas
de *ka'i* –el sol–
en *palaa* -la mar-.

Nos contó de 100 adivinanzas de *pülowi*,
una decía:
es reflejo de lo que no tiene rostro
Me dijo:
te espero un día antes de mi muerte

Desde entonces no he querido ir;
pero ellos saben que sólo soy un muchacho.

Majayulü
(Señorita)

Ayer, en la tardecita,
me enamoré de los ojos
de una mujer señorita.

Ahora, ojos de lechuza,
veo en el espejo del agua.

Ahora, ojos luz de luciérnaga,
veo sobre mis hombros... el horizonte.

Ahora, ojos de *patünaijanaa* –estrellas de orión–
vigilan mis sueños.

ALEKER
(Araña)

Escucho al anciano y así veo
que en mis ojos
están los ojos de *wonkulunseerü* –el búho– y
descubro que bajo una piedra
se oculta un grito o un silbido
de aire oloroso o amarillo.

Y siento que mis brazos
son, también, los brazos de la araña y
la he escuchado: *"sheeeseen... sheeeseen..."*
como el sonido de la persona
que pasa a nuestro lado.

JIERÜ-SHOTII
(Mujer – Lechuza)

Anoche, mientras dormía,
el aire caliente de un *wanülüü* me despertó:
... y vi a la mujer lechuza, del cerro de Mureru'u.

... observando nuestros sueños.

–Anda en busca de amoríos–

RU'UMAA

Esta tarde estuve en el cerro de *Ru'umaa* y
vi pasar al anciano Ankeei del clan Juusayuu... y
vi pasar a la familia de mi amigo, el "caminante" *Wouliiyuu*...
vi la sobrevivencia del lagarto y nidos ocultos de *wainpirai*...
vi a pülowi vestida de espacio...

vi a *Jurachen* –el palabrero– caminar hacia nuevos conflictos...
vi a *kasiwaana* –la culebra cazadora–, a un cabrito perdido,
al ave cardenal salir de un cardón hueco... y
vi el rojo del último sol del día... y, ya a punto de irme,
vi a un grupo de Alijuna, venidos de lejos, felices,
como si estuvieran en un museo vivo.

Kaarai
(Alcaraván)

He visto el alcaraván
mirándome de igual a igual:
ha descubierto mi acecho a su intimidad...
ha descubierto mi deseo de correr en su mundo.

Wopü
(Camino)

En la cueva de *Pülashiruu*
hay un nido de saberes antiguos, que he de alimentar.

Son cosas silenciosas, hermano.

Como la piedra de *Aa'alasü*,
que guardará nuestra sangre
más allá del último *Wayuu*.

Como el peñasco de *Juliruanarü*,
que encierra el misterio de los muertos.

Como el secreto que nos dice
que nunca estamos solos.

Wopü

Yala julu'u yorolo Pulashiru'u
eesü wane jipia atüjaa kamairü kojutüinjatü tatuma.
Jia kasa mainñatuisü, tawalaa.

Ma'aka ja'in jiipain Aa'alasü,
anaajawetka washa
jüchikijee najattüin chi wayuu eekai apütain.
Ma'aka jaa'in niipain Juliruanarü,
anaajaaka tü merajuukat na'u na outüshiikana.

Ma'aka jaa'in tü pütchi onjulajuushikat maka wamüin
aka nnojolüin wamuiwaain waya.

Kataa-o'u
(Vida)

Por la fuerza de estar vivo,
siguen los frutos del cactus
alimentando la paz de los pájaros.

Siguen mis ojos
encontrando
a *Iiwa* y *Juyo'u*.

Siguen los sueños
conciliándonos
con nuestros muertos.

Kataa-o'u

Juka jütchin tü kataaka o'u
eeyülüja juchon yosu
ekajirüin na'anamiain na uchiikana
eesü tü to'ukalüirua

antüin
jünain Iiwa jümaa Juyo'u (...)
eesü tü lapükat
antire'erüin waya
nama na waamakakana.

Juyapü
(Tiempo de Lluvias Abundantes)

Soy el tiempo de lluvia de mi madre...
soy un silencio en los trupillos.
Soy la risa en mis hermanos...
soy la resistencia del andar de mis mayores.
Somos una vida simple...

buscamos el agua del corazón de la tierra.

Juyapü

Tayaa jükalio'ujuuyase tei...
tayaa yuutuwaa ja'u aipia.
Tayaa jüsira tawalayuu...
tayaa jütchüin naku'a talaülayuu.
Wayaa wane kataa o'u maituisü...

achajaashii waya wuin julu'u jaa'in tü mmakat.

Woumain
(Nuestra Tierra)

Cuando vengas a nuestra tierra,
descansarás bajo la sombra de nuestro respeto.

Cuando vengas a nuestra tierra,
escucharás nuestra voz, también,
en los sonidos del anciano monte.

Si llegas a nuestra tierra,
con tu vida desnuda,
seremos un poco más felices. . . y buscaremos agua
para esta sed de vida, interminable.

WOUMAIN

Püntapa woumainru'umüin
eemerajeechi pia juupuna jeemiouse
wojutümaajatüka watuma.

Püntapa woumainru'umüin
paapajeeru wamüralu'uya jünain
jipijana tü mojuui kamairuka.

Müika püntüle woumainru'umüin,
jüma pi'iyatüin pükua'ipa,
talatuttateerü waa'in... asaajeena waya wuin
jüpüla tü wuñaasü ji'ire kataa o'u, mulo'uka püma'ana.

Shiinalu'uirua shiirua ataa.
En las hondonadas maternas de la piel (2010)[1]
(Selección)

Pastores

Somos pastores
Somos los hombres que viven en el mundo de las sendas.
Nosotros, también, apacentamos,
También regresamos a un redil… y nos amamantan.
Y somos leche del sueño, carne de la fiesta… sangre del adiós.
Aquí, en nuestro entorno,
la vida nos pastorea.

Arüleejüliirua

Arüleejülii waya
Waya wayuu kepiakana wopulu'uwai.
Ekajitshii wayakanaya'asa,
ale'ejüshii waya sulu'umüin wane paüya'asa… Je
achujeennüüshii waya.
Je süchira waya tü lapükaa, süsala tü mi'irakaa… Süsha tü
Apütawaakaa.
Ya'yaa wa'ato'upünaa,
sürüleejüin waya tü kataakaa o'u.

Viaje a Karo'uya (Sinamaica)

Mi madre me ha despertado antes del amanecer para conversar.
Tomamos café caliente.

---

[1] Publicado originalmente bajo el heterónimo de Vito Apüshana. Traducciones al wayuunaiki de José Ángel Fernández Silva Wuliana.

Al salir la claridad viajaré con mi primo Oulitsema a Karo'uya,
Llevaré razones al anciano Kausinala y tabaco dulce a mi tío Servando.
De regreso traeré tres piedras de *tu'uma* para el largo collar de su corazón.

Waraitaa Karouyamüin

Süi'irüin taya tü teikaa, süpülapünaa suwasajaain aikaa, süpula yootoo.
Asüshii waya kepein ja'isü.
Waraiteechi taya ja'yuupa aikaa, namaa chi tawalakai Oulitsema, Karouyamüin
Putchimaajeechi taya nümüinjatü laúlaakai Kaüsinala je yüi jemetsü nümüin chi
ta'laukai Seruwanta.
Tale'ejapa antireechi taya apünüinsü ipa tu'uma süpüla tü mulo'ukoo shiriijana naa'in.

Walatshi

Mi tío Walatshi ha llegado de donde estaba.
Trajo, en silencio, un antiguo problema de hombres.
Le oímos resollar la ofensa... y nos observa la vida.
Su bastón de mando le ordena dibujar en la tierra.
No habrá pleito:
sus años han encontrado el oculto reposo del dolor.

Walatshi

Antüshi chi ta'laülakai Walatshi eeje'ewoire nia.
Sümaa nikiiru'ulaain wane kasachiki kama'airü saainjala tooloyuu jashichi.
Waapüin wache'eru'u nüsanalaashaanain sutuma enna amüin...
Je shiirakaaka wamüin wakuwa'ipa.
Tü waraaralü nunu'uyakaa suluwataain nia sünain ejeerüjaa sünain mmakaa.
Nnojoleerü eein atkawaa:
tü nuuyashekalüirua suntan anainrü tü mojuu aa'in ale'eruulaakane'e.

Calma II

La tranquilidad es un tejido largo y colorido...

la embellecemos con diseños de cielo,
pinturas de tierra y dibujos de mar.

Los mayores nos envuelven en ella

en cada palabra de mañanita,
en cada silencio de anochecer.

Así nos hacemos latidos de los montes.

Maituui II

Tü nnojolaakaa jiwa'atüin aa'in shia wanee e'inuushi mulo'u je kanasü...

anachosü ma'in watuma süka sükanasüin aitu'u,
ajüjia sünainjeejetü mmakaa je kasa shijeerüjalairua palaa.

Tü alaülayuu nnojoliishi watteein sünain

saapünapa anüikii wattachonyawai,
eepa ko'uta'awai aipa'achiiruwajeejetü.

Süka tia, sütünülashii waya saa'in tü mojuuikalüirua.

Jierü-mma

Mi hermana Mariietsa ha salido del encierro.
Ya es mujer;
pronto albergará el mundo en sus adentros.
Sonreímos:
ya sabe cómo la tierra acoge a las aguas de Aquel que Llueve.[2]

Jierü-mma

Tü tawalakaa Mariietsa oju'itüitpa suulia tü süttaakaa.
Jierüitpa;
süle'erumaateerü je shikiiru'umaaterü tü akuwa'ipaaka shipishuwa'a.
Akulemeraashii waya:
sütijaaitpa o'u sukuwa'ipa saapaaya nuinya chi Juya e'itüikai.

Danza y nacimiento

Desde lo invisible alguien sueña con la danza...
y los movimientos de todos los seres existentes
visitan los pies de mi hermanita recién nacida.
El círculo del baile no cesa.

Yonna sümaa jemelii

Sünain me'rujuin jarai yaa eera a'lapüjaashi sümaa tü yonnakaa...
je tü sukutulakalüirua tü kasairua eekaa shipishuwa'a sulu'u mmakaa
o'unjajaasüirua soo'u suwu'irua tü tawalachon jemeisüyütkalia.
  Meinmalaainsalü shipiyoushi tü yonnakaa.

---

[2] Juya (Nota del autor).

Fiesta

Hay fiesta en los alrededores de Epitsü.
Los caballos de Evangelista González
y de Ajinar Thiller, como grandes aves,
vuelan a ras de tierra.
Los niños-jinetes se convierten en gigantes invencibles.

Nada nos falta en esta alegría.
Somos los hijos de este mundo...
los hijos de Pülowi y de Juya:
los *hermosos invisibles* que nos protegen.

Mi'ira

Esuü mi'ira sa'ato'upünaa Epitsü.
Na ama ne'ejenakana Wanjaliita Wansaalü
jene'ejenakana Ajinaqar Tiiyerü, müin aka saa'in wuchii mulo'uyuu,
awatüsüirua mmolu'upünaain süpü.
Na tepichi-awate'erüliikana mulo'uyuushii ma'in sünain matujain akanajünaa.
Nnojotsü kasain cho'ujaain wamüin sünain talataakaa tü.
Waya süchonyuu mmakaa tü...
süchonyuu Pulowi o'ulakaa Juya:
na kasa anashiichennuu Me'rajukana aa'inmajakana waya.

Hombre-mujer

Kalauna, la *ouutsü* de Palastou'u,
conoce cómo se origina la fiebre del hombre por la mujer.
Dice que proviene de un miedo y de un olvido.
Kalauna nos asegura que esa fiebre no tiene *sheyuu*
y es tan invencible como la mirada de la lechuza
como la flor de la tuna
como la torcedura del árbol *kute'ena*
y como el llanto de un sueño... que viaja, definitivo, hacia Jepira.

Toolo-jierü

Ka'launa, tü ouutsü Palasto'ujeewotkoo,
Sütijaa oo'ulü jamakuwa'iparüle müliain ma'in chi toolokoi shii'iree tü
   jietkaa.
Saashin shiakaa sünainjeejetü wane mojuu aa'in je wane motoo aa'in.
Saashin Ka'launa kee'irewaakaa aa'in tü masheyuusalü
je nnojolü jaralüin akanajüin shia yaa müin yaaka shiirakaaya tü
   monkulunseetkaa,
müin aka tü yosusiikaa
müin aka süshokonolaaya tü wunu'u kute'enakaa
   je müin shia shi'ira wane lapu... waraitüin, male'ejüinreein, Jepiramüin.

Mar

Palaa se derrama en mi llanto... en la orilla de los vivos.
Así despido a mi abuela acompañante,
que ha dejado sus huesos cerca de las olas.

Ahora me prepare para recibirla en los sueños.

Palaa

Keenasü Palaakaa te'iralu'u... notpa'alu'u na katakana o'u.
Müin aka tia te'raja akuwalü tü toushi tamaajatkaa
   apütüitpakaa shiipüshe peje sünain tü süshikalüirua palaa.

Joolu'u yapashi taya süpüla tantiraainjachin sümaa lapulu'u.

Miedo aliijuna

Mañana llegarán nuevamente los *aliijuna*
y traerán más preguntas acerca de nosotros,
y nada sabrán sino escuchan el silencio de nuestros muertos
en cada sonido de nuestras vidas...
y nada se llevarán sino cuelgan sus miedos en el interior de las mochilas
    familiares
y reciban, de nuestro temblor, el asombro de la madrugada...
junto al temor de los espantos.

Sümüshe'e alijuna

Anteena watta'a nachukuwa'a na alijunakanairua
je ko'omüinjeerü natuma nasakiijüin wanain
je nnojoleerü kasain natijaain o'u wachiki mule aka nnojorüle
naapajüin ko'utüin na waamakakanairua
sünainwai shi'ira tü wakuwa'ipakalüirua...
Je nnojoleerü kasain nalü'ü mule aka nnojorüle nakacherüin tü namüshe'ekaa
    sulu'u
tü sususiakalüirua apüshii
Je kamüinjeena, wamüshe'enainjee...
tü ainkia aa'in maaliajatkaa süma'alee sheema tü mmarülakalüirua.

Raíces

Caminando hacia la ranchería maternal
escuchamos una voz de lejanos lugares
que solo entiende el corazón sereno,
y recibimos una mirada
que únicamente veremos en el sueño,
y sentimos una presencia de infinitos ancestros
que nos impide abandonar la piedra y el polvo
de este sendero nuestro.

Apüshii namaiwajana

Waraitüshii waya shipialu'umüin tü weikaa
waraitüin wane anüikii watteaje'ewolu
shia'alakalü ayaawatüin soo'u tia tü mejiwa'alaakalü aa'in,
weirakaanaka amüin
wera'aleetka'ane'e lapulu'u
Je wayaawataka süntapaain wattashaana salii wapüshi sümaiwajatü,
isakalü wachiki akajee wapütüin tü ipakaa je tü süpali'inkaa
wapünekaa tü.

Vivir-morir

Crecemos, como árboles, en el interior
de la huella de nuestros antepasados.

Vivimos, como arañas, en el tejido del rincón materno.

Amamos siempre a orillas de la sed.

Soñamos allá, entre *Kashi y Ka'i*, el Luna y el Sol,
en los predios de los espíritus.

Morimos como si siguiéramos vivos.

Kataa o'u-outaa

Mulo'ushii waya, müin aka saa'in wunu'u
süchikanainru'u tü wapüshi sümaiwajatkalüirua.

Kato'una waya, müin aka saa'in alekerü, süsheke'eru'u shi'nüin tü weikaa.
Acheküshii waya weinshi sotpa'a tü miaasükaa.

A'lapujaashii waya cha'aya, sainküin Kashikaa je Ka'ikai,
suumainpa'a tü asheyuuwaakalüirua.

Outushii waya müin aka katakai wo'u

Viaje-sueño II

Una serpiente *jerüi*
me persigue en la oscuridad.
Me escondo detrás de un árbol mapuua
y ella sube a sus ramas.
Nos entregamos silencios
y los ojos del cielo nos apaciguan los latidos.

Así transcurre la noche.

Waraitaa-lapu II

Wanee wui jerüi
süpüleeruwashi taya sa'aka tü pi'uushikaa.
Anujulaashi taya nüpücho'u wane wunu'u mapuwa...
je shiakaa aliiküsü soo'umüin tü nütünaküirua.
Aapajiraashii waya ko'utuule
je so'u tü aitu'ukoo shiimale'erüin sütünüla waa'in.

Alatüsü wanee ai müinyaya.

De un alaüla de Alemasahua

"Ya naciste...
y naciste hijo de gente. De los fundadores de trochas del cerro de *Epitsü*
Y puedes irte y puedes no volver,
Pero siempre estarás ahí... junto al árbol *mokooshira*
que circunda tu cementerio;
ahí pertenece tu sombra y tu descanso.

Ya naciste
y tal vez puedes irte y no volver, pero siempre estarás aquí,
siempre serás nombrado en la música del *sawawa*...

y nos encontraremos mirando hacia Jepira,

en donde los espíritus se harán uno solo,
para el viaje definitivo.

Ya naciste
y naciste hijo de gente, de los pastores silbadores de Alemasahua.

Que no desespere tu pie en hacer la huella,
pues ya los viejos pasos de los ancestros están en el Nuevo tuyo.

No desesperes en llegar, que ya estás aquí... hijo de gente,
hijo del sudor de la lluvia"

Saajüin wane a'laülaa Alemasahuaje'wolü

"Jemeichipa pia...
Jemeichipa pia süchoin wayuu, nachoin pia na palajanaajanakana e'itaain
    wopu Epitsümüin.
Eeichipa pia süpüla pu'unüin je nnojoireein püle'ejüin,
Yaleechipaja'a pia weinshi yala, na'ato'u chi wunu'u Mokooshirakai
pejekai sünain pa'amuuyuushi
yala'a yala shia eere puyoluju je peemeraaya.

Jemeeichipa pia
ja'itaichi pia o'unüin je male'ejüinreein,
ayateechia pia yaain yaya weinshi
ayateechia pia achuntunüin anülia sawawa'iralu'u...

Je antiraajeena waya eirakaain wanaa sümaa Jepira,
eere tü asheyuuwaakalüirua waneesieerüin shia,
süpüla tü o'unaakaa male'ejüinreewaa.
Jemeeichipa pia
jemeishi pia süchoin wayuu, nachoi na arüleejülii, ewiijülii

Alemasahuaje'ewoliikana,
nnojolü püshapaje'erüin puwui shi'itaain tüawuichikanain waakaa,
aka, nakuwana a'laülaa kama'ainnakana shia kanainka joolu'u tü
jeketaa pukuwa.
Nnojoi püshapajaain sünain antaa, yaaichipa pia ya'yaa... Süchon wayuu,
süchon shira tü e'itüsükaa juya"

ENCUENTROS EN LOS SENDEROS DE ABYA YALA (2009)[1]
(Selección)

TALOULUMANA

En Taloulumana cuelgan, a mi llegada, un chinchorro de curricán
y me ofrecen agua de maíz amarillo para refrescar las palabras.

Allí encuentro a mi joven primo *Alieetshi*,
Hablando, desde el sueño, con los comejenes de la enramada.

Al saludarlo preparamos el viaje hacia el cementerio familiar en Epitsü.

Cuatro chivos rondan, sigilosos, nuestra conversación.

El anciano Saachon humedece a los caballos
y nos despide con dos botellas de Ishiru'una.

Los niños nos gritan:
¡Van hacia las estrellas!
¡Van hacia las estrellas!

y lanzan sus flechitas al cielo
que caen vencidas al pie de un árbol de olivo.

Desde el camino nos reímos, pues sólo regresaremos
Cuando *Iiwa* (la primavera) traiga las lluvias ligeras.

---

[1] Premio Casa de las Américas, 2000. Publicado bajo el nombre propio del autor, Miguel Ángel López Hernández.

Maluayan

Camino a Maluayan nos alcanzó el miedo...
lo recibimos: era todo silencio... invisible
y con olor a totumo ahumado.
Nos abrazó sin darnos cuenta
y nos puso a orinar bajo un árbol Maputa.

Luego vino el sueño y las voces de los muertos nos hablaron de encontrar las huellas
de los primeros caminantes de la Tierra en los pasos sudorosos de hoy;
nos hablaron de escuchar la leve música contenida
en las quejas que soltamos en el sendero.

Desde entonces vemos el miedo, en cada curva, despidiéndonos...
reflejándonos en su sombra... abandonándonos a nuestra suerte.

Ipapulee

Tres animales salen espantados del monte de Ipapulee,
levantan una polvareda a su paso,
y pienso, en voz alta, que son enviados por un tiempo antiguo
hacia un nuevo día, aún, lactante.

Pasamos entre árboles trupíos y escuchamos una agonía
en el canto del pájaro Utta:

Algo te compaña que eres de él su única compañía

Algo te compaña que eres de él su única compañía

El canto se nos fija doloroso
y, de un momento a otro,
volvimos a reírnos de nosotros mismos.

El camino se despeja a nuestras espaldas.

Palabra 2

Anoche regresó la primera luz de la luna...
y un hombre, que nos visitaba de la ciudad,
pronunció: ¡Belleza!
La luz de la hoguera nos congregaba
y dos cocuyos salieron del fuego,
lampareando la noche;
pero el hombre de la ciudad
no repitió aquella palabra.

Palabra 5

Nosotros sabemos que el día
tiene un huequito donde se sostiene el mundo.

Ahí ponemos nuestros oídos y escuchamos
los latidos de todos los corazones.

Por eso llamamos a la vida: *sereno temblor*.

Livio Suárez Urariyuu

Tejiendo sueños y palabras (2007)

Sueños

En los confines de la
noche sueño
vivo entre sueños.
Vivo y duermo en los
rincones de los sueños
de mis ancestros.

Arcoiris

Dice mi madre:
"ojuitusu Kasipoluinka"
ha salido el arcoíris
arrojado desde las entrañas
de la boa gigante "Sarulu Poula".

Huellas

Los aleteos de las voces
del pasado dejan sus huellas
en mis sueños, descienden
en espirales y se prolonga
la vida.

A MI BELLO INTERNADO[1]

Custodiado por el majestuoso Itojoro, de pie sin sentir cansancio,
de frente al sol, de frente al Mar Caribe, de frente a Sur América,
de frente a tus hijos,
en cada rincón de tu colosal
Costilla se esconde el saber que
un día me forjaste y que seguirás
dando a propios y extraños.

Oh pilar del saber, la brisa
de la noche acaricia suavemente
mi cuerpo, noche llena de luciérnagas,
corretear y rebuznar de asnos,
aullar de perros, cantares de batracios
en un solo coro.

Bajo el infinito cielo estrellado le pido a los espíritus
de mis ancestros
que me refresquen el pensamiento
para ondear en lo más alto tu nombre
y esculpir en la cima de la Makuira
tu réplica con incrustaciones de
tumas y oro.

Oh Internado querido, corazón
de mi Alta Guajira,
me despido de usted
con la gran certeza
de que su escultural estructura
permanecerá firme como la Makuira
por muchos siglos.

---

[1] La Institución Etnoeducativa Internado Indígena de Nazareth (corregimiento de la Alta Guajira, Colombia), también conocida como el Internado, fue fundada en 1911 por sacerdotes capuchinos italianos. El Internado es muy respetado en la comunidad y recordado con cariño por muchos wayuu educados en él (Nota del editor).

TEJIENDO SUEÑOS

En el telar de la noche
se tejen mis sueños, la misma noche
se encarga de fermentarlos.
Con su transparencia reconstruyo el
pasado e interpreto el presente.

ANDANZAS

En las riberas del arroyo
los sueños de mis ancestros
juguetean como mariposas,
viajan en las telas del tiempo
y en sus andanzas se maduran
convirtiéndose en palabras.

PRESENTIMIENTO

Ya rayaba la noche,
el humo del tabaco
se levantaba en espirales
dibujando figuras efímeras.
La Piache[2] clamó:
Nuestra tierra posee una
riqueza incalculable,
a ella vendrá mucha gente
y nuestra sangre será derramada
y sin tierra que nos amamante
quedaremos.

---

[2] *Outsü* o chamán. En la sociedad wayuu la mayoría de los chamanes son mujeres (Nota del editor).

Nimi'ra Juya

El ojo de la noche
no sale de su asombro.
Las noches cálidas se
tornan heladas y solitarias.
El jolgorio y las voces se
apagaron, el golpe
fue aplastante.

El juego del kaa'ulawaa[3] expiró.

¿Dónde están los dolientes?
¿Dónde están los herederos de la memoria,
pensamiento y palabra ancestral?
Ya es tiempo de exhumar sus restos.
"A mover los labios y renacer se dijo".

Cataclismo

Absurda idea la de
asentarse en la sociedad
depredadora para absorber
palabras hediondas y
humillantes.

Las niñas se convierten a
la fuerza en lumias, bajo
la tentación de unos miserables
pesos.

---

[3] Elaborada festividad de carácter musical-teatral-narrativo con amplia participación de la comunidad, que resume la cosmovisión wayuu y conllevaba en otras épocas rituales de apareamiento erótico. La prédica cristiana disuadió la celebración de este evento. Ha caído en desuso hasta prácticamente desaparecer, según lamenta el autor (Nota del editor).

Las tradiciones ancestrales se
corroen en medio de la mendicidad.

¡Vaya! Que forma de morir...

Pulouwi

Una refrescante brisa
con olor a lluvia alienta
la excitación sexual de
Pulouwi.

Tununuu, Tununuu...
retumba el eco de su voz,
ella está alegre.

Los pájaros cantan,
la tierra se alegra,
Juya se aproxima.

Hilario Chacín

Asiraa. Risas (2012)[1]
(Selección)

Wayuuchon

Wayuuchon,
Chi yuttakai a'wala,
chi mütsiiakai o'u.
Nnojot ma'in pi'yalajüin,
saaperüle'e pi'ira koju
cha una'apüjee.

Wayuuchon,
nnojot ma'in pi'yalajüin,
okolojeet taya
una'apüjee yosu,
müsüja'a jaipai eekai jakütüin.

¡Jintüichon anachonkai!
nnojot ma'in pi'yalajüin,
Ta'imajeechi pia
wanaa sümaa putunkuin.

Wayuuchon

Wayuuchon,[2]
de cabellos lacios,
de ojos negros.
No llores más,
que el oso malo
te escucha
allá en el monte.

---

[1] Poemas bilingües para la educación intercultural de niños wayuu.
[2] Wayuu significa persona, gente y "-chon" es sufijo diminutivo.

Wayuuchon,
no llores más,
te traeré del monte
iguarayas rojas,
y cerezas maduras.

¡Niño lindo!
No llores más,
que yo velaré
tus sueños.

Tachime'ese

Tachime'ese Jo'uuche'echon
asüshi ashe'ejuushi,
sulu'u wanee iita oorotaliaa.
Achookojooshi, kawachirachonshi
kaa'ulachonkai.
Eepünaale nuchookojooin
ni'yotirüin su'uujain
toushu Pouraaria.

Taka'ulainchon amulo'ulaashi
o'unushi sulu'u mulo'uin niya
E'rüishi wayumuin,
nainka aa'inchi taya
süka nu'uwa makalü saa'in kachuweera.

Mi maute

Mi maute chiquitico
bebe leche
en una totuma de oro.
Salta, corre ligerito
el cabrito.
Cuando brinca

derrama la chicha
de mi abuela Paulaalia.
Mi cabrito crece,
se va haciendo un hombrecito.
Es rebelde
y me asusta con
sus cuernos de bronce.

Pipichon awatüikai

Pipichon awatüikai
¿Jalashikai pia?
_¡Ma'aka püntüle joolu'uchonkana'aya!,
tasülüjeechi amüin pia
tü kasa kamalainkalü ma'in pümüin
wanee kuluulu wüitüsü.

Pipichon awatüikai,
¡Jalaichi yaamüin yaa!
_Ma'aka püntülee joolu'uchonkana'aya
taapeechi aüüin wanee mojuui kapanoulesü
eeinjachire kashukuin pia,
je wanee pipi jierü
pi'mi'ijaainjatkalü amaa
süpüla ka'ikalü süpüshua'aya.

Periquito volador

Periquito volador,
¿tú dónde estás?
Si vienes ahora mismo,
te daré un regalito,
lo que te gusta más,
un trajecito verde.

Periquito volador,
¡vente para acá!
Si vienes ahora mismo
te daré un árbol frondoso
donde anidar,
y una periquita linda
con quien jugar
todos los días.

Shukulaa

Shukulaa pu'unapa suulia ta'anüle,
Kettiiria taya sünain a'anaa.
Piakalü süchon wanee ajujawaa,
sülu'uin süi
jamatakaa
suupüna luma.

Atunkajataasü wattapa ka'i,
atunkajataasü kale'u,
atunkajataasü sa'wai (aipa'a).
Atunkusü waneepia.

Nnojotsü aliichajüin,
je shi'rüin tü shuli'walakalüirua.
Atunkusu je atunkusu
japüitta'aleesüja'a
taya pütuma
shii shukulaa
asho'ulaasücheje'e taya puulia.

La pereza

Pereza vete de mi telar,
déjame hilar.
Tú que eres hija

de un bostezo,
nieta de un chinchorro
que se cuelga
bajo la enramada.

Arropada estás en la mañana,
arropada estás al mediodía,
arropada estás en la noche.
Duermes todo el día.

No sales a ordeñar,
ni a ver las estrellas.
Solo duermes y duermes.
¡Qué pena contigo,
Madre Pereza,
por eso me aparto de ti!

SÜCHIKAA MAKOMIITA

Jorotto'ulu süchikaa Makomiita
Sü'wüira jimee anatalüirua,
ne'ira oolojulii,
¡Pia süchi jorottakalü!
keinotsu süchikaa Makomiita
eere junna ishosu
eere shipia Parouja.
Wattasü, wattasü
süchi aisükaa,
punu'irapa taya so'opunaa patakaa
sünain e'erajaa jee
süpula sütünajutaa pülouirua.

RIO LIMÓN

Cristalino rio Limón,
lágrimas de los peces de oro,

llanto de pescadores.
¡Oh río de acero!
Hondo río Limón,
de manglares rojos,
de palafitos de enea.

Lejano, lejano
rio amado,
llévame a través del puente
a conocer y ser amiga
de los encantos.

Chaamaa

Ojuitüsü chaamaakaa wattachon maalü,
mütsiiasü süshe'in sümaa keejuuin,
sülapanajüin tü piichikaa müsia wüna'apü
sünain achajawaa süchiki tepichi eekai ke'eiralüin.

Chaamaa, laülaa ekülü wayuu
kayarülasü e'irajusü jayeechi,
shukulera a'walalü machikisalü süpasütain
sa'akapünaa tü mojuui küi'kalü.

La Chama

Salió la Chama muy de mañanita,
vestida de negros y fétidos olores,
a recorrer las casas y selvas
en busca de los niños llorones.
La Chama, anciana antropófaga
horripilante que canta canciones,
de pelo enredado, se le perdió el peine
entre las espesas vegetaciones.

Jintüi makuiraje'ewai

Sa'u Makuira eeshi wanee jintüi,
nünain jintüikai eesü wanee si'ira,
sünain si'iraka eesü wanee mulo'u wo'olu,
sulu'u wo'otkaa eesü wanee lania,
sütuma laniakaa eesü wanee kapülainwaa,
sütuma kapülainwaa eesü wanee tütaa.

Jintüi sa'u Makuira,
si' ira nünain jintüitkai,
wo'olu sünain si'irakaa,
lania sulu'u wo'olu,
kapülainwaa sütuma lania,
tütaa sütuma kapülainwaa.

El niño de la Macuira
(retahila)

En la Macuira hay un niño,
en el niño hay una faja,
en la faja hay una mochila,
en la mochila hay una contra,
en la contra hay poder,
en el poder hay voluntad...

Niño en la Macuira,
faja en el niño,
mochila en la faja,
contra en la mochila,
poder en la contra,
voluntad en el poder.

NUMAJALA YOSU

Tamüsü tü jo'uttaikalü:
pu'unapa püküjapa tanüiki
namüin tepichikana namaa jima'aliikana,
Sulu'u mma aluwataanakalü alu'u
natuma waneejena.

Nnojolinnapa emi'ijüin yoshushula,
nojoliinnapa nekeein tachon,
nojolinnapa ashijaweein na'wala süka yoshushula.

Talatapü'üsü laakaa
shi'rüin waima tepichi emi'jüin shiroku
¿Jamüshiiche ma'in nayüülajaka taya?

EL MANIFIESTO DEL CARDÓN

Le dije a la brisa:
Id y llevadle mi mensaje
a los niños y jóvenes
de esta tierra irredenta.
Han dejado de jugar con mis brazos.
Han dejado de comer mis frutos.
Han dejado de lavar sus cabellos con mi corazón.

Antes se alegraba la casimba,
de ver miles de niños jugueteando en ella.
No entiendo, ¿por qué me abandonan?

TATAPA'A

Amaliasü tachiki wanee rouya
shipialu'u teichon,
tatüjaale'eka sa'u jamüin tatapa'a:
Ekiiwaa mülo'u ko'oyosu,

a'walaa laütasü ma'aka saa'in amasii,
eeimataa jeruutsu ma'aka saanükü kayuushu,
o'upünawaa lakayaasü ma'aka saa'in kashikaa.

Mi cuerpo

Tropecé con un espejo
en la casa de mamaíta,
con esto me entero de lo que mi cuerpo es:
Cabeza grande como un balón,
cabellos lacios como la crin del caballo,
boca ancha como la del caimán,
cara redonda como la luna.

Püloui

Püloui kepiasü shiroku palaa,
püloui kepiasü sa'u uuchi,
püloui kepiasü shiroku süchi,
püloui nierüüin juya.

Püloui ka'walapa'asü,
püloui merüinjeesalü tooloyuu,
püloui kojouttaisesü,
püloui süshi palaa.

El encanto

El encanto vive en el mar.
El encanto vive en la montaña.
El encanto vive en el río.
El encanto vive con la lluvia.

El encanto tiene larga cabellera.
El encanto devora a los hombres.

El encanto es la fuerte brisa.
El encanto es la inmensa ola.

WASHITSHAANA TATUUSHI

Washitshaana tatuushi e'rüliima:
Eeshi waneeshia ama kasuutai nüma'ana,
piama kaa'ula süniisü,
apünüin püliikü kapüshirua,
pienchi paa'a sawaachi,
ja'rai kaliina sarattalü,
aipirua muula ishoona,
akaratshi paa'a tooloyuu paruusa.

MI ABUELO ES RICO

Mi abuelo bigote de perro es rico:
Tiene un caballo blanco,
dos chivos de color ceniza,
tres burros negros,
cuatro vacas negras,
cinco gallinas de color de sarasa,
seis mulas rojizas,
siete toros blancuzcos.

Rafael Mercado Epieyú

Ma'leiwa

Ma'leiwa[1]
me hizo tan hermoso,
así como la primavera
que embellece a mi tierra
chispeando de magias
la lindeza en sus ojos
bajo el rocío de su amor.
Me hizo tan terrible,
así como el desierto
que flamea en su existir
bajo la ardiente mirada del Sol.
Me hizo lleno de misterio,
así como Pulowui[2]
que habita
en las profundidades del mar,
así como la estrella Fugaz
que sólo un instante
brilla en el Firmamento.

Ma'leiwa dejó en mí
una sabiduría y una ley única
que no es enferma ni sucia.

Me hizo agradable,
así como el frescor de jepirachii[3]
que visita mi tierra
en todas las tardes.

---
[1] Personaje supervital o portentoso de la cosmovisión wayuu, que por influencia cristiana se usa a veces como equivalente autóctono del Dios creador (Nota del editor).
[2] Contraparte hiperfemenina de Juya (Nota del editor).
[3] Colaborador de Ma'leiwa (Nota del autor).

Me hizo rebelde y vengativo
y a nadie le temo
en mi ley de guerra.
Soy como el torbellino
que en su furia
va arrasando todo.

Y he sido
el más robado,
el más discriminado;
si dudas tú,
pregúntale a Wensh.[4]

---
[4] El tiempo (Nota del autor).

Carlos Daniel Prieto

Juya

Alanüsü mainma wuchiirua
süpa'apunaa aitu'u maituuikaa
aliukapünaa maituuin
aapirüin nüntajachin
Juyá toumainpa'amüin.
Aapünüsü kaashaira sainküinpüna
mmakaa.
Süchonyuu mma miaase'ekaa
talatüshii ma'in nümaa
chi ne'iyoukai.

Juya

Miles de aves surcan el
silencio del cielo en una tarde
serena,
anunciando la llegada de *Juya*
a mi tierra.
Sonido de tambores se oye
a los alrededores.
Los hijos de esta tierra
sedienta agradecen tan
gentil visita.

Amulialawaa

Male'iwakalee, paapa tamüin
nütchin chira yosukai,
chira matüjainkai a'wanajawaa
nukuwa'ipa süntapa nünainmüin
tü joutale'utkaa.
Püsülajachon sümüin taa'in
atchinwaakaa tia,
süpüla nnojolüin müin outeekai
taya nnojoluwaipa
shiirakaain tamuin shiakaa.

Punujula taya suulia ta'wuira
sa'akapünaa tü piuushikaa,
suka jamüin nuju'itawaipa
chira kashikai
nusoirawalin taa'in sünain
nnojoluin shia tamaa.

Súplicas

Oh Dios, dame las fuerzas
del cardón, que nunca se inmuta
al sentir las inclemencias
del verano.

Dota mi alma de poder
para no sentirme morir
cada vez que ella aparta
su mirada de mí.

Con el manto de la noche
oculta mis lágrimas
cada vez que sale la luna y
me descubre sin ella.

PUTCHI KAKALIAIRÜ

Taya tüü putchi wattajeejatkaa,
awaatakaa shi'iree aapünaa,
taya chi yosu katchinkai
supüla motopa
nia aa'inwaa.
Taya chi uuchi amaralüichikai
supala nee maima wayuu,
taya chii eirakaya amuloikai
sa'aka türa majattiaka,
taya chira joutai suka wanee
akulemerawaa
tamaüsirüin na'yuluin
chii ka'ikai,
taya chira atijaa kakaliaichikai,
taya chira awüirakai,
taya chira asiraakai,
taya chira Wajiirü
Kamaneeshikai.

VOZ ANCESTRAL

Soy la voz que desde la aridez
clama ser escuchada.
Soy el cardón que imponente
resiste el olvido.
Soy la serranía que se
desangra lenta ante la
indolente mirada
de muchos.
Soy la mirada que
se pierde en el infinito.
Soy la brisa que aplaca
el verano con una
sonrisa.

Soy la sabiduría ancestral,
soy lágrimas,
soy sonrisas,
yo soy la Guajira Noble.

Ramiro Epiayu Morales

Ziruma'a

De niño me perdía buscando rostros
Dibujaba círculos en tu vientre
Corría tras las huellas
Formando grumos
Una línea se colorea en el inmenso velo
Mi abuela cree que es el camino al Jepira
Algunas veces pareces un arco, un jaguar, un caballo
De repente desapareces
Hoy toqué el cielo
Manos frías, esponjosas, barridas de tanto volar
El tiempo, viejo… pasa
Sigues ahí
Azul
Inmenso
Cada noche la luna, las estrellas estampan el Desierto Errante
Vuelvo cada día joven, tocando el vientre, soñando a ser niño
Concibiendo otro rostro, tocando otras manos, coloreando las líneas

Noche de Yonna

La arena reclama los pasos
Siempre virgen llega con el ocaso la luna
Ellas
Danzan con su vientre plateado al son de la kasha
Coloridas, mágicas, sus rostros se revelan
Los pies dibujan el vaivén de la brisa
Una lucha, el Pioui se levanta
Wasei, el grito estremece, los cuerpos se buscan y se distancian

La carrera del olvido
La fantasía, el embrujo congelan los segundos
Vivas, siempre vivas, las sonrisas, se baten como olas en la orilla
El desierto
El trupillo
El cactus
Se celebran
En el abrazo del bullicio llega la mañana
Engalanada de verdes florecientes y de amarillos refulgentes

Putchi

Camina atravesando el desierto del tiempo
Al norte... deja las huellas en la orilla del vientre donde nacieron
Toma del viento los susurros que predican
Desnuda las voces profanas
Al caer el sol... se engalana la novia, se colorean los rostros
Vuelven las ojeras en el desvelo de la noche
—Embriagados—
Se engendra la mañana del olvido

Atala Uriana

POEMAS

TANUIKI

Tanüiki atükülujaʹaleesia
sütoütajee tü sumaiwajatükaa
makatüsü nulüü chi wopü kakalirakai
chi mapüsaichickai sunainjee tia.

Amulooikai mulialuüin noʹuluʹu tatuushi
chi aʹyalajakai sunainje isaa aachiki
akaa mainmashaanain türa alijuna keemakaluirua.

Tanüiki amülooisu numa jayeechi
kamuliainshikai.

Jee asheʹejaʹataaka matsamüin
sünain julujaʹa aaʹin tu shipiuuinkaa
tu wayuu alijuneekaaʹaaʹin.

MI PALABRA

Mi palabra se quedó prendida
en la piel del pasado,
se quedó en el polvoriento camino
que ya está cansado de serlo.

Se perdió en los ojos tristes
de mi abuelo, que lloró impotente
ante la diabólica terquedad
del extraño.

Mi palabra se perdió en el canto
melancólico
y quedó golpeando
el momento de la oscura reflexión
del híbrido ser.

Paı́'paı

Wattashaana saali o´üpunaairua
apalirajiraasü sumaa maloukatsü
jee paai.

Sa´akapünaa türa ataaairua shanashanain
sümaa jülüirüin.

Su´upunaachon mma
onjulaaka nupüleerua ka´i
aapiraaka numüin chi kashi salitkai
makalaka wunu´usii miasüsitsü
aapakai pümüin
süsamala nünüiki
sa´akapünaa shiyorolo
a´ipiarua jo´uyuu
suchonyuukana ja´yuumuin.

Rostro Wayuu

Miles de rostros se entrecruzan
entre ocres y carmelitas,
entre pieles tersas y marchitas

Carita de tierra
que huyes del sol
y te ofreces cual sedienta flor
al hermoso hombre luna.
Quien te deja escurrir su fresca palabra
entre el rumor de tiernos cujíes
hijos del amanecer.

Jokooche´e

Sujujulakai pulá shii
wüitakai wüin atoutajee
oolojooikai sütüma kaaliaa
sünainjee eejuuwaa keejiasü
eejeree sükümajaain kasa sumaiwa.

Tawala jokooche´e
aapirakai juyapü

¿Jo´uja puuyantaka puchukuayaa sümaa sunulia
kasa anasü?

Lagarto

Cual soplo divino
en tu cuerpo verde agua,
te inflas de amor
ante el apetecido olor
de la floreciente vida.

Hermano lagarto
heraldo del invierno,
y del padre creador.

¿Cuándo volverás con el mensaje de amor?

Miguel Ángel López Hernández (Vito Apüshana)
Riohacha, Colombia

Miguel Ángel López Hernández es una suerte de intelectual orgánico de la Guajira, pues conscientemente asumió la compleja sociedad multiétnica de la región como maestra de su proyecto autodidacta de vida. Frecuentó las universidades sin permanecer en ellas, aprendió de los libros, de la oralidad popular y abrevó metódicamente en el venero ancestral de su pueblo wayuu. Hoy día se desempeña como gestor cultural independiente y activista político con amplia convocatoria y reconocimiento en distintos sectores de la población. En esta entrevista pudimos precisar, entre otras cosas, el motivo del viaje como eje de su escritura. De alguna manera el movimiento perpetuo de ida y retorno se relaciona con los tres nombres bajo los cuales aparecen las obras de este poeta. Todavía son los avatares de Vito Apüshana (heterónimo con que firma dos de sus libros), a quien algunos fueron a buscar entre los espejismos del desierto creyendo que era una persona real, los que seducen a quien lee su luminosa poesía. Es autor de los poemarios *Contrabandeo sueños con arijunas cercanos* (1992), *En las hondonadas maternas de la piel* (2010) y *En los senderos de Abya Yala* (2009), este último ganador del premio Casa de las Américas (2000) otorgado en La Habana, Cuba.

JUAN DUCHESNE WINTER: ¿Cuándo publicaste por primera vez?

MIGUEL ÁNGEL LÓPEZ HERNÁNDEZ: Las primeras poesías, en 1991, unos textos sueltos. En 1992 ya salió el poemario más conocido [*Contrabandeo sueños con arijunas cercanos*]. De allá para acá he publicado más saltado, en revistas, en periódicos, sueltos mimeografiados, fotocopias de estudiantes de universidades, iniciativas propias de cada grupo, muchas publicadas a mano, por cuenta propia.

En realidad es muy poco lo que se ha publicado bajo cualquiera de los tres nombres con que aparece esta poesía. Yo diría que, en términos de los distintos heterónimos con que se ha publicado mi obra [Vito Apüshana, Miguel Ángel López Hernández y Malohe], la dimensión, porque yo la llamo así, la dimensión de Apüshana y la de Miguel Ángel son distintas, pero todo se debe al regreso, es una decisión de regresar. Porque tuve un viaje, uno de esos viajes normales de las familias guajiras, que empiezan a creer que los niños deben ser profesionales todos y tener una experiencia laboral, tener una habilidad x para poder vivir y participar en la sociedad; esa lógica social, normal, por ella hice un viaje. La familia decidió: vamos a llevar a los hijos a tal ciudad, a tal universidad, entonces también a viajar.

JDW: Migración interna...

MALH: Es una larga historia que proviene del grupo convivencial de una familia wayuu. En el caso mío yo tengo una mayor influencia paterna, porque la familia giraba en torno a muchos bienes, propiedades, ganado caprino y eso influyó en todo, y había una abuela paterna que era el centro de la convivencia, y eso generaba todo un mundo de dependencia alrededor de ella.

Yo recuerdo mis primeros siete años de esa relación de contrabandos de materiales que iban desde el ganado caprino, ganado vacuno, piezas de oro, que eran como una especie de filigranas de oro, perlas... Era todo un sistema de comercio muy activo en la frontera, con Venezuela, en una zona fronteriza natural, porque hasta ahí llegaba también la zona árida, o comenzaba ahí y era una frontera que se extendía entre la aridez de la costa y la península y lo fértil de la serranía del Perijá, que viene siendo una extensión de la cordillera de los Andes (algunos geólogos nos dicen lo contrario) que arranca desde ahí y termina en Chile. Uno a veces creía que los Andes comienzan del sur para el norte, otros dicen que no, que arranca desde el norte hasta el sur. En ese sentido los Andes arrancarían acá, son unos cerros que creo que no superan los mil metros, de sólo 400 a 600 metros promedio, pequeños, pero eran un gran núcleo verde, con ríos. Entonces muchas familias wayuu se venían del norte en busca del agua y llegaban precisamente allí a buscar el agua. Allí se establecieron muchas familias de los Pushaina en su mayoría, también llegaron Epieyú. Pero la gente era más conocida por los apellidos del mestizaje, es decir, los clanes se conocían desde adentro con los nombres de clanes wayuu, pero hacia afuera eran conocidos con los apellidos occidentales de las familias, como el caso de la familia Barros, la familia Cotes, la familia González y la familia López, o Jiménez, y entonces fueron como extendiéndose en esa combinación de familia wayuu por un lado y criolla por otro.

Los primeros siete años fueron ese mundo, ese mundo de... no sé cómo definirlo, de "dos mundos", de la cultura "anfibia" de estar dentro del agua y luego sales y regresas. Regresarse me pareció absolutamente natural, nunca tuve interrogantes de dónde pertenecía, porque todo me parecía natural, me parecía que el mundo entero era así para todos, nunca vi que se estableciera una diferencia hacia el otro, de que aquellos otros fueran totalmente distintos. Pero sí empecé a percibir una diferencia cuando viajamos a Riohacha. Cuando nosotros llegamos acá ya tenía yo más de siete años. A esa edad ya empecé a ver que había otras cosas, obviamente el acceso a la televisión, pero era un elemento adicional el mundo de la calle en la ciudad, y de tener que caminar más en busca del monte, del río, del pozo, de los árboles. Más bien había carros, los familiares eran prósperos comerciantes que tenían carros, aunque caballos y mulas también, pues el niño en realidad no estaba tan sujeto a la tecnología como ahora. Mi niñez nunca se alejó demasiado de la naturaleza, era cuestión de caminar un poco más y ahí estaba.

Sí, cuando llegamos a Riohacha sí sentí eso, sentí que ahora había una familia nuclear, porque allá donde estábamos tenía una familia extensa, la abuela, el abuelo, los tíos, los hijos de los tíos que eran también tíos segundos y tíos con autoridad. Entonces todo era una red en la cual uno hacía parte de la familia extensa, que conectaba a uno, pero siento que eso se rompe, se revienta un poco al llegar a la ciudad de Riohacha. Primero nos circunscribimos a un barrio, y eso es importante; el concepto de barrio urbano era distinto al de la ranchería, y allí empecé el mundo del colegio y con él todo ese universo de la lectura, de los libros, de la tv, la radio (ésta un poco más protagónica), y otro tipo de juegos. Claramente yo podría definir que a partir de los ocho años se inicia otro período distinto para mí.

JDW: ¿En tu casa se hablaba o se habla wayuunaiki?

MALH: En casa de los abuelos sí, totalmente. Era porque se comerciaba con la Alta Guajira y la frontera, y era absolutamente necesario el wayuunaiki. El aprendizaje del wayuunaiki fue básico, yo lo manejaba como manifestación del afecto, pero en lo conversacional no fue mi lengua principal, lo fue el español. Cuando me desplacé yo estuve más cercano a lo urbano y necesitaba el español. Sí era necesario el wayuunaiki cuando uno se dirigía hacia dentro; entonces uno hablaba wayuunaiki, era mi modo de manifestar el afecto, hablar de corazón, de cariño, pero no como lengua de oficio, es decir, que dependíamos de la lengua española para actuar en sociedad. El wayuunaiki sólo se nos quedó como una lengua básica para expresarse desde la familia, para identificarnos dentro de ella. De todas maneras fui perdiendo el conocimiento del wayuunaiki en la relación con la ciudad, y me fue quedando casi como un baúl exclusivo ahí guardado con unas prendas atesoradas del wayuunaiki, y duró ese pequeño tesoro ahí guardado durante años en que nunca perdíamos el contacto con el territorio ni la presencia del mar ni la relación con los parientes que venían a visitarnos y que igual nosotros visitábamos. Ahí siempre estaba ese retazo precioso del wayuunaiki del que nunca me he desprendido del todo.

Ya después empecé a entender la cuestión de la nacionalidad, porque no la entendía, porque como éramos de frontera... Cuando llegaba a visitarnos la parte de la familia que era de Venezuela nos hablaban con otro acento que entonces yo no precisaba de dónde provenía ni por qué era diferente. Yo diría que toda esa noción de nacionalidad me llegó tarde, cuando el colegio me ayudó a entender, ya que el diálogo con las personas mayores no tocaba ese tema. El diálogo con los mayores era más de tipo creativo, era identificar la fauna, la flora, conocer leyendas. Los mitos me llegaban, pero sin descifrar, sin que se dijera que eran mitos, sino que llegaban a través de sueños o nos los decían como grandes verdades, se decían los motivos y uno los creía y ahí seguía uno con esas creencias. Los mayores no decían esto es mito o esto no lo es. Tampoco los mayores decían que existe un país llamado Colombia, o un país llamado Venezuela. Por la noche era la presencia de leyendas, de espantos propios de esta zona (Riohacha) más próxima a la humedad, a la montaña, situada en la frontera natural entre la aridez y la fertilidad, y que también es frontera cultural, entre la cultura propia y las llegadas. Nosotros paulatinamente también fuimos siendo parte de eso, no nos podemos abstraer como dentro de un pozo, pues somos fruto de ese cruce. En este punto fui mirando una identidad compartida, no viví esas identidades étnicas cerradas, puristas. Sí tenía mis más cercanas autoridades, muy tradicionalistas ellos y monolingües por demás, personas que no hablaban el castellano. Ellos seguían ahí, pero ya cuando le toca a uno el tipo de vida mezclada, ya también entras a ser un personaje de dos culturas, empiezas a entender las dos cosas.

JDW: Das la impresión de que eso no fue conflictivo para ti, sino más bien natural...

MALH: Completamente natural, nunca viví conflictos en el sentido cultural de la palabra. Otro tema diferente, ya social, es que la familia entraba en conflictos, conflictos de armas, violentos. Claro que no se puede decir que los conflictos de armas son naturales, pero que sean habituales se entiende. La sociedad wayuu tiene sus maneras de dar cauce a los conflictos y resolverlos. Se puede saber cómo se originan, cómo se deben manejar esos conflictos y cómo se debe salir, por lo que también hay un curso natural. No es cuestión de tenerle miedo a los conflictos, sino de tener la sabiduría de evitarlos, y si no se pueden evitar, de cómo tratarlos. Muchos conflictos se evitaban, aunque había momentos que éstos se daban. Son conflictos interclaniles, que así como se originan, así también se resuelven, y cuando se resuelve un conflicto se logra una paz duradera por muchos años. Bueno, en las zonas de frontera, todavía sigue ahí mucho conflicto.

JDW: Veo que los cambios socioeconómicos y los conflictos interclaniles propios de esa época, condujeron al viaje, al desplazamiento o migración que mencionas desde el principio, lo cual de alguna manera relacionas con los distintos nombres de autor (heterónimos) bajo los cuales se publica tu poesía.

MALH: Yo creo que el viaje en realidad fue una diáspora casi. Por causa de un conflicto unos parientes pelean y se matan entre sí. Luego aparece el abuelo en medio del asunto para tratar de resolverlo, pero es muerto también, y ahí se agudiza más el conflicto, se multiplican los muertos. Entonces las dos familias extensas se tuercen, toman rumbos diferentes, unos se mudan para allá y otros se mudan para acá. En el caso de los López se reparten en los alrededores, Maicao, Riohacha y la provincia ahí cerca. A mí me tocó huir con la familia de mi papá y nos vinimos para Riohacha para evitar proximidad con una de las familias en conflicto; sólo para evitar, pues ya se había llegado a un estado de no agresión basado en el hecho de que se habían dado muertos de un lado y del otro. Toda vez que la balanza estaba equilibrada no se esperaba proseguir con la guerra, pero de todos modos era necesario hacer algo concreto para evitarla y sellar el pacto de no agresión. Se presentaron entonces los palabreros, que logran intervenir, decir ya no más, hablar con las distintas cabezas de familia y llegar a un arreglo definitivo de no agresión, aunque siempre el ambiente queda caldeado. Entonces para evitar eso, se asume la estrategia de aislamiento. Con esa familia tengo entendido que no hubo más contacto y luego vino la decisión de enviarnos a estudiar para evitar que los varones entren en el conflicto y alejarlos de ese ambiente muy tenso de hostilidad interclanil. Y en esa búsqueda lo que se piensa en mi familia es que la educación es la solución, como si se dijeran: "alejamos a los varones de cualquier idea de entrar a matarse otra vez por motivo de venganza". Yo pienso que eso motivó mucho que se hiciera el proyecto de viaje a la ciudad de Medellín, y ahí en Medellín el afán de estudiar y ser profesionales. Esto de ser profesional es para mí una especie de ícono occidental.

JDW: ¿Entonces, vivieron en Medellín?

MALH: En realidad sí, ahí en Medellín vivíamos los hermanos. A veces llegaban los padres a visitarnos. Yo tenía como 12 ó 13 años, es decir que tuve mi salida a Riohacha entre los 7 y 8 años, donde estuve 5 ó 6 años, y luego pasé a una verdadera ciudad que obliga a unas reglas de convivencia urbana. Allí experimenté otro clima, otra cultura, otra gente, me queda más claro lo que es un país, una nación, qué es Colombia, lo que es occidente, la comida, las artes... Fue otro aprendizaje. Igualmente tuve un crecimiento paralelo, interno, lo que llaman tomar conciencia de un yo, de qué soy, también fue hacerse esa interrogante, y así iba adaptándome a esa nueva vida y las preguntas me condujeron a las respuestas, que se encaminaron más directamente a la escritura. Todo fue un proceso forzoso, porque iba ligado a la escuela, a las tareas del aprendizaje, a que tengo que hacer esto y lo otro y pasar por ciertas transiciones.

Por repasar un poco, puedo resumir que ese período de hasta los 7 años fue de contacto con la familia extensa –cultura wayuu y monte, y también poblaciones pequeñas como Maicao–. Mi vida transcurrió en el área de Carraipia, que es un poblado de intersección muy cerca de una carretera nacional. Ese pequeño poblado recogía todas las líneas de trabajo de las comunidades indígenas de los alrededores, la gente se reunía en Carraipia para intercambiar sus mercancías. Luego de los siete u ocho años ya es Riohacha y ya es el acercamiento con otro tipo de vida urbana, y después, desde los trece años es la metrópolis, Medellín. No me había dado cuenta que cada transición comprendía un período de edad también especial. La escritura no la vi sino como una serie de respuestas a unas interrogantes, porque al irme dando unas respuestas yo solo por mi cuenta, sentía que era como una energía que había que guardar, y que a pesar que estábamos entre familia, entre hermanos, no era suficiente compartirla con ellos, yo necesitaba una interlocución más amplia. Y este proceso en la ciudad se extendió por un duro y largo período de diez años.

JDW: ¿Alcanzas la adultez en la ciudad?

MALH: Sí, ahí alcancé hasta los 22. Vino el asunto de la universidad a la cual tratas de moverte. Había una Universidad que se llamaba la Autónoma, que era privada, pero muy popular. Yo tengo una hermana que me sigue, Karen, quien escogió la carrera de sociología. Ella llevaba a la casa libros y se ponía a leerlos y a hablar de ellos con uno. Así ella me influyó llamándome la atención sobre textos que yo no conocía y luego la acompañé a la

Universidad, conocí a sus compañeros, a sus profesores. Yo me preguntaba si me iba a ser útil también la universidad y ella me dijo que me quedara a probar. Entonces, estuve como indagando si era necesario estudiar en la universidad, pero al final decidí que no. Era mayor la inquietud de volver, de regresar de este viaje que comento y del que comencé a hablar cuando me preguntaste cuales fueron mis primeras publicaciones. Volver de ese viaje, eso fue también escribir. Acudían muchas imágenes a mi sueño, a la vigilia, de manera que cuanto más me internaba en el mundo de los libros, mayor era la presión por volver a la Guajira. Era algo que yo me decía: los libros son una invitación a viajar por otra cultura, quiero conocer otra cultura. Yo estaba muy entusiasmado con los libros, verdaderamente comencé a conocerlos, a valorarlos, pero sorprendentemente sentía que cuanto más me entusiasmaba la lectura (autores, historia, sistemas filosóficos) más intuía que el viaje guardaba otra cosa para mí, que era más que simplemente llegar. Ya el viaje me pedía volver.

JDW: Cuando dices que buscabas conocer otra cultura, ¿te refieres a una cultura otra que la destinada en ese viaje a la ciudad y los libros? Suena como si esa cultura *otra* fuera en verdad la que te llamaba a un regreso, a volver a una escena que paradójicamente es *otra* precisamente porque te llama, te reclama como propia desde los libros a los que el viaje te ha conducido.

MALH: Propiamente ahora lo tengo claro, pero en ese momento era una interrogante que no brindaba respuesta directa, sino que ésta vino después, como resultado de una exploración. En ese momento era devorar el conocimiento de los libros, pero también faltaba algo, sentía que el cuerpo se me iba de un lado, que no alcanzaba el equilibrio, frente a una especie de vacío, una especie de nostalgia, de melancolía que me penetraba; era propenso a la melancolía. A los 21 ó 22 años empecé a sentir todo eso, pero pronto ya tomé conciencia. Regresé. Volví a Riohacha a los 22 ó 23 años, hasta el día de hoy.

JDW: Ingresaste a la Universidad de la Guajira.

MALH: No entré, es decir, no me matriculé en la universidad como tal, hice lo mismo que en Medellín: la visitaba por el ambiente que ofrecía, es decir, un espacio donde interactuar con personas, un espacio para retroalimentar. Así fue, yo sólo busqué en la universidad ese ambiente. Hoy día me tropiezo con antiguos amigos de la universidad que me preguntan: "¿en qué carrera fue que te recibiste?", convencidos de que yo era estudiante, porque yo iba con frecuencia, buscaba la biblioteca, buscaba los cine clubes, las cafeterías, también conocía la sección administrativa. En fin, la decisión era no entrar a la universidad, hacer el viaje, pero para hacer el viaje tenía que regresar. Yo pensaba que podía realizar investigación por cuenta propia. De una u otra manera se me facilitó ese propósito y aquí estuve de regreso, a los 22 años más o menos. Fue muy revelador mirar todo en retrospectiva, volver a las comunidades: algunos tíos familiares habían muerto, otras tías que conocí de niño todavía estaban ahí. Para mí fue una especie de regalo, tenía temor y fue revelador que ellas me acogieran. Sentí que fue volver a nacer nuevamente, ya la plena conciencia del ambiente, del olor, la textura de los árboles, los chivos, los pájaros, todo fue como un despertar colectivo en el cual me replanteé todo. Entendí que había un principio y que el principio era ése, volver a nacer. Eso ocurrió del 1978 al 1983, cinco años que me conectaron, cinco años de restauración, era algo interno.

Entonces vivía entre las comunidades y la universidad, aprendiendo y estudiando por mi cuenta. En Riohacha compartía con la familia en lo que podía ayudar. Conocía a mucha gente a quienes les interesaban mis ideas y me uní a ellos para hacer proyectos sociales, proyectos puntuales, socio-ambientales; recibí alguna remuneración y luego comenzó todo, es decir, comencé a escribir. Digo que comencé a escribir de verdad en ese momento, porque la escritura que hacía en Medellín era muy intimista, de preguntas y respuestas muy metafísicas, como "¿quién soy?", muy individualista todo, y cuanto más se acerca uno a la literatura de esa forma, más copia, más busca rimas y se queda en eso. En Medellín hubo algún aprendizaje, pero no había llegado a escribir de verdad. Fue aquí en la Guajira cuando llegué al terreno, que recorrí todo el territorio...

JDW: Fue ahí que te agarró la pasión del territorio.

MALH: Bueno, no sé si llamarle "pasión", no me parece adecuada la palabra, pero ahí sí empecé a sentir que ya estaba en el espacio y en el tiempo que buscaba, es decir, asumí el viaje que me llamaba. Ahí empecé a entender que era importante la oralidad, escuchar, no solamente la palabra sino los sonidos, con los relatos, con los mitos. Por ahí estaba mi conexión con la creatividad, que era la palabra. La lengua por ejemplo, volver a entender los verbos, la conjugación, porque un verbo en wayuunaiki puede significar tres cosas, tres acciones, y entender paulatinamente que hay algunos verbos y adjetivos que podrían englobar todo en la creatividad, entonces profundizar en ello, en las raíces. Una cosa era interactuar en la búsqueda de la lengua materna, el wayuunaiki, con los ancianos y era muy complicado, eran solamente sonidos, habituarme al sonido. Pero no podía pretender conformarme con eso, yo tuve que buscar la academia, tuve que ir a la universidad y buscar a las profesoras wayuu, a los docentes de la lingüística para poder entender que en cada palabra está la vida misma, y poder ubicar la palabra corazón en el órgano mismo, y en la figura metafórica de la cultura. El wayuunaiki comenzó a ser muy importante, con él hice la transición de lo intimista, de lo individual, a una escritura de conciencia plural, colectiva. Supe que ahí en ese nosotros sí hay un rostro de responsabilidad, es un yo que está ligado a una suerte colectiva, no a una suerte única del individuo. No fue una revelación súbita, no, fue ganada poco a poco. Es un proceso, es un trabajo. Es un trabajo que se realiza hacia adentro con la comunidad, que lo entiende de otra manera, pero también es una poesía que va a entenderse fuera de la comunidad, es un trabajo que se entiende como un artificio para ayudar a la comunidad, pero es el artificio como elemento del encuentro entre lo de afuera y lo de adentro.

JDW: ¿Es lo que tú dices en el poema que distingue el rol del *jayeechimajachi*?

MALH: El *jayeechimajachi* o cantor es el narrador tradicional, es el que sostiene de alguna forma todo lo colectivo, él vuelve y se devuelve para mantener el viaje de encuentro. Si desaparece el jayeechimajachi, o el *outsï* (chamán), nuestra cultura desaparece. Y no lo digo porque desaparezca algo exótico, sino porque no debe desaparecer la posibilidad del encuentro, es decir, del contrabando, de ese viaje que es ir y volver, y que experimento en mi obra.

Vicenta Siosi Pino
Riohacha, Colombia

Vicenta Siosi Pino destaca como escritora con inusitada acogida en su región y su participación ha sido importante en las resistencias de todos los sectores de la población de la Guajira (criollos, wayuu y otros grupos indígenas) al proceso de destrucción de los suelos y las aguas provocado por las corporaciones extractivas transnacionales, principalmente El Cerrejón, la cual pretende desviar el curso del Ranchería, el único río existente en un Departamento de 22,000 kilómetros cuadrados con clima desértico. Su "Carta al Presidente Manuel Santos" denunciando con inigualable elocuencia la enormidad de la amenaza contenida en estos planes de El Cerrejón, tuvo gran impacto en el país. La autora es empresaria independiente del casco urbano de Riohacha. La entrevisté en la plaza de la ciudad, frente a la catedral.

JUAN DUCHESNE WINTER: ¿Desde cuando viene publicando sus cuentos y cuál ha sido su experiencia en ese sentido?

VICENTA SIOSI PINO: Desde el año 92 cada uno fue publicado independientemente, pero después yo hice una compilación con el apoyo de la Asociación de Autoridades Tradicionales de mi ranchería. Este libro lo publicamos con préstamo que pedí al banco, ellos me hicieron el préstamo y luego yo tuve que devolver la plata, y el libro se vendió. Hice la segunda edición revisada, que tiene mejores ilustraciones, mejor tipo de letra, aunque los textos siguen igual. Lo que mejoró fue el formato de la edición realmente.

JDW: ¿Cuándo decidió escribir y que cosas la llevaron a hacerlo?

VSP: Yo salí del bachillerato y no pude ingresar de inmediato a la universidad, me quedé en la casa y me puse a escribir. Luego estudié comunicación social, lo que me ayudó a pulir la escritura. En mi universidad, en Bogotá, celebraron un concurso de cuentos; participé para ganarme la plata, pero mi cuento no ganó. Sin embargo, este cuento viajó y llegó a las manos del rector de la universidad de la Guajira, de casualidad, con el resultado de que la Universidad de la Guajira publicó mi primer cuento en el año 1992. El cuento siguió viajando y también llegó por casualidad al director del magazín dominical de *El Tiempo,* uno de los periódicos mas importantes de nuestro país, y lo publicaron sin que yo conociera a nadie ahí. Cuando la Universidad primero publicó el cuento se establecía que podía ser reproducido siempre y cuando se mencionase la fuente, por eso *El Tiempo* se tomó la iniciativa de publicarlo también. La gente lo leyó y me decía "escribes bien", y entonces ahí me dediqué a escribir más.

JDW: Y cuando escribe, ¿lo hace desde su identidad wayuu, caribeña, colombiana o todas... o ninguna?

VSP: Yo creo que escribo desde los wayuu, porque el mundo que yo conozco es el de los wayuu, las historias que yo conozco son de los wayuu, mis amigos son wayuu, mi familia, todo. Hay un cuento que se llama "No he vuelto a escuchar los pájaros", es la historia de una niña muy hermosa y joven que la casan con un anciano wayuu, y la vida de ella cambia radicalmente. Bueno, pues esa anécdota la conozco por los wayuu. Por ejemplo, mi papá tuvo siete mujeres, tal como lo permite la costumbre wayuu, y su última esposa, Margarita Uriana era muy jovencita; mi papá anciano le llevaba unos 57 años de diferencia. Margarita era menor que yo, una niña de 14 años. Ella lloraba y huía para su casa, pero la mamá la volvía a traer, y ella lloraba y se iba, y la mamá la volvía a traer, y por fin se acostumbró con mi papá. Ella me inspira el cuento "No he vuelto a escuchar los pájaros". Conozco mucha gente con experiencias parecidas; es una costumbre que los papás escojan los maridos o las esposas de sus hijos.[1]

JDW: ¿Y esta práctica sigue vigente?

VSP: Sí, sigue muy vigente, muy campante.

JDW: Yo creía que había disminuido.

VSP: Bueno, algo ha disminuido, porque hay muchachas jóvenes que vienen a estudiar, y ellas sí se rebelan contra esa costumbre. Pero todavía

---

[1] La sociedad wayuu practica y valora sobre todo la *poliginia matrilocal dispersa,* es decir, el lazo conyugal del hombre con múltiples mujeres que mantienen residencia en diferentes lugares, preferiblemente con la familia materna de ellas. La selección de la pareja y los términos del casamiento se negocian con el tío materno y otros parientes de la línea materna. Cuando se habla de "pagar" por la esposa o "comprarla", se hace referencia a la dote que el pretendiente debe comprometer y entregar a los parientes maternos de la novia y que se preserva para asistir a la mujer en casos estipulados de necesidad, como viudez o abandono por el marido. La vida urbana y las transformaciones socioeconómicas y culturales explican la disminución notable de estas prácticas en décadas recientes.

hay las que no estudian, muchas, que no tienen opción. Hay mucho wayuu en la ciudad, mucho wayuu urbanizado que ya no acepta eso, pero hay cantidad que lo acepta, sobre todo en la zona rural.

JDW: ¿Y la poligamia todavía se da, o ya no?

VSP: Lo que pasa es que el hombre puede tener las mujeres que quiera si es que tiene para comprarlas y mantenerlas. Por lo que, como no hay tanto hombre con plata o bienes para comprar mujeres, no ocurre en muchos casos. Pero claro que sí existe, la poligamia la practican en su mayoría hombres mayores, con plata, por el prestigio. Hay hombres jóvenes wayuu muy tradicionales que lo harían, pero igual no pueden porque no tienen plata.

JDW: ¿Cómo la comunidad wayuu ha recibido sus cuentos?

VSP: Muy bien, porque existe una riqueza de mitos, de leyendas entre los wayuu, que hacen parte de la tradición oral y es patrimonio de todo el mundo. Y estos cuentos, así diferentes, de nuevas autoras, como estos míos y los de Estercilia Simanca, se integran muy bien a esa tradición, la tradición los recibe. Hay muchas narradoras del lado colombiano y del lado venezolano.

JDW: La gran mayoría de la población wayuu utiliza el wayuunaiki como lengua primaria en la cotidianidad. Pero se dice que la parte minoritaria de esta población que maneja la lectura, prefiere leer en español, ya que no se identifica con el wayuunaiki escrito aunque éste constituya su lengua primaria hablada. Por eso se dice que la literatura oral, como la del jayeechi o canto tradicional, es para los wayuu, se dirige a ellos, mientras que la literatura escrita es principalmente para los no wayuu.

VSP: Lo que pasa es que sí se lee el español bastante. Yo he estado dando clases en la Universidad de la Guajira, de literatura indígena e indigenista, a los estudiantes de literatura en etnoeducación. En este momento existen cerca de 1600 estudiantes wayuu en la Universidad de la Guajira, muchos en etnoeducación, también en pedagogía infantil. Nosotros miramos ahí los mitos, las leyendas, y ahí hay personas que se han dedicado a coleccionarlos. Cuando se hacen talleres se usan los cuentos, que las maestras han pedido siempre que se compren, que los quieren tener en el colegio y los usan. Se están usando como textos en colegios, en la universidad, desde antes que yo llegara; los utilizan de muchas maneras. Las personas escuchan los cuentos en distintas actividades y los comparten o los comentan y bueno, entonces sirven para algo, ¿no?

JDW: Quiere decir que no se puede medir el alcance de la lectura si no se tiene en cuenta lo que se maneja en la educación a todos los niveles y las distintas maneras en que la gente accede a esa literatura, que no es simplemente comprar un libro para uso y lectura individual, como se concibe en las sociedades urbanas occidentales, sino compartir sus contenidos de muchas maneras y por distintos medios.

VSP: Y además debe quedar claro que la literatura no se hace para unos grupos, étnicos o lo que sea, sino que se escribe para todos. Yo, como wayuu, cuento lo que a mí me llama la atención, lo que me admira, me asombra o me duele, más que todo lo que me duele, lo que me duele de mi comunidad, y entonces les gusta a los wayuu y les gusta a los alijuna también, y les gusta a los extranjeros, fuera de este país.

JDW: La literatura tiene una vocación mundial, las experiencias singulares de ciertos ámbitos de vida, como los de expresión étnica son, por supuesto, un posible punto de partida, no de llegada...

VSP: Sí, uno cuenta las historias propias para todos.

JDW: Veo que sus cuentos coinciden con los de Estercilia Simanca, aunque son de estilo diferente, en ir directo a la experiencia contemporánea del wayuu, sin pasar por la mitología ni los temas tradicionales orales.

VSP: Usted leyó "La señora iguana". Es un cuento para niños, es un cuento que yo llamo real, en la antología de Miguel Rocha también se incluye. Es exactamente la descripción de la ranchería de mi mamá, ocurre en ese escenario y aparece el pájaro utta, que es parte de la mitología wayuu. Pero bueno es sólo una mención. A mí me sorprendió conocer el pájaro utta en la vida real, porque tiene mucho significado para nosotros los wayuu y no es tan común verlo. Cuando yo lo conocí me sorprendí. Así es que aparece la mitología en mis cuentos.

JDW: Te defines como una escritora para niños y jóvenes?

VSP: Muchos dicen que escribo para adultos, porque a ellos les gusta. Yo escribo para todos, como he dicho. Yo sí tengo una cosa clara en mi mente, sobre lo que me motiva a escribir: yo viví mucha discriminación, muchísima cuando nosotros llegamos aquí a la zona urbana a estudiar. Con esos valores tan grandes que tenemos, con esa cultura tan rica, con ese carácter que nos gastamos, yo me preguntaba por qué esta discriminación. Y yo llegué a la conclusión que es porque la gente no nos conoce.

Yo estuve dando una clase en el colegio Colombo-Árabe de Maicao, que es el colegio de los árabes allá, donde estudian solo árabes, y ellos fueron a preguntarme, ellos que han estado todo el tiempo en Maicao con los wayuu que son sus empleados y todo, y me preguntaban cómo son los wayuu, querían conocer lo mínimo de los wayuu. Está claro que existe discriminación cuando se considera al otro menos, pero es porque no se le conoce, no se conoce su valor. Me interesa que la gente conozca quiénes somos, dónde están nuestros valores, por eso escribí "El dulce corazón...", que es un recorrido por toda la cultura wayuu. Y gracias a Dios los cuentos tienen efecto, a la gente les interesan y van a conocer las rancherías y a mirar al otro con unos ojos distintos.

JDW: ¿Tú ves tu labor de escritora como una labor correctiva?

VSP: Yo digo es que me ha correspondido, estoy en un momento que tengo que hacerlo, incluso cuando he dejado de hacerlo Dios ha llamado a otros que lo hagan, entonces prefiero hacerlo yo. De verdad que por un tiempo yo dejé de escribir por estar pendiente de mi vida doméstica, pero he tomado conciencia de que es necesario, que Dios me ha dado un talento que debo utilizar y que en el momento histórico en que estoy, debo escribir sobre esto, después vendrán otros que escribirán otras cosas, pero sobre este momento debo escribir yo.

JDW: En América Latina hay un gran movimiento de los pueblos indígenas para hacer literatura, ¿crees tú que lo que escribes pertenece a este fenómeno continental?

VSP: Sí, hay un clima. En el caso nuestro fue importante que la Constitución de 1991 reconoció a Colombia como país multiétnico y pluricultural. Después del 91 sentimos que no éramos ciudadanos de quinta en este país, y a partir de ahí algunos intelectuales aquí en la Guajira se interesaron por hacer cosas. En seguida, en el año 92, entre las primeras ordenanzas del primer gobernador popular estuvo nombrar a un Secretario de Asuntos Indígenas que es un indígena de aquí, y le dice a él vamos a declarar que el wayuunaiki es una lengua oficial. Ése es el primer acto legislativo que hace el gobernador. El dijo "esta ordenanza no va a venir sola". "Vamos hacer que la Guajira sea bilingüe", dice la ordenanza, que se enseñe wayuunaiki en las escuelas. Hace apenas cinco años que se está enseñando wayuunaiki en los colegios como resultado de la ordenanza. Desde entonces crece todo lo wayuu en la Guajira.

Juan Pushaina (con José Ángel Fernández Silva)
Maracaibo, Venezuela

Juan Pushaina es el nombre literario de Rafael Pocaterra. Vive en Paraguaipoa, Venezuela, y mantiene contactos familiares y de negocios en Maracaibo. Es autor de *La fiesta patronal, Quiero cantar* y *Canto al amor, a la vida y a la ecología wayuu*, entre otros poemarios. Nos concedió una generosa entrevista en la casa de su hija en Maracaibo, salpicada con la más diversa conversación literaria, en la cual intercaló lecturas y recitaciones (de memoria) de algunas obras suyas y de pasajes enteros de las memorias de García Márquez, *Vivir para contarlo*. Nos acompañó su amigo José Ángel Fernández Silva, quien también participó en la conversación aquí vertida. Generacionalmente, Pushaina media entre la generación de Jusayú y la de Fernández. Transcribimos las partes atinentes al tema de esta antología.

JUAN PUSHAINA: La literatura wayuu es Caribe, la Guajira se baña día y noche por siglos en el mar Caribe. Esa historia ha sido muy rica, muy apasionante, todo, la parte de la Conquista, de la Colonia, el romanticismo que había, la conquista con su violencia.

JUAN DUCHESNE WINTER: ¿Se considera usted como uno de los escritores fundadores de la Literatura Wayuu?

JP: No, no lo soy, antes de mí muchas personas escribieron, sólo soy un continuador, un seguidor, estoy transitando el mismo camino que ellos.

JP: Y luego hemos tenido a alguien que de cierta forma ha sido un maestro, un fundador: el francés Michel Perrin. Para nosotros él sí cuenta como uno de los primeros que sistematizó nuestra literatura oral.

JDW: ¿Que sea un francés no impide que se le considere como uno de los fundadores de la literatura wayuu?

JOSÉ ÁNGEL FERNÁNDEZ SILVA: Es la historia de la Otredad, que en su momento pasará a ser parte de esa historiografía crítica.

JDW: Juan, ¿la obra suya ha sido mayormente poética?

JP: Sí, he escrito algo de poesía y he escrito algunos cuentecitos, algunos son míos, otros los considero recopilaciones, y me he cuidado de señalar lo que sea recopilación, no me lo apropio.

He oído a una tía, la madre del señor Melino Fernández, esa era abuela tía mía, porque era tía de papá y ella echó un cuento. Yo no sé por qué Lucía no lo escribió. Ella me lo echó a mí y la verdad me pareció un cuento tan interesante, voy a tratar de narrárselo a ustedes ahora de forma muy somera:

> Se trataba de un par de ancianos que tenían una nieta, la madre de la muchacha creo que había muerto, y los ancianos estaban al cuidado de la muchacha. Y como no tenían a quien mandar, ellos salían a hacer sus tareas en el campo, a buscar leña, a buscar agua, pero a la nieta la encerraban. Era la Alta Guajira en una época y un escenario muy primitivos. Resulta que ellos temían que la muchacha pudiera ser víctima de algún peligro y ellos le dijeron que no saliera: "Pues por tu condición de púber, tienes ciertos olores, que a distancias se los lleva la sabana y algún ser maligno puede percibir tu olor o tus aromas y venir" –le decían–. Y resulta que estando un día la muchacha sola, llegó una persona con mucha violencia y le dijo que saliera; total que el tipo vino y rompió la casa, pero el tipo tenía aspecto de tigre, parecía un tigre, tenía pintas y eso, la cara peluda; total que la secuestró. Entonces él se la llevó en una bestia, pues ya traía una bestia para ella, y él adelante la llevaba a cabestro por allá, y entonces se iba por las serranías de la Alta Guajira por allá, y la muchacha, cuando ya iban llegando a un sitio, o ella presumió que iban a llegar al sitio pues vio una hondonada donde había agua, con más tigres, pero tigres de verdad... en ese paso por la hondonada la muchacha de pronto se bajó de la bestia corriendo. El secuestrador no sabía que la muchacha tenía habilidades para huir, pero ella huyó y se trepó en un arbolito, y el otro la siguió y ella se agarraba al arbolito y el árbol se humanizó y le dijo "no te preocupes, yo te voy a salvar" y empezó a crecer el árbol, a elevarse y engrosar también, y los tigres todos trataban de alcanzarla, pero no era posible, no era posible, no había la manera de trepar y el agua comenzó a subir, y el árbol le aseguró a la niña "no temas, aquí vas a estar segura, pero yo siento que tú estás embarazada", le dijo, "yo siento que tú estas embarazada, y estás embarazada de tigre", le dijo. Y entonces la fábula sigue con la lección de que la criatura que la muchacha iba a parir era el primer Uriana, porque ese clan está identificado con esos felinos.

Ésa es una de las recopilaciones mas felices que yo he tenido, me llegó tan fácil a través de una prima; esta prima la heredó de su abuela. Ya lo publicaron algunas revistas aquí en Maracaibo, se llama "Los Uriana".

Hay otro cuentecito, que me lo contó aquí en Maracaibo un tal señor Pushaina y se titula "La Lagartija":

> Allá en la alta Guajira había un muchacho que era malo, que le gustaba hacer maldades. Él era un jovencito ya, y lideraba el grupo de jovencitos de la aldea donde vivía. Ese muchacho se encaramaba en un curí seco que había, le gustaba mucho subirse, y desde ese árbol él le hablaba a los demás, les dictaba charlas, les daba cátedra de maldades a los demás muchachos, y ahí cogía las lagartijas, que en Colombia llaman lobos (son las lagartijas que hay en todos los patios de aquí de Maracaibo, uno está familiarizado con ellas). Bien, pues él las agarraba y les partía las patas, se las fracturaba, les dislocaba las articulaciones y como los animalitos no podían moverse, no podían caminar. Un día él maltrataba así a diez, que si veinte animalitos de esos y al otro día había zamuros comiendo lagartijas, y el muchacho siempre se subía a su curí. Un día de esos, estando él bien encaramado en el curí, sopló un fuerte viento, perdió el equilibrio y cayó de espaldas, y fue un poco arrastrado sobre el tallo del curí, y lo enganchó un garfio que quizá él mismo había cortado, y le enganchó el muslo y como cayó de cabeza, el muslo destilaba la sangre, la sangre se le metió por la boca, por el oído, por los ojos, y vio el paisaje todo rojo con los lentes de su sangre, y el muchacho empezó a gritar "ayuda, ayuda" y rápidamente ya corrió la familia. Ya estaba un tío, vinieron más tíos y trajeron algo así como una escalera, lo izaron un poco para desengancharlo y lo bajaron, y lo llevaron para la casa.

Este cuento me gusta mucho porque es ecológico. Bien, la abuela del muchacho, después que le dieron todos los auxilios, fue donde un piache[1] y le dijo: "Bueno, yo quiero que tú me digas por qué a mi nieto le ha pasado este accidente?" El piache comenzó a coger todos los vegetales que él quemaba, para penetrar entre el humo y buscar respuesta a todos los conflictos

---

[1] En la Guajira se le dice "piache" al chamán. Sobra decir que la voz "chamán", que nos llega de la lengua tungus a través del ruso, casi no se usa popularmente en Suramérica. Ver Mircea Eliade, *El chamanismo y las técnicas arcaicas del éxtasis*, estudio que privilegió la experiencia chamánica de los pueblos siberianos y centroasiáticos y contribuyó a extender el uso de dicho término a otras experiencias similares de las más diversas regiones (Nota del editor).

que le traían. Él hacía eso cuando necesitaba indagar sobre robos, sobre la suerte, sobre los destinos, y él se soñó en la madrugada, luego salió y habló entre la familia: "Bueno, me acaba de hablar el espíritu que defiende a los reptiles y a las lagartijas. Dice que ese muchacho está endeudado con ellos, que tiene una deuda con el ambiente, con la naturaleza, que él maltrata a unos animales tan inofensivos, que cómo es posible eso". Quiere decir que el muchacho merecía ese castigo, pues hasta derramamiento de sangre hubo. Y entonces el piache dio una recomendación: que se debía hacer una *yonna*. Se empezó a dar el toque del tambor durante todas las noches, y una vez que una gente iba como de Cojoro a Castillete, en ese rumbo, oyeron el toque del tambor y llegaron a una casa a pedir agua, y preguntaron: "Ajá y ese toque de tambor qué es". En la casa le respondieron: "Ese toque de tambor es una manera de resarcir el daño que un jovencito le hizo a las lagartijas, total que se va a hacer una fiesta de tambor de tres días donde va a haber baile y se van a comer muchos animales".

Es la primera vez que yo me tropiezo con un cuento de nuestra tradición oral que advierte sobre la cuestión ecológica.

JAFS: Es la preocupación con la vida y por el ambiente, que se expresa más ahora, como el cuento de las lisas que me hiciste...

JP: Esas son anécdotas que yo te conté a ti. Resulta que yo nací cerca de ahí, él [José Ángel] es vecino mío, y él y yo somos wayuu de los médanos, porque en la Guajira hay el wayuu de las rocas, de las piedras, y hay gente que nació cerca del mar, como decir Riohacha, Manaure, el Cabo de la Vela, esos son wayuu del mar y de la arena, se les dice palaanchi, que así les dice Weildler Guerra, el antropólogo wayuu. José y yo nacimos en esa gran formación de arena que el golfo creó desde el río Limón hasta el Caño de Nema, que levantó unos bancos inmensos de arena, y resulta que esos bancos de arena guardan agua y los abuelos de nosotros que llegaron a esa zona de la Alta Guajira, lo sabían y decían que debajo de la arena había una generosa cantidad de agua, no mucha, pero una generosa cantidad para sostener la población que iba llegando, y esa era agua dulce, era un reservorio de agua dulce que a manera de esponja las arenas guardaban ahí. Bueno, entonces se fomentó el cultivo del coco, el coco es un vegetal exótico propio de la India, de esos litorales del Océano Índico, y las corrientes los fueron trasladando hasta que llegaron a las costas de América. Germinaron, alguien vio los frutos, los encontró en unos pozos a la orilla del mar, los abrió, vio el agua y la probó que era exquisita, que era generosa, que era una agua muy buena. Por lo que el coco para nosotros los de América es un visitante, él es un turista que llegó para quedarse con nosotros. Nosotros ahí nos dimos cuenta que nuestros vecinos de Sinamaica sembraron coco con agua de médano, así las familias empezamos a sembrar y el coco prosperó, hicimos cocales. Había aquí en Venezuela demanda por el aceite del coco y para nosotros fue una fuente de economía. Hoy el coco se lo ha acusado como a un criminal, porque supuestamente tiene mucho colesterol, dicen los dietistas. Pero a mí me parece que está bien consumir un plato de chivo en coco, o un lebranche salpreso en coco de vez en cuando, que es muy sabroso, rico. Bueno, en Cartagena de Indias comen mucho coco. Hubo una vez un cartagenero que venía muy apurado y cogió un bus para Santa Martha, y él quería comerse algo así como un pastelito, no sé en Colombia ustedes cómo lo llaman, iba a pedir un café con leche y se equivocó y dijo deme uno con leche de coco. También dicen que Kid Pambelé, cuando se preparaba para ir a boxear al Japón, un tipo que estuvo aquí le dijo: "Mira, yo he estado meditando muchísimo porque en el Japón noquean a la gente muy fácilmente". El tipo le aconsejó: "Cuando vayas para el Japón no vayas comer la comida de allí, nada de esos bichos ni agua ni nada que te brinden", porque a los venezolanos los noqueaban, aquí eran campeones, pero allá en Japón los noqueaban. Entonces Pambelé se dijo, "eso es muy fácil, me llevo a mi hermana", y fue al mercado, se compró dos manos de lisa, compró coco, compró verduras, llevó agua, y cuando llegó a Japón, al hotel, no probó el agua de allí para nada, y la hermana cocinó la comida de él, le dio lebranche en coco y al otro día a la hora de la pelea sacó al japonés por las cuerdas. Yo creo que esa es una historia bastante Caribe, relacionada con la negritud de Pambelé.

JDW: Y usted... ¿cómo ve la literatura wayuu, como una literatura autónoma o la ve como parte de la literatura venezolana, o de la literatura colombiana, dónde la ubica?

JP: Yo veo que tiene un carácter muy particular de la tierra. El primo José Ángel sabe que eso es así, que estamos haciendo cosas nuestras y tal vez recibimos alguna influencia, pero uno trata con la literatura de dar noticia, refrescar, recrear toda la cultura wayuu. A eso nos dedicamos.

JDW: ¿Escribe usted en formato bilingüe, como José?

JP: No, mi primera lengua es el wayuunaiki pero yo escribo en castellano. Cuando estaba en la Secretaría de Cultura hicimos esfuerzos con José Ángel y con Jusayú; hacíamos un trío para las traducciones, los tres opinábamos y mezclábamos, tejíamos nuestras opiniones. José y yo ayudábamos a Jusayú de esa forma.

JAFS: Trabajamos primero en español. El asunto es que tanto la obra poética como la narrativa aparece paradójicamente primero en castellano, luego se traducen al wayuunaiki. Así fue que irrumpió Miguel Ángel Jusayú, pero al fin el filtro lo hago yo, que ya estoy escribiendo en castellano y en wayuunaiki, mi lengua primaria; pero sí, las primeras obras escritas se hacen primero en castellano.

JDW: Pero el primer borrador… ¿tú lo haces en wayuunaiki?

JAFS: La inspiración me llega en mi primera lengua, el wayuunaiki; el primer borrador lo pensaba en wayuunaiki pero lo iba anotando, redactando, en castellano, y luego que estaba fijado en castellano, hacía la traducción escrita en la que retornaba al wayuunaiki por la vía de la escritura, el idioma en que originalmente lo había pensado. Yo sé que en todo hay trampa, todo tiene trampa. Los que conocen el wayuunaiki, los lingüistas, se dan cuenta, de lo cual yo me estoy cuidando más ahora, porque ahora es diferente: yo estoy trabajando más desde de la sintaxis de mi propia lengua, de su oralidad y pasando directamente al wayuunaiki escrito, para entonces traducir al castellano.

JDW: Quiere decir, que en un principio solías pensar el poema en la oralidad wayuunaiki, pero lo fijabas en español primero, como si el español fuera un puente, un paso intermedio, para en un próximo paso llevar esa oralidad a la escritura propiamente wayuunaiki. Y en el caso de Jusayú, ¿cómo lo hacía él?

JAFS: Con los relatos que tienen mucha riqueza poética, que son relatos de tradición oral, no solamente se versionan, sino que primero se recopilan. La persona que relata oralmente le imprime un orden que mantiene el orden propio wayuu, y luego el resultado se pule de tal manera que eso quede en una obra acabada, apropiada para la escritura y se le da una autoría para rematar, esa es la virtud de Miguel Ángel.

JDW: ¿Él hace primero la versión en wayuu?

JAFS: La recopila, la mayoría son versiones recopiladas, que posteriormente traduce al español. Luego reelabora el wayuunaiki compilado de acuerdo a la versión en español. Yo sé, porque trabajamos al lado de él. Lo suyo era compilar. Cuando le decíamos que él hiciera creaciones propias, que activara sus poemas, que active su mundo personal, nos decía que para qué escribir algo personal suyo, si ya todo lo que decimos los wayuu, el pueblo guajiro, es una verdad, y es una paradoja entre la fábula y la verdad y basta con recopilarlo y pulirlo. Un buen día seguro que él empezó a soñar, empezó a reflexionar ante el contacto con los niños a quienes les narraba los cuentos en visitas a las escuelas donde lo invitaban. Él se hizo también famoso, muy reconocido, tuvo entrevistas, y entonces se sentó a escribir a partir de sus sueños, es decir, hay inéditos suyos. Si usted escucha la manera en que él leía sus obras, en el documental dedicado a él, *El niño Shua*, destaca una de las cosas mas impresionantes de su literatura, que son las transformaciones continuas de la imaginación, ésa es su contribución original y personal.

Personalmente no sé si Jusayú dejó muchos textos inéditos, si sé que dejó muchas cosas por aportar. Pero es tremendo, es un personaje excepcional en cuanto a sus aportes, en cuanto a lo que hizo en su condición de ciego, del tratamiento que le hizo a la gramática wayuu. Murió perfeccionando y completando su diccionario.

JDW: Miguel Ángel Jusayú estableció el wayuunaiki como lengua escrita, publicó obras importantes en esa lengua recién convertida en letra para un público que asocia la escritura alfabética con la lengua del extraño. ¿Qué se experimenta al ver la lengua propia, asociada a los sonidos de la niñez, a la memoria oral compartida en comunidad, vertida en la letra asociada con una lengua ajena?

JAFS: Para los wayuu, eso es una contradicción. Por eso, no vaya a tomar al pie de la letra lo que voy a decir: para los wayuu que están en el proceso de la interculturalidad, que están conscientes que hay un puente y que ese puente es la lengua castellana, es un desafío seguir escribiendo, produciendo libros, pero ese desafío se convierte en doble desafío cuando uno lo experimenta en el ámbito bilingüe de la etnoeducación intercultural que se requiere sostener para que la cultura y la lengua prevalezcan. Ahora estamos enfrascados en el proyecto de traducir *Cien Años de Soledad* al wayuunaiki, y ese desafío está sobre los lomos de la lengua wayuu, porque es la lengua binacional, es la lengua más promocionada entre las lenguas indígenas de la región, que incluye procesos de estandarización inminente, a pesar de que carecemos de una academia de wayuunaiki, que carecemos de una cantera de educadores bien formados. Hay que estar dispuestos a todo eso, a asumir el bilingüismo, el trilingüismo, el multilingüismo, para que la lengua prevalezca.

JDW: Juan... ¿qué opina usted del esfuerzo de escribir, imprimir las obras en wayuunaiki vertido al alfabeto latino?

JP: Yo me he sentado a leerlo y no es muy fácil ponerse a leer el guajiro[2] cuando ya está escrito. Es difícil, a pesar de que yo soy bilingüe, que conozco buena parte de las palabras del guajiro y hasta he aprendido las pequeñas variantes. Pero eso no es lo importante. A mí me parece que la escritura del guajiro es una manera de mantener el idioma, la voz de las generaciones que vienen, que es una manera de sostener la esencia del lenguaje, que quede impreso, pero muy particularmente le voy a decir una cosa. Claro que es muy poca la gente en la Guajira que sabe leer, que son analfabetas, y claro que si les damos una obra escrita en guajiro no la van a poder leer, pero nosotros vamos bien porque la estamos trabajando para el futuro. La idea es preservarla para el futuro.

A mí me parece que hay que halagar a los que no saben leer y a los flojos hay que halagarlos con la oralidad, por eso en la televisión, en la radio se les debe leer cuentos en wayuunaiki a los guajiros a una hora especial, la hora wayuu y entonces contar historias, fábulas, recitar poesía en guajiro.

---

[2] El gentilicio indígena "guajiro", aplicable a la lengua de ese grupo, es de amplio uso en el español colombiano y venezolano desde la época colonial y todavía se usa mucho en la región, mayormente en Venezuela. El término "wayuu" es de adopción posterior y a la par con su introducción se tiende a denominar como "guajiro" todo lo que provenga del departamento de la Guajira, sea o no de origen indígena (Nota del editor).

José Ángel Fernández Silva
Maracaibo, Venezuela

En un sentido filológico se puede decir que Fernández es el autor más cercano al legado de Miguel Ángel Jusayú, pese a que su oficio es el verso y no la prosa narrativa a la cual el maestro Jusayú dedicó sus mayores esfuerzos. Fernández posee un total dominio del wayuunaiki hablado y escrito, siendo éste no sólo su lengua materna sino también el objeto de sus estudios lingüísticos formales y la lengua terminal de su labor de traductor; además, redacta y publica su obra consistentemente en formato bilingüe. Es autor de los poemarios *Lenguaje del sol* (2005), *Pagamentos a la Madre Tierra* (2007), y *Dones y cantos al Cerro Mayor* (2013), este último ganador del premio continental Canto de América 2013, otorgado en México por la Asociación de Escritores en Lenguas Indígenas.

JOSÉ ÁNGEL FERNÁNDEZ SILVA: Amigo, leo, para comenzar, este poema, es que es muy Caribe, uno de mis candidatos para la antología, se titula "Curamia, Curriupuu", que traduce "Doncella Lacustre".[1]

Doncella lacustre
Doncella lacustre
Doncella del alma mía
Doncella lacustre
Extiéndeme tus manos
Desde la inmensidad de ese puente
Doncella danzarina
Bajo el cielo matinal
Extiéndeme tu mirada
Y apura tus pasos al sol de los senos
Así se espantarán los fantasmas del día
Como crustáceos entre raíces de mangle
Dios, a través de un sueño
Te envía este coro celestial
Hoy te despertarás

---

[1] Fernández Silva lee el poema en wayuunaiki primero y luego en español.

> Junto a la media noche
> Sentada sobre esta roca ancestral
> Y el sendero de tu vida
> Se llenará de cantos

Le comentaba a la amiga que aquí se recrean cosas de mi cultura muy profundas, por ejemplo, estas tres últimas líneas que dicen "sentados sobre esta roca ancestral". Cuando las madres y las abuelas inician un rito de protección individual o colectiva, no un rito de pubertad o de encierro, sino de protección, nos ponen a mirar las cosas ancestrales, como un cerro, una gran roca. Colombia y Venezuela comparten la vista en la distancia, facilitada por la llanura del desierto, de un cerro que está aquí en la frontera Colombo-Venezolana que se llama Epitsü o el "Cerro de la Teta", tiene unas leyendas maravillosas. Las madres nos ponen a mirar esos lugares o monumentos naturales de la geografía.[2]

> Surcar los mares
> Hasta ser vista
> Y extrañada por hombres jaguares
> En el paguaniichuyo florido
> La madre de mi diosa
> Se trajo consigo un hombre
> Cazador de sueños
> En pleno avatar de las auroras
> La madre de mi diosa
> Está plenamente identificada
> Con sus sueños descifrados
> Por la anciana vidente
> La anciana sigue diciendo
> Que la nave de mi diosa
> Lleva el sello del sol
> Cuando éste está
> calurosamente enamorado
> Cuando deja pasar rayito de luz
> Entre la tunca de la tierra
> Entonces surgen las hespérides con sus racimos
> Imitando una constelación de pléyades
> Como el recinto materno de Juyá
> Pura claridad y relámpagos

---

[2] Hace lectura de otro poema.

Pura ternura y cantos a la naturaleza
Puros sueños sagrados
A prueba de danzas invernales
Donde el juego de las cabritas lleva cada invierno
Para alegrar los corazones iracundos
Y garantizar la perpetuación de los linajes.
Creo que ese cuento está ahí, vamos a revisar
Conversatorio
Tomamos con las manos
El agua cristalina de la laguna de Guatavita
Entonces quedamos sorprendidos al saber
Que el corazón de la tierra
Atesora oro verdadero
Ahora sabemos que pertenecemos
A la estirpe de los Muiscas y Taironas rebeldes
Somos estirpes de mil linajes
Calmaran a la sed colectiva
Observamos con las runas y el yajé
El manifiesto espiral de una serpiente danzarina
Entonces nosotros congregados todos
En un solo conversatorio circular
Decimos a todos los habitantes del mundo
Somos estirpe de mil linajes
Somos estirpes de una sola madre
La madre tierra

Nemesio Montiel, a quien van a conocer mañana, es el nieto de Torito Fernández, líder histórico muy conocido en la Guajira, que negoció con presidentes de Colombia y Venezuela, que ha sido distinguido como uno de los palabreros más tradicionales. Cuando supe que designaron oficialmente a los palabreros como patrimonio inmaterial de la humanidad, me hicieron una entrevista y quise escribir un himno a los palabreros, dice así:

HIMNO AL PALABRERO
He orientado mis pasos hacia acá
Cortando las palabras
De esos padres míos
Digo que son mi padres
Porque soy hijo de Jayariyu
Sólo queremos primero
El valor de la sangre derramada

Han dicho esos wayuu Uriana
Sólo queremos la paz
Preferimos buscar el sustento diario
Han dicho con sabias palabras
Es bueno arreglar el sendero
No es grima para sacudirla
de nosotros con facilidad
Han dicho con frescas palabras
Para que haya paz entre nosotros
Paz generacional
Paz en la tierra
Queremos tres mochilas de cornelinas
Como valor de la sangre derramada
Han dicho esos wayuu
Esa indemnización preliminar por el sobrino víctima
Así es, no somos niñitos
Para no identificar bien las cosas malas
Así es, no somos niñitos
Para no identificar las cosas buenas
Además queremos estar en paz
Devuélvale ahora la respuesta a las palabras
De esos wayuu, padre suyo
Le damos un plazo de dos lunas
Para entregarle a aquellos que están pidiendo
Y un año para nosotros
entregarle la primera indemnización
Porque todos nosotros no hemos sido mal intencionados con ellos
Porque las recolectas no son de un día para otro
Hemos de caminar ahora en jornada de recolectas
Por los predios de nuestros parientes paternos
Los predios de quienes hemos sido solidarios con recolectas
Dos linajes han dialogado a través de frescas palabras
Hemos recibido correctas y frescas palabras
Como sí ha de sentarse tres veces el wayuu víctima
Sentada tres veces con mochilas llenas de cornelinas
Al cabo de dos lunas

Estos versos recrean el encuentro de dos palabreros. Yo he escuchado atentamente a los palabreros. Claro, ahí debe haber algunas debilidades sintácticas, pero yo voy a enviárselo ya corregido.

Juan Duchesne Winter: ¿Cómo empezaste a escribir?

JAFS: Cuando entré a talleres literarios en la universidad, me dijo el facilitador: "¿Por qué no escribes primero en tu lengua?" Mi primera reacción fue: "¡Y ahora qué hago yo!" Sí, yo sabía que lo podía hacer, pero yo también tenía carencias con la escritura del wayuunaiki. Sin embargo, cuando yo vi a Eugenio Mosonyi, el gran antropólogo húngaro-venezolano, dándonos clase y hablándonos de las variaciones del wayuunaiki con tanta seguridad, yo me decía "esto no puede ser, este tipo es un maestro, ¡qué admirable!" Pensé, entonces, que yo tenía que hacer algo, pero yo no alcanzaba la figura de los literatos wayuu que ya estaban saliendo en la escena, como Ramón Paz Ipuana, o como Miguel Ángel Jusayú. Jusayú, ése era un sueño, yo me decía, esto no puede ser, este gran personaje. Jusayú es ciego y una hermana mía lo conoció como parte de su labor en una iglesia, trabajó con él y le ayudaba con sus primeros trabajos de recopilación. Un día yo le dije a mi hermana que quería conocer a Miguel Ángel Jusayú y ella me dijo: "claro, es fácil, él está vendiendo lotería ahí en la plaza de la iglesia". Me fui yo con mi hermana, y ella lo llama, él le responde "¡Susana!" ¡Impresionante, claro, *anda vete pa' mi casa*! Yo franco le dije: "Miguel, yo soy admirador tuyo, cómo es que suena el nombre tuyo y el de Ramón Paz; los demás, qué podemos hacer para aprender, me tenés que ayudar en eso". Fue como una valentía decirle eso al maestro. Resulta que después de ese encuentro yo me volví discípulo de él, como dice una palabra en guajiro, el "penjena", el que es aliado, la dupla. Poco después salen mis obras, presento los recitales. Me publican de la manera más maravillosa en Monte Ávila, porque me convocan a Caracas para revisar las obras de Jusayú, con el propio Jusayú. En ésa época había salido ya mi primer libro y lo llevé a Caracas y les gustó. Me invitaron por doble partida, para corregir con Jusayú las obras de él y para publicar con Monte Ávila. Me dije, no puede ser, quedé azul, me empezó aquella cosa, traducir, ver, leer, revisar, conceder, ceder, con la cosa que es producir un libro. Producir un libro es como parir un niño, pero también tiene su delicadeza. En ese plan logramos traducir tres libros juntos con Jusayú. Los primeros tres del castellano al wayuunaiki, sus tres obras al wayuunaiki. Eso fue algo que me marcó tanto con Jusayú, porque un día me llamó por teléfono, pero no quiero que me graben lo que voy a decir, no me graben, por reserva profesional.[3]

[...]

---
[3] Se detiene la grabación atendiendo a su solicitud.

Sí, porque se lo digo a ustedes, porque se lo dije ayer: "Hasta Dios tiene trampa". Uno de los grandes por muchos años será Miguel Ángel Jusayú. Él murió de una manera repentina, se dice que murió a media noche, que se resbaló de una escalera. Averigüé también si estaría embriagado o no, y la versión que me dan es que no estaba embriagado en ese momento. Eso sí, él bebía, cuando bebía se perdía, se endiablaba. Entonces yo digo para qué los escritores vamos a vivir así, es más, me provoca una cerveza ahoritica. ¿Alguien me da una cerveza?

[Se le da la cerveza]

Es la grandeza del maestro Jusayú, es admirable. Yo les dije ayer que hice un diccionario con él, entre nosotros, como herramienta para nuestras traducciones. Yo le decía hagámoslo así, aunque sea con errores, cosa de establecer las traducciones, que los demás lo corrijan. Saben lo que me decía: "no señor, no señor". Y cuando lo contrataban para las traducciones, aunque le ofrecieran el pago antes, primero terminaba el trabajo y después cobraba. ¡Qué cosa de nobleza, de altura! Eso me marca mucho.

Resulta que Jusayú creó, inventó una ortografía con asesoría lingüística, cuya particularidad dista de la aprobada por el Ministerio de Educación. La ortografía aprobada por el Ministerio de Educación no lleva acento, se maneja con el criterio lingüístico de que si la primera sílaba es liviana, la segunda es tónica, etc. Resulta que entre la lingüística y el derecho hay una diferencia, la lingüística da cuenta del comportamiento de las lenguas, de la dinámica de las lenguas, pero el derecho emite juicio de valor. Eso no lo podemos hacer en la lingüística, lo que podemos hacer es que antes, durante y después del proceso de aprendizaje, si se consideran dos o más modelos, no pueden ser escogidos todos por igual, hay que escoger uno, uno de ellos tiene que ser el más adecuado aunque todos sean científicamente correctos. No voy a caer en discusiones bizantinas, hay que reconocer que la ortografía de Jusayú, que se designa con las siglas MAJ es tan válida, tan rigurosa y tan científica como el ALIV (Alfabeto de Lenguas Indígenas de Venezuela, oficial del Departamento de Educación), sólo que esta otra es más adecuada, eficaz y oportuna en el contexto de Venezuela y sus otras lenguas indígenas.

JDW: La convencionalización ortográfica en cierta manera potencia a la escritura wayuu en el espacio mundializado de la literatura, le da alas para circular ahí por cuenta propia ¿no?

JAFS: Jamás, porque en primer lugar, el castellano sigue actuando como la lengua puente, como la lengua universal junto a la cual viaja el wayuunaiki en las traducciones, y en segundo lugar está el conocimiento académico, tiene que darse una validación académica internacional. Uno aquí en internet acepta invitaciones, envía poemas, cartas, envía discursos a todas partes del mundo, y viaja a dar recitales y conferencias, y todo eso se mueve a través del español todavía. El español sigue siendo el puente para nuestras lenguas.

JDW: ¿Y qué crees que se puede hacer para integrar la literatura en wayuunaiki al ámbito mundial de la literatura, para concretar su aportación universal?

JAFS: Evidentemente, aquí hay tres situaciones: La primera situación tiene que ver con la América misma, sin lugar a dudas, porque la América tiene que dictaminar una serie de pautas económicas, políticas, poéticamente libertarias ante las crisis societales. La segunda situación se da en eso que llaman ahora el saber fecundo, gestado en el cara a cara de la comunidad, en la oralidad. Desde ahí, desde nuestra posición como nativos vamos a tener la posibilidad de establecer un gran diálogo que tiene que partir de la tolerancia, del respeto, de la inclusión, de la igualdad de condiciones. La tercera situación es que la literatura, el canto, la danza y las artes plásticas constituyen un lenguaje universal y los pueblos indígenas miran esa gran potencialidad. Esas tres situaciones definirán el futuro de nuestras culturas y de la literatura en lenguas indígenas.

JDW: Es interesante que asumas la universalidad de los saberes indígenas como apuesta de futuro, pues ciertos académicos norteamericanos y europeos, de los llamados "estudios decoloniales", niegan esa universalidad y contraponen las culturas indígenas a Occidente aduciendo que son producto de una epistemología radicalmente diferente, supuestamente "pluriversal" y no universal.

JAFS: Lo mío es lo universal, hermano.

JDW: Mil gracias por tu entrevista, y por acompañarnos también en la entrevista a Juan Pushaina.

Estercilia Simanca Pushaina
Ríohacha, Colombia

Estercilia Simanca Pushaina es parte de una literatura emergente vinculada al actual renacimiento de los pueblos indígenas de América. La literatura milenaria de los wayuu incursiona en la *ciudad letrada* con su avatar alfabético, bilingüe y cosmopolita, encarnado por narradores, poetas y ensayistas de gran interés. Entrevisté a Estercilia Simanca en Riohacha, Colombia, en el atelier/boutique donde vive y trabaja. El cuento de Estercilia Simanca más conocido hasta ahora se titula "Manifiesta no saber firmar, nacido: 31 de diciembre", publicado por primera vez en plaquette independiente en Barranquilla: Editorial Antilla, 2005. En la entrevista ella alude a los acontecimientos inseparables de este cuento: su anécdota central es la práctica política de extender cédulas en masa a colombianos wayuu de toda edad y condición, para engrosar las filas de votantes de los partidos. La propia factura de estas cédulas revela la insensibilidad y desprecio colonial del Estado colombiano hacia la población indígena: aprovechándose el desconocimiento del español los nombres de miles de indígenas fueron distorsionados alevosamente (con motes como "Payaso", "Coito", "Boca Rica" y similares) y a todos se les colocaba la misma fecha de nacimiento: 31 de diciembre. La publicación del cuento despertó la indignación pública hacia este hecho y condujo a una demanda legal de reparación contra el Estado colombiano, presentada por la propia autora y otros activistas. La cineasta Priscila Padilla dirigió un documental basado en el cuento de Estercilia Simanca, cuyo protagonista es precisamente Rafael Pushaina, víctima de los hechos y miembro del clan de la autora. El documental fue transmitido por la televisión colombiana en hora pico. Conversar con Estercilia es conocer un intelecto libre que desafía los lugares comunes de la identidad, la cultura y lo políticamente "correcto".

o-o-o

Juan Duchesne Winter: Has publicado, por supuesto, en libros. Pero es notable la amplia difusión alcanzada por tus obras en el formato blog (de internet), apuesto que tienen un alcance mayor que el de muchos libros de autores supuestamente más conocidos en Colombia.

Estercilia Simanca Pushaina: Monté mi blog de escritora con ayuda de unos profesores amigos de la Universidad del Externado y de la Javeriana, pues yo lo que quiero es que me lean, aunque no descarto nunca que de pronto una editorial se interese y piense en mí. Si ellos quieren pagarle a uno lo que es, pues bien, publico libros. Pero mientras tanto, sigo con mi blog, sigo además con mi empresa de diseño de vestidos basados en la manta wayuu, y en el desempeño de mi práctica legal. A mí la literatura me sirve para descansar, yo descanso muchísimo.

JDW: ¿Hiciste estudios profesionales de derecho?

ESP: Sí, yo me titulé en derecho en la Universidad Simón Bolívar de Barranquilla. Soy abogada.

JDW: ¿Asocias tú el auge actual de la literatura indígena escrita que, por supuesto, en su forma oral en lengua originaria ya existía desde hace miles de años, al hecho de que muchos indígenas, incluyendo los wayuu, se han profesionalizado?

ESP: Si, evidentemente es por eso.

JDW: ¿No te parece irónico que si bien la educación profesional le facilita al intelectual indígena entrar en el ámbito de las letras, también implica cierto desarraigo de la vida rural donde más fuerte late la herencia ancestral?

ESP: Bueno, yo no me siento muy desarraigada de las costumbres, y el desarraigo relativo que pueda haber ocurrido no fue por culpa mía, ni de mis padres, ni nada, sino por el momento histórico que me tocó vivir. Mi mamá lo único que hizo fue parirme en la ranchería.[1] Mi nacimiento coincide con el mejor momento de la bonanza marimbera,[2] y todo lo importante ocurría en la Guajira, Riohacha, Maicao, por lo que muchas familias wayuu, como la mía, se trasladaban a cualquier a pueblo de la región que tuviera plata. Mi papá ya se había casado con mi mamá (mi

---

[1] Se le llama *ranchería* al complejo de edificaciones que conforma una o más viviendas wayuu típicas de la zona rural. Los wayuu no forman aldeas, sino complejos familiares de viviendas dispersas, cuya elaboración varía según el nivel de ingresos de cada familia. Las rancherías se ubican en territorios correspondientes ancestralmente a la familia clanil.

[2] Se le llama la Bonanza Marimbera al *boom* (o burbuja) del cultivo y exportación de marihuana organizado por la mafia estadounidense en departamentos de la costa Caribe colombiana, como la propia Guajira. Este *boom* económico, eventualmente desastroso para la economía y sociedad regional, se extendió de 1976 a 1985.

papá es negro, afrodescendiente, no es indígena)[3] y se dedicaron los dos al comercio. Otra gente que no era wayuu y tampoco de la Guajira, inmigraba hacia acá. A nosotros nos dejaban al cuidado de las niñeras, que eran mujeres que venían buscando porvenir a la Guajira y seguían para Venezuela; eran mujeres de Fundación, del departamento del Magdalena, y vivíamos siempre con ellas. Entonces, ¿que hablaban ellas?, pues de puras novelas [de televisión]. Lo que veíamos con ellas era puras novelas en aquella época: *Topacio, Leonela, Los ricos también lloran*. Y entonces mi mamá me decía: "Tú por qué me hablas así, pareces de Talaigua".[4] Como mi mamá me dejaba con ellas todo el tiempo, cuando niña yo utilizaba mucho la expresión "usoooo..." que era como decir "mira," en forma despectiva, pero según mi mamá una niña wayuu no utiliza esas palabras. También a veces yo decía "pai" y "mai" por papá y mamá, y claro, lo pronunciaba como negra, y mi mamá me llamaba la atención. Ahora que recuerdo esas cosas me da risa. Entonces ese desarraigo como que se fue reafirmando. Pero es relativo porque más que desarraigo también fue enriquecimiento. Como acabo de decir, durante mi crianza me tocó vivir con mujeres de todas partes que llegaban a la Guajira y migraban en tránsito para Venezuela. Estas mujeres criollas, mestizas y negras venían de todos los municipios del Magdalena. Fue enriquecedor, todavía me pregunto que será de Emerina, de Marbeli, de todas ellas. Un día escribiré sobre ellas, que mi mamá decía que hablaban como negras. Yo pasé por todas.

Cuando fui a Barranquilla [a estudiar] yo sabía que era wayuu, pero de sentirlo así, como muchos dicen que lo sienten desde el nacimiento, no sé, eso lo pongo en duda, yo sé que tengo mamá wayuu y que tengo ranchería, pero de que iba a llevar eso así como una bandera, no. Y ya en la universidad empiezan los profesores a preguntar "Ay, ese apellido Pushaina, ¿eso es un clan, es indígena, es una casta?" y entonces ahí fue que se me fue afianzando el arraigo. Y le pregunto a mi mamá y ella me empieza a contar de los palabreros, de como se solucionan los conflictos familiares entre clanes y otros temas. Creo que ese fue mi caso y el de muchos wayuu que se han escolarizado, que han salido y han llegado a la universidad, que también hay algunos que lo quisieran hacer, pero que no han tenido ese acceso, pienso yo.

---

[3] Dado que la sociedad wayuu es todavía matrilineal y matrifocal, basta ser hijo de una mujer wayuu para ser considerado como wayuu, independientemente del origen del padre. Es el caso de la autora.

[4] Talaigua, pueblo en el Departamento de Bolívar, Colombia, perteneciente a la costa Caribe de dicho país, región caracterizada por su significativa población afrodescendiente.

JDW: ¿Crees tú que el escritor wayuu tiene alguna misión especial con respecto a su cultura indígena?

ESP: Bueno, yo te voy a responder. Veo que ponen [en publicaciones]: "Estercilia, buen ejemplo de la cultura Wayuu", pero no creo que yo pueda ser buen ejemplo de la cultura wayuu, de hecho yo no quiero ser un buen ejemplo, porque de pronto puedo estar dando un mal ejemplo. Tampoco me veo así como en esa misión, primero porque yo digo que las misiones son divinas. Además, yo no soy "lideresa" –de hecho ésa es una palabra que está tan desprestigiada aquí en la Guajira–. No soy líder, yo no manejo plata, yo manejo la plata mía de la que me gano y compro y ya. No asumo [mi escritura] como una misión, sino mas bien como algo muy mío, que sí lo quiero compartir, pero no como una dádiva, ni como una bondad mía, sino que lo que a mí me interesa es que se sepa cómo se dieron estas cosas, que mi abuela no "nació el 31 de diciembre" (como dice mi cuento más conocido),[5] pero no se trata de una misión, más que todo es una responsabilidad. Pienso, en fin, que personalmente me ha ido bien, que no he sido discriminada como lo han sido muchos de mis paisanos, de pronto puede ser por mi cuota "alijuna"[6] –como dije, mi padre es negro del Magdalena–.

Entonces, sí veo una responsabilidad. Es muy sencillo, para dar un ejemplo relacionado con mi obra: a mí no me gusta que se burlen de los wayuu, de nosotros no se burlan. Y de pronto si el paisano me llega con su cédula donde figura por nombre Raspahierro, y empiezan a molestar, y el que molesta es el alijuna, eso sí apela a mi responsabilidad. Cuando decidí escribir "Manifiesta no saber firmar..." quise defender la dignidad del wayuu. Pienso que pude hacerlo a través de un cuento, de mi literatura, pero de ahí a que yo lo haya asumido como una misión, no. De hecho cuando mandé ese cuento a un concurso, que ya eso se fue, yo me arrepentí, yo mandé a mi papá para que lo pusiera en el correo, como iba por ahí, que lo mandara. Yo nunca había ganado un primer lugar, sólo mención de honor, pues el contenido de mis cuentos es muy de denuncia. Como a los dos días yo me arrepentía de haber mandado ese cuento, estaba completamente arrepentida. Terminó siendo publicado por el Fondo Mixto de aquí, pero yo nunca había ido ahí para que me publiquen cosas,

---

[5] Sobre el cuento "Manifiesta no saber firmar, nacido: 31 de diciembre", ver la introducción a esta entrevista.

[6] En wayuunaiki se le dice "alijuna" o "arijuna" (la "r" simple intervocálica es intercambiable por "l") a quien no es wayuu y se restringe a veces a quien no es indígena. La expresión es también muy usada en el español de la Guajira.

he visto como tratan al artista. Quiero decir que si yo hubiera sentido que era una misión, hubiera sentido que la misión mía fracasó, porque los primeros que se molestaron cuando se publicó "Manifiesta no saber firmar", que se fueron en contra, fueron los wayuu. Pero yo les decía "es que ese cuento hay que leerlo tres veces, y ese cuento no lo escribí yo para que ustedes lo leyeran, porque esa historia la conocen ustedes mejor que yo; ese cuento lo escribí para que los políticos y muchos alijuna lo leyeran, y sepan por lo menos que mi abuela no nació el 31 de diciembre, que ese cuento denuncia cómo nos están ridiculizando, que ese cuento denuncia que nos están poniendo como si fuéramos unas mujeres sinvergüenzas". Si yo lo hubiera asumido como una misión, [la reacción negativa de muchos wayuu] hubiera sido mi primera decepción.

Con "El Encierro de una pequeña doncella"[7] lo hice de manera muy responsable, primero averigüé bien, porque yo no pasé por el encierro.[8] Hablé con las mujeres más viejas que yo conozco y me explicaron como era esto, como era lo otro. Como todos nosotros no nos conocemos entre los wayuu, cuando ese cuento se publica, que primero hacen el lanzamiento en Barranquilla con gran despliegue, cuando regreso a la Guajira supe que muchos pensaban que yo había pasado por el encierro, dada la forma que se narra ahí, en primera persona. Se decía que sí que yo era una wayuu auténtica y que esto y lo otro. Lo primero que yo aclaro es que no he pasado por el encierro. Entonces, ¿qué es lo primero que dicen las mujeres? Que si "tú no pasaste por el encierro", que "con permiso de quién hablas". Si hubiera asumido ese otro cuento como una misión, habría sido el segundo fracaso. En fin, no hay misión. Lo que yo tengo es una responsabilidad.

Y "Manifiesta..." lo escribí pensando en mi abuela, también lo hice pensando en una autoridad tradicional que en su cédula lo nombraron "Raspahierro", pero en verdad se llama "Rafael". Sucede que el sonido de la F no existe en wayuunaiki, y es remplazado por el sonido de la P, mientras que el sonido de la L es intercambiable por la R. Cuando solicitó su cédula el paisano pronunció "Rafael" como corresponde en wayuunaiki, es decir, dijo "Rapaier". El alijuna que estaba escribiendo entendió o quiso entender "raspahierro", y le puso Raspahierro Pushaina. Pero el paisano

---

[7] Publicado por primera vez en Barranquilla, 2003.
[8] El *encierro* es un ritual de pasaje de la pubertad femenina que se práctica con variantes por varios pueblos amerindios de Norte y Sur América. En el caso wayuu se concibe que este ritual tiene el efecto de fortalecer el carácter de la mujer. Ver entrevista a Olga Redondo, en esta antología.

le decía que no, que ese no era su nombre, porque él sabía lo que era un raspahierro, y él decía es "Rapaier". Ahorita, el 29 de julio en Bogotá van a hacer el lanzamiento del documental *Nacimos el 31 de diciembre*, dirigido por Priscila Padilla, basado en el cuento.

Cuando se rodó ese documental, la documentalista se sensibilizó mucho con el protagonista, con "Raspahierro", porque él tenía ya como ochenta años, y él le decía que lo único que quería cuando muriera, era que la lápida dijera su verdadero nombre "Rafael," porque a él le duele mucho ese irrespeto hacia su nombre. Ella pagó la escritura pública y ahora el se llama "Rafael", que él, por supuesto todavía lo pronuncia, con todo derecho, "Rapaier" según la pronunciación en wayuunaiki de esos sonidos, pero en su cédula dice Rafael. Bueno, no sé quién gana ahí, yo creo que todos ganamos.

Pero nunca lo asumí como una misión, sólo dije voy a mandar este cuento para que lo conozcan, a ver que dicen, y ahorita mandé uno a un concurso de la "Cueva" aquí en Barranquilla, que se llama "Danzará la luna". Cuando mis abuelos veían que la luna estaba así, nimbada con este círculo en el exterior, era que la luna estaba danzando, y eso significa que un wayuu rico se va a morir. "La luna está danzando, va morir un wayuu rico", eso decían los abuelos. Mi cuento se basa en esa expresión. Otra cosa que también decían, cuando se les requería un pago imposible, era "yo no tengo con que pagar, pero si me toca quitarme los collares[9] que tengo en mi garganta, que son mis venas, pago". Así decía mi tía: "los únicos collares que tengo son las venas de mi garganta". A mí se me ocurrió decir a mi manera "danzará la luna", que es como una especie de liberación que me gustó. Ahí doy pequeñas luces de lo que puede ser la muerte para el wayuu, a dónde va uno, qué pasa si la luna danza...

JDW: ¿Has preferido el cuento siempre?

ESP: Sí, pero espero escribir mi propia novela, que aunque es difícil ya la empecé. Se llama *Soy venado*, porque las mujeres wayuu cuando no pasan por el encierro, se las considera como venados. Los venados no se dejan agarrar, son rebeldes y son eternamente infantiles. Es una forma de discriminar a una mujer que no pasó por el encierro. Se les dice "es un venado" a mujeres percibidas como coquetas, rebeldes, que no les importa nada. Ésa es la razón del título.

---

[9] Los collares y prendas similares, además del ganado, son un medio común de pago en la sociedad wayuu.

JDW: ¿Y tú conoces el wayuunaiki?

ESP: Yo el wayuunaiki lo entiendo, pero no lo hablo. No pienso que conocer o no conocer tal o cual idioma sea una limitante de la creatividad, pero los wayuu que no hablamos el wayuunaiki [en Colombia] somos los más comprometidos [con la literatura]: Migue no habla el wayuunaiki, Vicenta tampoco lo habla,[10] yo tampoco lo hablo y los que intentan escribirlo, porque aquí hay muchos que dicen que son escritores, la creatividad no se la encuentro por ningún lado, no la veo, me pregunto donde está el rollo, no le veo el nudo. Hay un wayuu en Venezuela que sí, él habla y escribe en wayuunaiki perfectamente. Se llama José Ángel Fernández; él escribe en wayuunaiki y español y a mí me encanta la poesía de él, me fascina, pero él nunca se pone de acuerdo ni con los que hablan wayuunaiki, ni con los que no lo hablan, y yo le digo "a ti el wayuunaiki te está limitando". A mí me critican mucho: "Es que ella no habla wayuunaiki". Me molesta mucho cuando dicen: "Ay, es una lástima." Una vez llegué a un punto que les dije: "¿lástima por qué?" Y respondieron: "No, porque no te puedes comunicar con los otros". Y yo: "Pero es que los que no se pueden comunicar son ustedes conmigo". Creo que con el wayuu que no hablaba nada de español y con el que me llevaba perfectamente porque era un diálogo de silencios, era con mi abuelo. A mí me encantaba andar con él, si él me hablaba en wayuunaiki, yo le contestaba en español. Pero sí... ¿lástima de qué?

JDW: Veo que junto al sentido de pertenencia a la comunidad, también sostienes tu independencia de criterio, tu pensamiento libre como mujer y como escritora...

ESP: A mí también me critican por la cuestión de las mantas que diseño en mi negocio. Nosotras las wayuu tenemos dos opciones, vestirnos tradicional o con las mantas innovadas. A las mujeres alijuna les gustan más las mantas innovadas. Yo estoy vistiendo a las mujeres alijuna, no a ninguna majayura,[11] y ahí sí tengo una misión: convertir la manta en símbolo de la mujer Caribe, como lo hizo el sombrero "voltiao" que es símbolo nacional, que desplazó al burrito de Juan Valdez.

Volviendo al idioma entre otras cosas, yo pronuncio muy bien el wayuunaiki. Intenté aprenderlo una vez, pero es muy difícil. El wayuu-

---

[10] Se refiere a Miguel Ángel López Hernández (Vito Apüshana) y Vicenta Siosi, escritores wayuu contemporáneos de ella, también residentes en Riohacha.
[11] *Majayura* es la jovencita casadera, "en edad de merecer".

naiki no es como el inglés, no es como si fuera italiano ni portugués, el wayuunaiki viene de la familia lingüística del arawak. Es muy difícil, lo aprendes de niño o nada. Hay alijunas adultos que sí lo han aprendido, pues se casan con una mujer wayuu. Es un buen método porque cuando uno se casa con una mujer hablante uno aprende, mi papá entiende.

JDW: Podemos decir, ¿o no?, que la literatura oral de los cantores de jayeechis, siempre expresada en wayuunaiki, está dirigida al propio pueblo wayuu, hablante de wayuunaiki en su gran mayoría, es decir, que va dirigida hacia dentro, pero que, por el contrario, la literatura escrita, vertida en géneros como cuento, poesía y novela, se dirige un poco a los wayuu, pero más a los alijuna, pues un gran segmento de la población wayuu no maneja la lectura alfabética.

ESP: Exactamente, estoy completamente de acuerdo, sí. Es que antes a mí me daba miedo dar estas declaraciones, pero es así. Y aclaro que yo quiero que "Manifiesta no saber firmar..." no sólo sea leído por los wayuu, pero antes que nada, yo quiero que "Manifiesta..." eventualmente haga parte de la tradición oral del pueblo wayuu. Mi fin no sólo es que lo asignen en instituciones educativas, no, sino que "Manifiesta..." algún día se incorpore a la tradición oral wayuu. ¿Y cómo se hace eso? Echando el cuento, cuando yo ya llego a alguna parte de nuestros territorios, ellos dicen, "ah, ella es la autora de 'Manifiesta no saber firmar, nacido: treinta y uno de diciembre'". Ellos no dicen "treinta" sino "trointa" y uno de diciembre, pues *wayuunizan* mi texto y entonces ya sé que lo están hablando y lo están volviendo parte de la tradición. Y esa sentencia, que suena como sentencia, es así, porque los que escribimos somos los que hemos tenido acceso a la educación superior, porque vas a ver que todos los escritores somos profesionales, pero el pueblo wayuu ocupa el primer lugar en analfabetismo, y yo no puedo esperar, yo no puedo esperar que me lean si no saben cómo. Sí hay colegios, pero los niños son desertores, por muchos factores, por el verano, o por el invierno, el año pasado casi no hubo niños yendo a los colegios en las rancherías porque los arroyos se crecían, los jagüeyes se desbordaban, los chivos se ahogaron una cantidad, entonces por muchos factores ellos terminan desertando del colegio y no sé qué se hacen los que van a ser mis futuros lectores, desafortunadamente es así. Por eso mi esperanza es que lo que uno publica sea parte algún día de la literatura oral del pueblo wayuu, pues lograr que sea leído como tal por los wayuu... muy pocos.

JDW: Tu piensas entonces que la manera en que la literatura producida por ustedes los escritores wayuu contribuiría a su pueblo sería incorporándose al habla y convirtiéndose en tradición oral.

ESP: En mi caso al menos, deseo que cuentos como "Manifiesta..." sean acogidos como parte de la tradición oral. Yo creo que lo mío sí va a ser parte algún día de la tradición oral del pueblo wayuu, con ese propósito lo escribo. Pero no es el único propósito. Además, ¿a qué contribuimos también los escritores? Contribuimos entre muchas cosas, a visibilizar al pueblo wayuu, porque en muchas regiones de Colombia no saben que los wayuu existen. Se oye decir cosas como: "Ah, que los wayuu son los de la Sierra Nevada [de Santa Marta]." Se dice cualquier cosa. Pero vuelvo al tema de integrar mis cuentos a la tradición oral, que me interesa particularmente –no sé qué piense Vicenta, o Migue–. Creo que he logrado algo de eso. Además de "Manifiesta...", otro de mis cuentos, "Encierro de una pequeña doncella", ya hace parte de la tradición, pero no lo cuentan por ahí exactamente como en mi texto, sino que le cambian y narran que a fulanita la encerraron, que fue el encierro más prolongado del mundo, y empiezan a echar cuentos diferentes. Eso sí, veo muy difícil que el "Encierro..." tal como yo lo escribí, sea parte de la tradición, lo van a cambiar, va a ser otro, ese es el precio que hay que pagar. De pronto los pocos niños que sí se gradúen, si lo logran, podrían leer el cuento tal como figura en mi texto, pero en el caso de los mayores, de mi tía, por ejemplo, no será posible, porque ella es analfabeta, ella no sabe. De pronto es una gran esperanza la etno-educación bilingüe, pues los educadores wayuu han sacado un proyecto que se llama Anakuaipa, para institucionalizar la educación a nuestra manera. Ese proyecto se ve súper chévere, espero que sí se dé.

JDW: Muchas gracias por la entrevista.

Olga Redondo
Riohacha, Colombia

Olga Redondo es maestra, activista y asesora de los programas de educación de la nación wayuu. Es una figura ampliamente respetada que representa a los educadores que han hecho posible la mayor integración de un creciente número de wayuu a la sociedad nacional colombiana y el surgimiento de la literatura wayuu contemporánea. Nos recibió en su casa, acompañada de algunos parientes. Reproducimos aquí su descripción del encierro.

JUAN DUCHESNE WINTER: ¿Usted tuvo el *encierro*?[1]

OLGA REDONDO: Si, yo fui encerrada. Pero antes de contar eso quiero hablar de mi papá, pues él es muy importante en la definición de mi carácter, que se fortaleció con el encierro. Mi papá era mestizo, pero a mi papá lo raptó desde muy pequeño su papá, que era alijuna, y él se crió en un pueblo. Mi padre sólo pudo tener acceso a su madre después de los 18 años y eso porque él se escapó, porque supo que la mujer que tenía mi abuelo no era la mamá de él, aunque el físico de él no tenía rasgos wayuu y él al principio estaba creído que la señora que lo había criado era la mamá de él. Pero usted sabe que en los pueblos alguien que lo conozca a uno le puede decir ciertas cosas que uno no sabía de su pasado.

Mi papá fue buen navegante, porque mi abuelo también lo fue, por las islas de Aruba, Curazao, Panamá también. Yo creo que en el baúl de mi mamá, que ya falleció, todavía existe el pasaporte de mi papá.

Entonces él se escapó y buscó a su familia: la buscó, la buscó, la buscó... Él no era hablante de su lengua el wayuunaiki, porque imagínese un niño que se lo lleven de cinco, siete años... Se le olvidó su lengua, nunca más, hasta adulto, tuvo relación con su familia wayuu real. Recuerde que

---

[1] El encierro ritual de la joven cuando experimenta su primer menstruo es practicado por varias comunidades amerindias, entre ellos los wayuu. Ver el cuento de Estercilia Simanca, "Encierro de una pequeña doncella", en esta antología.

el wayuu se rige por la línea materna. Hijo de mujer wayuu es wayuu no importa quien sea su padre. Cuando la señora que lo tenía le aceptó que no era su mamá, allí fue como que él tomó la determinación de ir a buscar a su familia. Entonces buscó, buscó la familia de su mamá, y la mamá también se vino a buscar al hijo y ella, que es mi abuela, se vino de allá de su ranchería muy cerquita de Maicao para acá a Riohacha. Aquí había un barrio que anteriormente lo llamaban Los Potreritos, ahí llegó mi abuela buscando a su hijo mientras mi papá estaba por Maicao buscándola, pero él se tiró pal monte a buscar entre las rancherías, y se encontró con la familia de su mamá (mi abuela) y entonces le dijeron "su mamá no está aquí", le dijo alguien que hablaba el alijuna, "su mamá está por tal parte". Con tal que mi papá se vino y tuvo al fin el encuentro con su mamá, pero su mamá (mi abuela) hablaba muy poco el español, pero a él se le metió entre ceja y ceja que tenía que hablar el wayuunaiki y aprender todo, todo de la cultura wayuu. Así nos contaba mi mamá y él, mi papá también me contaba. Entonces a raíz de eso, él no volvió más con la familia de su padre (mi abuelo), aunque él vino a buscarlo después pero mi papá no quiso volver, él le dijo que no, que él se quedaba con su mamá.

Aprendió mi papá a cantar el *jayeechi*, a bailar la *yonna*, a tocar la *kasha*, y se quitó el pantalón y utilizó la faja wayuu, el guayuco y sus cotizas. Cuando mi abuelo, su padre volvió, ya su hijo hablaba el wayuunaiki. El padre le dijo que qué era lo que estaba haciendo él, que por qué se había "desmejorado" de esa manera, y él le respondió: "Yo soy wayuu, mi mamá es wayuu y yo no puedo andar como usted anda", pues la mamá ya le había dicho que él era wayuu porque se regía por la línea materna, y él fue un wayuu muy obediente.

Bueno, cuento antes que todo la historia de mi padre porque entonces, a raíz de eso, mi papá nos inculcó mucho, mucho, la cultura wayuu, y él y mi mamá se aseguraron de que yo tuviera mi *encierro*.

El encierro sucede con la llegada de la primera menstruación. A uno lo encierran en un cuarto, porque el rancho de los wayuu nunca tiene división, es totalmente completo, el techo, el barro y ya, pero cuando hay una *majayura* lo dividen, y a los hombres los sacan a dormir a otro lado. Entonces ahí duermen las mujeres y la mamá, y la *majayura* está encerrada en la mitad del rancho.

A mí me guindaron en un chinchorrito mas pequeño que éste,[2] arriba, arriba, arriba, porque en los ranchos va un travesaño así de largo, entonces a uno le ponen el chinchorro ahí, y de ahí uno ve los machorrritos, los tuqueques, uno de pronto ve cuando cierra los ojos. Después de tres días lo bajan a uno, porque no es que lo encierren no más, lo acomodan a uno en un chinchorro que lo alzan demasiado ¿Por qué? ¿Por qué lo alzan demasiado? Para que uno, usted sabe, que uno durante tres días ahí, arriba, a uno le da sed, le da hambre, como a uno lo cohíben de todo eso, pues uno no puede tomar nada, porque de pronto le dan ganas de orinar, de ir al baño, entonces tiene uno el chinchorro guindado, y no puede bajarse a robar algo para tomar, pues eso no es permitido. Pero entonces, si se da el caso que yo me tiro a cogerme tal cosa, la pregunta es ¿cómo me subo de nuevo? Es así porque siempre está pendiente la persona que lo guinda a uno, que puede ser la tía materna, o un tío materno.

Un hombre lo puede guindar a uno. A mí por ejemplo me guindó mi tío materno. Y puede ser una mujer, una tía materna, pero que sea una tía de buen carácter, de buen prestigio, no es toda tía que lo guinda a uno, sino una especial. Después ahí le dan a uno el *pa*, que se extrae de una raíz que hay en la alta Guajira, por acá no se consigue. Le dan a uno de tomar un sorbito, eso es como un multivitamínico que le dan, pero es de pura planta. Pero sólo le dan un sorbito para que a uno no le den ganas de orinar, que cuando a uno le dan, lo bajan como tipo dos de la madrugada, preparan cinco múcuras llenas, para que esa agua se ponga fría al sereno, y cuando a uno lo bajan, lo bañan a uno sobre una piedra. Uno no tiene derecho a decir nada, usted sabe que cuando el frío comienza como a meterse, los dientes le traquean, pero uno no tiene derecho a traquear los dientes, no se puede suspirar fuerte tampoco, hay que aguantarse a lo máximo ahí. Bueno, y después que le hagan a uno el baño éste, le hacen otro con plantas, cocinan una planta llamada *kupena*, que la llaman los occidentales "el hombre en cuero", por ser como el indio desnudo, y la preparan en una vasija de barro para que ésa también se ponga fría. Entonces la revuelven con el agua que está en la múcura, porque la múcura purifica el agua, porque uno tiene que salir purificado de ahí. Pues bien, ahí lo bañan a uno, uno se aguantan todo eso, y vuelven y lo encierran. Eso sí, todas las pertenencias que eran de uno en la pubertad se las quitan totalmente, se las ceden a una hermanita, a una primita. Y a partir de ahí a uno le tienen que poner todo

---

[2] Olga Redondo estuvo recostada en su chinchorro durante la entrevista, pues estaba convaleciendo de un accidente automovilístico.

nuevo, todo, todo nuevo, porque hasta el cabello, porque a uno le cortan el cabello, se lo cortan mochito, mochito, mochito.

Mientras uno está encerrado, a uno le traen cantidades de algodón, fajos de algodón para que uno se entretenga hilando ese algodón. Le enseñan a uno a tejer, a hacer los chinchorros, a tejer la mochila. Pero eso sí: los consejos permanentes, le prohíben a uno comer comida con sal, ni con azúcar. Uno se toma el *jaguaitia*, que es la medicina tradicional, y una mazamorrita que le preparan a uno de millo, pero sin dulce. Uno no come arroz, no come papa, no come carne, no come pescado, nada, nada de eso, mientras uno esté encerrado.

JDW: ¿Cuánto duran los encierros?

OR: Ese encierro puede durar de tres meses a tres años. Mi hermana que estuvo aquí, duró tres años encerrada. Yo duré menos, porque estaba más aculturada, estaba estudiando. Yo me desarrollé saliendo de las vacaciones, como en noviembre, y salí como a comienzos de febrero; no duré porque tenía que estudiar.

JDW: ¿Qué consejos reciben durante el encierro?

OR: Los consejos que le dan a uno es que ya a partir de ese momento la niña que jugaba con la muñeca de barro, la *wayunkerra*, debe dejársela a otras niñas, que ya no va a andar corriendo como las peladitas, ya no va a andar detrás jugando con los primitos, que ya es una mujer apta para casarse, que tiene que ser muy centrada en sus cosas. También le recuerdan mucho a uno que va a llegar a ser adulto, que también va a ser madre, que uno también va a llegar a ser abuela, que tenga mucho juicio, que no le preste atención al silbido del joven, que aunque el joven le silbe a la muchacha recién desarrollada, es decir a la *majayura* porque la quiere enamorar, no le haga caso. Si usted va a buscar agua, acompáñese de alguien mayor o llévese un niño pequeño, no vaya sola, no le preste atención a ninguno. Si a usted alguien la trata de enamorar, dígale "hable con mi mamá y mi tío (materno) primero, sólo así lo puedo aceptar". Muchos consejos nos dan, como que ahí nos enseñan a madurar muy rápidamente. Nos asignan responsabilidades, que a ti te toca atender esto y lo otro. Uno recién salido del encierro no atiende visitas, ni sale para que todo el mundo lo vea a uno, sino que es poco a poco, es como el niño que va dando sus primeros pasos, poco a poco, poco a poco, hasta que uno se deja ver, ya como que uno pierde la pena, porque uno recién salido le da pena que alguien lo vea a uno, le entra como un escalofrío en el cuerpo; uno ve alguien que viene y sale corriendo para que no lo vean, otro atiende la visita, pero uno poco a poco va saliendo, va saliendo, hasta que se normaliza. Ya luego uno atiende la visita, guinda el chinchorro, brinda la banca, ofrece el tinto, la chicha, se sienta a conversar con esa persona, con su papá, mamá, sus hermanos...

JDW: ¿Qué lleva a que los padres decidan que el encierro termina?

OR: Eso lo determina la mamá, ella es la que determina si ya esta bueno de ese encierro, que ya es la hora de que la jovencita se vaya socializando, aunque a veces es por necesidad, porque de pronto la mamá necesita que la *majayura* le ayude en los quehaceres de la casa, y si ella está sola dice, "no mi hija esta encerrada, yo estoy muy sola, yo no puedo seguir así". Entonces habla con su marido, y él dice, bueno, tú dirás si es conveniente que ya salga.

JDW: ¿Que pasa con las muchachas que no tuvieron su encierro?

OR: Las muchachas que no vivieron el encierro, a ellas les llaman *vigama*, que es el venado. Usted sabe que el venado es arisco de estar en la montaña. Pues así las llaman. ¿Qué pasa con esas muchachas? Que si de pronto las aconsejan no es lo mismo, no prestan atención, no aprenden, no es como el consejo que vive la que estuvo encerrada, por eso dicen son es ariscas, que son brinconas, se van al monte.

Livio y Eduardo Suárez
Serranía de la Makuira, Alta Guajira, Colombia

Eduardo Suárez es *pütchipuu*, es decir, palabrero y autoridad comunal prominente en el corregimiento de Nazareth, situado en la sierra de la Makuira, municipio de Uribia, departamento de la Guajira, Colombia. Nazareth es un caserío rural desarrollado históricamente en torno al asentamiento de los religiosos capuchinos de origen italiano y del Internado Indígena que ellos fundaron. Es un punto de referencia en la sierra de la Makuira, una de las pocas zonas verdes y con fuentes permanentes de agua en el norte desértico de la Guajira. Casi la totalidad de la población de Nazareth es wayuu, pues se sitúa en resguardos autónomos de dicha etnia. Es uno de los lugares más remotos de la Alta Guajira, accesible sólo durante las épocas no lluviosas del año, por trochas o caminos sin pavimentar. Livio Suárez, hijo de Eduardo, se desempeña como docente en el Internado Indígena. Posiblemente él y Juan Pushaina sean los únicos escritores wayuu hoy día residentes en una comunidad originaria de la etnia. Entrevistamos a padre e hijo la misma tarde de enero de 2012, en la residencia paterna en Nazareth, que funciona también como hostal para viajeros.

Entrevistan Constanza Ussa y José Ángel Fernández Silva.

Constanza Ussa le habla a Livio Suárez sobre el objetivo de la entrevista, el interés que hay de conocer su obra y lo invita a hablar sobre el origen de su afición por la poesía, si ha influido en su obra el oficio de palabrero de su padre, entre otros temas.

Livio Suárez: Inicia la entrevista haciendo lectura de un poema de su libro *Tejiendo sueños y palabras*. Luego comenta:

LS: Soy hijo de Eduardo Suárez el pütchipuu, hombre reconocido en Nazareth y también a nivel municipal (Uribia) y departamental (La Guajira) en el trabajo de la palabra. La función de él es mantener la paz en la nación wayuu mediante la fuerza y rectitud de la palabra. Aquí desde la niñez se aprende el respeto por la palabra.

Con respecto a la poesía, creo que estoy haciendo poesía desde que nací, desde el vientre de mi querida madre y porque mi padre es un sabio de la palabra, y además porque me rodea un mundo de poesía en cada árbol que crece, en las flores, en el mundo wayuu. Lo que hago es solamente plasmar en unas hojas de papel lo que ya está escrito a mi alrededor, es decir, la poesía natural, por ejemplo, de los pájaros que están cantando.

Al escribir, siempre parto del mundo wayuu y del wayuunaiki, como se llama mi primera lengua, y luego lo paso a la segunda lengua, que es el castellano. Desafortunadamente, mis poemas no están escritos en wayuunaiki. Sin embargo estoy en un proceso de aprender a escribir en mi lengua materna.

José Ángel Fernández Silva: ¿Podríamos decir entonces que usted se inspira en un ciento por ciento en el escenario wayuu?

LS: Totalmente, lo acabo de decir, en cada centímetro de árbol que crece, en cada flor de las tunas.

Constanza Ussa: El proceso de publicación de tus poemas, ¿cómo ha sido?, veo que ya tienes un libro publicado.

LS: Mi primer libro se llama *Tejiendo sueños y palabras*, y para que se hiciera realidad y se concretara este sueño, duré diez años tocando puertas. Se publicó en el 2008 gracias a una manito que me dio el amigo R. Vizcaíno, un hombre curtido también en el mundo de la literatura, de la investigación.

CU: ¿Sí nos hablas, por favor, sobre tu formación académica y si de alguna manera ésta influyó en tu escritura, si te acercó a ella, a pesar de que tú dices que ella estaba desde tu vientre materno, que en tu nacimiento ya está...?

LS: No, en mi formación académica no tuve ese contacto con la poesía, la poesía se fue desarrollando naturalmente.

JAFS: ¿Cómo considera usted entonces el hecho de escribir en castellano, de trasladar su sentimiento poético en wayuunaiki a un lenguaje puente, el castellano?

LS: Recurro a la segunda lengua por necesidad. Como dije, aunque tuve formación profesional en castellano, en lo que respecta a mi lengua materna, el wayuunaiki, soy analfabeta, entonces recurro a ese puente que me provee el castellano para poder plasmar en la letra lo que es mi mundo wayuu.

CU: Tú le escribes poemas al amor, a lo cotidiano, a tu cultura, ¿pero cómo esa riqueza de la oralidad que hay en el mundo wayuu influye en tu obra, dado que escribes en castellano?

LS: En mi obra hay de todo, para todos los gustos y el que se quiera deleitar más, que visite aquí mi Nazareth en la Makuira... Les leo algunos versos preferidos...

Tejiendo sueños

En el telar de la noche
Se tejen mis sueños, la misma noche
se encarga de fermentarlos.
Con su transparencia reconstruyo
el pasado e interpreto el presente...

CU: ¿Cómo ves el futuro de la literatura wayuu?

LS: La poesía wayuu está sobre la piel de cada ser humano, está latente todo el tiempo, está en la cascada en la Makuira. Sólo falta que venga gente y empiece a brotar la poesía que está en todas partes. Ahorita mismo hay personas que se dedican a la poesía, pero no reciben apoyo de los que han escalado mucho en ese mundo de las letras. Ellos ya no se acuerdan de sus hermanos y creo hay que trabajar conjuntamente para que la poesía indigenista o del wayuu o de cualquier otro, esté a la altura de toda la poesía del mundo.

JAFS: Nosotros vendemos la idea que pertenecemos a la nación wayuu, como una sola, ¿ves que sigan un mismo camino estos hacedores de las bellas palabras?

LS: Hablamos de una cultura milenaria. A pesar de que, según dicen, sea una cultura ágrafa, siempre ha existido la poesía en los labios de los wayuu, en sus cantos, y lo importante en este siglo XXI es plasmar por escrito todo esto que está en las penumbras de la oralidad.

JAFS: ¿Se sintetiza la creación poética de los wayuu, que dirías?

LS: Que nos sentemos juntos debajo de una enramada, para compartir lo nuestro y defender lo nuestro.

CU: Su padre es un *pütchipuu*, un palabrero, ¿cómo influye en su vida y en su creación esa experiencia de vida, de ser el hijo de un mago de la palabra?

LS: De mi padre he aprendido mucho porque es un sabio de la palabra, por cierto tengo unos versos para mi padre en *Tejiendo sueños y palabras*:

> Nací de una palabra
> Vivo entre palabras
> Que teje mi madre
> Vivo entre las palabras
> de un palabrero: Mi padre
> Su dominio sobre otra palabra
> Que hace que la palabra sea palabra

JAFS: Usted es profesor en el Internado Indígena de Nazareth. Ha trabajado en el teatro en el marco de su labor docente. ¿Cómo maneja ese escenario?

LS: Bueno, las puestas de escena que realizamos parten de los mitos, cuentos y leyendas de la tradición oral de la nación wayuu. En cada presentación llevamos todos esos mitos y cuentos, que ya existen en la cultura oral pero casi en las penumbras y a través del teatro tratamos de realzarlos, darles más visibilidad y compartirlos con la niñez y los abuelos. Éste es nuestro trabajo teatral. También el teatro nace como la poesía en el chinchorro, sin haber entrado en ninguna escuela de formación. Ésta es la universidad "El Chinchorro," la que me ha dado todo y gracias a mis padres.

JAFS: Tenemos entendido que llevaste al teatro el mito de Wolunka, la diosa de la vagina dentada, que es una especie de génesis de la cultura wayuu.

LS: El Mito de Wolunka es la obra maestra de Livio en el teatro. Ha recorrido muchos escenarios a nivel local y regional y hemos compartido escenarios en Venezuela, en Siruma, Paraguaipoa y otros lugares. Wolunka es la hija de Juyá según los labios de los ancianos. Wolunka era una jovencita muy hermosa, muy bonita de belleza natural incomparable, pero era que tenía dientes en la vagina, la vagina dentada y de ahí el miedo de los hombres. Dos hermanos que tenían poderes mágicos se pusieron de acuerdo y le tumbaron los dientes con un flechazo... Bueno, en la obra sintetizo el mito de Wolunka.

El wayuu por naturaleza hace teatro, hace las representaciones del agua, de la hormiga, de la cabrita, de la dote, sin el uso de máscaras en lo que se conoce como el teatro arcaico. Tengo trabajos inéditos relacionados con la danza de la cabra. También Papá jugó bastante el juego de las cabritas. Para la puesta en escena no se utilizan ni máscaras ni objetos. Los participantes, sin seleccionar su contextura física, le dan rienda suelta a su actividad, al jolgorio. El jayeechi engalana el ambiente, los músculos se ensanchan, la fuerza bruta hace besar a la tierra al menos fuerte, las mujeres gozan el espectáculo, los gritos de vida se escuchan por todas partes. Así dice mi papá [habla en wayuunaiki y Fernández traduce simultáneamente:] "Cuando yo era joven tenía mucha fuerza, bastantes veces me revolqué en la arena, muy fuerte, muy fuerte..."

JAFS: Livio, como maestro, como escritor, un juicio sobre cómo ves el movimiento literario joven, emergente en la nación wayuu...

LS: Es preocupante la situación que vivimos aquí: los niños no quieren escribir, menos leer y se suma la actitud de decir, "para qué escribir..." Aquí se ha intentado conformar talleres, se ha organizado el círculo de escritores pero son esfuerzos convertidos en islas, no son esfuerzos institucionales...

JAFS: Zambrano está liderando el movimiento literario juvenil La Fogata Literaria, eso hay que fortalecerlo desde la nación wayuu...

LS: Estoy de acuerdo en un 100%, hay que fortalecerlo, partir del joven wayuu y que esa llama se propague, que se siga incentivando el fuego, porque si no la avivamos, esa candela se apaga.

CU: ¿Cómo recibe el paisano wayuu su obra, su poesía, el montaje de sus obras de teatro? ¿Cuál es la recepción de mestizos y arijunas (no indígenas)?

LS: Mi trabajo se basa completamente en la cotidianidad wayuu. Todos aplauden gustosos porque también son protagonistas de esos mitos y leyendas que llevamos al escenario, salen de los labios de ellos. Los arijunas también disfrutan a pesar que lo llevamos en lengua materna. Algunas obras las llevamos en las dos lenguas.

o-o-o

Eduardo Suárez
Serranía de la Makuira, Alta Guajira, Colombia.
Entrevistan: José Ángel Fernández Silva y Constanza Ussa[1]

José Ángel Fernández Silva inicia la conversación, en wayuunaiki, con la autoridad tradicional Eduardo Suárez. Le pregunta si lleva mucho tiempo desempeñando su oficio de palabrero.

[Para todas las respuestas de E.S. se transcribe sólo la traducción simultánea de Fernández]

ES: Llevo mucho tiempo en la actividad de ser palabrero, la primera vez que debuté en el oficio fue aquí sentado en esta enramada, que me invitó un suegro mío a hacer una recolecta de fondos para una indemnización. Salimos de aquí con mi suegro y llegamos a donde un familiar a quien yo le digo primo, y él nos recibió y dijo:

–Está bien que vengan.

Le conté que mi suegro hirió a una persona con su arma y que tocaba indemnizarlo:

–De ahí el motivo que estamos aquí haciendo la recolecta de bienes para pagar la indemnización.

–Está bien, será así –dijo el primo–. –Está bien, hermanito, mi primo, que hayas llegado a pedir la solidaridad.

Luego estuvo listo y sirvieron el almuerzo. Entonces el primo mío, viendo mi bastón labrado, me dijo:

–Qué palo tan bonito, ¿por qué no me lo regaláis?

–No, –yo le dije– no te lo puedo regalar porque éste me lo regaló mi suegro ahí nativo de la Sierra de la Makuira; yo no lo puedo regalar porque aquí está el nombre de él, inscrito en él. Entonces sirvieron la comida, coloqué mi sombrero encima del palo y en ese momento mi primo lo escondió, y yo le dije:

–Eso no lo puedes hacer porque me pueden hacer un reclamo por él, porque es mi herramienta de trabajo, es él quien habla, el que da la pa-

---

[1] Eduardo Suárez es hablante monolingüe de wayuunaiki. La entrevista se realiza mediante traducción simultánea del escritor y lingüista José Ángel Fernández Silva.

labra. Eso cuesta, es como el que pide la indemnización por un hecho de homicidio. A ése que habla, por ése al palabrero se le debe dar un presente, como una vaca por ejemplo.

Pero el primo se quedó con mi bastón. Entonces me fui de allá sin el palo, pensativo y triste. Llegué a la casa y mi esposa me reclamó el palo. Le dije que me lo habían quitado y ella me lo reprochó:

–Eso no lo puedes permitir, no te acuerdas que te dijeron que eso no lo puedes hacer, tenías que morir con ese palo como herramienta tuya, eso tenía que quedar como herencia en poder de nuestros hijos –me dijo–. Bueno, el asunto es que seguí con el caso de mi suegro y me fui a llevar la indemnización, llevaba 50 chivos y 6 millones de bolívares, y ahí me encontré con Secundino, quien me reclamó:

–Por qué tú dejaste que te desprendieran del palo, yo te había dicho muy claro que eso no podía ocurrir.

Después soñé con José Romero, quien me reclamó por qué me había desprendido del bastón, que eso no podía hacerlo y además preguntó quién me lo había quitado, que eso no podía ocurrir así, porque el bastón no es un bastón cualquiera, sino el talismán de Suárez y por lo tanto, me dijo:

–Tú lo tienes que llevar.

Y así fue que él lo buscó y lo trajo a donde mi mujer, estando todavía yo allá en el arreglo de la indemnización. El hijo fue el que trajo el bastón que se ordenó que me lo devolvieran a mi casa. Como yo no estaba, lo recibió mi esposa y lo colocó en el lugar donde ha estado siempre. Cuando llegué a mi casa lo vi en el sitio donde siempre lo había tenido, lo habían colocado allí de nuevo.

Los parientes del occiso querían una indemnización mayor, exigieron una mula. Entonces mi suegro se puso bravo. Sin consultar conmigo, entró a la casa a buscar su arma, pero ahí mismo yo le dije: "Tú no puedes hacer eso mi suegro, tú tenías que considerarme a mí, pensar 'voy a consultar a Eduardo', para cuadrar mejor la cosa y para que haya un buen arreglo". En fin, que todo lo arreglamos bien después.

Así fue mi debut en el rol de palabrero. Me inicié con el bastón. Una vez volé a Pasto, para pasar al Ecuador. Ecuador es lejos y frío. Llevé conmigo éste mi palo. Un policía en el aeropuerto me quitó el palo, me dijo: "¿qué vas hacer con esta metralleta, vas acaso a matar al piloto?" Faltaban como quince minutos para salir el avión, entonces, cuando faltaban casi cinco minutos, el policía me entregó el palo y dijo: "Tome señor, su bastón, y perdone, disculpe". El bastón no se separa de mí.

Constanza Ussa: ¿Cómo se alcanza a ser palabrero? ¿Es por formación, por elección, por tradición, por generación, por la edad, o el respeto y la confianza de que goza entre sus paisanos? ¿En qué casos y circunstancias interviene usted como palabrero? Digamos... por casos de sangre, de robo, por disputas familiares, interclaniles, ¿cuáles son esas situaciones en las cuales a usted más le solicitan su intervención como palabrero?

ES: Les cuento. Éste es un caso reciente de un accidente, un muchacho que se cayó del carro de mi sobrina Celia Suárez; estaba ebrio. Fue cerca de... La Flor de la Guajira. Entonces mi sobrina llegó aquí a mi casa llorando, y me dijo:

–Tío me ha sucedido esto, ¿por qué esto sucede conmigo?

–Ya el hecho está consumado, vamos a esperar que llegue la gente, conversaremos sobre el tema –le dije–.

–Tío yo he de estar ahí entre los wuisales.

–No –le dije–, –tú no puedes hacer eso sobrina, no puedes hacer ni decir eso, yo tengo mi enramada, estarás aquí en mi enramada, quienes estarán escondidos serán los que nos vendrán a visitar.

Entonces se dio la reunión aquí debajo de la enramada, llegaron muchas personas observadores, familiares míos y también los vecinos que están en solidaridad con Celia, la sobrina. Después llegó la palabra, llegó el envío con otro palabrero; se sentó aquí, lo recibí:

–He llegado aquí mi primo –me dijo.

–Bueno, bienvenido –le dije–, –has llegado.

–Vengo tras el asunto del muchacho accidentado.

–Bueno, eso vamos a conversarlo –le dije–. Juan de Dios Iguarán fue el palabrero que llegó, el que enviaron para acá a conversar conmigo.

–He aquí, primo, lo alegado por la otra parte: ellos exigen 15 collares ensartados de oro, 300 cabras y 50 cabezas de ganado.

–¿Cómo han de decirme eso –le contesté–. –¿Cómo tú has de decir eso, exigirme esas cantidades, si la muerte del niño fue un accidente? Es como si yo me montase en tu carro y más adelante me accidentase. Eso, como dicen los arijuna, sería un accidente.

Entonces él se fue hacia allá, tardó como una o dos horas, volvió y yo le dije lo que dije anteriormente, pero le pedí que esperara. Tardé porque mandé a buscar a la mamá del muchacho y a un hermano también. Entonces me dijo:

–Ahora traigo la palabra de nuevo y la gente dice que la otra parte ha de entregar el camión, o en su defecto cien millones de bolívares si no entregan el camión.

–Hemos de buscar esa plata. Si la conseguimos la entregamos, buscaremos la manera, si logramos conseguirla no hemos de gastarla ni en mi ropa, ni en mi sombrero, entregaríamos todo.

Entonces fue y vino de nuevo el palabrero Juan de Dios Iguarán:

–Ellos me dicen que les tienen que dar para la gasolina del carro, que se les dé el transporte y también dinero para la comida y bebida de las personas que están allá escuchando con los familiares.

Entonces me paré, fui y busqué a mi sobrina. Ella me entregó un millón de bolívares, otra sobrina me entregó otro y así al fin se alcanzó a reunir dos millones quinientos mil. Se los entregué al palabrero y él se fue con la plata.

Después de eso mi sobrina pasó por una serie de situaciones inesperadas: se le murió un sobrino, un tío y le sucedieron otras cosas más. Eso quedó como suspendido hasta que la otra parte mandó a hacer un corral para recibir lo que se iba a entregar. Yo reaccioné y hablé con mi sobrina:

–Ahora, sobrina, vamos a tratar de salir de esto y entregar lo que pidió la gente.

De inmediato fuimos hasta allá con mi hijo Livio y otros familiares, a entregar 32 cabezas de ganado, 15 millones de bolívares en lugar de los collares, 320 chivos. Eso tomó desde las 8 de la mañana hasta las 6 de la tarde, pero ellos insistían que lo que querían era el camión, además de lo establecido ya. Hice un esfuerzo grande para no entregar el camión, a pesar de que insistieron. El carro no se les entregó. Yo le dije a mi contraparte, al otro palabrero:

–Tú deberías insistir en que dejemos las tonterías, en que arreglemos las cosas por el camino del bien.

–Estás procediendo bien, ya paramos esto –me dijo finalmente Juan de Dios–. Entregamos los animales. Estaba presente el corregidor y se fijó acta de entrega en el mismo lugar. Así fue eso, se terminó ahí.

CU: ¿Es la función del palabrero siempre buscar un acuerdo? ¿Qué pasa si no se conciertan arreglos? ¿Pueden surgir diferencias o enemistades entre el palabrero de una familia y el palabrero de la otra?

ES: Siempre se sigue hasta que se llegue al acuerdo. Cuando el acuerdo se consuma y se entrega lo que piden las partes, han de olvidarse rencores, ha de tomarse una bebida común entre las dos partes y se da un lloro entre las dos partes porque las diferencias se han anulado. Se procede al rito del encuentro pacífico, ambos palabreros entrecruzan trago de ron entre las dos partes en diferencia y así se finiquita el asunto. Muchas cosas así he arreglado.

CU: ¿Cuáles son los casos más difíciles para un palabrero, los de homicidio, los de robo, los de disputas clanilies...?

JAFS: [Traduce en forma resumida varias expresiones de Eduardo Suárez:] Él está comentando que el homicidio es el tipo de caso más tenebroso y difícil, que involucra a muchas personas de ambas partes.

ES: A veces se han involucrado en las disputas de homicidio hasta 500 personas, mucha gente.

CU: Permita que le pregunte otra vez: ¿El papel de palabrero se da por tradición, se hereda, su papá fue palabrero, o se aprender a ser palabrero?

ES: No, nada... nací para eso. Todo mundo me dice: "¿Te enseñó tu papá, te enseñó tu tío?" Pero no, nadie me enseñó, nací con eso, para ser palabrero. Yo tengo el coraje. Eso es así no más, una vaina muy especial.

CU: José me ha hablado mucho de la relación con los sueños. Cuando se llevan los casos, ¿ahí mismo en el sueño les llegan ideas sobre la mejor manera de hacer los arreglos?

ES: Sí, sí, a través del sueño llegan los ancestros y me piden algo, por ejemplo, generalmente un ovejo negro o rojo, que ha de sacrificarse y consumirse, en pos de que la fuerza de la palabra sea recta y poderosa para alcanzar los arreglos. He aquí un caso sencillo:

Un día que me fui hacia Moanaripaa, un lugar cercano de aquí, con el viejo Nemesio Iguarán, con 10 soldados y otra gente. Nos fuimos en son de arreglar una indemnización. El señor Pushaina me estaba esperando para que hiciera el cobro y me dijo:

–Oye tú, mi hermanito, te envío para que me pidas cien cabezas de cabras, diez cabezas de ganado y cinco collares de tu'ma.

Ese cobro fue por una persona que golpearon, que quedó herido. Le hice el cobro a la otra parte y el de la otra parte me dijo:

–Caramba, lástima que andas con el ejército, si no yo me fuera a buscar a esa gente armado.

Se negaban a pagar. Hice diez viajes y nada. De todas maneras me recompensaron por el esfuerzo con una ensarta de tu'ma y un ovejo, creo que al oficial también le dieron un ovejo.

–Hermanito mío, llévate esta ensarta de tu'ma... –porque te miran, te observan lo que te has esforzado–. Entonces llegué a la casa de mi señora con la ensarta de tu'ma y le conté qué me entregaron.

–Que a ti te miran la cara –me dijo–. Entonces soñé, me dijeron que llevara esa ensarta de tu'ma a donde la virgen del Carmen. Primero hablé con el padre Pío, de origen italiano él, y le conté mi sueño. Me dijo "llévala." Llevé la ensarta de tu'ma a donde la Virgen. El sueño es así, el sueño salva vidas, pues luego de eso lo que se había pedido se entregó: cien chivos y diez reses; hubo un arreglo.

CU: ¿Tiene algunas palabras finales, maestro Suárez?

ES: Invoco en este momento nuestro contento porque hoy ustedes [los entrevistadores] han disfrutado la cascada de la Makuira, un lugar ancestral sagrado, que está terminantemente prohibido para la entrada de turistas y extraños, pero hoy han tenido la experiencia de estar allí y la han conocido con la autorización de nuestra familia. Lo digo con el orgullo y con el peso de la autoridad. Eso debe impregnarse y quedar grabado en nuestros corazones y en nuestra cabeza, como un símbolo de respeto, de consideración y de bienvenida.

Atala Uriana
Maracaibo, Venezuela

Atala Uriana es una figura prominente en Maracaibo y el estado Zulia. Fue Ministro de Ambiente en el primer mandato de Hugo Chávez, luego fue delegada a la Constituyente y es dirigente indígena a nivel nacional. Ella dedicó la mayor parte de la entrevista a la figura de su padre, José Antonio Uriana, uno de los primeros profesionales wayuu que incursionó en la literatura, educador y hombre de letras connotado en la sociedad zuliana por sus vínculos con escritores y artistas de su época y por su propia creación literaria y musical. Incluimos aquí los segmentos relacionados con la autora y la literatura wayuu.

JUAN DUCHESNE WINTER: ¿Podría hablarnos sobre el origen de su nombre de pila, Atala? Me recuerda una novela francesa importantísima en la configuración de la imagen europea de América y sus pueblos indígenas. Se llama *Atala, o los amores de dos salvajes en el desierto*, de René de Chateaubriand. Fue publicada en 1801.

ATALA URIANA: Sí, *Atala*, de Chateaubriand. Pero el nombre en sí no es necesariamente francés. Cuando yo era ministra me llegaban algunas invitaciones de los países árabes dirigidas a "Señor Atala y señora". Yo le pregunté una vez a un diplomático árabe por qué insistían en usar el masculino y él me dijo que es un nombre árabe particularmente usado por hombres, aunque ahora lo estaban comenzando a usar las mujeres también, y que significa "regalo de Dios".

JDW: Habría que ver si Chateaubriand tomó el nombre de alguna cultura amerindia o si se le ocurrió usar un nombre árabe para darle un toque de "orientalismo" a la novela. Es un bello nombre.

AU: Sí, hay razones poéticas y literarias para escoger ese nombre. Mi padre escribió un poema con ese título cuando yo era niñita, le puso música y me lo dedicó.

[La autora canta la canción en la entrevista:]

Atala
Mi linda muchachita de hoy
De fina belleza y perfil
De tus ojitos lucero de abril
Tus brazos quisiera sentir
Atala, florecita celestial
De la llanura marabina
A ti princesita de índica reina
Depósito en diminuta criatura
A mi lado sutil como ofrenda
A tu beldad por vía maternal
Al poeta por siempre en su lira
Serás su inspiración

Además, yo le pregunté lo de mi nombre a mi madre, porque yo soy la mayor, y ella me dijo que se debe a que cuando ella era joven, a su casa llegó un poeta y ella se enamoró de él, que se llamaba Arturo Tello.

Hay mucha literatura en la historia de mi familia. Mi abuelo materno era un comerciante de origen italiano, de apellido Pocaterra. Mi abuela era también comerciante como él, ellos se conocieron en la Guajira y se dedicaron juntos al comercio. Mi abuelo fue el primero que llevó un camión a la Guajira, por eso es que a Miguel Ángel Jusayu, el autor del cuento "Ni era vaca ni era caballo", que le ha dado la vuelta al mundo en traducciones y antologías, yo le decía: "Tú tienes que pagarme, porque ese cuento que tú escribiste, ésa era la historia de mi abuelo cuando llegó con el camión, y yo te tengo que cobrar derechos". Mi abuela le contó a mi madre que ella tuvo que indemnizar a muchos guajiros, porque la gente le decía a ella, "Mira, el animal ése que trajo tu marido, con ese olor tan fuerte a gasolina hizo abortar a mi yegua". Luego llegaba otro: "Mira que ese animal que trajo tu marido con esos ojos tan grandes, mi padre estaba cazando y lo vio, y al señor le dio diarrea, vómito y casi que se muere". Y mi abuela tenía que pagar todas esas cosas, pues era comerciante. Mis abuelos hacían negocios con la gente de Aruba y Curazao. Ellos tenían sus almacenes, ahí tenían todas las cosas que traían: el brandy, el whisky, que venían en los barcos; todo lo que era ollas, cacerolas de peltre, lámparas, todo eso lo compraban de las islas holandesas; y de acá llevaban que el coco, que el plátano, bueno, tantas cosas. Mis abuelos tuvieron 17 hijos. En fin, eso es lo que yo tengo para mi cultura, para mi narrativa, todas las historias de mis antepasados.

Aquí les voy a narrar un cuento que se llama "Wayunkeera", que es la muñeca de barro:

[Lee el cuento:]

Wayunkeera

Palaasip, es una niñita wayuu, estudia en la escuela Macuirap, y es bella como su nombre Flor de Mar.

Todos los días al regresar de la escuela, va hacia la parte posterior de su casa –Pesü– a jugar con sus wayunkeera, las cuales viste, maquilla, les coloca prendas, les da un nombre; siendo su preferida Alitasip, amarillita y algo verdosa como la flor del taparo.

Cuando juega, ella es una wayunkeera más, juntas imitan la vida de sus mayores; cantan Jayeechi, bailan Yonna, curan a sus enfermos. Se visitan unas a las otras, se regalan el mejor crío de sus rebaños o la mejor fruta, la más dulce y rica de su apain –huertos. Se mudan de un lugar a otro en busca de mejores pastos para su ganado.

Una mañana observa una lámina que colocó la maestra en la cartelera de la escuela y pregunta:

–¿Quién ella?

–Se dice ¿quién *es* ella? Es una muñeca, Palaasip.

–¿Muñeca? Parece alijuna.

–Sí, con ella juegan las alijunas, ellas son como tus Wayunkeera.

– ¡Ah! Wayunkeera-muñeca.

– Sí, Palaasip.

La niña va hacia la pared y palpa la lámina, con un dedito recorre la figura de la muñeca.

La maestra mirándola le dice:

– ¿Quieres una?

– Sí, maestra.

—Bien, cuando tu tata vaya a Maracaibo a vender sus sombreros y sus guaireñas, le dices que te compre una.

Palaasip vuelve a su casa, ansiosa por escuchar el maasi que anuncia la llegada de su padre, de regreso con las ovejas que llevó a pastar. Por fin escucha el fino palito musical muy cercano a su casa y corre a prepararle una jarra de ujol –chicha de Maíz. Su padre la toma complacido y agradece el gesto de su hija. Ésta le da otra jarra con agua para enjuagarse y le dice:

—Tata, cuando vayas a Maracaibo quiero que me compres una muñeca, con las que juegan las niñas alijunas. Tiene los ojos como dos chiliiwalas –estrellas– en primavera, los cabellos son como surula ka'i –raíces del sol– y su boca roja como un Yosú –fruto de cardón maduro, picado por wainpirai-paraulata.

—Aa, tachoncho, talüjer pumüin –Sí, mi hijita, yo te traeré.

A los días, su padre viaja hacia Maracaibo y después de comprar maíz, fideos, plátanos, harina, panela, aceite y otras cosas más, sale a comprar el encargo de su hija. Comienza a caminar, mirando de un lado hacia otro por los almacenes. Se pega a las vidrieras y por fin ve una muñeca que se parece mucho a la descrita por Palaasip, entra y la compra.

Cuando el sol comienza a inclinarse se detiene el camión frente a la casa de la niña. Sale corriendo alborozada.

—Anchi tatachon, anchi tatachon –¡Llegó papaíto! ¡Llegó papaíto!

Después de bajar todas las cajas y abrirlas en kalikiru –en la cocina– la niña pregunta por su encargo, su padre le entrega una cajita blanca y alargada. Ella la destapa ansiosa y observa con gran alegría, detalladamente, a su muñeca.

—Igual a la de la lámina, se dice. –Inmediatamente la lleva a Pesü, donde están sus wayunkeera; éstas la saludan efusivamente.

—Ansü pía –Bienvenida.

Luego un largo silencio, no hay respuesta. La muñeca no sabe wayuunaiki –idioma del wayuu.

Palaasip se la lleva y la guarda de nuevo en su caja, se siente muy incómoda como la primera vez que fue a la escuela y no sabía responderle a la maestra. Es tanta la preocupación, que llega la noche, la hora de dormir, y sigue pensando en la muñeca. Sus ojos azules, que tanto le gustaron, ahora le parecen fríos e indiferentes. Se va quedando dormida.

Llegan sus wayunkeera, le traen muchos regalos, collares de tuu'má y kurulashi –piedras preciosas–, chinchorros de bellísimos colores. Le cantan, le cuentan historias y leyendas de sus antepasados cuando eran gente feliz. Otras, la invitan a recoger Yosú, que están dulces y rojitos, o si no, a ver las Jüliru –mariposas– que se confunden con la flor del abrojo, pareciendo un tapiz de fondo verde con estrellas amarillas.

Se siente muy contenta por el gran amor que le tienen sus Wayunkeera, pero de pronto observa que Alitasip, su linda flor del taparo no ha hablado, no le trajo ningún obsequio. Entonces se le acerca y le ve saliendo unas lágrimas que ruedan como globitos trasparentes y le pregunta:

–Jamusu pialajaka joukala –¿Por qué lloras nenita?

–Lloro porque ya tú no me quieres, debe ser porque no tengo los ojos como dos estrellas en primavera y los cabellos como las raíces del sol... Debes recordar que soy tu hija. Tu abuelita me dio vida con un poco de barro antes que tú nacieras. Aún siento en mi cuerpo sus dedos tibios modelando mi figura, cuando me hizo esta nariz respingona y estos dos agujeritos que son mis ojos; no tienen color, pero ellos han visto a través de la profundidad del tiempo lo que ha pasado durante muchos inviernos. Creo que mejor me voy a Jepira –la otra vida– para que tu abuelita juegue conmigo y yo vuelva sentir su amor y sus deditos rugosos y tibios...

–Kotolerakooo... ¡Despierten Wayuirua –guajiros– que aquí estoy yo, kashi –luna– se ha ido y ka'i –sol– llegó. –Canta el gallo y despierta Palaassip, que corre a buscar a su Wayunkeera Alitasip y le dice:

–Yo te quiero mucho, nunca dejaré de jugar contigo. –Luego se prepara para ir a la escuela y al llegar le da la muñeca a la maestra diciendole:

–Se la regalo.

–¡Palaasip! ¿No la quieres? ¡Si está linda!

–No, no sabe wayuunaki ni contarme historias bellas como las que saben mis Wayunkeera.

JDW: ¡Gracias por el cuento! ¿Cree que una niña indígena rechazaría una muñeca por ese motivo o es más bien que el cuento trata de dar una lección pedagógica de "descolonización"?

AU: Es la realidad. Tengo varios cuentos sobre temas relacionados con eso que llaman "la vergüenza del indio", porque aquí todos quieren ser norteamericanos, porque primero querían ser europeos cuando reinaba Europa, desde la ropa, los libros de Francia... Luego eso pasó y ahora es Norteamérica, Miami... Todo lo de Estados Unidos es lo mejor, las marcas, los aparatos, así no sean hechos allá y sean hechos en China o Taiwan, yo no sé qué. Yo se lo he dicho en conferencias a muchas personas: antes aquí criticaban al wayuu, llegaba al golfo de Maracaibo un barco lleno de marineros, sucios, hediondos, chancletudos, con las uñas sucias, mal olientes y todo mundo se arrimaba para que compraran cualquier chicle, cualquier cosa. Ah, pero si llegaba un wayuu, le mamaban gallo, que ese indio hediondo, y ese guayuco, mira lo que se pone, que si no le duele el rabo, entonces digo ahora, ¿el hilo dental no hiede?, ahora lo que se ponen las mujeres es el hilo dental, ¿eso no hiede, eso no molesta?.

JDW: Así es. ¿Ésa también es la colonización?

AU: Bueno, son esas cosas. Cuando en los años sesenta se usaban esas cosas de moda del chico ye-ye y la chica go-go, que eran la moda de los cuadros con los círculos, con los colores amarillo, uva, naranja, esa mezcla de colores, esos colores propios de nosotros... y ahí sí no decían, "como los colores que usan los wayuu, o los yukpa", no, nadie reconocía eso, pero sí se los ponían, cuando nosotros los usábamos desde hace tiempo. Lo digo y la gente se echa a reír: "eso es cierto lo que dice la camarada" –dicen... porque hasta cuándo, hasta cuándo uno se tiene que seguir avergonzando. Cuando a una pareja le nacía un niño con ojos azules, eso era lo máximo: "¿Y de quién sacó esos ojos azules?" –decían y empezaban a sacar la genealogía, que si mi abuela era alemana, la otra no sé que francesa. Pero si les nacía uno que fuera aindiadito, nadie decía "es que yo tengo descendencia de un indio de la Guajira, o yo tengo un antepasado indio de no sé que parte, Tairona, de Santa Marta; nadie, pero nadie decía eso. También si le nace morenito, nadie dice que es descendiente de un rey por allá del África, pero ya se está dejando eso, hay más conciencia.

JDW: ¿Diría que es la mentalidad del colonizado?

AU: Sí, esa es la mentalidad del que se quiere blanquear.

JDW: ¿Podemos obtener una copia del cuento "Wayunkerra"? Sería bueno incluirlo.

AU: Por ahí hay una fotocopiadora. Les quiero leer un poema que escribí para el Encuentro del Libro, dice así:

>Yo quiero un libro que hable por mí
>Que diga lo que yo pienso, lo que yo sueño
>Lo que yo canto y lo que yo pinto
>Yo quiero un libro que llegue a todos
>A propios y a extraños
>Jóvenes y ancianos, mujeres y niños
>Yo quiero un libro que no sólo llegue
>Sino que lo pueda hojear, tocar, oler
>Paladear en cada frase
>Yo quiero un libro de muchos colores
>De letras grandes y de letras chiquitas, rojas y amarillitas
>Yo quiero un libro que esté en todas partes
>Que esté al alcance de una mano, de mi hermano
>De muchas manos
>Yo quiero un libro que viaje en el tiempo
>En el mío y en el tuyo también
>De una isla a la otra, de un bohío a una ranchería
>Yo quiero un libro
>En cada cardón de la Guajira
>En los llanos y en las altas montañas
>Donde jueguen con sus hojas
>Yo quiero un libro que sea mío
>Pero también tuyo y de mucha gente
>Yo quiero un libro donde yo te vea
>Donde tu me leas aquí, allá y más allá
>Que cruce fronteras y manos aladas
>Yo quiero un libro
>Donde aparezca una mujer con su hijo
>Y diga mi mamá, o la mamá de (...)
>Pero no mamás sin saber de quien
>Yo quiero un libro
>Donde sepa de mis abuelos
>Y mis nietos sepan de mi familia
>Yo quiero un libro que siempre me entere
>De mis anhelos para acariciarlo con mi propias manos

Yo quiero un libro donde me pueda conocer
Y que a mi me conozcan
Yo quiero un libro
Para mis soledades, mis tristezas y para mis alegrías
para mis cantos y mis silencios
Yo quiero un libro
Para muchos niños que vuelen como mariposas
Yo quiero un libro
Porque nunca tuve uno
Porque yo cantaba y la luz encontraba
Yo quiero un libro de trapo
De hojas de maíz, de majagua, de lana o de cartón viejo
Yo quiero un libro que cante mi vida
Y hable por mí, cuando ya no me acompañe
Yo quiero un libro como éste y no otro
Yo quiero un libro que pueda hacer hablar
Como diría mi madre
"Paacha ...." [frase en wayuunaiki]
Que quiere decir
"Hazme hablar el papel"
Esa es la tradición, léeme un libro

Aquí se refleja un cambio que he hecho en este aspecto. En los últimos tiempos, es decir, desde hace como diez años hacia ahora, desde cuando yo estuve en el gobierno, ya yo estaba pensando que la poesía del wayuunaiki no puede ser esta poesía que yo escribo en castellano. Esta poesía, de pronto yo la leo en wayuunaiki y puede no gustar. Porque la poesía en wayuunaiki tiene que ir más hacia lo cotidiano. ¿Cómo voy a estar escribiendo sobre la naturaleza, la libertad, la batalla? Eso no funciona para yo transmitirlo en wayuunaiki. Más bien tengo que hablar de cómo suena la laguna, o los pájaros en el charco, o la estrella que se asoma a la medianoche o el espíritu que se mueve, porque eso es parte de lo que el wayuu vive. Éste es un poema que he escrito teniendo eso en cuenta:

Gemelos
Hombre luna dibuja puntos luminosos
en la barriga del cielo
Pensando en la majayura
que vio en su sueño
Ojos hermosos y limpios
[...]

Mírame, regálame la claridad de tu vientre vacío
Y tus redondas piernas de barro
No quiero seguir dibujando
Los cuentos luminosos en la barriga del cielo
Sólo puedo dibujar los puntos de tu claridad
En el vientre materno.

JDW: Ese poema expresa toda una poética. A juzgar por lo que usted dice es un texto que se sostendría perfectamente en versión wayuunaiki. ¡Muchas gracias por la entrevista!

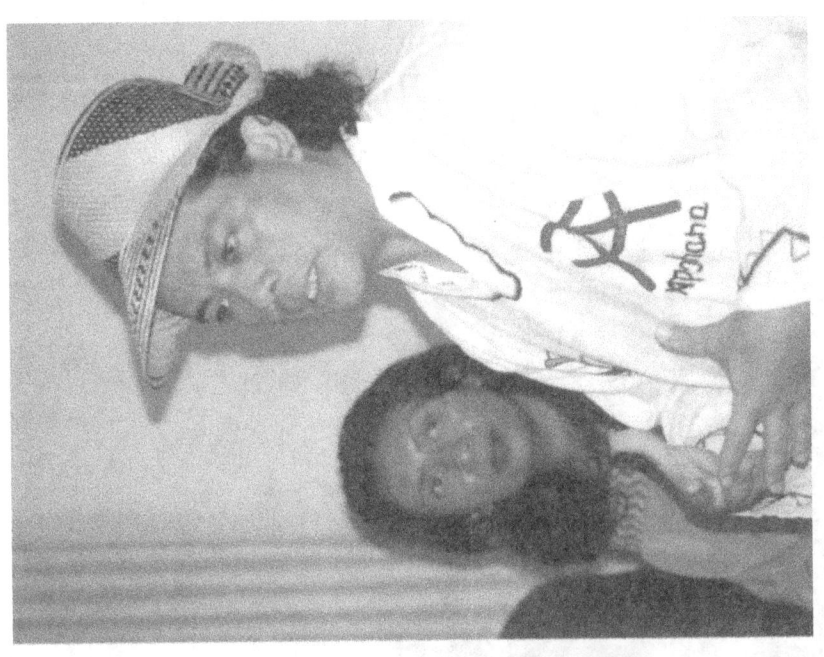
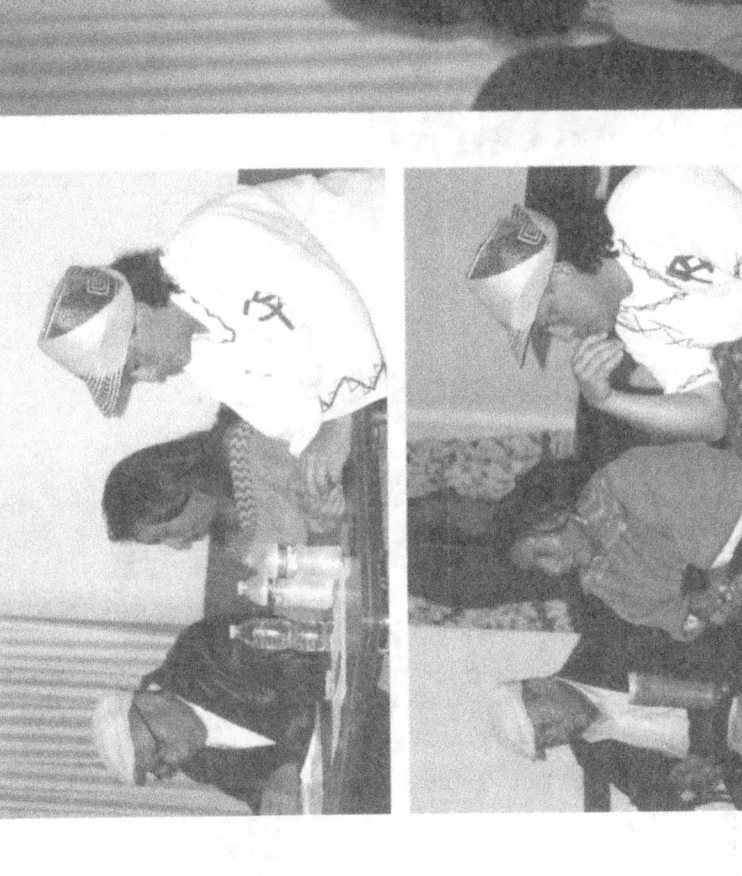
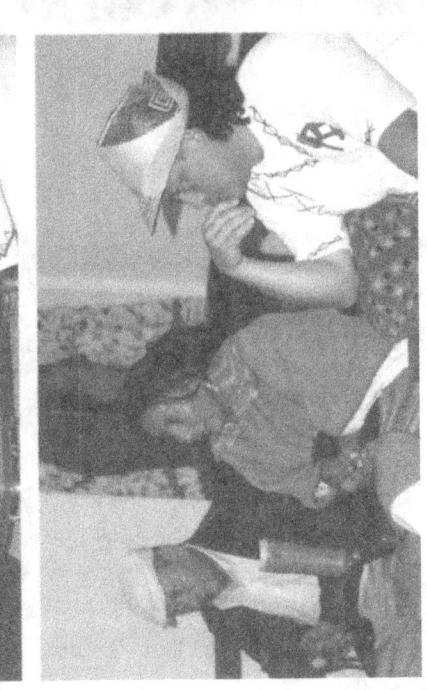

1-3) José Ángel Fernández Silva, Estercilia Simanca y Miguel Ángel López Hernández en Universidad de Pittsburgh.

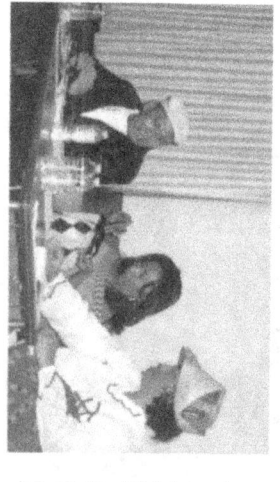

1-4) José, Estercilia, Miguel Angel y estudiantes en Universidad de Pittsburgh.

1-4) Miguel, Estercilia, José y Juan Duchesne Winter en Pittsburgh y alrededores.

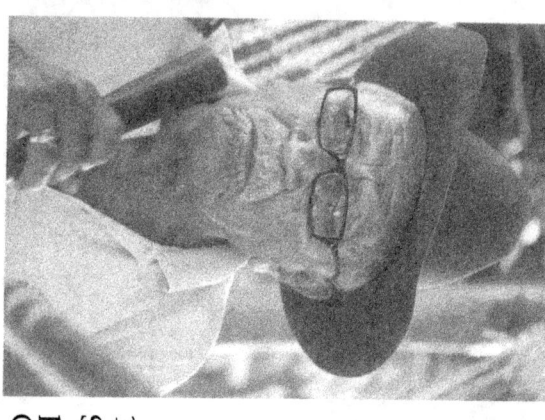

1-3) José Ángel Fernández Silva y Eduardo Suárez, palabrero, en Nazareth, Alta Guajira, Colombia.

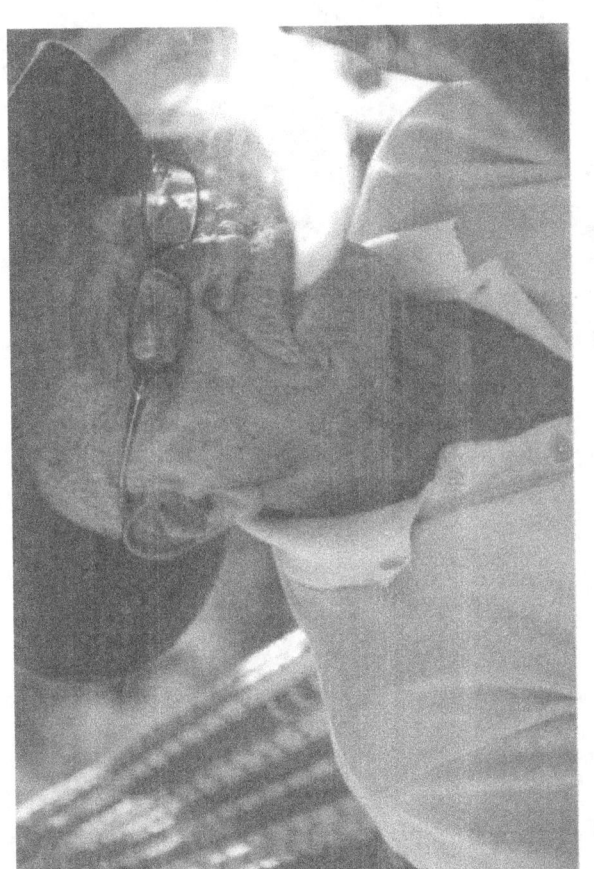

1-3) José y Eduardo Suárez en Nazareth, Alta Guajira, Colombia.

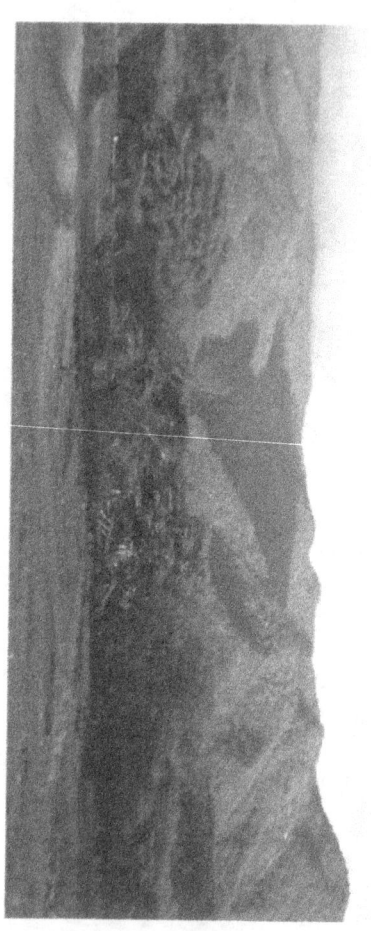

1) Serranía de la Macuira, Alta Guajira, Colombia; 2) Mujeres en segundo entierro, Macuira; 3) Camino al Cabo de la Vela, Guajira colombiana.

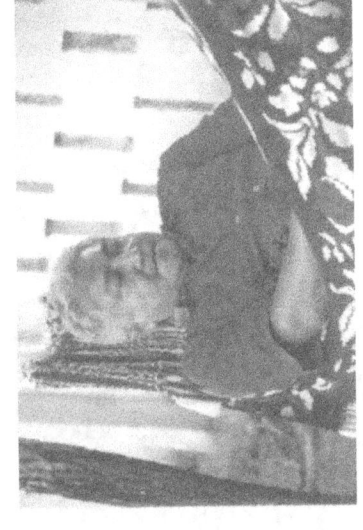

1) Livio Suárez; 2-4) Livio Suárez, José Ángel Fernández Silva y Eduardo Suárez en Internado de Nazareth, Alta Guajira.

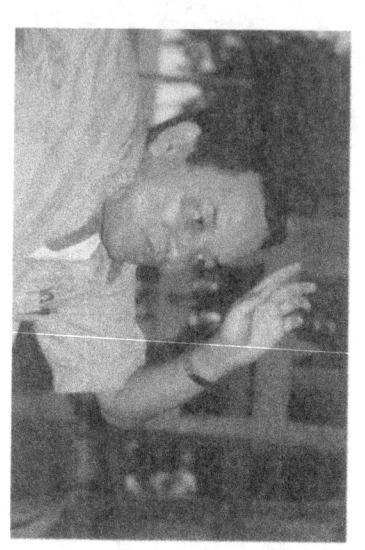
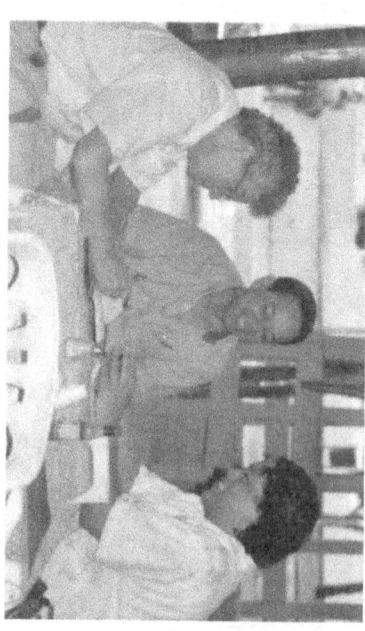

1-3) Gabriel Ferrer, Miguel Ángel López Hernández y Juan Duchesne Winter en Riohacha.

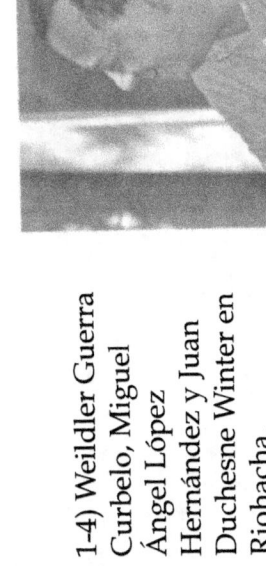

1-4) Weildler Guerra Curbelo, Miguel Ángel López Hernández y Juan Duchesne Winter en Riohacha.

1) Juan Duchesne Winter, pescador wayuu, Miguel Ángel López Hernández, en corregimiento Camarones, Riohacha; 2-3) Vicenta Siosi, en Riohacha; 3) Juan Pushaina en Maracaibo, Venezuela.

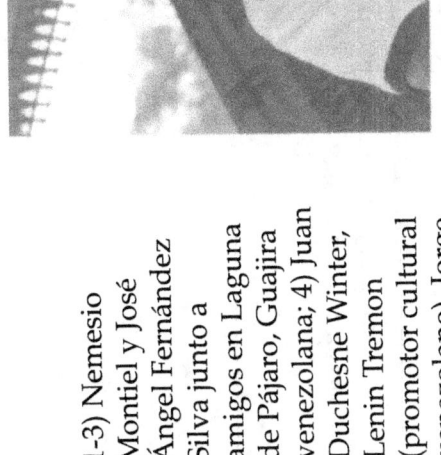
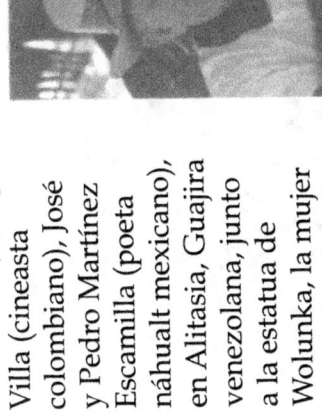

1-3) Nemesio Montiel y José Ángel Fernández Silva junto a amigos en Laguna de Pájaro, Guajira venezolana; 4) Juan Duchesne Winter, Lenin Tremon (promotor cultural venezolano), Jorge Villa (cineasta colombiano), José y Pedro Martínez Escamilla (poeta náhualt mexicano), en Alitasia, Guajira venezolana, junto a la estatua de Wolunka, la mujer mítica de la vagina dentada.

1-2) Nemesio y José junto a amigos en Alitasia, Guajira venezolana; 3) En segundo entierro wayuu, cerca de Alitasia.

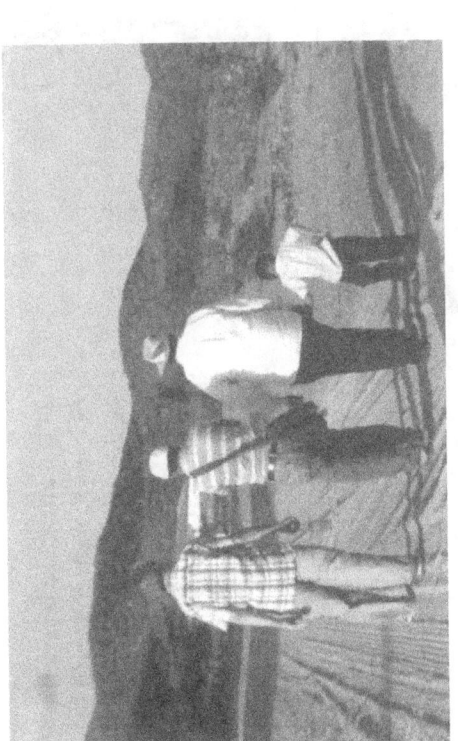
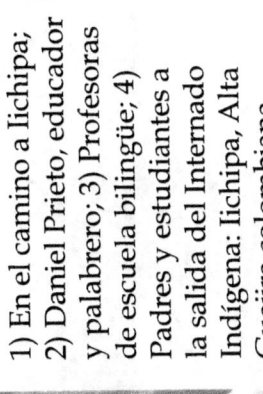

1) En el camino a Iichipa; 2) Daniel Prieto, educador y palabrero; 3) Profesoras de escuela bilingüe; 4) Padres y estudiantes a la salida del Internado Indígena: Iichipa, Alta Guajira colombiana.

1-4) Cantor de jayeechi Segrio Kohen tocando la *kasha*, la *tromba*, y sus nietos ensayando pasos de una *yonna*, en Uribia, Guajira, Colombia.

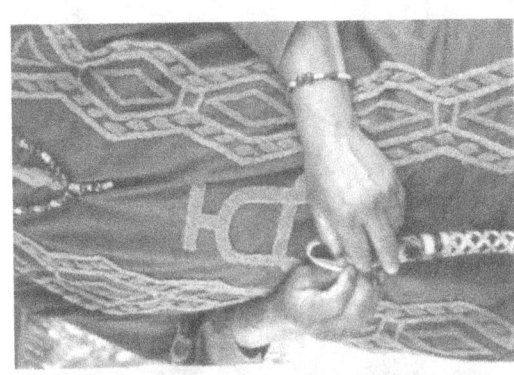

1-3) Con Sergio Kohen en Uribia.

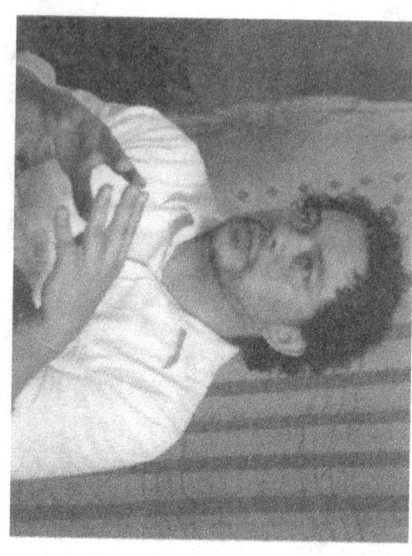

1-4) Con Miguel Ángel López Hernández, Estercilia Simanca y profesor de Universidad de la Guajira en Riohacha.

1-3) Estercilia Simanca, Sergio Kohen, Leomary Cohen, José Ángel Fernández Silva, Miguel Ángel López Hernández, en Caracas, Venezuela.

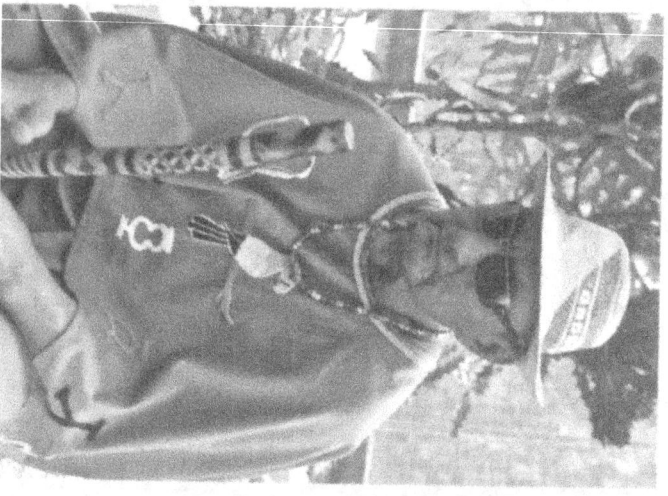

1-3) Sergio y Leomary en el Centro de Estudios Latinoamericanos Rómulo Gallegos (Celarg), Caracas.

1) Escritores wayuu en el Celarg; 2) Sergio Kohen, Estercilia Simanca y Miguel Ángel López Hernández en Universidad Central de Venezuela (UCV); 3) Emilio Mosonyi, Ronny Velázquez (antropólogos venezolanos) y José Ángel Fernández Silva en UCV.

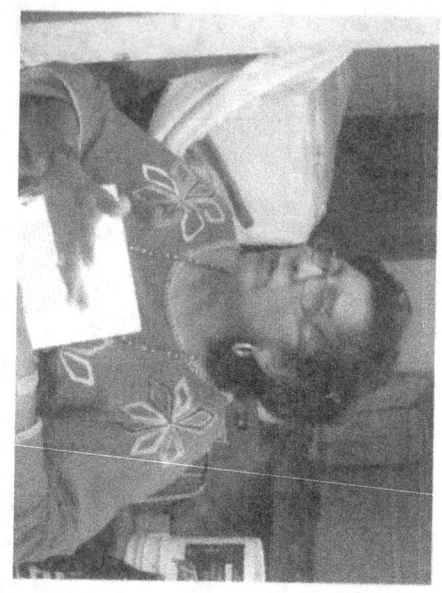

1) Atala Uriana, Maracaibo, Venezuela; 2) Juan Pushaina, Maracaibo, Venezuela; 3) Ramiro Morales Epiayu y Juan Duchesne Winter en Maicao, Colombia.

1) Sergio Kohen con antropólogos Ronny Velázquez, Beatriz Bermúdez y crítico literario Vicente Lecuna en Universidad Central de Venezuela (UCV); 2) Atala Uriana; 3) Juan Pushaina; Maracaibo, Venezuela.

1) Amanecer en Iichipa; 2) Bajo una enramada en la Macuira; 3) Expedición Geopoética a la Alta Guajira colombo-venezolana: Jaime Paz, Marilys Palmar, Juan Duchesne Winter, José Ángel Fernández, Humberto Palmar y nieto, Parra y Jorge Villa.

Bibliografía

Anaa Akua'ipa: Proyecto Educativo de la Nación Wayuu. <http://64.76.190.173 archivos/Anaa_Akuaipa.pdf>. 23 enero 2013.

Apüshana, Vito. *Contrabandeo sueños con alijunas cercanos.* Riohacha: Secretaría de Asuntos Indígenas, 1992.

_____ *Shiinalu'uirua shiirua ataa/En las hondonadas maternas de la piel.* Vol. 5. Bogotá: Ministerio de Cultura, Biblioteca Básica de los Pueblos Indígenas de Colombia, 2010.

Arias, Arturo. "Kotz'ib: The Emergence of a New Maya Literature." *Latin American Indian Literatures Journal* 24/1 (Spring 2008).

Barrera Monroy, Eduardo. *Mestizaje comercio y resistencia. La Guajira durante la segunda mitad del siglo XVIII.* Bogotá: Instituto Colombiano de Antropología e Historia - ICANH, 2000.

Black-Michaud, Jacob. *Cohesive Force: Feud in the Mediterranean and the Middle East.* New York: St. Martin's Press, 1978.

Blanco, Juan Moreno. *La cepa de las palabras. Ensayo sobre la relación del universo imaginario wayuu y la obra literaria de Gabriel García Márquez.* Cali: Universidad del Valle, 2002.

Brotherston, Gordon. *La América indígena en su literatura: los libros del cuarto mundo.* Teresa Ortega Guerrero y Mónica Utrilla, trad. México: Fondo de Cultura Económica, 1997.

Campos Umbarilla, Adriana María. *Pütchikalü anachonwaa: Diálogo y reafirmación en la obra de Vito Apüshana.* Bogotá: Pontificia Universidad Javeriana. Tesis de posgrado, 2010.

Celedón, Rafael. *Gramática, catecismo y vocabulario de la lengua guajira.* París: Maisonneuve Editores, 1878.

Civrieux, Marc de. *Watunna.* Caracas: Monte Ávila, 1970.

Culley, R. C. "Una aproximación al problema de la tradición oral". *Las voces del tiempo: oralidad y cultura popular.* Fabio Silva Vallejo, comp. Bogotá: Arango Editores, 1999.

Devlin-Glass, Francis. "A Politics of the Dreamtime: Destructive and Regenerative Rainbows in Alexis Wright's *Carpentaria*." *Australian Literary Studies* 23/4 (2008).

Etxebarría Aróstegui, Maitena. "La comunidad de habla wayuunaiki". Universidad del País Vasco, Departamento de Lingüística y Estudios Vascos. <http://www.lllf.uam.es/clg8/actas/pdf/paperCLG33.pdf>. 21 enero 2013.

Fernández Silva, José Ángel. *Jayeechiirua jee Ojutuuirua Sümüinjatü ü Eiikaa Mma/Cantos de pagamento a la Madre Tierra*. Caracas: El Perro y la Rana, 2007.

Fernández Silva, José Ángel. *Nünüiki ka'ikai/Lenguaje del sol*. Caracas: Monte Ávila/El Perro y la Rana, 2006.

Ferrer, Gabriel y Yolanda Rodríguez. *Etnoliteratura wayuu: estudios críticos y selección de textos*. Barranquilla: Fondo de Publicaciones de la Universidad del Atlántico, 1998.

Gluckman, Max. *Política, derecho y ritual en la sociedad tribal*. Madrid: Akal Editor, 1978.

Guerra Curvelo, Weildler. *La disputa y la palabra. La ley en la sociedad wayuu*. Bogotá: Ministerio de Cultura, 2002.

Jusayú, Miguel Ángel. *Achi'ki. Relatos guajiros*. Caracas: Universidad Católica Andrés Bello - Instituto de Investigaciones Históricas - Centro de Lenguas Indígenas, 1986.

_____ y Jesús Olza Zubiri. *Diccionario sistemático de la lengua guajira*. Caracas: Universidad Católica Andrés Bello, 1988.

Lanao Loaiza, José Ramón. *Las pampas escandalosas*. Riohacha: Gobernación de la Guajira, 2007.

Latour, Bruno. *We Have Never Been Modern*. Cambridge: Harvard UP, 1993.

Lezama Lima, José. *Las eras imaginarias*. Madrid: Editorial Fundamentos, 1971.

López Hernández, Miguel Ángel. *Encuentros en los senderos de Abya Yala*. Bogotá: Travesías, 2009.

López, Antonio J. *Los dolores de una raza*. Maracaibo: edición de autor, 1960.

Mansen, Richard Arnold. *Dispute Negotiations among the Goajiro of Colombia and Venezuela: Dinamics of Compensation and Status*. Chicago: U of Illinois P, 1988.

Mercado Epieyú. Rafael. *Poemas Nativo*. Casa Editorial Antillas, 2003.

Montemayor, Carlos. *El cuento indígena de tradición oral*. Oaxaca: Centro de Investigaciones y Estudios Superiores en Antropología Social (CIESAS) / Instituto Oaxaqueño de las Culturas (IOC), 1996.

Montiel Fernández, Nemesio. *E'iruukuuirua (Linajes)*. Maracaibo: Rectoría Universidad del Zulia, 2001.

Montiel Fernández, Nemesio. *Los A'laulaa y compadres wayuu*. Maracaibo: Rectoría Universidad del Zulia, 2006.

Oliver, José R. "Reflexiones sobre los posibles orígenes del wayuu (guajiro)". Gerardo Ardilla C. (ed.), *La Guajira. De la memoria al porvenir: una visión antropológica*. Bogotá: Universidad Nacional de Colombia, 1990.

Ong, Walter. *Oralidad y escritura. Tecnologías de la palabra*. México: Fondo de Cultura Económica, 1987.

Orsini Aarón, Giangina. *Poligamia y contrabando: nociones de legalidad y legitimidad en la frontera guajira, siglo xx*. Bogotá: Observatorio del Caribe Colombiano/Universidad de los Andes - CESO- Ediciones Uniandes, 2007.

Ortega, Patricia. *El niño Shua* (Venezuela, 2007). Filme.

Paz Ipuana, Ramón. *Mitos, leyendas y cuentos guajiros*. Caracas: Instituto Agrario, 1973.

Pérez van Leenden, Francisco Justo. *Wayuunaiki: estado, sociedad y contacto*. Maracaibo: Editorial de la Universidad de Zulia, 1998.

Perrin, Michel y José Uliyuu Machado. "La ley guajira: justicia y venganza entre los guajiros". *Revista Cenipec* 9 (1984-1985).

Perrin, Michel. *Le chemin des indiens morts, mythes et symboles goajiro*. Paris: Payot, 1976. También en español: *El camino de los indios muertos*. Caracas: Monte Ávila, 1980.

_____ *Los practicantes del sueño. El chamanismo wayuu*. Caracas: Monte Ávila, 1997.

_____ *Sükuaipa Wayuu. Los guajiros, la palabra y el vivir*. Caracas: Fundación La Salle de las Ciencias Naturales, 1979.

Picon, François-René. *Pasteurs du Nouveau Monde: Adoption de l'élevage chez les Indiens guajiros*. Paris: Editions de la Maison des Sciences de L'Homme, 1983.

_____ "From Blood Price to Bridewealth. Systems of Compensation and Circulation of Goods among the Guajiro Indians (Colombia and Venezuela)." *The Anthropology of Tribal and Peasant Pastoral Societies*. Pavia: Ugo Fabietti & Philip Carl Salzman Editors-Collegio Chislieri, 1996.

Pimienta, Margarita. *Historia de todo lo existente*. Colección Womainpaa. Riohacha: Universidad de la Guajira, 1998.

Polo Acuña, José. "Territorios indígenas y estatales en la península de la Guajira (1830-1850)". *Historia social del Caribe colombiano. Territorios indígenas, trabajadores, cultura, memoria e historia*. José Polo Acuña y Sergio Paolo Solano, eds. Medellín: Universidad de Cartagena y La Carreta Editores, 2011.

Polo Acuña, José. *Etnicidad, conflicto social y cultura fronteriza en la Guajira (1700-1850)*. Bogotá: Universidad de los Andes/Cartagena de Indias y Observatorio del Caribe Colombiano, 2005.

Pushaina, Juan (Nombre literario de Leoncio Pocaterra). *Fiesta patronal*. Maracaibo: Universidad del Zulia, 1994.

Quignard, Pascal. "El pasado y lo anterior". Trad. de Adriana Canseco et al. *Nombres. Revista de Filosofía* XIX/24 (2010).

Ramírez Ipuana, Miguel Ángel. *Los jayeechimajanas: poetas de la oralidad wayuu. Una aproximación hermenéutica del sentido poético y lírico del jayeechi*. Tesis de grado. Universidad Externado de Colombia, Bogotá, 2012.

Restrepo, Laura. *Leopardo al sol*. Bogotá: Norma, 1993.

Rivera Gutiérrez, Alberto. "La metáfora de la carne sobre los wayuu de la península de la Guajira". *Revista Colombiana de Antropología* XXVIII (1990-1991).

Rocha Vivas, Miguel. *El sol babea jugo de piña. Antología de las literaturas indígenas del Atlántico, el Pacífico y la Serranía del Perijá*. Bogotá: Ministerio de Cultura, 2010. (Vol. 3 de la Biblioteca Básica de los Pueblos Indígenas.)

_____ *Palabras mayores, palabras vivas. Tradiciones mítico-literarias y escritores indígenas en Colombia*. Bogotá: Fundación Gilberto Alzate Avendaño, 2010; y 2da edición, en Bogotá: Taurus, 2012.

Rosaldo, Michele. "I Have Nothing to Hide: The Language of Ilongot Society." *Law and Society* 2 (1982).

Saler, Benson. "Principios de compensación y el valor se las personas en la sociedad guajira". *Montalbán* 17 (1986).

Simanca Pushaina, Estercilia. *El encierro de una pequeña doncella*. Barranquilla: Lama, 2006.

_____ *Manifiesta no saber firmar, nacido: un 31 de diciembre*. Barranquilla: Antillas, 2005.

Siosi Pino, Vicenta María. *El dulce corazón de los piel cobriza*. Riohacha: Asociación de Autoridades Tradicionales Kapuraneshi, 2007.

Suarez Urariyu, Livio. *Tejiendo sueños y palabras*. Barranquilla: Casa Editorial Antillas, 2007.

Viereck, Roberto. "Oralidad, escritura y traducción: hacia una caracterización de la nueva poesía indígena de México y Guatemala". *Latin American Indian Literatures Journal* 23/1 (2007).

Viveiros de Castro, Eduardo. *Metafísicas caníbales. Líneas de antropología postestructural*. Buenos Aires: Katz, 2010.

_____ *The Inconstancy of the Indian Soul*. Chicago: Prickly Paradigm Press, 2011.

_____ y Renato Sztutman, comp., *Encontros. Eduardo Viveiros de Castro* [entrevistas]. Rio de Janeiro: Beco de Azougue, 2008.

Wagner, Roy. *The Invention of Culture*. Chicago: U of Chicago P, 1981.

Walrod, Michael Ross. *Philosophy of Normative Discourse and Persuasion: A Study of Dadang Exhortation and Argumentation*. Arlington: University of Texas (Disertación doctoral), 1983.

Wilbert, Johannes y Karin Simoneau, con Michel Perrin. *Folk Literature of the Goajiro Indians*, 2 vols. Los Angeles: University of California - UCLA Latin American Center Publications, 1986.

Zalamea, Eduardo. *Cuatro años a bordo de mí mismo (Diario de los 5 sentidos)*. Bogotá: Casa Editorial El Tiempo, 2003.

Zourabichvili, François. *Deleuze. Une philosophie de l'evenement*. Paris: PUF, 1994.

www.ingramcontent.com/pod-product-compliance
Lightning Source LLC
Chambersburg PA
CBHW071353300426
44114CB00016B/2052